FOOD SECURITY

CENTURY
CHALLENGES AND
RESPONSES

粮食安全

世 纪 挑 战 与 应 对

何昌垂 **主编**

社会科学文献出版社

SOCIAL SCIENCES ACADEMIC PRESS (CHINA)

序一

　　"民以食为天"这句中国古语，用来描述粮食安全之重要性最恰当不过了。半个多世纪以来，中国政府一直把粮食安全作为其发展议程的重中之重。中国仅用世界9%的耕地养活了世界20%的人口，这本身就是一个奇迹。但令人遗憾的是，并非世界各地都能如此。直至今日，地球上仍有大约8.7亿人口饥肠辘辘，辗转难眠。当今世界富裕充足，科技发达，空间站和卫星上天，摩天大楼鳞次栉比，高速列车风驰电掣。与此同时，却有如此众多的人口饱受饥饿煎熬，这种现象我们完全无法接受，也是对人类的极大侮辱。

　　2012年6月，在巴西举行的"里约＋20"会议上，世界领导人再次承诺，将继续努力战胜极端贫困和饥饿，以确保在2015年之前实现其2000年在千年峰会上商定的联合国千年发展目标。

　　实现千年发展目标所剩时间越来越少，气候变化、人口增长、自然资源和生态系统退化等种种挑战日益加剧，使得这项任务更加艰巨。目前粮价高涨并高位波动，形势进一步复杂化，不容乐观，国际社会和各国政府要携手努力，共同采取有效措施。

　　联合国秘书长潘基文在"里约＋20"会议期间发起了"零饥饿挑战"计划。世界正在积极响应，团结起来，调动一切可能的力量。作为粮食安全和营养领域全世界的主导机构，联合国粮农组织构建了新的战略框架，制定了明确的战略目标。为此，我们将集中资源和精力，最终目标是消除世界饥饿。

这是一项艰巨的任务。任何一个国家都不可能单独消除饥饿，实现可持续粮食安全。我们要与国际组织、政府机构、学术团体、民间社团和私营部门以及亿万农民建立伙伴关系，扩大联盟，建设网络。只有各方携手努力，才能取得进展，实现愿景。

在这"长征"途中，条条战线都要采取行动。创造知识并向贫困者传递信息是必要的行动之一。因此，我高兴地看到，何昌垂博士，我的一位资深同事和知名专家，率领在粮农组织工作的一批中国专家，撰写了这本粮食安全专著。

我认识到，粮农组织多学科团队的研究成果使此书受益匪浅。这本专著目的是向中国介绍国际经验和教训，系统论述农业、渔业、森林、畜牧业和自然资源等有关部门问题，分析跨部门粮食安全和营养事项，探讨当今世界农业发展的众多热点。尽管书中表达的观点未必代表联合国粮农组织的立场，但我相信，此书将为中国读者提供一个国际视角。随着中国担当起一位世界新领导者的责任，我希望此书将成为一个宝贵的信息来源，能够促进政策思辨，借鉴世界其他地区的良好做法，推动农业转型。

毫无疑问，实现农业现代化和可持续粮食安全，世界需要中国，中国也需要世界。因此，我希望此书成为一本有益于中国读者的参考书。

若泽·格拉济阿诺·达席尔瓦
联合国粮食及农业组织总干事

Preface 1

There is nothing more fitting to describe the importance of food security than an ancient Chinese saying that food is the first necessity of the people. In the past half century or more, the Chinese Government has always been putting food security as the priority of the priorities on its development agenda. Indeed, it is in its own right a miracle that China uses merely 9% of the world arable land to feed about 20% of the world population. But unfortunately, this is not the case in all parts of the world. Until today, there are still some 870 million children, women and men in this planet Earth go to bed with a hungry stomach. At a time of affluence, with space stations, satellites, skyscrapers and bullet trains, hunger is a phenomenon which is totally unacceptable—it is a gross humiliation to the mankind.

At the Rio + 20 Conference, held in June 2012 in Brazil, world leaders, once again, committed to renewing their efforts to fight against extreme poverty and hunger and pledged to achieve by 2015 the UN Millennium Development Goals which they agreed at the Millennium Summit in 2000.

The window for achieving the MDGs is narrowing down, compounded by increasing challenges such as climate changes, population growth, natural resources and ecosystem degradation. The current high food prices and price volatility have further complicated the situation and we can't be optimistic unless common and effective measures are taken jointly by the international community and national governments.

Ban Ki-moon, the Secretary General of the United Nations launched the "Zero Hunger Challenge" during the Rio + 20 Conference. In response, the world is rallying and mobilizing all possible forces. We in FAO, as the world leading institution in addressing food security and nutrition, have adopted a new strategic framework with clearly identified strategic objectives on which we will focus our resources and efforts. Our ultimate goal is to eradicate hunger in the world.

And this is a daunting task. No any single country alone can eradicate hunger and achieve sustainable food security. We need to build partnership and broad alliance, develop network with international organizations, government institutions, academia, civil society organizations and private sectors as well as millions of farmers. Only working together with all stakeholders can we make progress and achieve our vision.

Actions are required in many fronts in this "long march". Generating knowledge and disseminating information to the needy people is one of the imperatives. In this respect, I am pleased to see that Dr. He Changchui, a senior colleague of mine and a well known expert, has led a team of Chinese experts working in FAO to produce a book on food security.

This book, as I understand, aiming to introduce international experiences and lessons to China, has largely benefitted from the study results of FAO's multidisciplinary team. It systematically introduces sectorial issues related to agriculture, fisheries, forests, livestock and natural resources; provides analysis on cross sectorial food security and nutrition matters; and reflects agro-development hotspots in today's world. Although the views expressed in this book may not necessarily represent the Organization's position, I believe that it will provide an international perspective for Chinese readers; and I hope that it will render a valuable source of information to trigger policy debates and to draw good practices in other parts of the world in the course of promoting agricultural transformation, as China takes up the responsibility as an emerging world leader.

No doubt that for the modernization of agriculture and sustainable food security, China needs the world, just as the world needs China. In this regard, I hope that the book will serve as a useful reference for Chinese readers.

José Graziano da Silva

Director-General

Food and Agriculture Organization of the United Nations

序二

摊开历史，在这部比长城还长的中国史记里，主角永远是粮食。管子曰："仓廪实而知礼节"。粮，古为"糧"，穀食也。而早在汉代已然出现的简化字"粮"，就传递着一个朴素的愿望，良米也。自《诗经》始，对于饥饿的记载就赫然在目，"自我徂尔，三岁食贫。"从《过秦论》中剖析秦汉更迭，"赢粮而景从"，到明末李自成起义时"闯王来了不纳粮"的期盼，中国的历史，就是一部中华民族与饥饿斗争的历史；中国历代王朝的更替兴衰，就是一则有粮则治、无粮则乱的循环周期律。

还看当下，"三农"问题乃中国共产党执政的重中之重。从 1978 年启动的农民家庭联产承包责任制，到 1986 年实施的以依靠科学技术发展扶贫、支农为目标的"星火计划"，到 21 世纪一系列中央一号文件以及新一届政府有关农业现代化的部署，无不基于以人为本的执政理念。"谁赢得了农民，就能赢得中国。"这是抗战爆发那年美国记者在延安窑洞里从毛泽东那里获得的深刻箴言。而 2012 年，联合国粮农组织总干事格拉济阿诺博士在给中国总理温家宝颁发的"农民奖章"上，亦镌刻着温总理一脉相承的肺腑之言："不懂得中国农民，就不懂得中国。"

展望未来，粮安天下将是全球永恒的主题。古语有言，一切政治皆本地之事；然而今日，一切问题都关系全球。2007年波及全球70多个国家的世界性粮食危机，来势汹汹；2012年全球粮价高位波动，如履薄冰。曾经饱经沧桑，今朝得以幸免于难，虽则中国有幸在两次粮食海啸中独善其身，然而承载着十三亿人口大国的中国决不能置身事外。"如果粮食出现问题，就是全局性问题"。我国"杂交水稻之父"袁隆平院士的话可谓醒世恒言。

粮食，国之命脉也，抚古问今，莫非如是。两千多年前的汉朝太傅贾谊，就在《论积贮疏》这部称得上中国历史上第一篇以粮食为主题的纲领性文件里，道出了这个振聋发聩的命题："夫积贮者，天下之大命也。"

读何昌垂博士主编的这部《粮食安全——世纪挑战与应对》，颇有感慨。何昌垂早年分别在中科院和科技部从事遥感与地理信息系统应用研究和管理工作。自进入联合国，一晃25年，从联合国亚太经济社会委员会主管空间科技应用，一步一个脚印，直至成为第一个由发展中国家专家出任的联合国粮农组织的副总干事。他在粮农组织工作长达14年，历经各级领导岗位，包括该组织的最高决策层。他丰富的国际经验，宏大的全球视野，对国际粮食安全问题背后博弈的认知深刻；他的执着坚韧，他的治学态度，我是欣赏的。他带领着这批躬耕于全球粮食安全前沿的海外中国专家学者倾心而成此书，搭起了一座贯通中西粮食安全了解之桥，推开了一扇折射着联合国粮农组织191个成员国粮安治理背景的世界之窗，也传递了一个无论古今、中外而皆准的真理：稼穑之重，重于泰山。

是故欣然提笔。

徐冠华

中国科学院院士、中国科学技术部原部长

前　言

"国以民为本，民以食为天"。粮食安全是最基本的人权，关系国家安全、国际政治和人类发展。2007～2008 年的世界粮食危机及随后的高粮价和粮价高位波动再次给人类社会敲响了警钟。国际社会审视当前全球粮食安全的发展进程，重新制定了面向 2050 年的发展战略，建立了全球机制，采取了新的举措，其中除了经济、技术的考量，也不乏国际政治的博弈。

中国作为一个发展中人口大国，在世界粮食安全进程中发挥着举足轻重的作用。随着工业化、城镇化的发展以及人口增加和人民生活水平的提高，粮食消费需求将呈刚性增长，而耕地减少、水资源短缺、气候变化等对粮食生产的约束日益突出。中国粮食的供需将长期处于紧平衡状态，保障可持续的粮食安全将面临严峻挑战，应对挑战需要有创新思维。

在全球化的今天，世界的粮食安全需要中国的贡献，中国的粮食安全也需要世界的帮助。中国需要采取措施推进农业现代化，稳定和提高粮食综合生产能力，不断完善粮食安全保障体系，立足国内解决粮食安全问题；也需要加快与国际接轨，更好地融入全球粮食安全战略体系，为中国的发展吸取经验、寻求机遇、拓展空间，为世界的发展继续做出贡献。

为帮助国内相关人员了解全球粮食安全治理状况、发展战略、体制机制与可持续发展的相关举措，由联合国粮农组织前副总干事何昌垂博士倡导并组织在联合国粮农组织从事粮食安全和农业发展工作的中国专家、学者编著了本书。编著人员依据各自领域的国际工作经验、最新国际动态以及粮农组织的一些独特资料，从全球视角综合介绍了世界粮食安全战略、机制及背后的国际政治博弈与考量；纵向分析了世界自然资源，农、林、牧、渔等行业发展的现状、挑战与应对措施，横向剖析了投资、科技、国际规则制定及其他一些热点问题；并提出了中国如何化挑战为机遇，实现可持续粮食安全的政策建言。

本书适合从事农业和粮食安全工作的决策、规划和管理人员，学者、研究人员和大专院校相关专业的师生，亦适合有志从事国际组织工作的人士参考。

本书由何昌垂主编；李轩、陈志军任学术秘书；王焕方协助行政协调。参加编撰的是一个由多学科专家组成的团队。第一章由何昌垂编写；第二章由陈志军编写；第三章由杨永珍编写；第四章由韩高举编写；第五章由叶益民、蔡俊宁、周小伟、缪为民等编写；第六章由马蔷编写；第七章由陈志军、何昌垂编写；第八章由梁劻编写；第九章由刘学明、陈志军编写；第十章由李轩、何昌垂编写；第十一章由李燕云编写；第十二章由何昌垂、陈志军、方成编写；附录由方成编写。

本书在编撰过程中，参考了联合国粮农组织的大量文件及许多国际知名专家的著作和国内外相关资料，亦得到了诸多在粮农组织工作的中国同仁的有益建议。本书的出版得到了国际欧亚科学院秘书处（北京）秘书长、全国人大资源和环境委员会主任汪光焘院士和国际欧亚科学院中国中心秘书处秘书长彭公炳院士等多位领导的大力支持；中国储备粮管理总公司为本书提供了出版经费，在此一并表示衷心感谢。由于水平有限，书中疏漏之处在所难免，敬请各位专家、同仁及广大读者批评指正。

目录

CONTENTS

第一章
世纪的挑战——粮食安全

一　粮食安全与人类发展

（一）粮食安全的定义与全球进程

1996 年，联合国粮食和农业组织（以下简称"联合国粮农组织"）在罗马召开世界粮食首脑会议。全球近 190 个国家政府首脑和高官通过《罗马宣言》庄严承诺，到 2015 年，要将全球饥饿人口数量从 1992 ~ 1993 年的 8.45 亿基础上减半。[①] 2000 年，联合国成员国重申了减少饥饿的政治承诺，并把到 2015 年将全球贫困和饥饿人口比例减半列为联合国"千年发展目标"的首项。[②]

根据世界粮食首脑会议给出的定义，粮食安全是指所有人在任何时候都

---

① 联合国粮农组织：《1996：世界粮食峰会行动计划》，www. fao. org/wfm/index en. htm。

② 联合国：《2000：千年发展目标》，www. un. org/millenniiumgoals。

能够在物质和经济上获得足够、安全和富有营养的粮食来满足其积极和健康生活的食品需求和食物喜好。食品质量和营养问题是粮食安全不可分割的组成部分（见专栏1）。

专栏1　粮食安全的概念

　　粮食安全涵盖四个方面：（1）粮食供给——取决于国内生产、进口能力（包括粮食援助）和库存，反映政府和市场可提供足够数量和合格质量的粮食供给的能力；（2）粮食获取——衡量个人是否拥有足够的资源（权利）获取适当的有营养的食品。它取决于家庭购买力、食品价格、交通、市场、基础设施，以及粮食流通体系；（3）供给与获取的稳定性——取决于天气条件、市场价格的涨落、自然和人为灾害以及政治、经济等其他问题；（4）粮食利用和食品安全——取决于适当的饮食实践，食品安全和质量，清洁用水、卫生与公共健康标准，充分利用食物能力、营养需求达标情况。

　　　　　　　　　　　　　　　　　　资料来源：联合国粮农组织。

　　尽管国际社会为实现粮食安全做出了持续不懈的努力，但目前进展状况并不令人乐观。根据联合国粮农组织的最新统计，目前全球尚有约8.7亿饥饿人口，约占世界人口总数的12.5%；其中8.6亿在发展中国家（见图1），[①] 主要集中在亚洲和非洲地区，印度约有2.2亿，撒哈拉以南非洲有2.3亿。尽管中国取得了较好成绩，但目前仍有1.5亿余人属营养不良（按联合国粮农组织的统计口径）。事实上，除少数国家外，大部分发展中国家都没能实现世界粮食首脑会议提出的目标。总体来看，全球不仅可能难以实现世界粮食首脑会议提出的到2015年将1992~1993年饥饿人口数量减半的

---

　　① FAO, The State of Food Insecurity in the World, SOFI 2012, October 2012.

目标，甚至连实现到 2015 年将饥饿人口比例减半的千年发展目标都相当困难。

影响世界粮食安全进程的原因是多方面的。在国际层面，国际社会缺乏统一的政治意愿，特别是发达国家对不兑现其官方发展援助承诺具有不可推卸的责任。此外，2007~2008 年全球性粮食危机及持续至今的国际市场粮价高位波动，气候变化的影响和自然灾害的频发，生物燃料和国际贸易政策，以及粮食商品的资本化和市场信息的不透明等，都是阻碍世界粮食安全进程的重要因素。在国家层面，除一些国家受资源与环境的制约外，政府治理能力不足，粮食和农业政策失当，科技发展和能力建设有限，公共投资减少，以及社会公平、公正缺失和社会保障体系薄弱等，也是实现粮食安全的主要障碍。

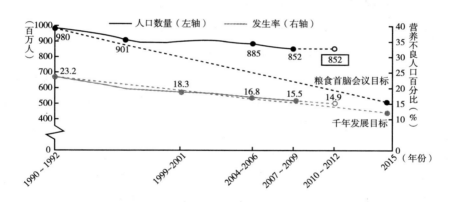

图 1　发展中国家营养不良状况

（二）粮食安全与国家安全

粮食安全是国家安全的基石，是涉及国家主权的根本大事。获取粮食的权利是最基本的人权。目前世界已有近 20 个国家（多数为拉美国家）把公民的粮食权列入国家宪法，从根本法上承认公民享有免受饥饿的权利，足见粮食安全与国家政治、社会问题的不可分割性。纵观人类发展历史，古今中外，历朝历代，莫不以粮食安全为天下大事。一旦粮食出现问题，国家根本就会动摇，就会使生灵涂炭。19 世纪中叶爱尔兰的大饥荒，几乎导致一个民族的灭绝。① 20 世纪 30 年代的乌克兰大饥荒，导致 250 万 ~ 400 万人死亡，严重威胁了当时的苏维埃政权。

早在 2000 年初，联合国粮农组织前总干事雅克·迪乌夫（Jacques Diouf）就多次强调，发展中国家不抓好粮食生产将后患无穷。此言不幸在 2007 ~ 2008 年被再度验证。当时，由高粮价引发的世界粮食危机犹如一场海啸，引发了 30 多个国家的骚乱甚至暴乱，导致海地等数国政府被迫下台。危机也波及许多发达国家，包括美国和意大利在内的数个发达国家，由于高粮价引起罢工、游行示威。一时间，各路政要纷纷登场，众口一词地强调全球粮食安全的重要性。

对于发展中人口大国，确保粮食安全尤为重要。印度在粮食安全问题上可谓教训深刻。1940 ~ 1944 年第二次世界大战期间，丘吉尔做出一系列决定，包括从英国和欧洲战后的自身利益出发，囤积粮食，无视印度东部的紧急救灾需求，直接或间接地加剧了印度的饥荒，导致约 300 万人死亡。② 1966 年，印苏关系日趋亲密，出于军事战略和贸易的双重考虑，美国总统亲自出面逼迫印度总理英·甘地贬值卢比，"否则，1000 万吨粮食援助无法兑现"。③ 而当时，印度有 3 亿 ~ 4 亿饥饿人口挣扎在死亡线上。依靠嗟来之食，终究受制于人，一个大国把国民的饭碗置于他人之手，不难想象个中滋味。

手中有粮，心中不慌。作为具有几千年农耕历史的中国，起码应有能力控制本国的粮食市场。从理论上说，中国只有维持足够高的粮食自给率，才能基本稳定自己的大粮仓，抵御国际市场的风吹草动。目前，中国尽管粮食总产超 5000 亿公斤，但人均粮食占有量刚刚达到 425 公斤。随着经济社会发展，国民生活水平不断提高，食物需求日益多样化，今后需要更多的粮食作保障，因此，继续提高农业生产力和粮食产量，无疑是维护粮食安全、确保国家安全之必须。

---

① Peter Gray, The Irish Famine, October 1995.
② Madhusree Mukerjee, Churchill's Secrete War: The British Empire and the Ravaging of India during World War II, Basic Books, 2010.
③ M. S. Swaminanthan 教授 2012 年 4 月与笔者在联合国粮农组织总部的对话。

（三）粮食安全与国际政治

粮食安全一直是近代国际政治博弈的热点。目前，经济合作与发展组织国家每天补贴农业高达 1 亿美元。美国政府于 1954 年通过的农业贸易发展和援助法案，亦称"食品换和平计划"，至今长盛不衰。为何高度发达的美国、欧洲和日本如此重视粮食安全，并不惜高额补贴农业？为何美国等发达国家政府不断更迭，但重视农业和农产品生产与贸易的政策始终不变？美国前国务卿亨利·基辛格曾于 1974 年在 200 号国家安全研究备忘录中向总统建言：如果控制了石油，就控制了所有国家；如果控制了粮食，就控制了所有人；如果控制了货币，就控制了整个世界。[①] 如今国际大宗商品市场上，西方一些国家不仅控制着石油，控制着矿产，也控制着粮食交易，恰与该战略遥相呼应。

对于某些国家，粮食可以成为一种高效的"冷武器"，使世界粮食安全如同石油安全一样可控，并且按照这些国家的意愿调控。美国前国务卿迪因·拉斯克（Dean Rusk）证实，从 1962 年起，美国一直把粮食交易作为一件秘密武器，反对时任古巴总理卡斯特罗。迪因·拉斯克本人通过多种渠道承诺，只要古巴人民放弃，更确切地说，是推翻共产主义，美国将从古巴购买 250 万吨储备蔗糖。[②] 联合国粮农组织退休的政策司司长马飞·齐贝塔经多年观察表示，"非洲的粮食不安全现状相当程度上是西方的粮食援助造成的"。他断言，这一状况若不改变——若无法实现从纯粹"粮食援助"到"能力发展"的转变，"非洲将永远无法实现自身的粮食安全"。[③] 因此，不断有人质疑，目前西方国家大力推动的国际和地区粮食援助计划是否仅仅出于人道主义考量。

粮食安全过去、现在乃至今后都是国际政治博弈的重点领域之一。粮食作为国际政治斗争的有效武器，其实质作用和影响若被低估，甚至被忽略，难免就会大祸临头。诸多事实证明，悲剧不断重演。每隔一段时期，就有一

---

① 基辛格：《国家安全研究备忘录 200 号》，1995 年 12 月，www.godlikeproductions.com 。
② 《国际先驱论坛报》2012 年 6 月 22 日。
③ 联合国粮农组织网址，2010。

些国家为粮食安全战略的失误付出沉重代价，甚至主权代价。由于粮食安全与国际政治紧密相连，因此联合国系统、国际组织、国家集团和区域组织纷纷参与进来，各自扮演不同角色。

1. 联合国的作用

联合国为世界粮食安全提供中立的政治舞台。为应对 2007～2008 年世界性粮食危机，联合国秘书长潘基文于 2008 年 4 月亲自挂帅，成立了由联合国 23 个部门和专门机构，包括总部设在罗马的三家与粮食主题相关的机构（联合国粮农组织、国际农业发展基金和世界粮食计划署）、世界卫生组织（WHO）、世界银行（WB）、联合国儿童基金会（UNICEF）、联合国开发计划署（UNDP）、经济合作与发展组织（OECD，简称经合组织）以及乐施会（OXFAM）等大型国际非政府组织一把手组成的高级别工作组，开展宣传攻势，研究应对政策，制定了粮食和营养安全行动综合框架，并积极筹募资金，在联合国系统内外推动实施。如今，国际粮价仍在高位波动，全球新一轮粮食危机风险仍然存在。潘基文任命的世界粮食安全问题特别协调员大卫·拉巴罗认为，"由于粮食安全问题的政治性明显，由联合国秘书长亲自挂帅的联合国高级别的工作组不可能解散"。[1]

2. 联合国粮农组织

作为联合国系统主管农业和粮食安全的专门机构，其宗旨是消除饥饿、提高农村人口的营养水平。20 世纪 90 年代以来，粮农组织分别于 1996 年、2001 年和 2009 年三次召开世界粮食安全首脑会议，协调各国政府对粮食安全的政治承诺，实施粮食安全行动计划。其中，1996 年世界首脑会议提出，2015 年将饥饿人口基数减半，并制定了相应的行动纲领。2009 年第三次粮食安全首脑会议，是在 2007～2008 年全球粮食危机和金融危机的国际背景下召开的，它在检视危机原因的基础上，通过了包括五项罗马原则的峰会宣言，[2] 强调必须制订和资助国家主权范围内的、实行目标考核的粮食安全计划。在实现全球粮食安全的漫长进程中，除为成员国提供讨论国际粮食安全

---

[1] 笔者与世界粮食安全问题特别协调员大卫·拉巴罗（David Nabaro）的个人对话，2012。
[2] 联合国粮农组织：《世界粮食安全峰会宣言》，2009。

的全球战略和重大政策外，联合国粮农组织还负责制定规范和标准、收集和共享信息数据，积极帮助成员国加强能力发展，提供农业政策咨询，开展各领域、各层次的技术培训。此外，联合国粮农组织还与同在罗马的国际农业发展基金和世界粮食计划署相互合作，有效增强了国际影响。

除联合国系统外，一些全球性和地区性的多边机制在国际粮食安全中扮演着日益重要的角色。八国集团（简称 G8，包括美国、日本、德国、法国、英国、意大利、加拿大和俄罗斯）与二十国集团（简称 G20）尤其不容忽视。2007～2008 年在全球粮食危机与金融危机的复合作用下，全球饥饿和季节性饥饿人口一度接近 10 亿人，引发 30 多个国家和地区的动乱。美国与欧盟国家认为，若不加以控制，势必影响其在中美洲、南美洲、非洲及其他地区的利益。2008 年 11 月，在意大利东部拉奎拉召开的峰会上，G8 首脑将粮食安全列入峰会议程，并通过了全球粮食安全倡议。他们集体承诺，三年内将提供 220 亿美元紧急援助，帮助发展中国家发展农业，特别是增加粮食作物生产；建立稳定、可预测、无扭曲、开放与透明的农产品贸易体系，在全球粮食安全和国际市场粮食价格波动治理中，有效地传达了广大发展中国家的意愿和呼声。这就是著名的《拉奎拉峰会宣言》，被视为 G8 推动世界粮食安全问题的里程碑。然而，如同其他许多国际承诺一样，《拉奎拉峰会宣言》也是雷声大，雨点小，几年过去，名目不断更迭，1/3 的援助款都没到位。2012 年，美国出任 G8 峰会东道国，为配合年底总统连任竞选，奥巴马再打世界粮食安全牌，提出了"非洲粮食安全和营养新联盟的倡议"，聚焦非洲撒哈拉南部 6 个国家（包括布基纳法索、象牙海岸、埃塞俄比亚、加纳、莫桑比克和坦桑尼亚），动员私有企业投资，帮助非洲未来 10 年削减 5000 万贫困与饥饿人口。然而，美国该计划意在从国家利益出发寻求经济增长极，同时开发海外生产基地和市场，难免与其欧洲盟友在非洲的利益发生冲突。欧盟国家认为，美国的"新非洲倡议"缺乏明确政策确保非洲小农权益，没有令人信服的举措保护环境，特别是吸引所有企业连片开发土地，实行单一作物种植，必将导致生物多样性的破坏。通过激烈的利益较量和平衡，G8 最终同意以"新非洲倡议"作为试点，推动世界粮食安全委员会制定《国家粮食安全范围内土地、渔业及森林权属负责任治理自愿准则》。在奥巴马本人四处游说下，2012 年 6 月 G8 峰会期间，以美国企业为主的 45 个跨国公司表示拟投资 30 亿美元，启动新联盟计划。

G20 原本是一个国际经济合作论坛，属于布雷顿森林体系框架内的一个非正式对话机制，由 G8 及欧盟、中国、巴西、印度、澳洲、墨西哥、韩国、土耳其、印度尼西亚、沙特阿拉伯、阿根廷和南非等 12 个重要经济体组成。它最初于 1999 年 9 月在美国华盛顿由美国及日本等 G8 的财政部长提出，1999 年 12 月在德国柏林正式成立，旨在防止类似亚洲金融风暴的重演，通过让相关国家就国际经济、货币政策举行非正式对话，以利于国际金融和货币体系的稳定。G20 集团的 GDP 总量约占世界 85%，人口约 40 亿，按购买力平价计算，全球 GDP 排名（国际货币基金组织的各国国内生产总值列表）前 20 位的经济体中，除西班牙及波兰以外，悉数囊括其中。

为共同应对 2007～2008 年全球经济危机和粮食危机，2008 年 11 月，G20 集团在华盛顿召开第一次领导人峰会。随着 G20 集团架构的日渐成熟，并为反映新兴工业国的重要性，其领导人于 2009 年宣布，该组织将取代 G8，成为全球经济治理与合作的主要论坛。自 2008 年以来，G20 已召开七次峰会，在应对全球金融和粮食危机中，通过提振信心，共同行动，在稳定全球市场、推动强势增长等方面，发挥了巨大作用。通过 G20 平台，新兴经济体的国际地位和影响不断提高，尤其是金砖五国（巴西、俄罗斯、印度、中国和南非）从 2009 年成立之后，积极呼吁改变国际经济旧秩序，给予新经济体更大的话语权，在 2007～2008 年金融危机和应对全球粮食危机等问题上扮演了重要角色。近年来，G20 峰会连续数年都把粮食安全列入议事日程，并增设农业部长会议，专门讨论农业方面的合作。2011 年，为了应对全球高粮价波动，G20 专门成立了工作小组，研究全球应对政策，并决定建立全球农业市场信息系统（Agricultural Market Information System，AMIS）以及快速响应平台机制。2012 年 6 月，G20 在墨西哥罗斯卡波斯召开的峰会上通过宣言，再次把增强粮食安全和应对商品价格波动问题列为重点。

二 世界粮食安全面临的主要挑战

从宏观经济层面看，随着各国经济增长和国民收入提高，农、林、渔等第一产业占国民经济的比重不断下降，与其他经济活动的整合呈不断增加的趋势。对于农业仍是主要经济部门的国家和地区，正面临不断增加的复杂压力和来自其他行业的巨大竞争。在经济转型和结构调整中，发展中国家必须考虑经济和社会发展的一些外部驱动力，特别是人口动态变化、城市化发展、资源环境制约、气候变化和灾害影响，全球化与贸易竞争，持续贫困和地区冲突等对粮食安全和可持续农业发展产生巨大影响等问题。

（一）人口动态和城市化进程

2011年10月30日，当一个菲律宾女婴诞生时，联合国秘书长潘基文宣布世界人口已达70亿。其实，谁是第70亿个人本身未必重要，重要的是人口总量的警示——70亿人的衣食住行等需求，对地球承载力将意味着怎样的影响。根据联合国中等模型展望，到2050年全球人口将达92亿，所增人口绝大部分来自发展中国家，其中，城市人口将占70%。非洲人口增长尤其迅速，到21世纪末，非洲人口将达到目前的3.5~7倍（见图2）。此外，大部分人口增量将集中于发展中国家的城市地区，农村到城市的移民将是人口流动的最重要特征。而城市居民的消费取向，要求提供更多的工业品和服务，同时增加对食品加工业和餐饮业的需求。

据联合国粮农组织估计，[①] 由于人口增加、经济增长和饮食结构变化（如人均对肉类的年消费将从目前的37公斤增加到2050年的52公斤），到

---

① FAO，Alexandratos N.，World Food and Agriculture to 2030/2050，2009.

　FAO，Bruinsma，J.，The Resource Outlook to 2050：By how much do land，water use and crop yields need to increase by 2050，2009.

　FAO，Global Perspective：Global Production in 2050，Bruinsma，2011.

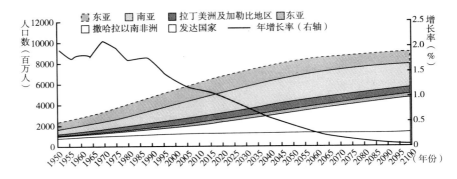

图 2 联合国中等模型全球人口展望

2050 年，全球粮食产量需增加 70%（发展中国家需增加 100%）。① 根据 2050 年全球粮食需求展望，与 2005～2007 年相比，全世界每年需多生产 10 亿吨谷物（增长 45%）；1.96 亿吨肉类（增长 76%）；7.13 亿吨根茎类作物（增长 64%）；1.72 亿吨大豆（增长 79%）；4.29 亿吨水果（增长 68%），以及 3.65 亿吨蔬菜（增长 47%）。这些数字尚不包括生物燃料对粮食生产的需求。而新的消费模式也同时意味着对加工食品的需求扩大，这为农业增值和提高农民和非农人员的收入提供了新的机会。

对于中国而言，随着需求增加，本来就处于紧平衡状态的主要粮食品种，供需缺口将进一步扩大。根据中国人民大学人口与发展研究中心预测，中国人口峰值将出现于 2029～2030 年，为 14.42 亿人；此后中国将出现人口负增长，到 2050 年总人口数为 13.83 亿人，对资源与环境的压力才开始有所缓和。可见，在今后相当长一段时期，制定和实施综合的、可持续的国家粮食安全战略，对于具有 14 亿人口、迅速向城市化发展的中国是何等重要。

（二）资源环境的制约和气候变化的影响

联合国粮农组织研究表明，未来全球粮食生产的增加将主要来自三个方

---

① FAO, 2009, Bruinsma, J., The Resource Outlook to 2050: By how much do land, water use and crop yields need to increase by 2050, ftp: //ftp. fao. org/docrep/fao/012/ak971e/ak971e00. pdf.

面：提高单产、提高复种指数和扩大耕地面积。鉴于土地和水资源的制约，10%的增产将来自扩大耕地面积；而90%的增产将来自生产率的提高，即通过集约化生产提高单产和复种指数。

根据联合国粮农组织统计，全球目前可耕种土地资源为13.8亿公顷[①]，人均仅有0.197公顷。由于气候变化、荒漠化、过度开发和不良耕作实践的影响，目前有25%的可耕地资源高度退化。而水资源不足，水源污染和地下水过度开采已构成农业发展的严重制约[②]。粮食作物和非粮食作物生产对自然资源的竞争由来已久，在过去20多年里，其本质和强度都发生了极大变化；使用谷物，如玉米和油菜籽等油类作物生产生物燃料，也极大地加剧了对自然资源的消耗。此外，城市人居开发，休闲场所和道路交通建设，工业发展，矿产开采，以及木材和其他衍生产品生产等，都对粮食和农业赖以发展的土地、水和生物资源造成巨大压力，增加了生态、社会和经济成本，并大大降低了小农抵御自然灾害、维护粮食安全和改善生计的能力。

气候变化已成不争的事实，也是人类可持续发展无法绕过的关卡。虽然气候变化对农业、林业和渔业的影响将因地而异，其对粮食安全的四个方面的总体影响业已被大量研究证实[③]。联合国政府间气候变化专家委员会（IPCC）2007年报告认为，全球气候将变暖，并预计未来每十年将升温0.2摄氏度（不同的排放情形）。该委员会2011年的报告进一步指出，由于人类活动的影响，包括大气中温室气体浓度增加的确引起了某些极端气候的变化，[④] 如极热天气、热浪和大降雨频率、热带气旋强度增加，高纬度降雨增加和大部分亚热带地区降雨减少等。

农业灾害可以由各种因素诱发，包括气候性灾害（如干旱、洪涝、台

---

① FAO, Statistic Yearbook, 2010.

② FAO, The State of the World's Land and Water Resources for Food and Agriculture: Managing System at Risk, 2011.

③ Brian Thompson and Marc J. Cohen, Editor, The Impact of Climate Change and Bioenergy on Nutrition, Springer and FAO, 2012.

④ IPCC Special Report: Managing the Risk and Extreme Events and Disaster to Advance Climate Change Adaptation, December 2011.

风、海啸和森林火灾）、地质灾害（地震、火山爆发、滑坡、泥石流）、生物性灾害（跨边界的植物病虫害和动物疾病）和技术性灾害（如日本福岛的核电站泄漏）等。灾害往往造成巨大的损失和影响：与20世纪50年代相比，经济损失可高出14倍，估计每年损失可达500亿~1000亿美元[1]。全球范围20世纪90年代由于自然灾害造成的包括农业部门在内的总体经济损失估计超过6000亿美元，大于过去40年的总和。[2] 全球增温对农业的影响是多方面的。2012年夏，美国经历了60年不遇的旱灾，当时预计玉米将减产17%，旋即引起国际市场玉米价格飙升近60%，人们甚至担心会触发新一轮粮食危机。[3] 由于各种天灾人祸，近年来，仅世界粮食计划署每年就需组织约500万吨救济粮，对近1亿人口施以紧急粮食援助。[4]

有研究表明，在农业灾害面前，发展中国家尤其是贫困国家，由于治理不善、生态脆弱、政治不稳或地区冲突，应对风险和突发灾害的能力不足，同样强度的灾害，蒙受的人员死亡和经济损失往往是富国的数倍甚至数百倍，如相同人数面对一场类似的热带气旋，低收入国家死亡人数的风险是经济发达国家的225倍。

面对日益增加的资源环境制约和压力，以及气候变化的影响，除了寻找可持续发展道路别无捷径。纵观各国政策和实践，可以得出一个基本共识：自然资源基础和生态系统服务是粮食和农业体系的根本；保护利用资源和生态系统是可持续农业发展的前提；环境保护是确保农业生产、社会和政治可持续性的保障。其实现手段是，将发展绿色农业作为增加粮食和非粮生产的根本途径，提高土地生产力、水资源利用效率，推动清洁能源使用，减少农药和化肥使用，减少排放和增强对气候变化的适应能力。[5] 在寻求增加粮食生产、能源和自然资源利用的平衡中，要利

---

[1] M. V. K. Sivakumar, Impacts of Natural Disasters in Agriculture: An Overview, 2008, WMO.

[2] Abramovitz J., Unnatural Disasters, World Watch Paper No. 158, Washington, D. C., World Watch Institute.

[3] Terry Macalister, UNS Slashes Corn Production Forecast as Drought Raises Crisis Fears, The Guardian News, 10 August 2012.

[4] 参见世界粮食计划署网址。

[5] 联合国粮农组织：《节约与增长》，2011，罗马。

用生态经济的潜在优势，在增强农业、林业和渔业发展的同时，为农民提供更好的生计，创造更多的就业机会，提高整体生活水平。

（三）全球化下的市场波动

全球化和自由贸易对世界政治、经济和社会产生了广泛而深刻的影响，为世界经济发展带来了新的契机。全球化趋势也极大地影响了农业发展和粮食安全，改变了农业和农村经济和社会环境，并为三农发展提供了巨大机遇。例如，在过去40年，由于经贸政策变化，通关程序简化，交通日益便捷，国际农产品的贸易迅速增加。按不变价格，世界农产品的总出口量从20世纪60年代的35亿美元增加到2009年的1100亿美元，增长了近30倍。① 然而，对于大部分发展中国家来说，全球化也是巨大挑战。如何及时制定、调整有关政策，加强国际贸易谈判能力建设，采用与国际接轨的农产品质量检验标准与措施，掌握市场信息，推动信息技术使用等是有效把握机遇的必要手段。应该看到，那些OECD国家，一方面，通过大规模现代技术应用使农业生产力极大提高；另一方面，通过贸易保护主义和国内大量补贴，使其农产品在国际市场占有绝对竞争优势。对发展中国家，尤其是其传统行业或商品的冲击极其巨大，甚至构成灭顶之灾，如中国传统大豆行业几近消亡，这是不能轻易抹去的教训。

地球不是平的。发达国家不但掌握先进技术，而且控制了国际贸易标准、游戏规则谈判和制定议程的设定权、发言权和决策权，从而为其农产品在国际市场畅行无阻服务。发达国家每年用于农产品补贴近3600亿美元，高额的农业补贴使发达国家一方面稳住了国内农产品市场免受进口冲击；另一方面，通过粮价的"可控"性统领国际市场，成为近年来国际粮价波动的原因之一。当然，造成粮食危机和粮价高位波动的因素常常具有多元性，以2007～2008年全球粮食危机为例，美国、澳大利亚和俄罗斯等主要产粮

---

① FAO, Global Trends and Future Challenges for the Work of the Organization, 2012, FAO web annex. , trends 6.

国由于遭受自然灾害导致粮食减产是主要诱因，而国际粮食库存持续走低、美元贬值、粮食商品资本化、期货和投机行为频仍，以及出口贸易限制等，都对粮价高涨起了推波助澜的作用。而生物能源的发展，特别是利用粮食作为生物燃料原材料，更使粮食供给压力雪上加霜。以美国为例，其在2007年推出的新生物能源法案，将导致其40%的玉米产量用于生产柴油（约1.27亿吨），相当于发展中国家4亿多人一整年的口粮。[1] 简而言之，气候变化、生物能源和粮食安全已形成"你中有我，我中有你"的三维联动，成为国际粮食安全治理、农产品贸易、生物能源与气候变化谈判领域的热点议题。

由于引发粮食危机的诸多因素无法在短期内根除，且实现统一治理并非朝夕之功，粮食危机反复出现的可能性是存在的。联合国粮农组织（FAO）、世界粮食计划署（WFP）和国际农业发展基金（IFAD）认为，未来十年全球粮价总体上将居高不下，同时粮价在高位波动局面将继续存在甚而加剧，这将严重威胁世界粮食安全，使贫困人口，特别是亿万小农户，城市消费者和依靠粮食进口的小国处境十分艰难。为治理国际粮食市场价格高位波动，应对再度出现全球性粮食危机的挑战，2011年，G20集团在法国为轮值主席期间，决定实施农产品市场信息系统（AMIS），对全球生产实时监测，必要时采取快速应急机制。

过去几年的事实表明，应对粮价波动所引起的粮食安全是当前国际社会的共同挑战，需要发达国家和发展中国家结成广泛联盟，以及国际社会所有利益相关者的通力合作。从根本上说，则要从整个粮食和农业系统着手、共同给力，包括推动科技进步与创新，不断提高农业生产和生产力，减少收后损失和粮食浪费，坚持国际贸易开放政策，增强国际市场透明性等。

（四）社会差别与动荡

当今世界正处在过渡、转型和纷争时期，[2] 与之相伴的社会差别与动荡

---

① Think progress website：Food or Fuel, by climate guest blogger, July 12 2012.
② 联合国秘书长2012年9月在联合国大会上的讲话。

无疑是粮食安全面临的另一挑战。由来已久的东西差距、南北差别使撒哈拉以南非洲和南亚沦为两个世界最大的饥饿和贫困人口聚集区。近年来相继发生的能源危机、粮食危机和经济危机又使这两个地区备受冲击。未来它们在自然灾害、气候变化和市场波动方面面临的风险比任何其他区域都大。能否采取有效措施加快这两个区域的经济发展与粮食安全进展步伐，缩小与其他区域之间的距离，是关系到未来几十年全球粮食安全与扶贫战略成败的关键。

近年来，一些转型经济体发展速度较快，为粮食安全的进步做出了贡献。但地区发展不平衡导致城乡差别、贫困地区和发达地区的差别正在拉大。城乡差别导致农村人口和资源向城市的转移，形成农村空心化，对可持续农业发展和粮食安全提出了挑战。由于城市的文化和物质条件、就业机会和经济收入等优于农村，农村青年劳动力，特别是受过一定教育的青年不断涌向城市，使农村出现了农民"白发化""女性化"和"低文化"的"三化"现象，给农业的可持续发展埋下了隐患。在过去50年中，从农村向城市迁移的人口已超过8亿。令人纠结的是，留守的农村"主力"，在许多地方却无法公平地获得必要的生产资料，如土地、林地、水资源以及必要的信贷支持。联合国粮农组织在对70多个发展中国家的研究中发现，在较不发达的地区，妇女占农村劳力的43%，如果她们能够获得与男性同样的农业生产资源和服务（包括土地、技术和贷款等），可使国家一级的农业生产总量增加2.5%~4%，足以帮助减少1亿~1.5亿的饥饿人口。[①] 此外，农村劳动力市场常常表现出巨大的非正式性、随意性以及年龄和性别歧视性。工作环境极差、缺乏劳动立法或执法能力、社会保障不完善，这些是制约农村进一步发展的主要原因，必须通过综合治理、城乡平衡等政策解决。地区间的差距拉大使一些自然社会条件和资源禀赋比较差的地区变成了极端贫困地区，饥饿和贫困的顽疾难以消除。当前贫穷和饥饿人口的主体是丧失土地的农民，特别是小农户、社会弱势群体、少数民族、边远落后地区和环境恶劣被边缘化的人群，需要特别关照和特定发展

---

① FAO, The State of Food and Agriculture 2010 - 2011.

政策扶植。

因战乱、社会冲突和灾害等原因引发的社会动荡和难民潮，一直是世界粮食安全需要面对的一个不可确定因数。在过去的 60 多年里，全世界曾有 7.5 亿多人被迫离开家园，沦为难民。自 2011 年初以来，科特迪瓦、利比亚和叙利亚等国相继发生武装冲突，索马里和也门等国也爆发人道主义危机，导致大量人口流离失所。加上伊拉克、阿富汗、刚果（金）和中非共和国的遗留问题，目前全球共有 4250 万人被迫流离失所，其中 2640 万为国内流离失所者，1520 万为难民，另有近 100 万名寻求避难者。饱受战火袭扰的阿富汗和伊拉克是主要的难民来源国，分别有 270 万和 140 万难民流落国外。索马里和刚果也分别有 110 万和 49.1 万难民。据联合国难民署估计，到 2013 年中，叙利亚难民人数将超过 100 万。尽管自身资源有限，发展中国家仍接纳了全球约 80% 的难民，其中巴基斯坦是全世界最大的难民接收国，共安置了 170 万外来难民；其次是伊朗，共接纳约 87 万难民；肯尼亚排在第 3 位，接纳难民约 57 万。① 未来人类社会的冲突和灾害还将继续，受影响国家和地区仍将是粮食安全缺乏保障的地区，也是国际社会粮食援助的重点对象。

纵观历史，贫困和饥饿历来是社会动乱的主要根源，"9·11" 事件后有了一种共识，认为贫困和饥饿是恐怖活动的温床，比如在阿富汗、尼泊尔、苏丹和索马里等地，有些贫民仅仅为了有人"管饭"而加入恐怖组织。在全球 30 多个反复出现粮食短缺甚至饥荒的国家，除部分天灾因素外，绝大部分国家则是人祸所致，或部落争斗、族群冲突，或政府腐败、政策失误、治理不善，致使发展停顿，减贫停滞不前。贫困和饥饿两者相互关联，相互影响。应对这些挑战需要国际合作，建立广泛的国际联盟。对于任何国家，不管其政治制度性质如何，粮食安全都是稳定社会、维持国民生计的头等大事。许多国家的经验表明，消除贫困和饥饿的最有效途径是发展经济。对于转型经济体，支持农业则是经济发展的重要途径，特别应明确农业部门在社会经济活动中的三大功能，即确保粮食安全、促进经济增长和保护资源

---

① 新华网，2012 年 6 月 20 日世界难民日。

环境。具体来说，在鼓励农民种粮、保护资源环境的同时，应当出台相关政策，确保农业就业机会，不断提高农民收入水平。

三 农业与粮食安全的全球治理

（一）全球粮食安全治理的目标与重点

全球治理是古老而又崭新的议题。从人类懂得商品交易开始，管理、监督和调节规则就应运而生。18 世纪第一次工业革命后，生产力极大提高，殖民主义高度强盛时期，西方列强用坚船利炮打开了亚洲、非洲和拉丁美洲的大门，在向殖民地大量输出工业品，如毛料、布匹的同时，掠夺性地占有了各类资源，从香料、木材到铁矿石等无所不有，与此相应的贸易、关税、农产品、卫生检疫和资源进出口等国际规则就相继出现。不过，这些国际规则与协定本质上是西方国家为了维持和平衡各自既得利益而设立的，此后西方国家一直主导着国际游戏规则的制定。直到 20 世纪末，发展中国家逐渐崛起，亚洲日渐成为世界经济中心，国际权力平衡点开始东移，全球治理才被赋予了崭新的内涵。随着计算机、信息和网络技术的迅猛发展，全球化进程进一步加速，伴随着 G20 的出现，全球经济发展、贸易、金融、气候变化、生物多样性和粮食安全等重大国际事务决策的政治格局开始发生巨大变化，广大发展中国家在磋商、谈判国际规则与标准过程中逐渐有了话语权，其国家意志与权益才初步得以体现。今后，发展中国家如何更加积极有效地参与全球治理，与政府、非政府组织和社会团体一道，共同推进国际共识和国家共识的形成，谋求平等、维护主权和争取权益，是一项紧迫而重要的战略任务（见专栏 2）。

全球粮食安全治理是全球治理的一个重要方面。目前全球粮食安全治理的争论焦点已从国家和非国家的角色的相对作用转向对各种角色之间互动及其结果对决策和行动影响的规则和过程的重视。"治理"是关于公共和私有部门说明各自利益，制定、执行及确保政策延续的正式和非正式的各种规则的整个过程。联合国粮农组织所强调的重点为影响粮食和营养安全，农民生计及自然资源管理和可持续性使用的地方、国家、区域和全球等各个层次的治理。

 专栏2　全球治理

治理一词源于古希腊，原意为驾驭，是哲学家柏拉图第一次用于隐喻，后传为拉丁文和其他语言。当代全球治理的理论是顺应世界多极化趋势而提出的，旨在对全球政治、安全、经济等事务进行共同管理的理论。1992年，在时任联合国秘书长布特罗斯·布特罗斯·加利的支持下，28位国际知名人士发起成立了"全球治理委员会"（Commission on Global Governance），并于1995年发表了《天涯成比邻》（Our Global Neighborhood）的研究报告。尽管该报告备受争议，但较系统地阐述了全球治理的概念、价值以及全球治理同全球安全、经济全球化、改革联合国和加强全世界法治的关系。

鉴于全球治理的政治敏感性，至今学术界未能就其定义达成完全统一的意见。目前的基本共识是，全球治理的核心要素包括五个方面：一是全球治理的价值，即在全球范围内所要达到的理想目标，应当是超越国家、种族、宗教、意识形态、经济发展水平之上的全人类的普世价值。二是全球治理的规制，即维护国际社会正常秩序，实现人类普世价值的规则体系，包括用以调节国际关系和规范国际秩序的所有跨国性的原则、规范、标准、政策、协议、程序等。三是全球治理的主体，强调制定和实施全球规制的组织机构和利益相关者的公平参与，主要有三类：（1）各国政府、政府部门及地方政府；（2）正式的国际组织，如联合国、世界银行、世界贸易组织、国际货币基金组织等；（3）非正式的全球和地方公民社会组织。四是全球治理的客体，指已经影响或者将要影响全人类、很难依靠单个国家解决的跨国性问题，主要包括全球传统与非传统安全、生态环境、国际经济、跨国犯罪、基本人权等。五是全球治理的效果，涉及对全球治理绩效的评估，集中体现为国际规制的有效性，具体包括国际规制的透明度、完善性、适应性、政府能力、权力分配、相互依存和知识基础等。有学者把上述五个核心要素转化为五个问题：为什么治理、如何治理、谁治理、治理什么、治理的效果如何。

在各治理主体参与全球治理的过程中，由于其自身特色以及在国际体系中的不同地位，体现出三种不同的治理模式：一是国家中心治理模式，即以主权国家为主要治理主体的治理模式。具体来说，就是主权国家在彼此关注的领域，出于对共同利益的考虑，通过协商、谈判而相互合作，共同处理问题，进而产生一系列国际协议或规制。二是有限领域治理模式，即以国际组织为主要治理主体的治理模式。具体来说，就是国际组织针对特定的领域（如经济、环境等领域）开展活动，使相关成员国之间实现对话与合作，谋求实现共同利益。三是网络治理模式，即以非政府组织为主要治理主体的治理模式。具体来说，就是指在现存的跨组织关系网络中，针对特定问题，在信任和互利的基础上，协调目标与偏好各异的行动者的策略而展开的合作管理。

资料来源：全球治理委员会报告：《天涯成比邻》，1995。

剖析大量有关全球治理的文献可以看出，治理的理念有如下核心原则，这些原则为理解现有全球粮食安全治理体系的关键制约和解决此类制约的优先办法提供了以下一种框架。

参与——人们及其所属的机构能够自由、完全、积极和有意义地参加规划、设计、监督和评估影响他们自身的决策；

问责——问责主体对其管辖范围内各级组织和成员所承担职责和义务的履行及实施承担责任及其后果；

透明——领导人对于他们的决策和行动能够做到尽量公开，同时公众能够自由地获得有关这些决策和行动的及时与可靠的信息；

平等与公平——各种团体，特别是最脆弱的人群具有平等机会来改善或维持其福祉；

效率和效益——各种规则和规定平等地应用于各种团体。各种过程和各个机构在最佳使用可支配资源的前提下，生产符合社会需要的成果；

法治——政府和公民及私有公司一样接受法律的制约。

基于以上原则，全球粮食安全治理的目标任重道远。全球的社会与经济发展对农业、粮食安全、农村和农民生活带来了深刻变化，既包含新的机遇，也提出了严峻挑战。对于发展中国家来说，一方面，必须面对人口增长和粮食需求增加的双重压力，应对国际粮食市场价格高位波动的影响，以及应对马拉松式的世界贸易组织（WTO）多哈谈判能力不足的困扰。另一方面，还需应对灾荒、地区性冲突、不负责任的土地投资和小农户失地的潜在危机，土壤退化、水资源枯竭等生态环境恶化和生物资源消亡等局面。由于发达国家官方发展援助的减少，贫困、弱小国家不得不疲于应付由于农业援助和投资减弱所带来的新的粮食生产停滞的困境。上述因素导致粮食和整个食品链面临的问题更加复杂化，而有效解决这些问题，必须依靠从国际到国内、从政府到民间，包括社会团体和非政府组织的多元化力量的组合、参与和协作。

当前世界经济形势并不乐观，北非、中东政局险象环生，粮食价格高位波动，加上某些政府推行的强制性生物燃料政策，导致世界性粮价再度飙升。这可能进一步对减少饥饿人口、实现千年发展目标的实现进程造成影响。面对全球粮食安全治理的重大议题举步维艰、低效乏术的现状，如何加强综合治理，探讨新型有效的机制，成为当下国际社会和各国政府的首要而迫切的任务。

在国际层面，各国应进一步明确联合国机构内各种组织特别是联合国粮农组织、国际农业发展资金和世界粮食计划署这三个总部设于罗马的联合国机构的分工与合作；促进联合国机构与国际救援和粮食援助机构以及非政府组织的协调和伙伴关系；加强与国际农业研究网及各种公约秘书处（如

《生物多样性公约》《粮食和农业植物遗传资源国际条约》等）的实质性合作。鉴于私有企业在实现粮食安全的重要作用，必须尽快制定健全包括种子、化肥、农药、投资等在内的相关政策和指南，吸纳各利益相关方，参与讨论制定国际粮食安全准则，如负责任的农业投资准则等，规范其行为准则。对于传统的多边外交机制和新增诸边和多边平台，尤其是近期表现活跃的"精英多边主义"路线，如由 G8 搭台（出议程），G20 唱戏的趋势，应当充分认识其在全球粮食和营养安全治理领域中的作用，研究其对粮食安全议题的实质影响，尤其是这些机制对 G20 以外的广大发展中国家利益的关注以及实质性支持程度。2012 年 6 月，联合国可持续发展会议（简称"里约 +20"峰会）后，联合国秘书长潘基文宣布了一系列措施，强化包括粮食安全在内的全球协调机制，如成立"全球持续发展解决网络"，任命美国地球研究院主任杰弗里·萨克为特别顾问并牵头联合政策研究中心、大学和技术研究院，以求为当前世界最紧迫的环境、社会和经济问题提供解决思路。[1] 该网络将与其他利益相关者紧密合作，特别包括商业、民间团体和其他国际组织，与联合国专门机构一道，共同确定实现可持续发展的最佳途径。

在国家层面，鉴于各国政治体制不同，各国需探索与其国情相适应的粮食安全治理模式。近年来，特别是 2007 年全球粮食危机爆发以来，以非洲的马拉维、布基纳法索和亚洲的孟加拉国为例，大量事实证明，与依靠外援相比，各国主导并拥有的计划是实现一国粮食安全之本。所幸的是，这种政策为中国政府一贯主张并长期坚持。在实施三农和粮食安全发展计划中，政府除在政策、资金、能力建设和农业基础设施中起主导作用外，还应该认识到在粮食领域中市场这只"看不见的手"在转型经济中发挥着日益巨大的作用，要制定具体政策和措施鼓励企业、商贸、农民，特别是小农户的参与。对于其他粮食安全治理的突出问题，如传统农业部门与其他经济、贸易和环境部门之间的利益冲突，中央与地方政府在土地利

---

① UN Press Release, United Nations Secretary-general Announces New Sustainable Development Initiative, Issued by the UN Department of Public Information, New York, 9 August 2012.

用、扶贫和其他发展计划之间日益明显的矛盾，转型经济国家必须有效协调解决。

在粮食安全治理中，政府还面对一系列新问题。受全球化、世界粮食危机和粮价高位波动等影响，国际上一些多边机制（如IMF、WTO和G8等）以粮食安全名义，出台了一些与推动国际农业发展有关的政策、标准、援助计划和投资意向，若使用不当，可能损害成员国农业和粮食安全的长远布局，会对国家层面的能力建设造成负面影响。随着国际贸易的推进，一国传统产业可能因竞争力不足被迫退出行业（如中国的大豆生产），严重影响农民的眼前利益；又如沃尔玛等跨国连锁超级市场在发展中国家的大量出现，给小农生产方式和依赖传统的小型农贸市场的农民生存带来新的挑战。跨国投资、圈地发展粮食作物和非粮农产品种植等，对投资流入国的护农、支农和惠农等农业政策构成冲击，轻则导致其政策被取代，重则导致其政策被取消。此外，近几年来国际上非政府组织和其他民间社团的力量如雨后春笋，正以各种名义和名目，影响着国家和国际对粮食安全政策的决策，成为经济转型国家在全球政策制定过程中不得不面对的伙伴。那么，相关政府的决策体系做好相应准备了吗？毫无疑问，相关国家需要与时俱进，政府部门必须面对角色转换，包容各种力量，才能发挥其在国际粮食安全治理领域的"领头羊"作用。

（二）全球粮食安全治理机制

当前，全球粮食安全治理最主要的挑战是如何实现联合国的千年发展目标，消除贫困，减少饥饿人数。粮食安全治理热点覆盖范围广泛：在政治上，重在如何加大力度，推动"粮食权"，实现"人人免受饥饿"；在机制上，"世界粮食安全委员会"（以下简称"粮食安全委"或"粮安委"）改革本身就是关注焦点；在规划上，重在各方如何贯彻落实联合国秘书长的"零饥饿挑战"倡议；在行动上，关键在如何推动"里约＋20"峰会的后续行动，制定协调统一的联合国千年发展目标后的全球发展议程（简称"后2015"）。其中，致力探索绿色经济，推动气候智慧型农业，是国际社会实现可持续发展的重要方式之一。

1. 世界"粮食安全委"的作用

2007～2008 年全球粮食危机催生了"粮食安全委"的改革。改革后的"粮食安全委"令各国对全球粮食安全治理寄予厚望。与 20 世纪 70 年代初创时的"粮食安全委"比较，改革后的"粮食安全委"在职能上更具包容性，吸纳了非政府组织、社会团体、私有企业和学术机构代表参与决策，体现了参与、民主、协商的理念，可谓与时俱进。"粮食安全委"秘书处由总部设在罗马的三个机构共同负责，即联合国粮农组织、国际农业发展基金和世界粮食计划署。职责分担的构架旨在增强三个机构协调合作，提高"粮食安全委"的中立性。改革后的"粮食安全委"的首要成果，是在第 38 届特别会议上通过的"国家粮食安全范围内土地、渔业及森林权属负责任治理自愿准则"。该准则以可持续发展原则为基础，强调土地在发展过程中的中心地位，推动权属权利获得保障，支持平等获取土地、渔业及森林资源（见专栏 3）。[①]

在国际规范制定方面，2012 年 5 月 11 日，"粮食安全委"通过"国家粮食安全范围内土地，渔业及森林权属负责任治理自愿准则"。该准则确立了公民、社区等能否及如何取得相关权利及义务，推动土地、渔业和森林等资源的公平使用。资源权属，特别是土地、林地、水资源等是国家和国际层面粮食安全治理的热点议题。今后若干年，农民，特别是小农，能否公平获取土地和其他农业资源，确保其稳定掌管资源，是建立和谐、公平和公正社会的关键。此外，其他国际规则制定议题包括：推动多哈贸易谈判进程；通过合作稳定国际市场农产品价格及其波动性监测，确保农业市场信息的透明与共享；推动可持续的消费与农业生产，包括应对气候变化、产后损失和浪费等进一步被提上议事日程。从体制改革看，私营企业、社会团体和非政府组织在国际粮食安全治理中的话语权和作用将凸显。必须看到，政府组织在国际舞台中的作用将相对削弱，而广泛的合作与伙伴关系将不断加强。

---

① Committee on World Food Security: Voluntary Guidelines on the Responsible Governance of Tenure of Land, Fisheries and Forests in the Context of National Food Security, May 2012, Rome.

专栏 3 　世界粮食安全委员会

世界粮食安全委员会成立于 1974 年，是一家政府间机构；作为联合国系统的一个论坛，对包括粮食生产以及粮食的物质和经济获取手段在内的相关世界粮食安全政策进行审议并采取后续行动。

"粮安委"的改革

2007～2008 年经历了全球性粮食危机后，改善全球粮食安全治理的呼声催生了 2009 年"粮安委"的改革。改革后的"粮安委"目标是要成为最具包容性的国际和政府间平台，广泛接纳各利益相关方，通过共同努力，推进减少粮食不安全状况政策的出台；确保全面实现粮食和营养安全。改革后"粮安委"将致力于发挥协调作用，支持由国家主导的进程，推动实现粮食安全。"粮安委"采用分阶段方式开展下列工作：协调全球方式实现粮食安全，促进政策整合，对各国各区域提供支持和咨询，加强国家和区域层面的协调，促进问责制，分享最佳经验和模式。"粮安委"下设"粮食安全与营养高级别专家组"，以便获取可靠的科学和以知识为基础的建议来支持政策制定，从而在知识与公共政策之间建立起桥梁。该专家组由 2010 年 7 月成立的指导委员会直接领导。"粮安委"联合秘书处设在联合国粮农组织总部。

2. 政府的角色

政府在全球粮食安全治理中起着至关重要的作用，同时面临着如何适应角色转换的挑战。首先，政府的宗旨是对其人民负责，目标是确保国家的粮食安全。政府的职能是领导制定国家粮食安全战略和政策，协调相关部门，组织农业发展规划的制定和实施，包括出台激励政策，促进各方投资，加强能力建设，夯实市场、水利、道路等基础设施建设，加强教育、科研和技术推广。另外，政府对于弱势群体负有直接责任，应通过提供必要的社会保障，通过惠农、支农的举措支持弱势群体，把对灾民的及时救助作为确保国民粮食安全的关键措施之一。国际上较为成功的例子都印证了这一点，如巴西、印度尼西亚、孟加拉国、布基纳法索和马拉维等。同时，一些发展中国家存在的共同弊端，如农业、林业、畜牧业、土地、水资源和粮食管理等部门林立，中央政府和地方政府管理模式成网状格局，致使粮食安全治理体系机构重叠，职权交叉，政出多门，成为提高行政效率的瓶颈。因此，呼吁改革粮食安全治理体制的呼声此起彼伏，成为国际社会的关注焦点。

大国应以负责任的政府形象对国际层面的粮食安全治理有所作为。对于新兴经济体，特别是以中国、巴西、俄罗斯、印度和南非这金砖五国，应积极争取在国际舞台快速实现角色变换，要做一个有声、有色、有力的粮食安全治理伙伴，首先必须加强自身能力建设。应该看到，粮食安全治理涉及国际争论的重大议题，触角深入政治、外交、经济、贸易等多种领域；内容涵盖从可持续发展到气候变化；从生态保护与生物多样化到可持续生产与消费；从营养与食品安全到国际标准与食品法典制定；从负责任投资到小农利益保护；从公平贸易体系与规章制定到信息透明与市场监控等。新兴国家要尽快建立并完善多学科团队，研究国际政治问题、分析粮食安全主要趋势，跟踪双、多边兴趣热点，积极参与国际谈判和重大活动，以及监督后续行动进程。这不单是体现国家利益，维护其国民利益的基本手段，也是改变现有国际治理格局，有效参与国际决策、贡献世界粮食安全的重要举措。

四 后"里约 + 20"的全球粮食安全战略

（一）"里约 + 20"峰会对全球粮食安全的推动

2012 年 6 月，在巴西里约热内卢（简称"里约"）地球问题全球首脑会议召开 20 年之后，世界各国领导人再次聚首里约，参加"里约 + 20"峰会，对 1992 年以来的全球可持续发展进展现状做出综合评估，对建立一个更加可持续发展的世界做出新的政治承诺。2012 年 6 月 22 日通过的"里约＋20世界首脑峰会宣言——《我们期望的未来》"即为各方共识，特别是由 193 个国家、国际机构和众多非政府组织通过艰难谈判达成一致的具有700 多项承诺的具体行动，不仅多项行动与粮食安全、营养安全和农业可持续发展密切关联，而且就国际议题达成了重要共识，特别是粮食和营养安全，可持续发展的机制框架，性别平衡与加强妇女地位和能力，海洋、渔业和林业、生物资源、土地和水资源以及生态环境等。"里约＋20"峰会的会议成果文件和众多平行活动，均再度确认粮食安全为国际社会的关注焦点，强化了联合国粮农组织的职能，强调了各国农业部门的地位，进一步凸显了农业和粮食安全的重要性。

针对原定于 2015 年实现千年发展目标日益迫近，2015 年后的全球发展新战略目标的设定已经提上议事日程，"里约＋20"峰会还决定成立包容的、透明的和可持续发展的政府间机制。为此，联合国秘书长提出了三个相互关联的举措：一是"后 2015"工作组负责制定统一的愿景和路线图；二是千年发展目标工作组，组织推动"后 2015"框架的全球对话和整合；三是千年发展目标指标体系机构间专家组，提供技术指导监测和监督"后2015"监测框架的制定。这一全球行动意味着国际社会和成员国政府在粮食安全战略与对策方面能与时俱进，开展包括政策调整、体制创新、人才储备和资金注入等全方位行动。

在"里约＋20"峰会期间，联合国秘书长向成员国提出了"零饥饿挑战"，号召实现以下五大目标。

（1）在任何时候 100% 的人可获得充足的粮食；

（2）两岁以下儿童实现零营养不良；

（3）农业和粮食体系的 100% 可持续性；

（4）小农户实现增产 100%；

（5）粮食实现零损失和零浪费。

在《我们期望的未来》中专设一节"粮食安全与营养及可持续的农业"，再次强调各国政府对"人人有安全、充足和有营养食物"的权利以及免受饥饿这一基本人权的承诺，并提请各国充分认识三农的重要性，号召加大对农业的投入，特别是对小农户的支持，提高农业生产和生产力，保护自然资源和环境，实现可持续的生产和消费。它强调应从根本上解决粮价大幅波动问题，包括提供及时、准确和透明的市场信息，推动建立有规可循的全球粮食系统，争取实现一个开放、无歧视性和平等的多边贸易体系。为实现上述未来愿景，联合国粮农组织提交了专门报告，题为《朝向我们希望的未来：结束饥饿，转向可持续的农业和粮食系统》[①]（见专栏4）。

联合国粮农组织向"里约 + 20"峰会提出的三点精神和五个行动建议

专栏4

三点精神

（1）不消除饥饿和营养不良，可持续发展的里约愿景就不能实现；

（2）里约愿景要求粮食消费和生产系统减少投入，增加收益；

（3）向可持续未来过渡需要根本改变粮食和农业治理，降低过度成本，实现利益的平均分配。

五个行动建议

（1）建立和保护资源获得的权利，尤其重视最弱势群体的利益；

（2）在粮食系统中融入对可持续消费和生产的激励措施；

（3）推动公平与运作良好的农业和粮食市场机制；

（4）减少风险和增强最弱势群体的反弹力；

（5）对关键的公共物品投资公共资源，包括创新与基础设施。

---

① FAO, Towards the Future We Want: End Hunger and Make the Transition to Sustainable Agricultural and Food System, FAO Web, June 2012.

（二）后"里约＋20"的主要政府责任

"里约＋20"为国际社会评估和反思联合国的千年发展目标实施提供了极好机会。国际社会充分意识到，在物质高度丰富的今天，全世界仍有8.7亿人口处于饥饿和营养不良状态，实在令人不可接受。国际社会也清楚地认识到，实现粮食安全的重要责任在于政府。亚非拉美地区近年的事实证明，在大如中国、巴西，小到马拉维、布基纳法索等国家，消除饥饿、减少粮食不安全是完全可以实现的。这些成功的经验表明，实现粮食安全的关键在于政府要有明确的政治承诺、稳定的政策框架、适度的资金投入、持续的能力建设和科技进步、可行的计划措施和有效的协调机制等。总之，负责任、敢担当的政府，是实现一国粮食安全的体制保障。

"里约＋20"进一步明确了各利益相关者在实现粮食安全上的主要作用，其中政府的主要职责是领导制定符合国情、具有可操作性的国家粮食安全发展战略，并制定相关政策、法规和具体实施机制。对于绝大部分发展中国家来说，农业涉及千家万户小农的基本利益，农民如同经营分散、组织无序、风险极大的小型企业。对于此类国家来说，"以人为本"的本质就是"以农为本"，要有一套持续的支农和惠农政策与措施，尤其是要彻底实现农民脱贫致富，改变农民粮食不安全状况，政府的长远战略应放在引导农民，特别是千千万万小农户成为真正的农民企业家。当前的农业问题散布于生产链的各个环节，如农民的经营规模小，农村公共服务能力低，基础设施薄弱；如灌溉设施陈旧，机耕道建设不足，植保和畜牧健康服务弱，信贷与信息获取和市场准入困难等，这些都是政府制定粮食安全发展战略和政策时需着力解决的关键问题。

政府各级管理者还需学会并习惯于思考如何进一步关注小农、弱势群体如少数民族、妇女儿童、失地农民的利益；关注并发挥非政府组织和地方社团的作用，积极引导他们参与有关政策制定的讨论，如耕地分配、水资源利用、农业补贴、信贷获取等涉及农民直接利益的议题。目前，国际社会已达成共识，即受援国根据本国国情制定粮食安全战略和计划是成功的前提，而不是任由捐助国或国际机构从其自身利益出发，指手画脚。从参与模式看，倾听基层的呼声，让当地农民和非政府组织参与决策，是计划得以成功实施的根本保障。

改革开放 30 多年来，中国政府为实现国家粮食安全，一靠稳定的支农政策，二靠科技进步，三靠资金投入，解决了 13 多亿人口的吃粮问题，在国际上树立了榜样。应对后"里约 + 20"和联合国 2015 千年发展目标后续行动的主要挑战，中国政府的主要职责是如何发挥农民的积极性，放手促进农民和农民团体参与实现可持续农业发展的决策过程，推动中国农业现代化、城镇化和信息化进程，让亿万中国农民在改革与经济发展中进一步真正分享到公平、公正的利益。

（三）借力绿色经济，推动气候智慧型农业

自 2008 年以来，在联合国环境规划署（UNEP）引领下，全球关于绿色经济的辩论如火如荼展开。绿色经济倡议包括 20 多个联合国机构共同开展的研究和能力建设活动，如布雷顿森林机构和 2010 年 3 月在华盛顿特区成立的绿色经济问题管理小组（IMG）等。然而迄今为止，全球尚未就绿色经济达成统一的定义。为促进讨论，联合国环境署拟出了一个工作定义，期待在"里约 + 20"峰会上通过（见专栏 5）。

"里约 + 20"峰会未能就"绿色经济"的辩论达成一致意见，根本原因是政治因素。分歧核心是环境与发展的平衡问题、贸易保护主义和自由贸易争议。在《京都议定书》即将到期而气候变化谈判进展缓慢的背景下，发展中国家有理由担心，发达国家以发展绿色经济为由，开辟新战场，取代气候谈判，摒弃业已达成的"共同但有区别的责任"的原则。尽管如此，"里约 + 20"峰会还是在一些议题上达成了共识，作为后续行动，联合国和其他国际组织将着手协调研究，提供指南手册，收集较好的实践案例，提供可持续的和扶贫方面的绿色经济发展实例、绿色经济政策评估方法，以推动并形成绿色经济平台和机制。

专栏5　联合国环境规划署的"绿色经济"定义

联合国环境规划署为绿色经济提出了一个工作定义：绿色经济是促成提高人类福祉和社会公平，同时显著降低环境风险和生态稀缺的经济。换言之，绿色经济可以被认为是一种低碳、资源高效型和社会包容型的经济。在绿色经济中，那些能降低碳排放及污染、提高能源和资源效率、防止生物多样性和生态系统服务丧失的公共及私人投资，是推动收入和就业提高的驱动力。这些投资需通过有针对性的公共支出、政策改革和法规变革来促进和支持。它要求发展路径应能保持、增强，并在必要时重建作为重要经济资产及公共利益来源的自然资本，这对于生计和安全都依赖于自然的贫困人群而言尤其重要。

从可持续农业发展角度看，人们早些时候已经开始反思20世纪70年代的农业绿色革命，并日渐意识到，农业既是气候变化的受害者，亦是温室气体的主要排放源之一。气候变化是实现粮食安全的最大挑战之一。应对挑战，一方面，要采取措施，减少农作物和畜牧业生产过程中的温室气体排放以及控制滥伐森林等；另一方面，要通过科技发展，提高农业和农作物的适应性。借力绿色经济发展，推动气候智慧型农业，是实现可持续农业发展的必要途径。

为了推广可持续性农业发展，联合国粮农组织为气候智慧型农业提出了一个实用定义：它是指在增强国家粮食安全和实现发展目标的同时，通过可持续性的集约化发展模式增加生产力，提高农业对气候变化的抵御能力的同时，减少温室气体排放，减少碳足迹。具体来说，气候智慧型农业包括能源智慧型食品、保护性农业、综合病虫害治理、气候服务等节约与增长方式，以及增强生产系统和提高生态系统应对气候变化抵御能力等综合农业和粮食系统。

五　在国际框架中审视——中国如何化挑战为机遇

（一）中国粮食安全愿景

中国历来把粮食安全视为国家的生命线，没有任何国家比中国更重视粮食生产和自给自足。半个世纪以来，特别是改革开放后30多年来，中国一靠政策，二靠科技，三靠投资，用不到全球9%的耕地养活了约占全球20%的人口，这是对人类社会的一大贡献。放眼未来，要保障可持续粮食安全，仍面临一些明显的发展制约，需解决一系列关键问题。例如，如何实现农业现代化，突破自然资源瓶颈制约，提高农业生产力，实现农业生产比较效益，维持粮食基本自给；如何与国际上公认的粮食安全观念接轨，在保障粮食供给、提高所有家庭粮食获取能力的同时，确保食品安全、改善营养结构，使人人吃得安全、吃得放心，是21世纪中国迈向强国所面临的重大挑战之一。

联合国粮农组织总干事若泽·格拉济阿诺·达席尔瓦（José Graziano da Silva）2012年10月会见中国总理温家宝时情不自禁地称道，"中国帮助联合国粮农组织解决了1/5的世界粮食安全问题，这是中国发展的亮点，当引以为豪"。2030年，中国人口预计达到峰值，届时，如何养活近14亿人口，是中国乃至世界共同关注的话题。随着中国人口的持续增加，人均资源占有量不断减少，确保粮食安全面临巨大挑战，也是治国安邦的永恒主题。而随着经济发展和人民生活水平的不断提高，国民饮食结构也发生巨大变化，对农业发展和粮食安全的需求将不断提高，实现"健康的民族和健全的生态"，才是追求未来中国粮食安全的发展愿景。

要实现"健康的民族和健全的生态"的发展愿景，就要对粮食安全、经济增长和资源保护三者进行综合治理；为实现三者均衡发展，就需要建立农民、农业和农村发展政策三位一体的有机体系。这无疑是一项复杂、综合的社会工程。为实现这个愿景，中国在城镇化和农业现代化进程中，必须加强政府与私人企业和各种社团的合作伙伴关系。政府在扩大对农业的公共投资、社会保障的同时，应采取有效政策吸引对农业的投资，激励农业科技创新和科技进步，提高农业生产力，推动可持续农业发展。

要实现"健康的民族和健全的生态"的发展愿景，必须实现粮食安全概念与国际的接轨。国际社会早在 1996 年世界粮食安全首脑会议上已达成共识，粮食安全需要从供给、获取、稳定性与使用等四个方面综合衡量。目前，中国部分人士对粮食安全的理解不甚全面，满足于"保证口粮供给即实现粮食安全"的现状。一些现行的粮食安全政策、法规和监督机制也主要基于这一观念，而对质量和营养问题重视不足。此外，在粮食消费层面上，则有相当一部分人铺张奢靡，导致营养的过量摄入和资源浪费。综而观之，作为一个雄心勃勃地迈向中等发达国家行列的发展中大国，中国的粮食安全观念需要在充分考虑本国实际的前提下尽量与国际接轨，并对有关的指标体系、政策措施和监督评价方法做出相应调整。

以国际标准衡量，中国刚刚达到粮食安全领域的"温饱"阶段。从某种意义上说，中国当前粮食安全理念与经济发展进程中单纯追求 GDP 总量一脉相承，存在不可持续性。如何跨越单纯追求粮食总量阶段，真正实现国家、地区和家庭各个层面的粮食安全，包括粮食质量、营养安全和食品安全，让所有人在任何时候、任何地方，不但能吃得饱，还能吃得好，吃得安全，吃得放心，吃得营养，吃得科学，是当前中国粮食安全领域亟须解决的问题。食品安全与营养问题迫切需要纳入国家粮食安全的议事日程。

未来中国粮食安全的总体目标，应在保持总量供给可持续增长的基础上，加强粮食品质改善，提高食品安全，确保营养健康。在具体操作层面上，则要争取尽早取消国内与国际、普通和特供市场的双重质量标准，实现与联合国粮农组织和世界卫生组织共同制定的国际食品安全标准和规范对接，缩小与发达国家食品安全标准的距离；同时需要提高广大消费者对国内食品安全的信心，摆脱诸如瘦肉精、地沟油、三聚氰胺牛奶、残留农药等污染食品的困扰。这就要求各级政府与各利益相关者充分合作，在政策与措施方面有新重点、新方向，实现综合治理。

（二）坚持粮食自给与可持续发展的方针

中国作为人口大国、政治大国，实现长期粮食安全，必须遵循两条原则：一是坚持粮食基本自给；二是注重可持续农业发展。坚持粮食基本自给是基于中国政治体制和人口大国国情。从政治上说，中国绝对不能把国民的饭碗，即粮食主权交由主要粮食出口国摆布，任其掌控国际粮食市场供给和价格。从经济上说，中国粮食市场打喷嚏，国际粮食市场必定感冒——中国的粮食进口量在一定程度上影响国际市场价格。因此，中国只有自己养活、养好自己，才能一不输出贫困，二不输出饥饿。从稳定国际粮食市场价格，到实现国际政治和社会稳定，这是中国对创建国际粮食安全领域共赢的巨大贡献。

要真正实现基本自给，中国就有必要与时俱进，在国际框架中探索新理念、新思维。当前，中国人口增长、城市化发展和消费模式的改变，造成粮食增产需要与耕地和水资源供给之间的巨大矛盾。鉴于中国人均可耕地面积和水资源量低于世界平均水平，进一步扩大耕地面积已无潜力，中国总体方针必须在确保现有 18 亿亩耕地的底线上，依靠创新和科技进步提高生产力，开发高产、高品质、气候变化适应力强的优良品种；采用节能、高效的农耕技术，积极推广综合农业病虫害治理；提高水资源利用和水利灌溉效率；推广业已证明的有效的可持续性的耕作实践，包括大力保护代代相传的农耕文化遗产；发展并推广绿色农业，保护资源环境和生态，全面提高农业生产率。

从长远看，农业发展不能单纯考虑初级农产品生产，未来农业出路在于推动农业现代化、农产品深加工和发展增值农业，这就要求充分重视农业标准制定。与制造业和服务业的标准制定不同，由于生产规模分散，缺乏组织性，农业标准制定困难较大。为此，应在体制上，将粮食和农业纳入系统，统筹考虑，强调生产、存储、流通、加工、市场和食品安全标准、立法和执法的系列机制，打破部门割据、各行其是的行政格局。

世界正处于向绿色经济发展模式转变的关键历史时期。在"里约 + 20"峰会实施进程中，尽管有些发展中国家有所保留，但不少国家认为，绿色经济、绿色农业已不再可有可无，而是一个必选项，是历史发展的趋势。绿色农业发展涵盖三个层面：经济可持续性、社会可持续性及环境可持续性。欧盟和加拿大等发达国家，则把推动绿色经济作为新一轮工业革命的契机加以强力推进。毫无疑问，中国有优势、有条件选择绿色经济，推动低碳发展。中国应该抓住当前机遇，系统出台配套政策与措施，推动绿色经济，实现创新型经济发展。

在具体措施上，要继续保持公共部门对农业的投资，特别是继续增加科技投入和对地方能力发展的支持。有人认为，2007～2008 年全球粮食危机的原因之一是发达国家对发展中国家农业部门的官方援助明显减少（从 20 世纪 80 年代的 19% 降到 2004～2005 年的 3%）。[①] 在过去的近 40 年中，发展中国家对农业科技的投入年均增长仅为 0.7%；而在农业公共投资停滞不前的情况下，私有部门对农业的研发却逐步增加。目前，私有部门在发展中国家投入基本粮食作物的研究资金约达 12 亿美元，[②] 其作用不可小觑。进一步推动私有企业投资农业并形成规模产业，在国际上已悄然成风。政府要着手制定出台鼓励农民企业家投资农业、发展规模生产的政策和措施，建立长效运行机制，探索保障中国长期粮食安全的各种途径。

（三）建立国际伙伴关系，创建共赢

随着国际化和自由贸易的不断推进，世界上没有任何一个国家能完全依靠自身力量，实现百分之百的粮食自给。从长远上看，中国应当注重建立国际伙伴关系，通过国际经济合作，利用国内、国际两个市场，国际、国内两种资源，发展可持续农业生产，实现中国农业现代化和中长期粮食安全。

从战略上看，中国粮食安全重点首先要立足于国内资源禀赋。应当看到，目前中国农业的主要发展瓶颈，是以小农户为主体的农业经济和小规模

---

① Lidia Cabral, Funding Agriculture: Not How Much, but What for, The Overseas Development Institute, October 2009, available at http://www.odi.org.uk/sites/odi.org.uk/files/odi-assets/publications-opinion-files/786.pdf.

② U.S. Leadership in Global Agricultural Development and Food Security, A White Paper Prepared by the Chicago Council for the US Government in Advance of G8 Summit 2012, March 7 2012.

生产模式，而中国人均土地面积不及世界平均水平的40%；农业组织化程度低，具有"自主、民选、账务公开、运作透明"等特点的新型农村合作社尚处于萌芽状态；农业科技推广不足；农村信贷和农村服务有限等。要充分利用好国内资源，就要大力鼓励城市资金和技术下乡，出台配套支农政策；进一步推进农村体制改革，在农村土地权属改革上迈出大步，实现农民的土地确权与认证，逐步使土地成为农民可自行支配的资产。这是目前全球农村发展和农业改革的方向，也是确保中国农民对农业长期、积极、持续投入的根本保障。

在国际上，相当一部分发展中国家具有丰富的自然资源和劳动力优势；而中国的企业已积累一定的资金、技术和市场渠道，两者存在优势互补的空间。中国可以瞄准国外一些拥有丰富土地资源的地区（如非洲某国的可耕地面积为1.3亿公顷，按中国目前生产水平，足可养活整个非洲），鼓励有资信的企业向国外投资农业、生产粮食，在帮助当地人民满足粮食需求的同时，成为中国粮食的补充供给链。在此过程中，中国企业成功"走出去"的关键是要开展做负责任的国际公民的意识教育，了解并尊重当地文化，追求双赢和互利。在发展生产中，充分注意资源的可持续利用和环境生态保护，实现可持续的发展战略。只要定位正确、方法得当、互惠互利、实现共赢，任何形式的投资和合作都无可非议，具有可持续性。美国、日本、欧洲甚至中东一些国家已开先河，例如，在2012年4月的G8会议期间，美国几家私有企业一举提出，五年之内向非洲撒哈拉南部六国投资35亿美元，发展粮食生产。①

总而言之，进入21世纪以来，伴随国际政治、经济和贸易格局的变化，粮食安全领域的国际治理正在发生重大变革。该变革进程将包含如下特征：农业和粮食安全问题讨论更加国际化、政治化；所涉议题进一步综合化、复杂化；参与决策的利益相关者不断扩大化、多元化，其中，非政府组织、地方社团和私有企业的参与和影响决策的作用不断强化；磋商机制和平台更加

---

① U. S. Leadership in Global Agricultural Development and Food Security, A White Paper Prepared by the Chicago Council for the US Government in Advance of G8 Summit 2012, March 7 2012.

多样化、层次高度分散化，其中，各种地区性组织的作用将进一步凸显。对于长时期习惯在国际事务中韬光养晦以适应求生存的民族，如何实现角色转换，不仅要争取在讨论全球粮食安全事务中有话语权，做到有声、有色、有影响，还要主动争取做重大国际事务决策的引领者，成为举世公认的负责任大国，这的确存在巨大压力和学习需求。尤其在国际谈判队伍的能力发展、国际型人才培养和国际农业和粮食安全治理从理念到理论，再到政策和合作等全方位事务的探索研究等方面，国家需要有战略安排和配套政策，凡此种种，挑战巨大，而风光无限。

第二章
自然资源利用与保护
——粮食安全的基础

一　世界粮食安全面临资源瓶颈

（一）不堪重负的资源

自然资源，尤其是水土资源和生物资源，是农业和粮食安全的基础。近50年来，农业集约化和灌溉的发展极大地提高了农业生产力和粮食产量。据联合国粮农组织统计：1961～2009年，全球耕地面积仅扩大12%，人均耕地面积从0.45公顷逐渐下降到不足0.25公顷，但灌溉面积扩大了117%，占新增耕地面积的绝大部分；农作物产量增加了2.5～3倍，其中40%以上来自灌溉耕地，在发展中国家这一比例高达47%。[①] 农业集约化的发展改变了传统的广种薄收模式，提高了土地产出率，抑制了耕地的扩张，在一定程度上避免了对森林和其他类型土地的侵占。但大面积的灌溉发展、高强度的

---

① 联合国粮农组织：《世界粮食和农业领域土地及水资源状况》，2011，罗马。

土地利用、单一的种植模式和化肥、农药的大量使用也对水、土等自然资源造成了巨大压力，给生物多样性和生态环境带来了负面影响。

截至 2009 年底，全球耕地面积约 16 亿公顷，占土地总面积的 12%，另有 34 亿公顷草原面积；灌溉面积 3.01 亿公顷，占耕地总面积的 18.8%；农业年用水量约 2700 立方千米，占全球总用水量的 70%。耕作方式不当在许多地方造成水土流失、土壤退化，影响了土地产出率及土壤碳汇。超载过牧使大面积草原退化、沙化。肥料的使用，一方面，仅补充了每年全球农业生产从土壤中吸收的 1/2 肥力；另一方面，化肥又和农药一起造成了对资源和环境的严重污染。灌溉发展在一些地区造成了用水紧张，如近东与北非已把 58% 的可更新水资源用于灌溉。全球灌溉次生盐碱化土地总面积已达约 3400 万公顷。由于近 40% 的灌溉耕地主要或部分依靠地下水灌溉，一些地区地下水位持续下降。在情况严重的地区，多年来对水土资源的持续影响已对当地农业生产、农村生计和生态环境造成了破坏，如一些地区江河断流、湖泊消失；欧洲和北美的湿地已经消失了 1/2；东南亚和南亚沿海地区海水入侵，含水层污染情况日益严重。

近半个世纪以来，农业集约化和工业化、城市化的发展与气候变化一起，对全球生物多样性造成了前所未有的影响。目前全球 60% 的生态系统服务功能出现退化；生物种类正在以相当于正常水平 1000 倍的速度消失；约有 3.4 万种植物和 5200 多种动物濒临灭绝。就农业生物资源而言，全球约 1/5 的家畜品种有灭绝之虞，平均每个月就有一种家畜绝迹；在人类历史上培育的 7000 个植物物种中，我们每天食用的绝大多数食物仅占其中的 30 种；全球渔场一大半已经耗尽，另有 1/3 已经枯竭。此外，关键性海洋环境，如海草、红树林和珊瑚礁，估计有 30% ~ 35% 已被毁坏。[①] 生物多样性的快速消失已严重威胁农业的可持续发展和世界粮食安全。

2009 年，瑞典学者罗克斯特仑等人提出了"地球的边界"的概念，用 10 个指标来监测地球不同系统过程的变化情况。一旦人类活动的影响使某个指标超越一定的临界值，就会导致该指标对应的地球系统过程发生重大变

---

① 生物多样性公约秘书处：《国际生物多样性日》，www.cbd.int/idb/。

化，给生态系统和未来人类发展带来负面影响。他们认为目前气候变化、生物多样性消失和氮循环这三个指标已经突破了"边界"；全球淡水资源利用、磷循环、土地利用方式的改变和海洋酸化四个指标也即将达到"边界"。这些事实表明，地球的自然资源已不堪人类的重负，未来的农业与社会经济发展将面临巨大挑战。

（二）持续增长的需求

联合国估计，2050 年，世界人口将由目前的 70 亿增加到 90 多亿，粮食需求会大幅度增加。过去几十年，畜牧产品的消费量在许多国家一直呈上升趋势。目前世界有 34% 的耕地用于饲料及相关产品的生产，全球约一半谷物产量用于饲料生产。未来全球肉类产品需求会进一步增长。由于生产同样营养价值的畜牧产品所需要的水资源、土地资源投入比生产农作物还要多，这将给自然资源带来额外压力。联合国粮农组织估计，到 2050 年，为满足人口数量增长和膳食结构改善的需要，世界粮食不安全人口要从 2009 年的 14% 降为 4%；人均粮食消费水平要从 2003 年的 2786 卡/天增加到 3130 卡/天；即使不考虑生物燃料发展对农产品的需求，全球农产品产量也需增长 60%，其中谷物需增产 10 亿吨、畜类产品需增产 2 亿吨；中低收入国家的农产品产量要在 2009 年的基础上增长 100%，年均增长率要达到 1% ~2%。

满足未来粮食需求需要维持甚至适度增加对资源的占用，同时继续提高农业的集约化水平。具体来讲，全球 77% 的作物增产将来自单产的提高，14% 来自复种指数的增加，9% 来自耕地面积的扩大。[①] 其中发展中国家 71% 的作物增产将来自单产的提高，8% 来自复种指数的增加，21% 来自耕地面积的扩大（见表 1）。预计作物单产将以每年 0.8% 的速度提高，约为"绿色革命"全盛时期增长速度的 1/2；平均谷物单产将由目前的 3.2 吨/公顷增加到 2050 年的 4.3 吨/公顷。全球耕地面积的扩大不会超过 5%，约 7000 万公顷。其中发展中国家扩大 1.2 亿公顷；发达国家减少 5000 万公

---

① 杰勒·布鲁因斯马：《2050 年资源展望：到 2050 年耕地、水与作物单产各需增长多少？》，在联合国粮农组织关于"如何养活 2050 年的世界人口"专家会议上发表的论文，2009 年 6 月 24 ~26 日，罗马。

顷。发展中国家耕地面积的扩大绝大部分集中在具备水资源、土地资源开发潜力的撒哈拉以南非洲和拉美地区，南亚会有少量增加，东亚基本维持不变，近东和北非的耕地面积将会缩小。

灌溉农业和雨养农业都要为未来农业增产做贡献，但灌溉农业在未来农业集约化发展中将发挥越来越重要的作用。目前世界灌溉农业在占全球耕地面积 18.8% 的土地上生产了全球 42% 的作物产量；发展中国家的灌溉农业在占耕地面积 20% 的土地上生产了 47% 的作物产量，包括 59% 的谷物产量。未来几十年，灌溉农业对农作物特别是发展中国家谷物产量的贡献还会略有上升。受资源和投资的限制，未来灌溉发展很难延续外延为主的模式，将主要通过对现有设施的挖潜改造恢复和改善灌溉功能，灌溉面积和农业用水量的增长都将是有限的。预计到 2050 年，全球灌溉面积将增加 11%，约3200 万公顷；但灌溉播种面积将增加 17%，约 5600 万公顷，占全球新增播种面积的 1/3 以上，全部集中在发展中国家；农业用水量增加 10%，达到3000 立方千米。各方面分析表明，未来世界粮食需求将持续保持甚至进一步加大对资源和环境的压力。

表 1 作物增产的主要途径

单位：%

地区	耕地面积增加		复种指数提高		单产提高	
	1961 ~ 2005 年	2005/2007 ~ 2050 年	1961 ~ 2005 年	2005/2007 ~ 2050 年	1961 ~ 2005 年	2005/2007 ~ 2050 年
所有发展中国家	23	21	8	8	70	71
撒哈拉以南非洲	31	25	31	6	38	69
近东/北非	17	−7	22	17	62	90
拉美及加勒比海	40	30	7	18	53	52
南亚	6	5	12	8	82	87
东亚	28	2	−6	12	77	86
世界	14	9	9	14	77	77
2005 年耕地潜力开发利用率 <40% 的发展中国家*		30		15		55
2005 年耕地潜力开发利用率 >80% 的发展中国家**		2		9		89

注：* 指 42 个国家，占发展中国家总人口的 15%。** 指 19 个国家，占发展中国家总人口的 35%。
资料来源：布鲁因斯马（J. Bruinsma），2009。

（三）资源的瓶颈制约

面对不堪重负的资源和持续增长的需求，当前全球普遍关注的一个问题是：世界能否养活 90 多亿人口？联合国粮农组织及其合作伙伴对此做了大量研究，得出的结论是：总体来讲，世界水、土资源尚有潜力满足未来农业增产的需求，但需要克服一系列困难，应对前所未有的挑战。

1. 挑战之一——资源的承载能力

虽然从总量来看，世界水、土资源尚有开发潜力，但因组合错位、时空分布不均和社会分配不公，其开发利用受到限制。多数地区或是缺水，或是少地，或是既缺水又少地。未来兼具水、土资源开发潜力的地区，局限于撒哈拉以南非洲和拉丁美洲少数几个国家。低收入国家人均耕地面积还不到高收入国家的一半，适耕性也普遍较差。粮食增产需求最迫切的，往往正是那些水、土资源严重短缺的国家。近年来的人口增长和经济发展，已使越来越多的国家和地区接近资源承载能力的极限，如近东、北非和南亚的水、土资源开发利用都已接近或超过可持续发展的极限水平。由于世界粮食需求绝大部分靠当地生产提供，只有 16%（包括 15% 的谷物、12% 的肉类产品）的粮食产量进入国际贸易，国家和地方的水土资源承载能力不足是当地农业生产和粮食安全的根本制约因素。

2. 挑战之二——资源的整体退化

过去几十年来，人口和经济的增长、无节制的资源消耗、农业集约化的发展以及气候变化的影响，使世界自然资源和生态系统出现整体退化。全球1/4 的土地已经出现高度退化，另有 8% 为中度退化，突出表现在土壤质量的下降和生物多样性的减少。在干旱、半干旱和半湿润地区，土地沙化直接影响了约 2.5 亿人口，使 10 亿人面临风险。水资源的退化在发展中国家普遍存在，主要表现为可利用水资源数量的减少和质量的下降。一些城市周边地区的水体因污染严重已失去利用价值。资源的退化降低其承载能力，缩小了"地球的边界"，不仅限制其进一步的开发利用，更重要的是对现有的农业生产体系和生产能力构成严重威胁。

3. 挑战之三——激烈的资源竞争

随着土地及水资源短缺问题日益突出，城市和工业对这些资源的争夺也日益加剧。发展中国家城市和工业的发展往往会挤占农业土地资源和水资源。农业内部也存在对资源的竞争，如畜牧业、粮食作物生产以及包括液体生物燃料在内的非粮食作物生产之间的竞争。内陆水产养殖业的快速发展也是水资源、土地资源竞争加剧的原因之一。1970～2008年，人均水产养殖品占有量以年均6.6%的速度增长，对饲料、水资源及土地的需求量均呈上升态势。贫困人口、弱势群体和生态环境服务往往在竞争中处于劣势，导致资源配置的行业和社会公平性问题突出。

4. 挑战之四——生物能源的需求

在政府生物能源扶持政策的激励下，近年来世界对以粮食作物为主的生物燃料原料需求迅猛增长。据国际能源署分析，2000～2010年，全球液体生物燃料产量从160亿升增加到了1000亿升以上；2010年，液体生物燃料占全球交通运输燃料总量的2%，到2050年这一比例将上升到27%。[①] 常规的生物燃料技术主要以粮食作物和农产品为原料。正在研发的第二代、第三代先进生物燃料技术有可能减少或摆脱对粮食作物的依赖。不论使用常规技术或先进技术，生物燃料发展对原材料的巨大需求，都会给水资源、土地资源带来额外的压力。

5. 挑战之五——气候变化的影响

气候变化将改变温度、降雨及江河水量，增加极端气候事件的频度和强度。这将改变自然资源的总量和承载能力，增加不确定性。虽然高纬度地区可能因为种植区域扩大而受益，但低纬度地区将遭受较大的负面影响。亚热带地区旱灾和洪灾发生的频率和强度会增加。三角洲和沿海地区也会受到海平面上升带来的负面影响。依靠夏季融雪的山地或高地农作系统及灌溉系统也会面临基流的长期变化。

这一系列挑战构成了资源的瓶颈制约，使世界主要农业生产系统面临多重风险（见表2），若不采取有效措施将农业引导到可持续的集约化发展轨道上来，到2050年，世界可能无法养活90多亿人口。

---

① 经合组织、国际能源署：《技术路线图——交通用生物燃料》，2011，巴黎。

表2　农业生产系统面临的风险

全球农业生产系统	系统面临风险的案例或地点	风险
高地雨养农业	贫困地区人口密集的高地：喜马拉雅山、安第斯山、中美洲高地、东非大裂谷、埃塞俄比亚高原、南部非洲	侵蚀、土地退化、水土资源生产力下降、洪灾强度加大、人口外流加快、贫困及粮食不安全发生率高
半干旱热带地区雨养农业	非洲西部、东部和南部稀树草原地区及印度南部小农生产；撒哈拉地区、非洲之角及印度西部的农牧兼作地区	荒漠化、生产潜力下降、气候因素及气温造成的作物歉收、冲突多发、贫困及粮食不安全发生率高、人口外流
亚热带地区雨养农业	人口密集的集约化农作区，主要集中在地中海流域	荒漠化、生产潜力下降、歉收频率加大、贫困及粮食不安全发生率高、土地更加零散、人口外流加快。气候变化预计将造成该地区降雨量及径流量减少，旱灾和洪灾频发
温带雨养农业	西欧的高度集约化农业	土壤及含水层污染带来污染治理成本、生物多样性流失、淡水生态系统退化
温带雨养农业	美国、中国东部、土耳其、新西兰、印度部分地区、南部非洲、巴西等地的集约化农业	土壤及含水层污染、生物多样性流失、淡水生态系统退化、各地气候多变造成作物歉收频发
以稻米为主的灌溉农业	东南亚及东亚	土地抛荒、水稻田的缓冲作用消失、土地保护成本增加、污染带来的健康风险、土地的文化价值丧失
以稻米为主的灌溉农业	非洲撒哈拉以南地区、马达加斯加、西非、东非	需要经常进行恢复性工作、投资回报率低、产量停滞、大规模征地、土地退化
以其他作物为主的灌溉农业	江河流域干旱地区以河流为基础的大型连片灌溉系统，包括科罗拉多河、墨累达令河、克里希纳河、印度河—恒河平原、中国北部、中亚、北非及中东	水资源短缺加剧、生物多样性及环境服务功能丧失、荒漠化、一些地方的气候变化造成水资源供应量减少及季节性流量变化
以其他作物为主的灌溉农业	含水层内陆干旱平原依赖地下水的灌溉系统：印度、中国、美国中部、澳大利亚、北非、中东等	含水层的缓冲作用消失、农田流失、荒漠化、各地气候变化造成补水量减少
牧场	草地和牧场，包括土壤较为脆弱的西非（撒哈拉地区）、北非及亚洲部分地区	荒漠化、人口外流、土地抛荒、粮食不安全、极端贫困、冲突激化
森林	东南亚热带森林和耕地的交界处、亚马孙河流域、中非、喜马拉雅山森林	侵占耕地、刀耕火种式农作导致森林的生态系统服务功能丧失、土地退化

续表

全球农业生产系统	系统面临风险的案例或地点	风险
其他地方性重要分系统	三角洲及沿海地区:尼罗河三角洲、红河三角洲、恒河/布拉马普特拉河、湄公河以及沿海冲积平原;阿拉伯半岛、中国东部、贝宁湾、墨西哥湾	农田及地下水流失、健康相关问题、海平面上升、旋风频发(东亚及东南亚)、洪灾频发、常见河水流量低
	小岛屿,包括加勒比及太平洋岛屿	淡水含水层完全丧失、淡水生产成本加大、气候变化造成的损失加大(飓风、海平面上升、洪灾)
	城郊农业	污染、与消费者及生产者健康相关的问题、对土地的竞争

资料来源:联合国粮农组织,2011。

二 突破瓶颈制约的主要途径

(一) 资源的合理开发与配置

实施立体资源开发战略,充分挖掘各种可替代资源和边际资源的潜力,广开源路,扩充资源总量。

土地资源方面,除了可利用的耕地后备资源外,还可以挖掘各种边际土地的潜力。如利用沙化地、盐碱地和荒漠地种植耐旱、耐碱作物,特别是生物燃料作物,可以置换出被占用的优质耕地;积极开发郊区农业和城市园艺,可以减少城市发展对土地的占用;发展非木材林业产品、经济林和农用林等,可以补充部分食物来源,减少耕地压力。

水资源方面,除了提高蓄水能力,加强雨洪资源利用和地下水回补,增加淡水资源可利用量之外,还可以挖掘非常规水资源的潜力。如将微咸水和一定比例的淡水混用,可以灌溉耐碱作物。处理达标的城市生活废水,用于绿化和环境补水。海水淡化可以补充一部分工业和城市用水。所有非常规水利用措施,都可以为农业置换出优质淡水。当然,边际土地资源也可能担负一定的生态及社会、经济服务功能，将其挪用到农业生产，需要事先认真权衡利弊。非常规水的利用，要建立在科学论证基础之上，确保其对生态环境不会造成负面影响。

应对水土资源总量有限、组合错位和时空分布不均问题，需要编制资源综合利用规划，根据各地自然气候条件、水土资源状况、经济发展水平和农业生产特点划分农业优势产业区，实行宜农则农、宜林则林、宜牧则牧、宜渔则渔，实现资源的合理配置和优化使用。应尽量避免在重要的农业主产区域内进行大规模城市建设和工业发展，减少对农业优质水资源、土地资源的挤占；严格限制在水资源紧缺地区种植高耗水作物、使用高耗水工艺、发展高耗水产业；坚决制止农业和经济发展突破当地水土资源的承载极限，以资源退化和环境恶化为代价换取农业和经济的发展。

（二）资源的高效利用与节约

地球资源的承载能力是有限的，但这个极限是相对的。减轻人类活动的资源足迹，提高单位资源的产出率，就可以相对提高资源的承载能力，扩展"地球的边界"。目前发展中国家中低产田大面积存在、资源使用效率普遍偏低、农业产后损失与浪费严重，当务之急是提高土地产出率和水分生产率，减少粮食损失和浪费。2005～2007年，世界小麦、水稻、玉米平均单产分别为2.85吨/公顷、3.74吨/公顷和3.77吨/公顷。

杰勒·布鲁因斯马预计，到2050年，要满足90多亿人口的粮食需求，世界小麦、水稻和玉米平均单产分别要提高26.3%、42.5%和16.7%，达到3.6吨/公顷、5.33吨/公顷和4.4吨/公顷。水资源的高效利用是过去20多年来国际社会持续关注的热门话题。目前全球农业平均水资源利用率为44%，许多发展中国家的利用率只有20%～40%，仅为发达国家的一半，单方水粮食生产能力只有1公斤左右，远低于发达国家2公斤以上的水平。到2050年，全球农业平均水资源利用率需要提高到46%，发展中国家需要提高到47%，水资源紧缺的近东和北非需要提高到10%左右，任务十分艰巨。节水灌溉是提高农业水资源利用效率的有效途径，世界各国在这方面已经摸索出了很多好的经验和做法。如以色列借助微灌系统，在干旱地区开发出高效农业生产体系；中国在过去 10 多年的时间里通过采取综合节水措施，使中国农业用水效率提高了 10%。联合国粮农组织估计，全球每年生产的可供人类消费的粮食有 1/3 被损失浪费掉了。倘若这些粮食中有 1/4 能够得以利用，就足以养活目前全世界 8.7 亿的饥饿人口。节约粮食就是节约资源，这在资源紧缺的发展中国家意义尤为重大。

（三）资源的公平分配与使用

虽然从总量上看，目前全球生产的粮食能满足世界人口的需要，但仍有 8.7 亿人口处于粮食不安全状况中。柬埔寨自 20 世纪 90 年代中期就实现了水稻自给，水稻出口逐年增加，但 2010～2012 年全国粮食不安全人口比例仍为 17.1%，高于东南亚 10.9% 的平均水平。① 这些情况表明，仅仅关注大面上的粮食总产是不够的，需要切实解决农户层面的粮食供给和获取能力问题。资源的公平分配与使用在这方面发挥着关键作用。全球生产规模在 2 公顷以下的小农户有 5 亿个，发展中国家还有大量丧失土地的农民和贫困人口。这些人在资源和市场竞争中缺乏优势，获取资源的难度大，易受市场波动和气候变化的影响，是粮食不安全的主体人群。21 世纪以来，境外农业开发和征地活动在非洲、亚洲及拉美部分地区有上升趋势，其可能造成的对当地贫困人口的影响已引起了国际社会的关注。

资源分配和使用的不公，不仅体现在量上，还体现在质上。许多小农户和农村贫困人口生活在生态脆弱、环境恶劣的边缘地区，受自然灾害和落后生产方式的影响，资源退化比较严重。据联合国粮农组织统计，世界约 40% 的退化土地位于贫困水平较高的地区，30% 位于中等贫困地区，只有 20% 位于贫困率较低的地区。

为此，需要建立相应的保障机制；明晰资源权属，包括地权、林权、水权和渔业捕捞权；加强资源管理，包括引进参与式管理模式和民主决策方式；促进资源的公平分配和使用；保障小农户和弱势群体的利益。同时，应突出农业和粮食安全投资的针对性，重点向粮食不安全的小农户、贫困人口

①　FAO, The State of Food Insecurity in the World (2012), 2012, Rome.

和弱势群体倾斜，提高他们获取自然资源的能力，改善资源质量，提高资源使用效率。

（四）资源的可持续利用与保护

不适当的资源利用方式和农业生产模式对资源和环境造成了不利影响，而这些影响反过来又制约着农业的发展。这一状况不仅限于水土资源和生物资源，也同样体现在气候资源方面。农业是气候变化的受害者，同时也是温室气体的重要排放源。"里约＋20"峰会确定将可持续发展和消除贫困背景下的绿色经济作为可持续发展的重要手段，农业需要将绿色经济的概念引入农业生产的各部门、各体系，将资源和环境成本纳入各项农业活动的经济核算，对资源的开发与利用实行总量控制、定额管理和公平校核，以促进经济、环境和社会的可持续发展。

总量控制就是根据自然、气候条件，按流域、分区域确定各种自然资源的总体开发规模和农业生产的碳排放量，控制农业发展的水足迹、碳足迹和生态足迹，实行以资源定规模、以资源定发展，确保农业发展不超出当地资源和环境的承载极限。

定额管理就是根据当地经济、技术发展水平，在总量控制的基础上，对区域内布局的每一种生产系统，每一项生产活动给出资源消耗和碳排放的定额限制，以提高资源利用效率、减少单项活动的碳排放量、优化区域内的农业生产布局，在给定的总量控制范围内，实现最大的农业产出，避免高消耗、高排放生产技术、工艺和方法的使用。

公平校核就是在给定的总量控制和定额管理框架体系下，充分考虑当地社会经济条件和历史发展背景，利用政策、资金、技术等手段，调节区域内的资源分配，照顾弱势群体，维护社会公平，实现社会福利最大化，促进包容性发展。

（五）政策、投资与技术

通过上述途径突破资源的瓶颈制约，发展可持续、低碳的集约化农业，需要从政策、机构、投资与技术等各方面综合采取以下措施。

（1）推进国家相关政策体制的现代化建设，提高应对资源挑战的能力；

（2）深化水、土资源管理体制改革，完善机构、明确职能、强化权属管理；

（3）加强市场监管，提高水、土资源配置效率和公平性；

（4）调整造成资源退化的扭曲性政策，如导致能源消耗和地下水位下降的能源补贴政策；

（5）整合与水、土资源管理相关的各项国际政策及举措等；

（6）增加投入，这是一项关键性措施。20 世纪 90 年代以来，农业基础设施及机构的投资水平一直在下降。2007～2050 年，发展中国家的灌溉投资总需求估计约为 1 万亿美元；同一时期，土地保护和开发、水土保持和防洪等方面也将需要约 1600 亿美元的投资。投资需求主要集中在三大领域：一是对流域或灌溉系统的投资；二是对农田基础设施的投入；三是对水土资源监管机构的投资，包括编制资源规划、建立监管体系和实施资源管理的费用。

实施以上综合措施需要调动国际社会的政治意愿，提供资金扶持；同时创新投资机制，鼓励采用负责任的农作措施，可能的选项包括生态服务付费及碳市场机制。技术方面需注重将科研成果与各地实际相结合，创造适合当地条件的适宜耕作方法。

联合国粮农组织最近出版的《节约与增长：新的农业模式》一书详细介绍了可持续集约化农业发展的理念及相关措施，包括保护性农业、农林兼作、种养结合和综合灌溉水产养殖等。这些措施通常被认为可以有助于扩大生产，有效地解决粮食安全和贫困问题，同时减少对生态系统的影响。

三　国际推行的相关战略与举措

围绕可持续发展总体战略的实施，各国政府与国际组织、学术机构和民间团体一道，在自然资源的开发、利用和保护方面做了大量工作，提出了相关发展战略和举措。除了强调按生态系统和地貌区域对各种资源进行整体规划，综合利用和有效管理外，还在主要的资源领域实践了一系列对策措施，其中最具影响力的要数流域水资源统一管理、可持续土地资源管理和生物多样性保护。

（一）以流域为单元的水资源统一管理

在水资源退化和气候变化的大背景下，如何以经济合理的方式在资源承载能力的范围内有效应对日益增长的社会用水需求与竞争，同时维护社会公平与环境可持续性，这是当今世界自然资源管理领域面临的一大挑战。以流域为单元的水资源统一管理是应对这一挑战的重要手段。

水作为一种可流动的自然资源，其形成和运动以流域为基本单元。以流域为单元的水资源统一管理就是将流域内的上下游、左右岸、干流与支流、水量与水质、地表水与地下水作为一个完整的系统，将兴利与除害相结合，统筹考虑治理、开发与保护的需要，综合运用行政、法律、经济和技术等各种手段对水资源实施统一协调和管理。其核心是建立和实施适应水资源流域特性和多功能性的管理制度，使有限的水资源发挥最大的综合效益，促进流域内经济、社会和环境的可持续发展。

流域水资源统一管理始于1933年美国国会通过的《田纳西河流域法案》和据此成立的田纳西流域管理局。1968年，欧洲议会通过的《欧洲水宪章》提出水资源管理应以自然流域，而不是行政管理区域为基础。1992年，联合国环境与发展大会通过的《21世纪议程》明确提出，水资源应按照流域进行统一管理，全面阐述了流域水资源管理的目标和任务，强调具体的途径和方法应根据各国社会经济状况、水资源管理的目标和历史沿革以及国家的体制等来确定。此后，流域水资源统一管理的概念逐渐被政府部门和国际机构接受，成为全球水资源管理的共同战略。

几十年来，政府部门、区域组织及国际机构在流域水资源统一管理方面的探索和努力取得了丰富的经验，树立了一些好的典型，如美国的萨斯奎哈纳流域管理委员会、德拉华流域管理委员会和俄亥俄流域管理委员会，法国的六大流域管理委员会，英国的泰晤士河水务局，以及澳大利亚的墨累—达令河流域委员会等。但总体来看，目前各地进程不一，很大程度上取决于各自的政治意愿、政策技术能力、对水资源统一管理概念的理解及具体的实施方案。① 跨边界国际河流水资源的统一管理尤为困难。虽然流域水资源统一管理的模式和方法因不同国家、不同流域的具体情况而异，但一些基本前提和方法是相通的，如必要的政治意愿与承诺，配套的法律法规体系，流域管理规划与目标，明确的分水方案，参与式协作机制，信息交流与共享平台，适当的投资机制与充足的资金保障，相应的政策、机构与技术能力，以及综合监测与评价体系。

流域水资源统一管理是一个向更加和谐的水资源管理不断进化的螺旋式上升过程。政府调控、市场调节和公众参与是这一过程中不可或缺的三项重要措施。目前国际社会在这方面的主要工作领域是体制机制建设、资源权属管理、投资运营方法与技术研发推广等。体制机制建设包括政策法规、组织机构、规划计划与运作程序等。资源权属管理包括水权体系的建立与水权转换、取水许可与排污控制等制度。投资运营方法包括水资源开发与管理的投资融资体制、水利资产的权属管理、水价的计收与管理等。技术研发推广侧重于流域水资源评价与审计、水资源优化配置模型、水资源承载能力分析、流域水资源风险管理、水旱灾害综合治理、水环境与水生态保护等。

农业是目前各大流域最大的用水户，因为涉及千家万户的农民，而且与自然生态系统紧密联系在一起，其水资源的开发、利用与保护比工业和城市的难度要大得多。能否将农业用水纳入统筹并加以有效管理，是流域水资源统一管理成败的关键，也是目前这一领域的热点和难点所在。目前国际社会在农业水管理方面倡导的主要措施有灌溉现代化、节水灌溉、雨水积蓄利用和灌溉系统的多功能维护等。

（二）产权明晰的可持续土地资源管理

世界范围内的土地退化导致农业生产成本上升、土地产出率下降、生态服务功能衰退，主要原因是气候变化的影响、不适当的土地利用方式和权属治理。国际社会目前推广的主要应对措施是产权明晰的可持续土地资源管

① 联合国教科文组织：《流域水资源统一管理指南》，2008，参见 www. unesco. org/water/。

理，其核心是以科学为基础，综合管理土地资源及与之相关的水资源、生物多样性和生态环境，在满足日益增长的食品与纤维需求的同时，维护其生态与生计服务功能。[①] 目前的两大主攻方向是：保持和提高农、牧区土地的生产能力；遏制和逆转土地资源的退化趋势，至少是减缓因前期不适当使用造成的负面影响。

土地资源的评价和土地利用规划的编制是可持续土地资源管理的基础，这方面的工作早在 20 世纪中期就开始了，其中的主要成果有联合国粮农组织与相关国际机构合作于 20 世纪 70~80 年代编制出版的《世界土壤地图》《土地评价框架》《农业生态区划研究》和《世界土壤宪章》。1992 年，在里约热内卢召开的联合国环境与发展大会将可持续的土地资源管理纳入可持续发展进程后，世界各国在这方面开展了广泛的探索。以联合国粮农组织为首的相关国际机构也开发了相应的区域网络、技术指南和信息系统，包括西非、东非、东南亚和拉美等地的区域土壤网络和国家土壤实验室，在干旱地区开展的"土地退化状况评估"，以及对全球各地情况汇总分析后编制的《世界土壤养护方法与技术概览》。2011 年 9 月，联合国粮农组织牵头建立了全球土壤伙伴关系，以提高全球对土壤问题的认识，采取联合行动扭转土壤退化趋势，促进土壤的可持续管理。

目前世界各地普遍采用的技术措施与方法有：水土保持、保护性耕作、可持续的林业管理、农用林业、可持续的草原和牧场管理、沙漠化防治、土壤肥力综合管理、有机农业、综合种植养殖业、坡地等高垄、雨水积蓄利用、农业水资源与灌溉管理、河岸与海堤保护、自然灾害防治、废物管理、生物多样性保护与可持续利用等。在应用这些措施与方法过程中，各地摸索出一些普遍适用的经验与做法，包括参与式研究与开发、参与式土地利用规划、按集水区或地域统一管理、基于社区的自然资源管理、社区发展与投资基金、创新的技术推广服务与培训以及环境付费（补偿）机制等。

土地权属不清和治理不当是导致资源分配不公、短期开发利用行为盛行和弱势群体利益得不到保障的主要原因，严重制约了可持续的土地资源管理

---

① 世界银行：《可持续的土地资源管理——挑战、机遇与权衡》，2006，华盛顿。

和粮食安全。这在当前气候变化影响迫近，生物能源发展竞争加剧，以及一些发展中国家工业化和城市化，外来征地事件增多的情况下显得尤为重要。为此，"粮食安全委"于 2012 年 5 月批准了《国家粮食安全范围内土地、渔业及森林权属负责任治理自愿准则》。这是全球首次发布有关土地权属和治理的指导文件，为各国制定土地管理政策提供了指导原则，有利于保障小型农户、妇女和土著民族等弱势群体获取土地、渔业及森林资源的权利，加强对土地的可持续使用与管理，改善粮食安全。联合国粮农组织目前正在制定技术实施指南，为将《准则》转化为具体的国家行动提供支持。

（三）生物多样性保护

"生物多样性"是生物（动物、植物、微生物）与环境形成的生态复合体及与此相关的各种生态过程的总和，包括基因、物种和生态系统三个层次。基因的多样化有助于适应不同的生产条件和环境压力，如极端气温、干旱、土壤盐碱化、病虫害及水质等。丰富的基因资源库是繁育动植物新品种、提高农业生产率的有利条件。物种的多样化有助于维护不同的生态功能、丰富农产品种类、促进营养平衡、改善贫困人口的生计。栽培作物与家养动物品种的多样化，是可持续农业生产的基础。生态系统的多样化有助于提高对环境变化影响和经济社会发展压力的适应性和反弹力。多样化的农业生态系统支持着广泛的生态服务功能，如生物防治、植物授粉、水质保护、土壤健康、侵蚀控制、碳捕获，以及文化娱乐、美学欣赏与生态旅游等。因此，生物多样性是人类赖以生存的条件，经济社会可持续发展的基础，粮食安全和生态安全的保障。

近半个世纪以来，人类活动导致地球生物多样性不断减少。为应对这一挑战，1992 年，联合国环境与发展大会签订了《生物多样性公约》，此后又制定了《生物多样性行动方案》，推动世界生物多样性保护工作的开展。目前，全球共有 170 多个国家制定了生物多样性保护行动计划，各种保护地面积覆盖率达到 12.2%，避免了 31 个鸟类物种的灭绝。比较有特色的实例包括美国的濒危物种法案、澳大利亚的大堡礁计划、坦桑尼亚的曼尼亚拉淡水湖湿地永续开发计划和中国的农业生物种质资源搜集保存。中国目前已建成国家作物种质库，通过鉴定评价的入库材料已达 33 万份，并在 11 个省区建立了不同类型的中期保存库和种质资源圃，农业生物的异地保存和就地保存均初见规模。在基本完成 1994 年制定的《生物多样性保护行动计划》任务之后，中国又于 2010 年 9 月发布了 2011～2030 年《中国生物多样性保护战略与行动计划》。

世界各地采取的生物多样性保护的途径和方法主要包括以下一些方面。

（1）开展公众宣传与教育，提高社会意识与执行能力；

（2）完善政策法规，加强本地物种保护、外来入侵物种和转基因生物的安全管理；

（3）改革体制机制，将生物多样性保护主流化到经济社会发展活动中；

（4）开展生物多样性调查、评估与监测；

（5）加强就地保护，主要是建立各种自然保护区；

（6）开展迁地保护，大多转移到动物园或植物园；

（7）促进生物遗传资源及相关传统知识的合理利用与利益共享；

（8）建立公众参与机制与伙伴关系，加强区域与国际合作。

总体来看，目前全球生物多样性保护的进展状况并不乐观。联合国环境规划署和生物多样性公约秘书处 2010 年发布的《全球生物多样性展望》[①]评价，世界没能实现 2002 年提出的到 2010 年有效降低生物多样性减少速度的目标，而且威胁因素还在增加，在评估的近 4.7 万物种中，有 36% 的物种被认为受到威胁。为此，联合国宣布 2011～2020 年为"联合国生物多样性十年"，以推动实施《2011～2020 年生物多样性战略计划》和实现"爱知生物多样性目标"。

农业发展格局与生产方式及生物多样性保护密切相关。种植业向自然陆地生态系统，如森林、草原、草地和灌木丛的过度扩张，导致土地退化、物种和栖息地减少、生态功能退化。氮、磷等农用化学物质向淡水、海洋的过量排放加速了生物多样性消失。集约化的农业生产以少数几个成功的动、植物品种替代多样化的本土品种，可能使一些珍贵的传统品种与它们的遗传特

---

① 生物多样性公约秘书处：《全球生物多样性展望》（第三版），2010，蒙特利尔。

征一起消亡。为此，联合国粮农组织和相关伙伴一直积极倡导在《生物多样性公约》框架下，开展农业领域的生物多样性保护。最近的活动提出"土壤生物多样性倡议"，并已在一些国家开展了相关工作，如：在可持续的集约化耕作中利用生物过程来提高作物产出率；利用农业方法加强土壤中的生物过程，以提高肥料和能源的利用效率。保护性农业、生态农业和有机农业都是很好的例子。此外，这些调节土壤生物功能的方法还可以增加碳汇和土壤持水力，起到减缓和适应气候变化的作用。

四　可供中国借鉴的经验与模式

虽然中国目前以占世界 6% 的水资源和 9% 的耕地，基本解决了约占世界 1/5 人口的口粮问题，但人口、资源和环境的压力已表现得相当突出。未来农业和粮食生产受资源和环境的制约会越来越明显，应借鉴相关国际经验，采取有效措施，加强自然资源的开发、利用和保护，推进可持续农业的发展和粮食安全。这不仅关系到 2020 年新增 500 亿公斤粮食生产能力的目标能否实现，更关系到现有的 5000 亿公斤粮食生产能力能否稳得住。在众多的国际经验与模式中，灌溉现代化、耕地保护和生态补偿三方面的经验尤其值得重视。

（一）灌溉现代化

国际上关于灌溉现代化的理念是 20 世纪 90 年代中期提出来的。20 世纪 60 年代，"绿色革命"带动了发展中国家灌溉面积的迅速发展。由于初期的发展以外延扩张型为主，技术与管理措施相对滞后，20 世纪 80 年代各国普遍面临灌溉设施老化失修、系统运行状况不佳、管理单位财务困难、政府负担越来越重、后续发展难以为继的局面。政府和国际援助机构纷纷把工作重点转向管理体制改革，推进灌溉管理职责的移交和参与式灌溉管理模式。这些改革取得了成功经验，但也受到一些因素的限制，主要是工程设施不完善，农民的技术经济能力有限，加之一些政府改革的初衷是"甩包袄"，在后续资金、技术扶持上缺乏相应的制度保障。进入 20 世纪 90 年代，世界人口增长和经济发展对农产品的需求加上干旱缺水对农业发展的制约进一步刺激了世界灌溉的发展，各国政府和国际组织纷纷恢复对灌溉基础设施的投入，发展模式从初期的外延扩张型转为以更新改造现有设施为主的内涵挖潜型。但很多地方的更新改造简单沿用了传统的工程设计方案和技术管理方法，没能有效应对经济社会发展和气候变化影响对现代灌溉服务的新要求。在这样的背景下，1996 年，联合国粮农组织在泰国召开的亚太区域灌溉现代化专家咨询会上提出了灌溉现代化的新概念，即"灌溉现代化是通过改进工程技术措施，改善系统管理和改革体制机制以提高资源利用效率（包括人力资源、水资源、经济资源与环境资源）和灌溉服务水平的过程"。

灌溉现代化的内涵在以下三个方面有别于传统的灌溉发展理念。

一是强调综合应用工程技术、系统管理与体制机制等措施系统，全面解决灌溉发展问题，而不是"单打一"的管理体制改革或工程设施改造，钢筋混凝土加计算机不等同于现代化；

二是以提高资源（包括水资源与环境资源）利用效率和灌溉服务水平为目标，而不是单纯的灌溉供水量、灌溉面积或农业产量；

三是自上而下与自下而上相结合的参与式决策模式，而不是自上而下的指令性计划模式。

20 世纪 90 年代中期以来，联合国粮农组织与其合作伙伴一起，在灌溉现代化理念的推广实践方面做了大量工作，包括研究开发灌溉现代化的技术理论和实用工具，组织开展技术培训和试点示范，已在全球 20 多个国家培训了大量行业管理与工程技术人员。灌溉现代化的理念已被很多国际机构和国家政府采纳。目前已经开发应用的工具包括灌溉系统运行状况评价与问题诊断方法、渠道灌溉系统现代化的规划方法、灌溉用水户协会手册、农民田间用水管理手册以及农作物需水模型等。

中国政府 2005 年开始与联合国粮农组织和世界银行合作，积极开展灌溉现代化的技术培训与试点研究工作。目前大规模开展的灌区续建配套与节水改造，强调"两改一提高"，即节水技术改造和用水管理体制改革，提高水的利用效率和效益，也与灌溉现代化的理念相吻合。可以充分借鉴国际先进经验，进一步加强这方面的工作。比如，可以根据中国的具体情况，将灌溉现代化的一套实用工具经过调整完善，应用到灌区系统的运行评价、改造规划和行业管理中；运用参与式的灌溉管理模式，通过农民用水组织的建立和灌溉服务协议的签署，改进和提升灌溉服务质量，推进民生水利；在流域水资源统一管理规划和总量控制、定额管理的框架下，选择合适的节水措施与方法，在提高水资源利用效率和水分生产率的同时，维护灌溉系统的多功能性和水生态环境。

（二）耕地保护

虽然说全球化形势下的国家粮食安全战略需要有更宽阔的视野，充分利用国际国内两种资源、两个市场，但中国人口众多，即便把全球国际市场上所有的粮食都买来，也不够中国吃半年。因此，立足国内解决粮食安全问题这个基本方针不能动摇。当前面临的一个重要问题是耕地资源紧缺，而且还在不断退化和衰减。2009 年，全国耕地面积 18.26 亿亩，人均一亩三分八，只相当于世界平均水平的 40%。全国农作物播种面积 23.5 亿亩，谷物自给率基本达到了 100%，但每年要进口大豆 5400 多万吨，总体粮食自给率已低于 90% 的水平。此外，每年还要进口植物油 600 万~700 万吨、棉花 200 万~300 万吨。进口的这些农产品折合成种植面积，相当于利用了境外 6 亿~7 亿亩土地。也就是说，中国耕地产能的自给率已不足 80%。因此，中国政府强调要采取最严格的措施，守住 18 亿亩耕地这根红线。这项任务十分艰巨，主要因为经济发展和城市建设对耕地的侵占。1996~2008 年，全国耕地面积减少了 12500 万亩，平均每年减少 1000 多万亩。近几年势头大有缓减，但每年经政府批准的建设占地仍有 500 万~600 万亩，1/2 是耕地。[①] 除了数量的衰减，耕地质量和利用率的问题也很突出。全国现有耕地的 41.2% 是低产田，37.3% 是中产田，只有 22.5% 是高产田。[②] 由于集体所

[①] 陈锡文：《当前农业形势与农村政策》，新浪长安讲坛第 61 讲（总第 192 期），2011 年 11 月 17 日，北京。

[②] 朱信凯：《现代农业发展视野下的国家粮食安全战略》，第十一届全国人大常委会第二十八次专题讲座，人民网，参见 http://npc.people.com.cn/n/2012/0702/c14576 - 18421043.html。

有的土地使用权属不清，农民不愿长期投入，短期行为盛行，地力退化比较严重。一些地区因为农业经济比较效益低，农民种粮积极性不高，导致复种指数下降；另一些地区由于城市移民或农村劳力转移而"撂荒"，有限的耕地资源没能得到充分利用。

保护耕地是世界各国共同面临的任务。虽然具体做法因各地社会自然条件，特别是土地权属体系不同而异，但保护工作做得比较好的国家普遍重视以下三方面措施。

一是法规制度建设，包括制定和实施土地规划、农地保护方面的专门法规，如美国、英国、加拿大、瑞士和日本；建立土地分区管制、用途管制和变更许可制度，如日本、美国、加拿大的"土地使用分区管制"、英国的"土地规划许可制"、韩国的"农地振兴地域制度"和"耕地转用许可制"等；设立政府优先购买权来限制农地的非农转化，法国是这方面的典型；设定限制农地用于非农用途的他项权，将农地用作城市建设的开发权剥离出来，这在美国已有应用；实施备用地保护计划，如美国的农场主可以根据市场情况，选择将部分符合耕地条件的土地申请为保护地而获得政府补贴；控制城镇的发展规模来保护耕地，如美国划定城市增长边界，只有在边界内的土地才能在特定的时间内转变为城市用途，英国在城市规划中实施了"城市围墙"政策，通过绿化带来保护乡村风景和农地。

二是经济调节手段，包括对农地提供减税和免税优惠，提高农民保有农地的积极性；对农地的非农转化征收较高的转让税，来提高农地转让成本，延缓开发速度，为农用地保护提供资金来源；对农地转让过程征收影响费，以补偿土地性质的转变给公众带来的损害。这些调节手段在美国许多州都得到了广泛应用。

三是技术措施，包括土地调查和耕地的分类定级，为土地规划、分区用途管制、保护重点农田和有针对性地开展中低产田改造奠定基础，美国、日本和中国台湾都开展了这项工作；土地综合整治，德国从20世纪70年代开始就已将整治目的从单纯的改善农业生产条件过渡到重视农业生态保护，促进耕地资源的可持续高效利用，日本第二次世界大战以后开展了长期、系统的土地整治工作。

中国人多、地少、耕地后备资源有限，发展任务繁重，需要在借鉴国际经验的基础上，充分考虑本国实际，实施有中国特色的耕地保护制度，实现耕地数量、质量与生态的均衡保护。现阶段可以考虑的措施包括以下一些方面。

——建立和完善耕地占用约束和管制的法规制度体系，保障经济和城市发展背景下耕地的合理保护和利用；

——明确耕地所有权主体，细化使用权，界定耕作权与发展权；

——加强土地利用规划和农地分类规划，实行土地分类管制；

——改变现行土地征用制度中国家对土地征用范围界定不清和补偿标准偏低的状况，改征地制度为征购制度；

——调整耕地资源补充战略，从过去的以荒山、荒地、荒滩开发为主转向以土地整理、复垦为主；

——完善基本农田保护制度，制定相应优惠政策，对保护区农业生产给予扶持，对农民因失去土地发展权造成的损失予以补偿；

——推动农村土地要素的市场化配置，提高农村宅基地、集体非农建设用地的使用效率；

——拓宽资金渠道，加大对耕地保护的投入，包括农田水利基本建设、基本农田建设、中低产田改造和耕地生态保护，促进耕地资源的可持续利用；

——构建科学的耕地动态监测体系，准确把握耕地数量、质量的动态变化；

——积极开展国土危机教育，改变传统地大物博的观念，唤醒民众的土地忧患意识，提高耕地保护的公众参与度。

（三）生态补偿

生态补偿在国际上又称为生态或环境服务付费，在农业领域主要是补偿农民通过自然资源管理提供的生态环境服务，主要包括温室气体减排、流域治理和生物多样性保护三大类。补偿的方式主要有政府购买、市场模式和生态产品认证。

政府购买是政府通过财政补贴、税收优惠和贷款支持等措施补偿生态服务的提供者，如美国1985年开始对易发生水土流失的全美24%的耕地实行10～15年休耕，政府对休耕还林、还草的农户给予补偿；欧共体从1988年起对20%的农地进行休耕，政府对农户损失给予直接补偿；墨西哥建立了生态补偿基金，对森林提供的生态服务按面积每年给予补偿；厄瓜多尔首都基多成立了流域水土保持基金对上游水土保持及生态保护区进行补偿；日本向环保型农业项目提供无息和优惠贷款。

市场模式由生态服务的提供者和购买者双方签订合同和协议，按协议条款付费。可以是个体交易，也可以是区域间协议或国际市场交易。如法国瓶装水公司对水源区周围采取环保耕作方式的农民给予补偿；美国和韩国等实行下游生态受益区对上游控制土壤侵蚀、预防洪水及保护水资源的社会团体或个人给予补偿；国际碳汇交易市场上发达国家的企业购买发展中国家通过林业保护和土地改良提供的碳汇。

生态产品认证让消费者通过选择按一定标准认证的生态友好型产品进行补偿，是一种间接补偿的方式。如欧盟对产品的设计、生产和销售进行绿色认证，保证产品寿命周期各个环节能够节约资源、减少污染物排放。国际机构也加入生态补偿的行列，如世界银行和全球环境基金都在资助减少碳排放、增加碳汇的农业项目。总结世界各国特别是发达国家农业生态补偿的实践，可以得出以下启示：公众意识的提高是生态补偿的社会基础；权属明晰的资源管理是生态补偿的前提条件；完善的法规体系是生态补偿的制度保障；政策、资金与技术的融合是补偿机制可持续运作的重要支撑；政府、区域和市场补偿的结合才能形成完整的框架体系；民主、公开的决策过程是生态补偿的基本程序；严格的监督管理能确保生态建设的成果质量。

中国政府自1990年发布《关于进一步加强环境保护工作的规定》以来，开展了天然林保护、退耕还林、退牧还草、自然保护区生态环境建设与保护等一系列工作。"十一五"规划提出，要"按照谁开发谁保护、谁受益谁补偿的原则，建立生态补偿机制"。2007年发布的《国家环境保护总局关于开展生态补偿试点工作的指导意见》进一步明确，要在"自然保护区、重要生态功能区、矿产资源开发、流域水环境保护"等4个领域开展生态补偿试点，推动了生态补偿的实践与发展。

借鉴国际上的成功经验，中国农业生态补偿机制的建立和完善可以从以下几方面加强工作：一是建立健全法规体系，如制定《生态补偿条例》和各地实施细则，探索各类生态补偿的标准、办法和制度等，逐步做到规范运作。二是加大各级政府的投入力度，重点向欠发达地区和四个试点领域倾斜。审视现行农业投资政策和项目管理程序，优先支持具有生态环境服务功能的投资项目。三是逐步建立政府引导、市场推进、社会参与的生态补偿投融资机制，引导鼓励生态服务提供者和受益者之间通过自愿达成合理的生态补偿协议。四是积极探索区域间生态补偿方式，从体制、政策上为欠发达地区利用自身资源优势开展异地融资创造条件。五是加快建立生态补偿机制的技术支撑体系，包括生态服务价值评价体系、服务质量监督体系和相应的补偿标准体系。六是在生态补偿实施过程中引进参与式的方法，广泛咨询，民主决策，充分尊重农民意愿，照顾社会公平和性别平等，保护弱势群体的利益。七是加强宣传力度，推动信息公开，透明运作，阳光管理。

第三章
二次绿色革命
——可持续的种植业发展

一 种植业发展现状

作为大农业的基础，种植业是粮食安全的根本。其特点是：以土地为基本生产资料，利用农作物的生物机能将太阳能转化为化学潜能和农产品。种植业产品不仅为人类生存和活动提供必要的物质基础，还为畜牧业和渔业饲料以及轻纺工业提供原料来源。从世界各地的食物来源看，一些区域的食物几乎全部是植物产品，例如，在印度，80%的膳食蛋白由种植业产品（如谷类和豆类）提供。虽然有些地区以动物源食品为主，如美国膳食的75%为动物和动物产品，植物只提供25%的膳食蛋白质，但动物和动物产品也必须由种植业提供原料。因此，种植业在粮食安全和改善营养不良方面都具有重要意义。

种植业在20世纪得到快速发展，并取得了巨大成就。世界人口从20世纪初的16亿增加到20世纪末的60亿，增长3.75倍，但世界粮食和油料作物的年产量从18亿吨增至46亿吨。尽管世界人口数量不断增加，但营养不良的人口数量在持续下降。从全球种植业发展和产品贸易看，全球作物产量在过去 50 年左右的时间扩大了 3 倍，世界农产品贸易也主要以种植业产品为主，占 3/4 左右。

据联合国粮农组织的预测，到 2050 年，全球农业生产必须增加 70%，而发展中国家则差不多要增加 100%，才能满足增加的食物需求。① 因此，世界种植业发展的任务十分繁重，面临诸多新挑战。

二　种植业面临的挑战

20 世纪中期以来，种植业取得了举世瞩目的发展。世界粮食产量的快速增长主要得益于农业"绿色革命"。第一次农业绿色革命始于 20 世纪 50 年代的墨西哥，60 年代后期在大多数发展中国家相继大规模开展。第一次绿色革命的一个显著特征是大面积推广现代高产品种，大量使用化学物质（化肥和农药）和灌溉用水，因此也被人称为"肥水农业"。通过这场绿色革命，发展中国家农业科技进步加快，灌溉技术不断发展，良种良法得到推广应用，农药、化肥等农业投入品和以石油燃料为动力的农用机械得到大面积使用，大大提高了农业生产率。

毋庸置疑，第一次绿色革命对世界农业，尤其是种植业发展起到了促进作用，功不可没。然而，其带来的负面效应及后遗症也是显著的。近年来，第一次农业绿色革命的局限性和对长期可持续发展带来的问题日益暴露出来。在许多国家，长期过分依赖化肥的投入，过量施用农药和不合理使用土地，带来耕地质量严重下降，土壤日益贫瘠甚至退化，地下水枯竭，虫害肆虐，生物多样性遭到侵蚀等负面影响。作物继续增产乏力，对种植业的可持续发展造成威胁。联合国粮农组织最近发布的《土地及水资源状况》指出，全球农业生产已接近资源极限的地区正在迅速增加，许多地区农业生产增速不断放缓，如今仅有"绿色革命"全盛时期的 1/2。农业生产增长率一直在持续下降，如主要粮食作物小麦单产的年增长速度已由 1980 年的 5% 左右

---

① 联合国粮农组织：《世界粮食和农业领域土地及水资源状况》。

滑落到2005年的2%，水稻及玉米单产增长则从原来的3%以上下降到1%左右。① 更为严重的是，由于人口的不断增长，人均耕地面积的逐渐减少和化学物质的不断投入，农业生产体系出现不可持续性，自然资源基础的质量得不到可靠保障，粮食安全和人类社会的整体生存质量受到新一轮威胁。农业持续发展面临新的挑战，亟待第二次新的绿色革命予以应对。

第二次绿色革命由世界粮食理事会第16次部长会议于1990年首次提出，其初衷比较单纯，旨在通过国际社会共同努力，运用以基因工程为核心的现代生物技术，培育既高产又富含营养的动植物新品种以及功能菌种，促使农业生产方式发生革命性变化，在促进农业生产及食品增长的同时，确保环境可持续发展，从而为发展中国家培育既高产又富含维生素和矿物质的作物新品种。随着近年来人们对可持续发展认识的提高和对第一次绿色革命的不断反思，对第二次绿色革命有了新的认识。

2006年9月12日，联合国粮农组织前任总干事雅克·迪乌夫呼吁国际社会发起第二次绿色革命，以满足人口不断增长的对食品的需求，同时保护好自然资源和环境。②

2008年5月14日，联合国秘书长潘基文呼吁国际社会共同努力，推动新一代技术和耕作方式的开发利用，使第二次绿色革命成为可能，以便在促进农业生产的同时，确保环境和可持续发展目标。③ 因此，也有专家认为"第二次绿色革命"的关键点是"少投入，多产出，保护环境"，即通过国际社会共同努力，促使农业生产方式发生革命性变化，在促进农业生产及食品增长的同时，确保环境可持续发展。相对于第一次绿色革命的目标主要是增加食品产量而言，第二次绿色革命的目标则是多元化发展。新绿色革命的重点不再是单纯介绍新种类高产小麦或稻米，而是聚焦于更充分、更有效地利用现有自然资源，即在追求粮食增长的同时，更加关注生态保护与环境可持续发展。

---

① 联合国粮农组织：《土地及水资源状况》，2011。

② 联合国网站新闻中心：《粮农组织呼吁各国进行第二次"绿色革命"》，参见 http://www.un.org/chinese/News/fullstorynews.asp? newsID=6412，2008年5月21日。

③ 新华网：《潘基文呼吁国际社会发起"第二次绿色革命"》，参见 http://news.xinhuanet.com/newscenter/2008-05/15/content_8172663.htm，2008年5月15日。

（一）种植业生产环境状况发生变化

在人们不断采用各种手段努力增加作物产量的同时，种植业生产环境及社会经济状况也在迅速变化。气候变化、能源短缺、水土资源退化等对种植业持续发展带来许多新的制约。

1. 气候变化

全球气候变化是影响种植业持续发展的严峻挑战之一，如气温、降水的改变，极端天气增多，自然灾害频发以及突发性病虫害等。农业，尤其种植业，是对气候最为敏感的产业。气候变化对种植业带来的不利因素，将加大农作物生产的不稳定性，不仅影响作物品种的可种性及其种植时间，也会对种植业生产潜力造成威胁。气候变化会以多种方式对种植业产生影响，如气温升高、降水变化造成干旱或洪涝灾害、杂草生长和病虫害带来的压力等。有关研究表明，平均温度上升会导致作物生育期缩短与早熟、有效分蘖减少、穗重下降、产量降低等。

气候变暖还直接影响病虫害的发生流行及其地域分布。温度直接影响病虫害的生长发育及其危害能力。气温升高后，某些虫害的分布区可能扩大，这就是为何暖冬往往会导致来年虫害大暴发的原因。农业生物灾害种类多、危害大是粮食增产和农产品质量提高的重要制约因素。

2. 能源短缺

种植业生产可以利用的自然环境除了气候资源外，还包括土地资源、水资源、生物资源和能源等。由于全球能源短缺，使成为农业和粮食生产供应能源的能力和能源价格充满不确定性。化肥、农药、农膜等农业生产所需要的关键生产资料，通常受石油、煤炭、天然气等能源市场价格的直接影响。随着石油价格的上升，带来生产资料价格上涨，农业生产成本不断增加，给种植业生产的持续稳定发展带来不利影响，农业比较效益偏低的问题更加突出。

与此同时，受能源危机影响，全球生物燃料成为农产品最大的新兴需求来源，不断增加的生物燃料产量已对农产品市场和粮食安全产生显著影响。

生物燃料的发展造成农产品价格上涨，将有限的种植业资源生产的产品用于非食物用途，给全球粮食安全增加了压力。

（二）耕地退化严重，土壤质量下降

耕地是作物生产的基础，维护耕地数量与质量，对种植业可持续发展至关重要。根据联合国粮农组织最近公布的《世界粮食和农业领域土地及水资源状况》表明，全球25％的土地已高度退化，其他8％为中度退化，36％为稳定或轻度退化，仅有10％，大约有16亿公顷质量好、生产力最高的土地能被用来种植农作物（这些数字包括所有类型的土地，而不仅仅是农田），但也被列为"正在改善"的类别。

由于一些传统耕作方式导致水蚀和风蚀，有机质流失，表土板结，盐碱化和土壤污染，以及养分流失，全球土地正逐渐退化。土壤退化降低了化肥、灌溉等投入的生产能力。据联合国环境规划署估计，不可持续的土地利用方式已导致全球农田生产率年均净减少0.2％。更令人担忧的是，适耕土地的分布情况对最需要增产的国家十分不利（见表1、图1）。低收入国家的人均耕地面积还不及高收入国家的一半，而且适耕性也较低。在人口快速增长的发展中国家，大多数没有进一步扩大耕地面积的空间。因此，随着人口及收入变化，预计对粮食增产的需求将集中在低收入国家。

表1 合理生产系统中世界现有适宜农作的耕地比例

地 区	耕地（百万公顷）	人口（百万人）	人均耕地（公顷）	雨养作物（％）		
				优质土地	中等土地	边际土地
低收入国家	441	2651	0.17	28	50	22
中等收入国家	735	3223	0.23	27	55	18
高收入国家	380	1031	0.37	32	50	19
总 计	1556	6905	0.77	29	52	19

资料来源：联合国粮农组织：《世界粮食和农业领域土地及水资源状况》，2010。

联合国粮农组织有关土壤退化的定义，不仅包括土壤资源退化本身，还包括对受影响生态系统其他方面的评估，如生物多样性的丧失。根据联合国粮农组织首次对全球土地状况的全面评估，土壤质量下降是目前粮食安全和

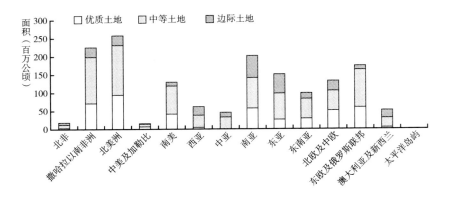

图1　各区域耕地的适宜性分类情况（2008年）

资料来源：联合国粮农组织：《世界粮食和农业领域土地及水资源状况》，2011。

农业发展的最大威胁。所有大洲的大部分地区都存在土地退化情况，其中亚洲为土地退化发生率最高的地区。目前，约有占旱地面积47%的雨养耕地土壤肥力下降和土壤结构退化，占旱地面积30%的人口密集程度高和农业潜力大的灌溉耕地退化（见图2）。

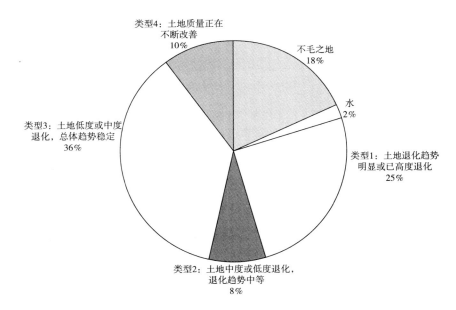

图2　全球土地退化现状及趋势

资料来源：联合国粮农组织：《世界粮食和农业领域土地及水资源状况》，2011。

（三）水资源退化　危及种植业生产力

联合国粮农组织的资料表明，在过去 50 年里，全球耕地面积扩大了 12%，全球灌溉面积同期扩大了一倍，在新增净耕地面积中占到绝大部分。同时，由于主要作物单产的大幅提高，农产品产量增长了 2.5～3 倍，其中 40% 以上粮食增产源于灌溉耕地。然而世界上一些地方的增产却带来了土地及水资源退化以及相关生态系统产品及服务的恶化。

在发展中国家由于农业灌溉排水基础设施薄弱，多数耕地是"望天田"，雨养农业仍然是世界上主要的农业生产系统，也是多数农村贫困人口赖以生存的基础。然而，雨养农业受到降雨量不稳定因素影响，生长期中土壤湿度难以持续保持，导致肥料、农药和植物养分的利用效率降低，从而导致单产减少。

受全球水资源危机影响，灌溉水资源问题将是制约种植业生产持续稳定发展的重要因素。一方面，农业生产的灌溉所需资本和投入成本将随之提高；另一方面，第一次绿色革命后，发展中国家通常大量投入灌溉来替代自然资源。但在许多发展中国家，由于农业用水方式粗放，水资源利用效率效益不高，造成水资源短缺与水资源浪费共存的尴尬局面。

在环境变化、能源短缺以及资源退化的共同影响下，未来粮食安全的可持续性也日益面临更为严峻的挑战。

三　现阶段国际上对种植业的关注点

由于粮食供给面临着越来越多的挑战，可持续的农业集约化生产已成为国家政策制定者和国际发展合作伙伴优先考虑的重要方向。自 20 世纪 80 年代中期以来，可持续农业的思潮在全球迅速传播，受到了世界各国的关注，并成为当今国际农业发展的主要潮流和方向。联合国粮农组织近期提出的首要战略目标就是作物生产可持续集约化，呼吁全世界粮食系统需要做出重大改变，包括采用可持续集约化方式，同时增加产量，提高投入的使用效率，减轻粮食生产带来的负面环境影响。

通过总结和反思"第一次绿色革命"的经验教训，人们已认识到农业产量和生产力的迅猛增长往往会给农业的自然资源基础造成严重负面影响，以致危及未来的生产潜力。集约化带来的"负外部性"包括土地退化、灌溉区盐碱化、地下水抽取过度、虫害抗药性增强，以及生物多样性受到破坏。同时由于毁林、温室气体排放及水体硝酸盐污染，农业对环境的破坏范围变得更大。这些趋势引发了世界各国对以往集约化模式可持续性的严重关注，并开始寻求有效保持能力和迎接未来粮食安全挑战策略的积极探索。

（一）作物生产可持续集约化

可持续集约化的基本定义为：提高相同面积土地的产出，同时减少给环境带来的消极影响，促进自然资本增加，大量提供环境服务。对发展中国家的评估已经表明，资源保护型的农业实践活动能增加环境服务供给，并提高生产力。可持续发展作为农业发展战略，强调的是当前利益与长远利益的结合。作物生产可持续集约化理念的提出主要基于以下三个方面：一是在提高农业生产力的同时，促进自然资本及生态系统维护；二是提高关键投入效益，包括水、肥料、农药、能源、土地和劳动力的利用效率；三是利用自然和人为管理的生物多样性来增强系统应对来自生物、非生物胁迫及经济方面压力的适应力（见图3）。

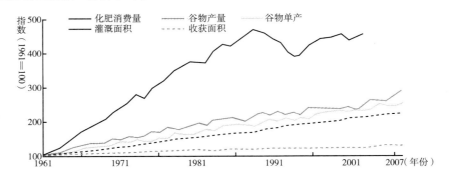

图3　1961～2007年全球作物生产集约化指标

作物生产可持续集约化的特点是以更系统化的方法来管理自然资源，以一系列基于科学的环境、体制和社会的原则为基础。[①]

一是环境原则。为了获得最佳生产力和可持续性效果，作物生产可持续集约化需要适用于多种不同的农业系统，适宜于特定的农业生态和社会经济环境。一般认为，适宜的管理措施对于实现生态系统服务效益，减轻农业活动带来的负面影响具有至关重要的作用。

二是制度原则。在要求农民采用可持续生产措施时，仅向他们宣传该措施有利于环境友好是远远不够的，还需要国家和地方的制度支持将环境原则转变为具体行动项目。

三是社会原则。农业可持续集约化是一个"社会性学习"的过程，它对知识的需求往往比大多数传统农业生产方式要求更高。因此，作物生产可持续集约化要求大力加强农技推广服务，同时利用传统和非传统渠道促使农民采取该生产方式。通过培训让农民将可持续的自然资源管理措施融入自身的农业生产系统，农民田间学校是最成功的方法之一。

为实现这一目标，联合国粮农组织提倡和支持在农业管理中使用"生态系统方法"。"生态系统方法"本质上是通过对土地、水、种子、化肥的投入，给支持植物生长的自然过程提供补充，也包括授粉、引入天敌控制害虫数量、利用土壤生物群帮助植物获取养分等。在联合国粮农组织近期对57个低收入国家农业发展项目的评估中发现，提高水资源的利用效率，减少使用杀虫剂，改善土壤，能使平均作物单产增加79%。另一项研究给出的结论是，通过综合作物管理（ICM）或者提高作物管理技术，在农业生产系统能够利用各种措施，如保护性耕作、作物多样化、豆科作物集约化，以及虫害的生物防治来保护生态系统服务，可达到30%的增产效果，几乎与实施高投入的集约型模式一样。

根据联合国粮农组织建议，实施作物生产可持续集约化应建立在以下农业生产系统与管理措施基础之上。

（1）使用经过改良的高产品种，这些品种要具有应对生物与非生物胁

---

① FAO, Save and Grow, 2011.

迫的适应力，且具有更高的营养品质；

（2）通过作物轮作及合理使用有机肥与无机肥，增加作物养分，实现土壤健康；

（3）综合治理病虫害和杂草，采取适当措施，保护生物多样性，必要时选择性使用低风险农药；

（4）实施高效用水管理，实现"低灌高产"，同时尽量减少外部干预对土壤质量的影响，保持土壤健康。

总之，无论何种情况，作物生产可持续集约化的实施推广，一方面有赖于国家管理政策与制度间的相互作用，另一方面也有赖于农民的实际经验以及消费者的促进支持。

保护性农业是可持续集约化生产的具体模式，是一种资源保护型农业，旨在保证产量、获得利润的同时保护环境。长期以来，农作物生产多采用传统的干预方式，即通过技术干预手段来控制作物的生产过程，如采用土壤翻耕，利用农药防治病虫草害、使用化肥增加植物养分等。但随着这种传统干预式农业方式的负面影响对农业可持续生产的威胁日益凸显，一种生态保护性农业方式，既能高产又可持续的生产系统，在国际上逐步推行。这种农业生态系统方式的特征是，对生态系统的干扰极少，植物所需养分来自有机和无机两个来源，利用自然和人为管理的生物多样性来生产粮食、原料以及维护生态系统等。基于生态系统方法的作物生产可以保持现用农田的土壤健康，也可以使因过去滥用而处于贫瘠状态的废弃土地重新获得利用价值。迄今为止，全世界约1.17亿公顷的土地已实施保护性农业，约占总作物用地面积的8%。其中澳大利亚、加拿大和南美洲地区有超过50%的作物面积实施了这种生产方式。在非洲、中亚和中国，保护性农业也得到了越来越多的采用。①

也有学者认为，西方发达国家在可持续农业发展策略与导向上有一定局限性。主要表现在：过分强调环境第一，淡化发展，强调低投入方式的技术，如轮作、豆科固氮、少耕免耕等并夸大其作用。这种导向对于那些土地生产力低下、外部投入原本缺乏的发展中国家或地区而言，弊大于利。如一

---

① FAO, Save and Grow, 2011.

些非洲国家，因投入不足，尚未享受第一次绿色革命的成果，没有从中受益，就应该加大投入。因此，它们对可持续农业发展模式的普遍性持有疑问。

总体而言，根据目前在一些国家的实践经验，第一次绿色革命发展到一定阶段后，在拥有政策支持和充足资金的情况下，在较短时间内，在一些大型生产区推广作物生产可持续集约化实践是可行的。政府政策制定者所面临的挑战是如何确定促进可持续集约化发展的有效途径。

（二）作物与品种的选用

为了满足日益增长的人口对粮食的需求，加强生产、提高产量是发展中国家的唯一选择，而良种的培育和利用无疑是实现这一目标的重要手段。半个多世纪前发起的第一次绿色革命，曾把大规模推广矮秆、半矮秆、抗倒伏、产量高的适应性强的小麦、水稻等农作物优良品种作为一项重要增产措施。60年后的今天，实现作物可持续集约化生产需要更适应以生态为基础的生产方式的作物和品种。它要求植物拥有更高的生产率，能更有效地利用养分和水分，拥有更强的抵抗病虫害的能力，更加耐旱、耐涝、耐寒、耐高温，并要求品种能适应条件不好的区域和相对落后的生产体系。

实现作物生产可持续集约化不仅意味着开发利用一系列新品种，还包括在拓宽作物品种范围的同时，不断增加品种组合的多样化。品种培育需要经过保护和改良的材料，而新品种的产生速度则需要满足日益变化的需求。至关重要的是，要及时向农民提供价位合理、数量合适、品质良好、适应性好的材料。农民还需要有把这些作物品种应用于不同生产系统中的方法和机会。因此，植物遗传资源的分布和保护、品种培育及种子生产和供给是为农民提供高产和作物生产可持续集约化的重要基础。这三个部分联系得越紧密，整个系统就运行得越顺畅。①

1. 植物遗传资源的保护及利用

由于任何单一国家都不拥有作物生产可持续集约化所需的各类植物遗传

---

① FAO, Save and Grow, 2011.

资源，各国积极参与国际机制及计划就显得尤为重要，例如由 127 个成员国或地区签订的《粮食和农业植物遗传资源国际条约》，管辖包括国际农业研究磋商组织托管的基因库在内的全球粮食和农业植物遗传资源多边系统。"粮食和农业植物遗传资源全球行动计划"及农业生物多样性工作计划也都重点强化了植物遗传资源保护和可持续利用的国际框架。这些国际行动将在推动利用全球植物遗传资源进程中发挥促进作用。目前，国际社会对保护和利用植物遗传资源给予高度重视，一个能为作物生产可持续集约化提供支持的全球体系正在形成。

作物生产可持续集约化能否顺利实施，也取决于能否以一种有效的方式参与并实施植物遗传资源国际条约。目前世界范围的基因库保存了约 800 万份种质资源，对这些植物遗传资源的保护性改良和合理利用，有赖于国际社会、国家和地方各层面的共同合作和努力。发展中国家需要通过适当形式参与并实施《粮食和农业植物遗传资源国际条约》的规定，制定并完善其国家级植物遗传资源保护和利用规划。

2. 开发利用改良后的适应品种

为适应不同的农业生态系统和气候变化，农民需要基因多样化的改良作物品种的组合。实现作物生产可持续集约化，不单意味着开发利用一系列新品种，还包括在拓宽作物品种范围的同时，不断增加品种组合的多样化，以适应不同农业生态系统中种植要求和气候变化的影响，如耐高温、耐寒、耐旱，投入使用率高、抗病虫害能力强等，而这将需要利用更为多样化的育种材料培育出更多的品种来实现。由于新品种需要经过许多年才能培育出来，因此除了拥有丰富的遗传资源作为研究外，育种计划必须是稳定的，并有胜任的人员和足够的资金。公共部门和私营育种企业都会在开发利用这些作物品种中发挥重要作用。其中，公共部门通常关注主要作物，而私营部门会更加关注经济作物。作物育种系统越开放，越具有活力，就越有可能开发出所需的新品种。

为了支持新品种的培育，并保证公共和私营部门的植物育种能得到足够的回报，需要制定相关的政策和法规。这些激励政策可在专利法或以植物新品种权为核心的《国际植物新品种保护公约》等基础上制定，并体现出相应的灵活性，以利于适应作物生产可持续集约化品种的开发利用。目前许多国家在新品种审批阶段耗时过长，会影响优良品种的快速推出。

3. 提高种子生产和供给能力

在规划作物生产可持续集约化项目时，要明确国家种子系统的地位，并增加提供给农民优质良种的能力。这首先需要加强与各主要利益相关方的协商，制定出适宜的种子政策以及有关品种推广的法规。应该提供一个更好的促进公共及私营部门合作的政策框架，制订促进种子产业发展的行动计划，满足农民对优质种子的需求。在发展中国家，应当明确农民的自留种是繁殖材料的主要来源。由于地方的种子企业在作物生产中发挥着重要作用，所以有必要为它们创造一个有利环境，如改进种子的生产及运输政策。其他有关法律法规也应当支持新品种的迅速推广。

一些国家的实践证明，在技术、政策及体制多方面采取强有力的措施，有利于确保植物遗传资源和种子繁育供给系统有效运作，支持作物生产可持续集约化的实施。虽然这些举措涉及的机构和运作的规模不同，但只要它们之间相互协调就能发挥最大的作用。

针对以上几个方面，联合国粮农组织有以下一些具体建议。[①]

（1）加强植物遗传资源保护与可持续利用之间的联系，通过加强对作物生产可持续集约化相关特性的总结和评估，给予育种以扶持，加强保护及选育相关机构之间的紧密合作。

（2）提高农民在保护和改良品种以及种子供应中的参与度，确保新品种适应农民的需求，加强植物遗传资源的实地保护，壮大农民种子供应系统。

（3）完善有关品种的开发利用和推广以及种子供应方面的政策和立法，包括参与和实施《粮食和农业植物遗传资源国际条约》的相关规定，制定或修订种子政策和种子法。

（4）加强能力建设。通过培养新一代技能娴熟的专门人才，促进育种技术的提高。

（5）振兴公共部门，加强其在开发和推广植物新品种中的作用。通过

---

① FAO, Save and Grow, 2011.

创造有利于种子部门发展的环境，鼓励其为农民掌握使用新材料提供相关知识和服务。

（6）支持兴办地方、私营部门种子生产企业，通过整合方式，密切生产者组织与市场和资本增值之间的联系。

（7）协调与作物生产可持续集约化等其他重要组成部分之间的联系，如适当的农艺措施、水土管理、病虫害综合治理、信贷和销售。

（三）土地健康的管理

保持健康的土壤是实现农业可持续发展的基础保障。土壤健康关系到土壤的可持续利用，关系到粮食安全和农业可持续发展，关系到人类生存。根据联合国粮农组织确定的土壤健康定义，"土壤作为一个动态生命系统应具有维持其功能的持续能力"。同时认为，具有生物活力和具有功能的土壤，方可定义为健康的土壤。农作物生产必须重新审视土壤健康的重要性，利用天然植物营养，合理施用无机肥，切切实实回归本源。[①]

世界各国现行的许多土壤和作物管理方式都不利于土壤健康。一种极端情况是，在欧盟和大部分亚洲地区，由于过度使用化肥，已经导致氮沉积，这将威胁大约70%的自然可持续性。另一种极端情况是，在撒哈拉以南非洲的大部分地区，化肥使用不足，土壤养分得不到重新补充，从而引起土壤退化，导致产量减少。

2012年，在第18个"世界防治荒漠化和干旱日"，联合国秘书长潘基文呼吁，"遏制土地退化，健康土壤维系生命"，并指出，到2050年，我们需要有充足的生产性土地来养活大约90亿人口。而目前每年约有1200万公顷土地消失，110个国家面临着土地退化的危险。如果按当前土壤流失速度，即以每年流失土壤750亿吨计，养活如此众多人口的任务将不可能实现。没有健康的土壤，地球上的生命就不可能持续。

目前，免耕或少耕技术和少施化肥以及平衡施肥技术，是国际上认为比较有效可行的维护和改善土壤健康的技术措施（见专栏1）。

---

① FAO，Save and Grow，2011.

专栏 1　免耕增加了拉美地区土地中的土壤有机物

在拉丁美洲的许多地区，尤其是湿润和半湿润地区，通过提供永久的土壤覆盖物，使用富碳物质的覆盖物，确保耕作最小化或者免耕土壤表层，目的是保护甚至是增加土壤中的有机质。这些方法很快为农民所采用，因为它们可以控制土壤侵蚀并通过减少劳动投入而降低成本。通过政府研究机构与推广服务机构、农民协会以及生产农业化学制品、种子和机械的私有公司之间的紧密合作，促进了这些方法的应用。免耕种植迅速得到推广，现已覆盖巴西 2600 万公顷的氧化土和极育土。

资料来源：联合国粮农组织：《节约与增长》，2011。

1. 免耕或少耕技术

事实证明，要实现耕地使用的长期可持续性，必须保证土壤中有机物的损失速度不能高于土壤形成的速度。但是在传统耕作方式下，每次播种前及作物生长期间，通常会不断对农田进行耕犁耙锄，以求促进作物生长。这种对表土不断地干扰，会深埋土壤覆盖物，破坏土壤结构的稳定性，还可能造成土壤硬化，反而不利于作物生长，导致生产率降低。因此，采取少耕或免耕的保护性农业生产方法，有助于改善土壤条件，减缓土壤退化，提高生产率。

与此同时，少耕或免耕可保持土壤有机覆盖物，自然增加土壤肥力，还有利于维护整个农业生态系统。当然，少耕或免耕技术也并非"放之四海而皆准"，还需要根据当地实际农业生产和作物情况决定是否可以采用。

2. 控制化肥使用和平衡施肥技术

在过去的 100 年里，面对增长了 4 倍的世界人口，粮食生产大幅增产，其中化肥的发展和大规模使用功不可没，尤其是氮肥。因为对所有主要作物而言，氮的供给是决定产量的最重要因素。如第一次绿色革命时期，亚洲地区粮食产量激增的主要原因之一就是密集使用无机肥，以及种子和灌溉技术的改进。1961～2002年，世界化肥产量增加了近350%，从3300万吨增至1.46亿吨（见图4）。① 近40年来，无机肥的使用带来了约40%的粮食增产记录。

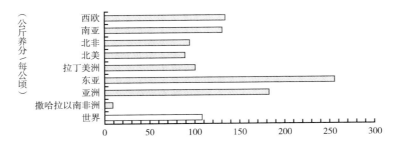

图4　2008～2009年矿物肥料平均利用率

资料来源：联合国粮农组织：《节约与增长》，2011。

化肥在对粮食生产做出贡献的同时，也带来了巨大的环境成本。目前，亚洲每公顷土地的无机肥使用率是世界最高，欧洲其次。由于过度使用化肥，已导致这些地区大面积氮沉积，不仅威胁耕地的自然可持续性，还面临一系列严重的环境污染问题，包括土壤和水质酸化，地表和地下水资源污染，导致温室气体排放不断增加。因此，无机肥对环境的影响是一个管理问题。无机肥的用量要以作物输出的数量为参照，或者以使用的方法和时间为参照。化肥使用的有效性，尤其是氮肥和磷肥，决定了土壤管理因素是有利于作物生长，还是会对环境造成负面影响。例如，中国的化肥用量已达5000多万吨，居全球之首，占世界总用量的30%。② 中国占世界9%的耕地消耗了全球30%的化肥，化肥消费总量和单位面积施用量已处于较高水平。但化肥的总体利用率仅为35%左右，③ 其中水稻、小麦、玉米的氮吸收有效率只有26%～28%，而蔬菜作物的吸收率不足20%。过量的化肥导致农业生产的生态要素品质下降，土壤中的有益菌大量减少，土壤质量下降，自净能力减弱。大量没有被利用的化肥流失到环境中造成面源污染，影响农作物

---

① 联合国粮农组织2011年统计数据，参见 http：//faostat.fao.org。
② 《中国化肥用量超世界总量30%》，煤炭网，2012年3月13日。
③ 《中国化肥行业需警惕：产需矛盾日益扩大》，化肥资讯网，2009年7月29日。

的产量与品质，危害人体健康，甚至出现环境报复风险。

联合国粮农组织在总结有关项目经验的基础上，提出了以下改善土壤健康状况、改进传统土地耕作方式的行动建议。[①]

（1）制定国家法令实现土地合理耕作。政府应制定政策鼓励农民采用基于土壤健康的可持续农业耕作系统，支持那些改善造成土壤退化或给环境造成严重威胁的农业生产方式，同时以示范作用带动最佳实践措施的推广实施，并促使小农及其所在农区积极参与。

（2）监控土壤健康。政府主管部门需要有监控和核查农耕措施影响的方法和手段。优先考虑的重要指标包括土壤有机物含量、养分平衡、产量差异、土地使用集约程度和多样性，以及地表覆盖物。尚需考虑的指标有土壤质量、土地退化及农业生物多样性（见专栏2）。

（3）加强能力建设。土壤健康管理属于知识密集型方式，其广泛应用需要通过对推广人员和农民进行能力建设方面的培训。另外，与国际和国家相关研究机构合作探索新方法，并将研究成果转化为适用于小农生产者的实践指南，为支持作物生产可持续集约化前提下更好地进行土壤管理提供更多必要的知识和手段。

（4）信息传播和经验交流。任何土壤健康管理方式的大规模实施都需要广泛提供支持性信息，尤其是通过农民和推广人员都熟悉的渠道。信息的传播途径不应局限于国家发行的报纸和广播节目，还应包括现代通信技术，如手机、互联网，这些方式能够使年青一代的农民更有效地接触信息。

专栏2 孟加拉国水稻的"尿素深置法"

在亚洲，农民对水稻施用氮肥十分普遍。插秧前，他们会向湿润的土壤和积水里播撒一遍尿素基肥，然后在插秧之后的几个星期

[①] FAO, Save and Grow, 2011.

直到开花期，追施一次或多次尿素。这种实践的农艺经济效率低，且对环境有害。水稻作物只吸收了所施肥料的1/3左右，大多数则残留下来，通过挥发和地表水流散失到空气中。一种减少氮损失的方法是压缩颗粒尿素，使之形成大颗粒尿素。它可以深插在作物间7～10厘米处的土壤中，也就是通常所说的尿素深层施肥（UDP）技术。这种实践使植物的氮吸收率翻了一番，减少了进入空气和地表水流中的氮损失，并使农田平均产量提高18%。在孟加拉国全境，国际肥料开发中心和美国国际开发署都在帮助小自耕农采用尿素深层施肥技术，目标是在五年内推广到200万农民中使用。目前这一技术在孟加拉国推广迅速，另外还有15个国家正在研究审查这项技术，主要是撒哈拉以南的非洲国家。

资料来源：联合国粮农组织：《节约与增长》，2011。

（四）农田水资源管理

水是决定粮食生产的基本要素之一。在全球水资源匮乏的情况下，加强农田水资源管理、提高水资源利用效率、提升农田产出水平，是世界公认的有效举措。当前，世界耕地中约有20%属于灌溉地，其产出占农业总产出的40%左右。[①] 全球大部分发展中国家主要实施灌溉农业，特别是在大江大河两岸，如北美洲的密西西比河、南美洲的亚马孙河、亚洲的长江、非洲的尼罗河流域，都发展了灌溉农业（见表2）。灌溉是按照作物生长的需要，利用水利工程设施将水送到田间，以补充农田水分的人工措施。[②] 相对于雨养农业而言，灌溉农业就是利用人工灌溉设施，补充天然降水不足的农业。其有以下几个特点：一是通过灌溉措施，满足植物对水分的需要，调节土地的温度和土壤的养分，以提高土地生产率。二是通过各种农用水利灌溉设施，满足农作物对水分的需要，调节土地温度、湿度和土壤空气、养分，提

---

① 联合国粮农组织：《世界粮食和农业领域土地及水资源状况》，2011。
② 水利部：《农田水利技术术语》（SL56－93）。

高土地生产能力。三是通过控制作物用水的数量和时间，灌溉推动和促进了集中投入，提高了土地生产率。从全球看，灌溉比旱作产量高2~3倍。

表2　主要土地利用类型及净变化

单位：百万公顷，%

农田类型	1961年	2009年	净增长
耕地	1368	1527	12
雨养耕地	1229	1226	-0.2
灌溉耕地	139	301	117

资料来源：联合国粮农组织：《世界粮食和农业领域土地及水资源状况》，2011。

灌溉虽然能提高产量，但也会带来一些负面影响，如减少环境流，改变下游水的供应量，或缩小湿地范围等，这种负面影响有时甚至大于对产量产生的积极影响。因此，在可持续集约化生产方式下，农田水资源利用需要因地制宜，充分考虑灌溉生产和雨养生产在不同种植环境条件下的区别，准确评估雨养生产和灌溉生产的相应作用。

在雨养生产系统下，通过改良作物品种可使作物利用储存在根区的水分；运用轮作深根作物，使作物适应后形成更强的深根习性，增加土壤蓄水能力；利用有机覆盖物改善渗水能力，减少水蒸发等。在大规模雨养系统中，实施作物生产可持续集约化所需投资较少，在完全灌溉系统中需要的投资多，这两者各自的优点需要在社会经济层面结合发展目标认真进行评估。目前，在全球16亿公顷的耕地中，约有80%是雨养地，其产出约占全球农业总产出的60%（见图5）。而全球灌溉系统的土地面积目前总计3亿多公顷，其中亚洲的灌溉发展较为迅速，大约8000万公顷农田进行水稻生产，平均每公顷产出5吨（与之相比，5400万公顷雨养低地的水稻平均每公顷产出2.3吨）。而非洲由于财政投资不足，灌溉农业只占耕地面积的4%。①

近年来，在水资源日益紧张缺乏的形势下，节水灌溉被当作一项革命性措施在许多国家加以推广应用。改进作物栽培传统习惯，提倡鼓励高效用

---

① 联合国粮农组织：《世界粮食和农业领域土地及水资源状况》，2011。

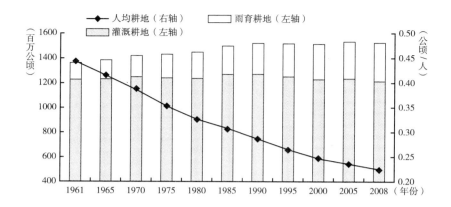

图5　全球灌溉耕地及雨养耕地的演化过程（1961～2008年）

资料来源：联合国粮农组织统计数据库。

水，节水灌溉，精准灌溉，实现低灌高产是当今世界公认的农业可持续发展策略。

精准灌溉是以大田耕作为基础，按照作物生长过程的要求，通过现代化监测手段，对作物的每一个生长发育状态过程以及环境要素的现状实现数字化、网络化、智能化监控，采用最精确的灌溉设施对作物进行严格有效的施肥灌水，以确保作物在生长过程中的需要，从而实现高产、优质、高效和节水的农业灌溉设施。农业精准灌溉系统包括自动化、智能化，由地理信息系统（GIS）和全球定位系统（GPS），遥感和遥测以及农田信息采集与处理等组成。[1] 虽然精准灌溉目前尚处于研究阶段，但对园艺和田间作物来说，利用灌溉水进行精准灌溉和精准施肥在未来都可能成为现实。

微灌常作为土地灌溉效果不佳情况下的节水应对技术。尽管它的资金成本高，但越来越多的发达国家和发展中国家的商业性园艺生产还是采用这种技术。非充分灌溉及其类似方式如调亏灌溉，常用于果树的商业化种植和一些在关键生长期极易受到水分胁迫影响的田间作物。调亏灌溉往往与微灌和灌溉施肥结合使用，中国把这种方法运用于更加简单的沟灌，但使用这种方法的前提是要有可靠供水。

––––––––––––––––

[1]　《精准灌溉技术及应用前景分析》，中国灌溉在线，2011年1月7日。

从长远来看，结合使用常规灌溉或水培、雾培法，高集约度的封闭循环生产系统将会变得日趋普及。

据联合国粮农组织有关专家预见，未来灌溉施肥技术（包括液体肥料的使用）、调亏灌溉和废水重复利用将会更好地纳入灌溉系统。尽管在引进新技术初期所需成本较高，还需要有配套的运行和维护体系，但精准灌溉已在全球范围内使用。一些发展中国家在高价值作物，如园艺作物生产上，已采用滴灌装置。①

（五）植物保护

据联合国粮农组织估计，每年病虫草害造成全世界粮食总收成减少30%～40%，其中因病害损失约10%，因虫害损失14%，因草害损失11%。② 长期以来，农药作为重要的农业生产资料，一直被用作植物保护、防治农作物病、虫、草、鼠害的主要措施，尤其是在发展中国家。有资料表明，阿联酋是单位面积农药用量最高的国家之一，每公顷土地农药用量高达9.86千克，而欧洲1.9千克，美国1.5千克。根据统计比较，自1950年以来，全世界农药的使用增加了50倍。2011年，全球农药市场销售总额为469.80亿美元，其中除草剂销售额占42%。与2011年比较，大部分地区增长幅度超过14%。其中在拉丁美洲的销售增长强劲（18%），亚洲（17%）继续超过欧洲（15%）和北美（6%）。从农药种类看，除草剂增长超过15%。杀虫剂、杀菌剂分别增长了约13%。

化学农药在保证种植业生产方面发挥了重要作用，但由于农药的利用率一般只有大约30%，剩余的则会进入空气、土壤和水源造成污染。因农药的大量使用造成农产品中农药残留超标和对环境生态产生的负面影响，越来越引起公众关注和担忧。同时，过分依赖使用农药会加剧害虫抗药性的恶性循环，不仅不能减少虫害造成的损失，还将导致新农药开发利用投资的不断增加。

---

① 联合国粮农组织：《世界粮食和农业领域土地和水资源状况》，2011。
② 联合国粮农组织：《节约与增长》，2011。

联合国粮农组织植保专家认为，将植物虫害当成一个影响作物产量的外在诱因，是一种错误看法。因为在大多数情况下，农业生态系统中出现害虫是自然现象。害虫及伴随物种，如害虫天敌、寄生生物、传粉者等都是与作物相关的农业生物多样性的组成部分，对生态系统功能的发挥起到很大作用。尽管大量害虫潜存于农田中，但在一定水平下，一些非农药常规措施通常能够控制其危害。实际上，全面清剿害虫会减少该害虫天敌的食物供给，破坏生态系统自然调控能力而使害虫数量猛增或虫灾爆发，导致杀虫剂使用呈螺旋式上升。因此，有害生物与农业生产不应该是"有你没我"的完全对立，不应该是消灭与被消灭的关系。他们呼吁人们应彻底改变对有害生物的认识，从生态学的角度去重新认识有害生物的害与益。

20世纪60年代，国际上首次提出了有害生物综合治理（IPM）的植保战略，把植物保护目标确定为将害虫数量控制在一定水平（危害水平之下），同时将因虫害造成的作物损失控制在可接受的最小范围内，以达到控制害虫危害和保持生态系统平衡的双重目的。在过去的50年中，有害生物综合治理已成为并依然是当前世界领先的植物保护综合战略。

病虫害综合治理强调采用一系列综合措施，如生态治理、农业防治、生物控制、物理诱杀和使用低毒对环境友好的农药等，通过对生产环境因素的影响达到有效控制危害，增加产量，提高可持续性的效果，同时减少投入成本。目前，有害生物综合治理战略已在60多个国家大规模开展实施，包括在巴西、中国、印度和大多数发达国家，在世界农业发展中取得了显著成绩。

在以往"预防为主，综合防治"植保方针的基础上，中国还于2006年提出了公共植保和绿色植保的新理念。公共植保就是把植保工作作为农业和农村公共事业的重要组成部分，突出其社会管理和公共服务职能。例如，由于农作物病虫具有迁飞性、流行性和暴发性，其监测和防控必须由政府组织跨区域的统一监测和防治（见专栏4）。绿色植保就是把植保工作作为人与自然和谐系统的重要组成部分，突出其对高产、优质、高效、生态、安全农业的保障和支撑作用。几年来，中国通过实施这项新的植保策略，不仅有效防治了有害生物对作物的危害，确保了粮食生产安全，还促进了农产品质量安全，维护了环境和生态安全。

专栏³　绿色防控有效减少中国水稻上杀虫剂使用

　　农作物病虫害绿色防控是指采取生态调控、生物防治、物理防治和科学用药等环境友好型措施控制农作物病虫危害的植物保护措施。推进绿色防控是贯彻"预防为主、综合防治"植保方针，实施绿色植保战略的重要举措。

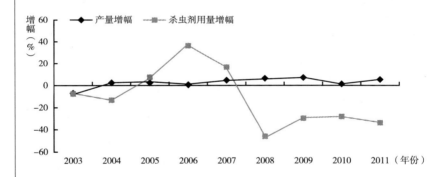

　　水稻是中国的主要粮食作物之一，每年虫害发生面积为10亿~12亿亩。2002~2006年，水稻上施用的杀虫剂逐年增加，而其对产量的贡献增加却不明显。如2006年，杀虫剂用量增加了37%，而增产幅度却只有1%。2007~2011年，中国推广实施绿色防控理念，采取综合治理措施，大幅减少了水稻生产中杀虫剂的使用，水稻产量反而有了明显增长。如2008年，杀虫剂用量减少45%，产量增幅达到6%。

资料来源：农业部全国农业技术推广服务中心，2012年。

　　因此，政府主管部门要及时总结成功经验，使农民充分认识减少农药使用对于保护人类健康和环境以及改进农业生态系统，避免虫灾爆发的重要性和必要性。还要在政策和制度上做相应调整以支持和鼓励有害生物综合治理战略的实施，如取消农药补助、加强农药法规执行力度、增加对病虫害综合治理具体措施的投入；如支持生物农药研发、建立自然捕食性天敌的养虫室等。

另外，强化农药登记制度，也是一项鼓励和支持害物综合治理的有效措施。国家有关部门在审批登记农药产品时应优先考虑危害较小的农药，还应确保在充分了解生态信息的基础上做出决策。还有一项措施就是收取农药使用费或农药税。印度于 1994 年率先实行农药使用费或农药税政策，用于资助开发其他虫害管理措施，并为之提供补贴。

当然，害物综合治理技术能否在生产实践中成功应用，最终还要依靠农民。因为在控制病虫害时，是农民做出关键性的防治决定。因此，政策制定者应该充分调动农民的积极性，从政策和技术手段上给予支持。同时，要及时提供有效培训和咨询服务，而农民田间学校一直被公认为是在地方层面提高农民知识水平最有效的方法之一。政府还需要为农民提供快速获取相关信息的渠道和能力。例如，通过利用移动电话和网络拓宽传统服务范围，以加快农民掌握使用有害生物综合治理（IPM）技术。此外，给 IPM 或类似农产品贴上特有标签，确保该类产品进入市场，使农民从中得到实际利益，从而激励他们实施 IPM 战略。

四 对中国种植业生产的启示

中国人口众多，解决 13 亿人吃饭穿衣问题是国泰民安和经济发展的基本前提。中国种植业在农业中的比重较大，其产值一般占农业总产值的 50% 以上，粮、棉、油、糖、菜、果、茶等主要作物面积和总产量均居世界前列。种植业的持续稳定发展对确保国家粮食安全和主要农产品的有效供给以及国民经济的发展有着十分重要的意义。

根据目前有关国家的经验和国际组织提倡的成功做法，对如何进一步促进中国种植业生产可持续发展有以下启示。

（一）加强土地质量管理，切实提高耕地质量

近年来，随着人口的增长和工业化、城镇化的不断推进，中国耕地总量锐减。与此同时，中国赖以生存的土地不断遭受工业污染，给种植业可持续发展带来了很大隐患。据有关部门调查，目前全国受污染的耕地约 1000 万公顷，污水灌溉污染耕地 217 万公顷，固体废弃物堆存占地和毁田 13 万公顷，合计约占耕地面积的 1/10 以上。酸雨发生面积占国土面积的 40% 以上，比 20 世纪 80 年代增加 1 倍多。每年有 1200 万吨粮食遭受砷、镉、镍、铅、汞等重金属污染。[①] 这不仅会影响食品安全，而且会对中国粮食的长期安全产生影响。

为确保中国粮食安全，国家《国民经济和社会发展第十一个五年规划纲要》明确提出了 18 亿亩耕地这一具有法律效力的约束性指标。然而，保护耕地不仅仅是数量保证，更重要的是要保证土地的生产能力，耕地保护必须坚持数量和质量并重。长期以来，中国耕地"重用轻养""只用不养"，农田基础设施建设相对滞后，耕地培肥改良措施不配套，造成耕地基础地力支撑能力下降，土壤保水保肥性能差，抗旱抗灾能力弱。目前，中国耕地基础地力对粮食生产的贡献率仅为 50% 左右，[②] 后劲不足的问题尤为突出。由此可见，要长期保证国家粮食安全，仅仅保住 18 亿亩耕地红线这个数字是不够的，必须从数量管护转向数量与质量并重管护，通过各种有效措施，提高耕地质量等级，确保耕地生产能力稳步提升。

根据近年中国的有关报道，耕地保护"重数量、轻质量"的倾向普遍，耕地总体质量令人担忧。一是耕地的生产能力正在下降，优质耕地的比例变低。根据全国农用地分等调查结果，中国耕地质量等别状况总体偏低，优、高等地仅占耕地总面积的 33%，中低产田已占到 2/3，平均等别仅处于中等水平；耕地土壤有机质含量平均仅为 1.8%，比欧洲同类土壤低 1.5 ~ 3 个百分点。全国生产能力大于 1000 公斤/亩的耕地仅占 6.09%。

---

① 国家土地资源部，2011 年。
② 农业部全国农业技术推广服务中心，2012 年。

二是耕地污染情况正在恶化。目前，中国受污染的耕地约有 1.5 亿亩，占总耕地面积的 8.3%。[①] 农田环境污染造成土壤微生物区系失调，耕地土壤生态功能变差，土壤对干旱、重金属污染、养分缺乏等胁迫因子的缓冲作用下降。

　　注重耕地生态质量和耕地环境质量，对于加强耕地保护与管理具有重要意义。耕地保护要由数量管理向数量、质量和生态三位一体管理模式转变，坚持数质并重，继续实行最严格的耕地保护制度，加强耕地质量建设。以建设促保护，在提高耕地的综合生产能力上下工夫，为稳定粮食生产奠定坚实基础。具体措施包括：加大对中低产田改造力度，通过调整种植业结构，增加养地作物，增施有机肥，并进行生态农业建设，提高土地的可持续生产能力。开展农田水利建设，加强坡改梯等水土保持工程建设，提升基本农田地力。同时，继续发扬扩大推广实施沃土工程、测土配方施肥等重大措施，着力提高耕地质量。

（二）加强种子创新研究和使用管理，为可持续农业发展提供技术支撑

　　种子作为农业生产的重要生产资料，具有不可替代性。中国作为农业大国，由于地理环境和气候条件的多样性，以及农民用种需求的多样性，培育拥有自主知识产权的品种和为农民提供适宜对路的品种，是促进种植业可持续发展，保证粮食安全的基础。

　　中国种业在农业发展进程中一直起着举足轻重的作用。在国家农业发展的各个关键时期，通过良种繁育推广体系，实现了优良品种的多次更新换代，使单位面积农作物产量在 50 年的时间里，实现了重大突破。然而，由于中国种业起步较晚，存在的问题也较多，其中最突出的是种业发展水平与现代农业发展要求不相适应，与国际种业特别是跨国公司的发展速度和差距在拉大。在品种方面，多样性和适应性明显不足。由于中国病虫多发、异常天气频发，一些品种的抗逆性和适应性不强的缺陷暴露无遗。在使用方面，

---

　　① 环保部周生贤部长于 2011 年 10 月 25 日在十一届全国人大常委会第二十三次会议上的报告。

由于中国的种子用户主要集中在 1.8 亿农户，户均耕地仅为 0.5 公顷，规模较小。受文化、科技水平和经济条件的影响，相当大的一部分种子用户在选择品种和价值趋向上有很大的盲目性。当然，从某种意义上说，由于信息的极端不对称和地方政府存在不合理的行政干预，也造成农民选择用种上的不确定性。从管理力量和能力上看，作物品种复杂，种子企业多、小、散，管理难度大。而种子管理机构不全、监管力量不足，尤其是县级基层力量薄弱，技术和手段落后、管理力量和服务能力不能完全适应种子管理工作的需要。

针对上述问题，建议进一步强化种业健康发展的两大保障。

一是技术保障。在科技创新环节，要通过品种审定、保护等手段，在有效保护地方品种的基础上，加快选育具有重大应用前景和自主知识产权的突破性优良品种的步伐，切实提升优良品种选育能力。在新品种试验方面，加大品种区试技术研究，进一步提升品种选择水平；适度增加区试点，优化区域布局，加大抗逆性和适宜性测定力度，增强品种的适应性和抗风险能力。在种子检验方面，大力提升检测能力，特别是品种真实性、转基因成分、种子健康检测能力；大力开拓种子检测市场，充分发挥种子检验在"事前预防、源头管控、后续监督"这一种子质量监管中的把关作用。

二是制度保障。制度具有根本性、全局性、稳定性和长期性特点，只有不断加强制度建设和创新，才能解决发展中的问题。要通过完善种子法规，修订品种区试和审定、种子检验和质量监督、生产经营许可和市场监管等相关规定，进一步健全技术规范和技术标准，为现代种业发展创造一个良好环境。在种子生产环节，要通过加强种子生产经营许可、种子生产加工技术指导、种业信息监测与调度等手段，充分保证良种供应数量充足、质量优良、供求平衡，切实提升供种保障能力。在种子经营（市场）环节，要加大市场监督检查力度，严厉打击套牌侵权、生产经营假劣种子等违法行为，切实提升种子市场的监管能力。

中国地域辽阔，生态类型丰富，有很多经长期进化和演化培育出来的品种。在积极研究、引进推广新品种的同时，对当地优良作物品种也应给予充分重视和大力扶持。中国作为一个遗传资源大国，还应积极关注与参与《粮食和农业植物遗传资源国际条约》的进程，在加强保护植物遗传资源的同时，还要科学利用、合理分享植物遗传资源，把资源优势转变为技术优势、竞争优势。

（三）减少农业面源污染，保护农业生态环境

"农业面源污染造成水环境污染、耕地质量退化，制约了农业的健康持续发展，甚至影响国家的粮食安全战略。"[①] 农业面源污染是指在农业生产活动中，农田中的泥沙、营养盐、农药及其他污染物，在降水或灌溉过程中，通过农田地表径流、壤中流、农田排水和地下渗漏，进入水体而形成的面源污染。

中国作为一个农业大国和发展中国家，农业面源污染已成为政府和社会各界共同关注的严重环境问题。为提高产量和保证粮食增产，中国每年使用大量化肥和农药。政府还出台了激励农民使用农药化肥的措施，如农资（化肥、农药）补贴政策，或对化肥农药的销售实行价格补贴与价格控制，以保证农民买得起等。农民在生产过程中也存在多施肥、多打药就能增加产量的误区，并没有意识到污染会引起耕地质量退化、影响产量。因此，出现了不讲科学盲目加大投入，导致农业面源污染程度日益严重。近 30 年来，中国化肥施用量逐年攀升，平均每公顷化肥施用量从 1980 年的 86.72 公斤上升到 2007 年的 332.84 公斤，施肥水平是世界平均水平的 3 倍左右，远远超过国际上为防止农业环境污染而设置的 225 公斤/公顷的化肥使用安全上限。

首先，随着化肥施用量的增加，农家肥使用越来越少，造成耕地板结，有机质含量下降，增产幅度越来越小。而且，中国化肥投入以无机氮、磷为主，化肥利用率相对较低。未被利用的氮、磷元素通过地表径流、农田排水进入地表和地下水体，导致农村生态环境恶化。中国每年有超过 1500 万吨废氮流失到农田之外，污染了地下水，导致水体富营养化和空气污染等环保问题。其次，农药过量施用。据统计，中国农药的过量施用在水稻生产中达到 40%，在棉花生产中超过 50%。在一些高产地区，每年施用农药可达 30 多次，每公顷用量高达 300 公斤以上。

---

① 九三学社：《关于推进面源污染防治的建议》，2012 年 3 月。

由于化学物质大量投入，农业生态环境遭到很大破坏。据调查，30 年来，中国土壤有益线虫数量从 3000 ~ 5000 条/公斤下降到 500 条/公斤；蚯蚓数量急剧减少，当初每公斤耕地土壤有 10 克蚯蚓，而现在很难在不施用有机肥的耕地土壤中找到蚯蚓的踪影。[①]

为解决农业面源污染，近年来，中国相关政府部门大力推进农业清洁生产，积极发展循环农业，在化肥施用、农药使用、提高病虫防控效果、减少农药使用量、兽用抗菌药物（抗生素）使用、畜禽粪便处理、农村生活环境治理等方面都有针对性地开展了农业面源污染防治工作。然而，农业面源污染治理是一项长期、复杂和艰巨的工作。必须坚持从生产、生活源头抓起，转变农业农村生产生活方式，减少农业投入品使用量和污染物排放量，具体有以下一些建议。

一是进一步完善法律法规。政府有关部门有针对性地制定、完善和细化关于农业面源污染防治方面的法律法规，如尽快颁布实施《农药管理条例（修订案）》和《畜禽养殖污染防治条例》等。

二是加大投入和政策扶持力度。结合当地农业产业结构和环境质量现状，因地制宜推动农业产业结构的优化升级。加快传统农业向现代高效农业转变，大力发展生态友好型、经济高效型的多元化农业产业。同时，探索建立农业面源污染防治补偿机制，激励农民采用环境友好型的农业技术和农业生产资料，促进资源节约型技术和成果的转化应用。

三是加强研究和推广配套技术措施。积极推进农业清洁生产技术应用。加强研发推广，积极探索集污染防治与耕作制度改革、水肥管理等于一体的可持续的种养模式及配套技术体系；加强农机农艺结合，积极推广保护性耕作、精准化施肥等控源节能减排及低碳农业技术，推进畜禽粪便等有机物的资源化、循环化利用。大力倡导物理和生物防治等非化学防治技术的应用，鼓励使用农家肥和复合有机肥，大力推广测土配方和科学施药，提高化肥农药利用率，减少资源浪费，减轻环境污染。

四是示范推广减少污染的农业生产模式。推广生态农业、绿色农业、有

---

① 农业部全国农业技术推广服务中心，2012 年 5 月。

机农业等运行模式，在法律、技术等方面有效控制农业生产中化肥和化学农药的使用。

（四）坚持政策扶持，为可持续发展营造更有利的政策和制度环境

面对农业的空前挑战，包括人口增多、气候变化、能源匮乏、自然资源退化以及市场的全球化，迫使人们重新思考农作物生产集约化的政策与制度。转变传统的集约化生产方式，实施保护性可持续集约化生产方式是促进种植业可持续发展的重要途径。在这一转变过程中必须有相应的农业政策和制度支持，如农业投资政策、农业投入品（种子、肥料、农药）管理制度、重要资源（土地、遗传育种、技术与信息、资金和社会保障等）的获取和使用制度等。

近年来，中国政府不断加大"三农"投入，制定了一系列强农惠农政策，对中国粮食实现连续增产和农业持续稳定发展起到了重要促进作用。政府应继续增加农业农村投入，巩固完善有利于种植业可持续发展的政策，包括耕地使用政策、种粮农民直接补贴政策、农民贷款和农业保险、农资综合补贴政策、良种补贴政策、农机购置补贴政策、重要粮食品种最低收购价政策和旨在提高综合生产力的政策等。进一步完善七大体系，即良种培育生产和销售体系、农业科技创新和应用体系、植物保护体系、农产品质量安全体系、农产品市场信息体系、农业资源与生态保护体系、农业社会化服务与管理体系，以提高农业综合生产能力和增值能力。

与此同时，在了解和借鉴国外经验和做法的基础上，结合中国种植业发展实际，积极探索新的有利于种植业可持续发展的政策和制度。例如，允许和鼓励企业或私营部门参与对农业的服务和投入；稳定农产品价格；根据作物生产的投入和产出以及生产方式（如保护性生态型）决定农产品价格；重新制定或取消对环境和自然资源有害以及生物多样性生产方式的补贴，即所谓的"不当补贴"；实行环境利用补偿机制，尤其是对转换土地用途项目；信息咨询和农技推广服务机制；农业生产社会保障制度，为种植业可持续发展创造良好的环境，提供有力的保障。

第四章
白色革命
——可持续发展的畜牧业

近几十年来，人口增长、收入增加及城镇化进程加速，对肉、蛋、奶等畜产品消费需求增加，使畜牧业成为农业领域发展最快的产业，这种强劲的发展态势被称作"畜牧业革命"（见专栏1）。[①] 据联合国粮农组织预测，畜牧业发展势头还会持续，到2020年，其产值将超过农业产值的1/2。畜牧业的发展，不仅满足了人们对畜产品的需求，而且为保证粮食安全与营养及减少贫困发挥了重要作用。

专栏1　"畜牧业革命"的特征

发展中国家（生产）消费急剧增加；生产从温和干旱地区向温热潮湿及易发病地区转移；生产活动由当地多目的向市场导向与纵向联合转变；持续对草地及水源造成压力及竞争；靠近城市的大规

---

① Henning Steinfeld et. al.：《亚洲畜牧业的竞争力》，转引自 Delgado et al.《饲料与粮食》，1999，www. fao. org/ag/againfo/programmes/en/pplpi/docarc/LL11. pdf.

模工业化生产可能引起严重环境危害及公共卫生威胁；猪禽增加对谷物饲料需求大量增加。

但是应该看到，这种发展在很大程度上是需求拉动，导致大规模工业生产方式迅速扩张，而忽视了畜牧业固有的优势和多重功能，这就使得畜牧业不可避免地面临多重挑战，成为备受争议的产业。事实上很多现时热点问题都与畜牧业紧密相关。在全球面临严峻粮食安全挑战的今天，人们在关注畜产品增长的同时，也应该关注畜牧业与经济发展、气候变化、环境保护、粮食安全与营养、农民增收、公共卫生与食品安全等方面的相互影响和关联，用可持续发展的理念，引导畜牧业走出一条应对多重挑战的发展之路。

一 畜牧业发展与粮食安全

畜牧业既可以提供营养全面的食物，又具有增加农民收入，转化人类不能直接利用的食物原料等优势，对于促进和保障粮食安全具有重要意义。

（一）世界畜牧业发展现状

过去40年，全球主要畜产品稳定增长，禽肉增长了7倍，禽蛋增长了3.5倍，猪肉增长了3倍，畜产品贸易禽肉增长了30倍，猪肉和奶类分别增长了7倍和5倍，畜牧业产值占全球农业总产值的40%。畜产品的成倍增长，有效增加了发展中国家的食物供应，并为近10亿人口的生计与粮食安全提供了支撑。但这一时期畜产品生产的增速呈现递减趋势，肉类年均增长在1961～2007年为2.9%，1987～2007年为2.5%，1997～2007年为2.2%；同期禽蛋平均增速分别为3.5%、3.3%和2.3%；奶类1997～2007年出现反弹，由前期的1.4%和1.3%上升到2.3%，这主要由于一些亚洲国家增长加速。总体上讲，这一时期发展中国家增速快于发达国家，畜产品供给增长超过人口增长，肉蛋奶年增长率保持在2%～3%。然而，地区间发展并不平衡：东南亚、拉美和加勒比海地区呈现快速增长，撒哈拉以南地区则发展较慢，尽管非洲拥有丰富的草地资源，但由于自然灾害及科技、管理等因素制约，畜牧业发展相对滞后，其发展不及人口增长的速度。就畜产品人均占有量而言，非洲及南亚远不及拉美及加勒比地区。

2010 年，世界奶产量达到 7.2 亿吨（见表 1），与 2000 年相比，年均增长2.2%，发展中国家为 3.7 亿吨，占全球总量的份额超过 50%，发达国家年均增长率为 0.4%；禽蛋产量 6890 万吨，十年年均增长 2.2%，发展中国家 4962万吨，占全球总量的 68%，年均增长 2.8%，发达国家 1927 万吨，年均增长0.8%；禽肉 9794 万吨，年均增长 3.6%，发展中国家 5803 万吨，占全球总量59%，年均增长 4.6%，发达国家年均增长 2.3%；猪肉 1.1 亿吨，年均增长2%，发展中国家 6843 万吨，占 62%，年均增长 2.7%，发达国家 4077 万吨，年均增长 0.9%；牛肉 6572 万吨，年均增长 1.1%，发展中国家 3800 万吨，占 58%，年均增长 2.2%，发达国家年均增长为 -0.3%；羊肉 1367 万吨，年均增长 1.8%，发展中国家 1122 万吨，占 82%，年均增长 2.8%，发达国家年均增长 -1.6%。中国改革开放以来畜牧业取得长足发展，畜产品占全球总量的比例分别为：蛋类 40.6%，禽肉 17.4%，猪肉 47.3%，牛肉 10.0%，羊肉28.8%。可以看出中国畜牧业在世界畜牧业中占有举足轻重的地位，另外，一些领域如奶类仅占全球总量的 5.7%，仍有较大的发展空间。[①]

表 1　2010 年全球畜产品产量

单位：万吨

地区	禽肉	猪肉	牛肉	羊肉	禽蛋	奶
世界	9794	10926	6572	1367	6890	72098
非洲	464	123	692	276	268	4224
亚洲	3253	6059	1582	801	3993	25302
拉丁美洲及加勒比海地区	2084	651	1523	44	699	8110
北美洲	2080	1211	1332	9	584	9571
欧洲	1607	2699	1104	130	1057	21357

资料来源：联合国粮农组织年鉴，2012。

---

① 　根据联合国粮农组织年鉴 2012 年数据计算。

伴随着生产的快速发展，畜牧业生产方式发生了结构性变化，其显著特征是发展中国家城郊工业化猪禽生产迅速扩张，尤其是新兴经济体国家，发展势头更为强劲，适应了这些国家城市化进程及收入增加对畜产品需求急剧增加的趋势，保证了供求平衡。其中中国、巴西和印度三个最大新兴经济体国家成为领跑者，产品结构又以禽类最突出。2010 年，中国禽蛋生产量达到 2800 万吨，印度和巴西分别是 341 万吨和 209 万吨，禽肉产量中国为 1700 万吨，巴西为 1114 万吨，印度为 234 万吨，禽类发展促进了三个国家的食品供应及膳食结构改善。禽类产品因生产周期短、效率高、价格低、消费禁忌少，成为消费范围最广泛的畜产品。

奶类在一些亚洲国家得到迅速发展，如泰国、越南、印度等。泰国在 20 世纪 80 年代早期，国内生产仅占消费的 7%，到 21 世纪初国内生产即达到 40%；越南起步较晚，但从 20 世纪 90 年代后期到 21 世纪初，生产增长 3 倍；印度一直重视奶业发展，是"白色革命"发源地之一，近年的人均消费达到每天 258 克（见专栏 2）。

生产发展的不平衡性，导致畜产品等食品进出口大幅度增加，一些有外汇支付能力的国家则把进口作为手段，用以调剂国内不同品种需要和保障国内市场供应。2000 ~ 2010 年十年间，全球食品进口从 4000 亿美元增加到 1 万亿美元，增长 2.5 倍；同期，非洲从 18 亿美元增加到 600 亿美元，增长 33 倍，占全球总量的 6%；亚洲从 710 亿美元增加到 2460 亿美元，增长超过 3 倍，占全球总量的 24.6%。非洲畜牧业虽然占其 GDP 的 35%，具备一定的生产规模，但生产力水平不高，仍需净进口畜产品，其巨大的生产潜力尚待进一步发掘。

专栏 2　印度的白色革命

印度的白色革命兴起于 1965 年，当时的中央政府注重在全国扶持建立合作组织，以促进农业的发展，扶持奶业发展的计划叫做"洪流行动"，即后来为人们所熟知的"白色革命"。当时印度全国奶类年产量仅 2000 万吨，而现在的产量已达到 1.2 亿吨，成为世界最大的乳品生产国，300 多万农户加入奶业生产合作社。白色革命改变了印度乳品生产加工销售方式，也改变了印度人消费乳品的习惯，极大地促进了印度奶业的发展。

白色革命的经验被广泛用于其他食品行业，其创始人因此于 1989 年获得"世界粮食奖"，以表彰其在食品生产管理及销售方面的杰出贡献。

资料来源：参见 www.dairyreport.com。

1999～2009 年，中国奶类进口从 271 万吨增加到 566 万吨，且逐年增加，10 年翻了一番多，出口反而由 50 万吨降到 18 万吨。肉类进口在 256 万～325 万吨波动，但总体呈增加趋势，出口维持在 140 万～145 万吨，并保持相对稳定。2009 年，奶类进口占生产总量的 13.7%，肉类净进口占生产总量的 2.3%。

（二）畜牧业发展对粮食安全的贡献

肉蛋奶等畜产品为人们提供了 12.9% 的食物热量和 27.9% 的蛋白质，发达国家则分别达到 20.3% 和 47.8%。由于其富含蛋白质及其他微营养素，畜产品可以改善膳食结构，促进营养平衡，满足人体生长发育的营养需要，而且还由于其营养成分的生物学价值比其他食物高，对处于发育阶段的青少年及老弱病孕等人群尤为重要。

不同国家研究均表明，儿童的体质及智力发育与其膳食中的动物食品含量有着较高的正相关关系，即使少量动物食品，也能明显改善人们的营养状况，[1] 所以不少国家把畜产品消费水平的提高仍然作为生活质量改善的象征。

就全球范围而言，人类有能力生产足够的粮食满足所有人口需要，众多

---

[1]　联合国粮农组织：《世界畜牧业（2011）——粮食安全与畜牧业》，罗马，2012。

人群粮食不足并非市场粮食总量不够，而是因为没有足够的收入购买粮食，畜牧业可以有效增加收入，进而增强人们特别是贫困与弱势人口的购买力或粮食生产能力。据抽样调查，全球50%的家庭养畜，有些地区高达90%，2%~32%的家庭收入来自畜牧业。畜牧业产业链的延伸，进一步拓宽和增加了收入渠道和来源。农民通过畜牧业增收的途径包括：一是出售畜产品，收入多少则依生产方式不同而不同，规模经营农民的收入大部或全部来自出售畜产品，兼业农户占13%~68%，牧民收入的90%以上来源于畜牧业。[①]而且农民出售畜产品不受时间季节限制，对粮食安全起到重要调节和缓冲作用。二是促进农业增产，畜牧业为种植业提供肥料及畜力，增加农作物产量，同时减少农业支出。三是扩大就业门路，畜牧业带动包括饲料、化工、生物制品、医药、食品加工等相关产业的发展，产业链的延伸，增加了劳动力需求和就业机会，使农民从中受益。如中国饲料业已发展成为60多万人提供就业岗位的较大规模产业门类，而且为数百万农村剩余劳动力创造了增收致富机会，广大养殖户的年收入增加了近300亿元。[②]

此外，畜牧业的多重功能使其对小农户粮食安全及家庭生计具有独特的作用。畜禽通过转化非耕地和干旱地区生产的植物、农作物剩余物、食品加工的副产物及人类消费的丢弃物，为人类生产食物及其他畜产品。小农户饲养畜禽，无论作为主业还是兼业，畜禽都有提供动力，储蓄保险，增加食物与非食物畜产品及其他社会文化价值等功能。

二 畜牧业发展模式、未来趋势与面临的挑战

（一）不同生产方式及其利弊

现阶段畜禽养殖大体上可分为粗放型与集约型两种。一般来讲，集约养

---

① J. Otte：《减贫与畜牧业发展：经济与政策展望——畜牧业的优势》，罗马，2012。
② 高鸿宾在全国2012年饲料工作会议上的讲话材料。

殖的显著特征是高投入、高产出，规模相对更大，科技更先进，生产效率更高，产品一致性更好，选用品种专一性更强，环境设施、饲料营养及防病措施等要求更严，且多采用封闭或半封闭可控方式，这种大规模高效生产方式，对于稳定市场、保障高度集中的城市人口的供应发挥了积极作用。粗放养殖则相反，规模小、投入少，生产效率低，管理粗放，多利用传统技术和当地资源，生产当地适销对路的多种产品。

集约化生产方式近几十年来发展迅速，尤其是亚洲，在许多大中城市周边兴起了大规模集约化生产企业，集中在猪禽领域，成为主要生产方式。集约化生产了 67% 的禽肉、50% 的禽蛋、42% 的猪肉。中国 1996 年规模化只生产了 20% 的猪肉，2006 年就增加到 64%。集约化方式集现代畜牧遗传育种、饲料营养、饲养管理、疫病防治及其他多项先进技术于一体，极大地提高了畜禽生产率和饲料转化率，提供一致且稳定的批量产品供应，满足了大中城市需求，其积极意义不言而喻。但当可持续发展成为人们共识时，集约型生产的弊端也显而易见。第一，其生产几乎完全依赖粮食类饲料，当世界上约有 1/7 人口忍受饥饿时，却有超过 1/3 的粮食用作饲料，尤其在缺粮国家可能加剧而非改善粮食不安全状况，与人争粮的矛盾日渐突出，而且集约化养殖的蛋白质投入产出比低，也就是说，集约化方式产出的蛋白质少于其所消耗的可供人类消费的蛋白质。与此相反，放牧及粗放方式生产，多利用牧草及农作物剩余物副产品生产蛋白质，更为高效可行。从生物学角度来讲，无论从能量、蛋白质还是土地利用效率来衡量，消费肉蛋奶比直接消费粮食更低效。当然，如前所述，动物食品生产受重视是因为其提供的不仅仅是能量及蛋白质，还有人体必需而又不易从其他食物获得的营养元素如铁、维生素、氨基酸等。第二，集约化生产条件下，畜禽疾病特别是人畜共患病增加了药物的广泛使用，使其成为公共卫生及食品安全的焦点。过去几十年，由于药物、疫苗、诊断技术及兽医服务的改善，疫病总体减少，但新发病增多，如 2003 年在亚洲爆发后迅速席卷全球的高致病性禽流感。气候变化，气温升高，还有可能产生新的传染病。第三，大规模养殖造成饲料生产与畜禽生产分割，专门饲料生产用地增加，且大量施用化肥及杀虫剂，畜禽生产排放大量粪污及气体超出土地接纳能力成为污染源。比如，巴西畜牧业发展大量挤占林地生产饲料，是林地减少的主要原因。1964 年，美国一半的肉牛养殖群体不到 50 头，1996 年 90% 的牛群超过 1000 头，约 100 个饲养场超过 30000 头，这些饲养场的污物处理量相当于一个小城市，多数被美国环境保护署列为点源污染源。[1] 第四，集约化养殖造成畜禽遗传多样性减少。集约化养殖集中在猪、禽、牛三个品种中的少量高产品种，加上工业饲料、兽医措施及环境控制，使这些品种应对环境及气候变化因素的能力极为低下，其他品种也因此得不到充分利用而遭受灭绝威胁。此外，动物福利及素食团体对集约化生产方式的关注也逐渐增加。

粗放养殖虽然生产规模小、生产效率低、市场竞争力不强，但由于其在应对畜牧业面临的诸多挑战方面具有优势而受到推崇。小规模养殖历史悠久，适应当地生态环境，满足当地市场需求，所需投资小，经营方式粗放，主要依赖已有的资源，几乎不与人争粮，适应小生产者及家庭粮食安全需要。农区家庭养畜还可利用农作物及家庭剩余物生产优质蛋白质，是一种既高效又对环境影响小的可持续生产方式。牧区多为粗放养殖，虽然面临草地面积减少、生产力低下、草原沙漠化、盐碱化和荒漠化程度加剧、草原生态整体恶化等问题，但其较为完备的生态及生产生活系统，对于当地牧民的生计及社会经济发展意义重大。

从以上分析可以看出，两种方式各有利弊，发挥集约型养殖高效生产优势，减少环境负面影响，有利于保障市场供应，发挥粗放型养殖多重功能，改善生产效率，有利于提高社会经济及环境综合效益。值得注意的一种倾向是，随着城市的扩大、人口的增加和环境卫生考量，越来越多的城市将不再允许周边畜牧业发展。同时世界上很多国家把目光关注于小生产者，通过实施良好规范，帮助他们适当扩大规模，改进生产及加工技术，延长产业链，增值增收，减少污染及产后损失，改善组织及治理结构，提高市场竞争力，使小生产者免遭淘汰。这方面的例子很多，其中荷兰奶牛业的兴起和发展过程及面临的现实挑战，可以看作是多国畜牧业的缩影，对未来畜牧业的发展是有益的启示（见专栏 3）。

---

[1] 联合国粮农组织：《世界农业展望 2030/2050》，2012。

专栏 3　荷兰牛奶生产的启示

荷兰从 20 世纪 60 年代开始了大规模集约化养殖奶牛，一系列支持政策陆续出台，带来双重效应，既极大地增加了生产，提高了生产率，同时导致大量农户退出该行业。1960～2007 年 40 多年时间里，奶产量增加了 1.6 倍，单产增加了 1.9 倍，每个农场的养牛数量增加了 7.3 倍，劳动生产率提高了 17.6 倍，而约 90% 的家庭农场被挤出了这个行业。

农户面临的选择：（1）放弃养奶牛，改为从事其他行业；（2）移往国外维持生产；（3）巩固规模建立农业园区；（4）多元生产，拓宽收入门路；（5）增加土壤肥力，减少成本。

主要启示：（1）一些"传统做法"实际上有更强的适应性；（2）工业化养殖的负面教训应该纳入全球畜牧业发展政策之内重新考虑；（3）发展中国家应吸取教训，支持小农户发展；（4）发达国家农民应该借鉴发展中国家仍在使用的传统技术中的适用部分。

资料来源：Katrien van't Hooft：《荷兰奶牛业的教训》，畜牧业的未来大会发言材料，波恩，2012 年 9 月 6～7 日。

（二）未来消费需求及增长趋势

全球畜产品消费保持了较长时期的稳定增长，主要肉类消费由 1979～1981 年的 14 公斤增加至 2005～2007 年的 28 公斤。自 1970 年以来，发展中国家人均肉类消费增长 5.1%，乳品增长 3.6%，但 1997～2007 年十年间，肉类消费年增长率为 2.9%，而前十年是 6.1%。一些传统肉类高消费国家的膳食结构并没有发生大的变化，引起结构性变化的是畜产品消费增长较快的国家，如中国与巴西，其他发展中国家消费并不像想象的那么强势，如果不计中国与巴西,发展中国家过去 30 年肉类消费年增长率只有 3.3%,消费量也只由 12 公斤增加到 17 公斤。由于越来越多的国家已达中高消费水平,未来肉类需求的增长会明显放缓。目前,只有包括中国、巴西在内的 18 个国家消费超过 50 公斤,到 2030 年,这类国家将达到 28 个,2050 年达到 36 个,加之人口增长率下降,肉类消费增长率会低于以往。如 1961~2007 年,肉类年均消费增长率为 2.9%,而预计 2007~2030 年年均增长率仅为 1.6%,2007~2050 年降至 1.3%(见表 2),也就是说,后 40 年的增速可能不到前 40 年的 1/2。一些发达国家由于食物总体消费达到饱和水平和高水平肉类消费及出于健康考虑,进一步增加的空间有限,如欧盟人均肉类消费维持在 80 公斤左右,到 2020 年,预计增长 3%;到 2021 年,美国预计人均消费增长 2%。

表 2　世界肉类消费年均增长及预测

单位:万吨,%

类别	2005~2007 年	1961~2007 年	1971~2007 年	1981~2007 年	1991~2007 年	2005/2007~2030 年	2005/2007~2050 年
牛肉	6232	1.5	1.1	1.0	0.9	1.3	1.2
羊肉	1267	1.7	2.0	2.0	1.8	1.7	1.5
猪肉	9964	3.1	2.9	2.6	2.3	1.2	0.8
禽肉	8154	5.1	4.9	4.7	4.4	2.1	1.8
肉类总量	25618	2.9	2.7	2.6	2.5	1.6	1.3

资料来源:《世界农业展望(2030/2050)》,2012。

肉类消费增长减缓的原因,一是发达国家人口数量稳定,人均消费增长不明显,主要肉类进口国日本及俄罗斯人口甚至少于现在,肉类进口会减少。二是带动以往肉类消费快速增长的中国与巴西增速将明显减弱,印度将保持相对低水平的消费。三是许多低收入及贫困国家状况难以迅速改善,消费不会有明显增加。

全世界奶类生产消费变化不如肉类活跃,2007 年,人均消费为 83 公斤,而 30 年前就已达 77 公斤,但由于发展中国家消费水平较低,增长潜力仍然存在,生产消费将继续保持小幅平稳增长。预计 2007~2030 年增速仍会达 1.3%，2007~2050 年增速达 1.1%，与前 40 年的平均增速大体相当（见表 3）。

表 3　世界乳品消费年均增长及预测

单位：百万吨，%

地区	2005~2007 年消费数量	1961~2007 年消费数量	1971~2007 年消费数量	1981~2007 年消费数量	1991~2007 年消费数量	2005/2007~2030 年均增长及年均增长预测	2005/2007~2050 年均增长及年均增长预测
总量	657	1.4	1.3	1.1	1.6	1.3	1.1
发展中国家	324	3.5	3.6	3.6	3.9	2.1	1.7
撒哈拉以南非洲	24	2.8	2.6	2.3	3.5	2.5	2.3
近东/北非	41	2.6	2.4	2.0	2.8	1.9	1.6
拉丁美洲及加勒比海地区	72	2.8	2.6	2.6	2.6	1.5	1.1
南亚	135	4.0	4.4	4.3	4.1	2.3	2.0
东亚	50	5.9	6.5	6.7	7.9	2.2	1.5
不含中国	14	5.0	4.6	4.0	3.0	2.3	1.8
发达国家	333	0.4	0.1	-0.4	-0.1	0.5	0.3

资料来源：《世界农业展望（2030/2050）》，2012。

因此可以肯定，未来 40 年，期望再有以往的速度已不现实，但全球畜产品消费需求仍会保持增长。联合国粮农组织预计，到 2050 年，禽肉将增长 2.3 倍，其他产品增长 1.4~1.8 倍，增产总量达到 2 亿吨。

（三）面临的挑战与制约

可以肯定的是，畜牧业的进一步发展，一方面，必然受到资源尤其是水土资源的限制，包括其他与水土资源利用相关联的外部因素如气候变化等，也会对畜牧业构成不同程度的阻碍。另一方面，畜牧业对环境造成的污染必然更受关注，疾病控制水平和产品质量及安全状况也必然成为制约其自身发展的重要因素。这些限制与挑战主要包括以下几个方面。

1. 资源限制

现代畜牧业的发展更多地依赖粮食饲料，使得水土资源成为其主要限制因素，主要体现在两个方面，一是有限的总量供给，二是竞争性用途转换。全球人均耕地仅 0.25 公顷，不到 50 年前的 1/2，而且面临增加有限、退化严重，且分布不平衡的突出问题。过去 50 年，全球可耕地增加 6700 万公顷，但发展中国家增加 1.07 亿公顷，而发达国家减少 4000 万公顷。[①] 全球 1/4 的土地高度退化，另有 8% 为中度退化，生产力下降，最需要生产粮食的地方恰恰是土地不足的地方，因此全球粮食供求矛盾难有明显缓解。水资源总体不足已是不争的事实，且人均占有极不平衡，无论发展中国家还是发达国家，人均淡水资源占有量均呈下降趋势。世界主要粮食生产国几乎都面临淡水资源短缺的困扰。到 2025 年，不同国家和地区的 18 亿人将面临绝对缺水，2/3 的人将面临水源紧缺。

竞争性利用水土资源，在农业行业之外主要是城市及工业用水急剧增加。农业内部对水土资源利用的竞争也日益激烈，如畜牧业、水产业及粮食作物生产用地用水，以及非粮食作物生产如生物燃料用地用水增加，使畜牧业面临的水土资源供给趋紧的压力不断增加。

另外，畜牧业饲料用粮已占粮食总量的 1/3，换句话说，约 1/3 的农用水土资源已经用于畜牧业，而满足 90 亿人口的粮食需求，种植业需再增产 60%，发展中国家则需要翻一番。同样由于水土资源的限制，今后农业的增产主要依靠提高单产而非扩大面积，粮食供求关系总体偏紧，而且谷物类粮食会优先供应人类直接口粮消费，饲料粮供应不确定性增加，所以有理由认为，今后的粮食问题在一定程度上是饲料粮问题。

2. 环境影响

畜牧业在对水土资源依赖不断增加的同时，对水土资源造成的污染危害亦与日俱增。畜牧业一方面是耕地和淡水使用大户，另一方面也可能是最大水土污染源之一。多数大型"无土"畜牧养殖业在城郊，造成严重的环境污染，包括周边空气异味污染，主要污染源是粪污废水，以及抗生素、生长激素及制革化学品、饲料生产化肥及杀虫剂等。畜禽液体粪污处理，虽然方式多种多样，但效果均不甚理想，成为空气中甲烷的重要来源之一。农牧分离，

① 尹成杰：《粮安天下——全球粮食危机与中国粮食安全》，中国经济出版社，2009。

畜牧业规模扩大，劳动力减少及补贴政策的作用，饲料生产不再青睐粪肥，人们更多倾向于使用化肥，发达国家氮肥仅15%来自于动物粪肥，发展中国家可能稍高，但总体趋势是化肥施用量增加，粪肥施用量减少，而大规模工业化养殖的粪污，一旦超过当地农业的容纳能力，即易引起水土及空气污染。

全球动物饲养数量庞大，其中牛15亿头、羊17亿只、猪10亿头、鸡150亿只，还有为数众多的其他种类畜禽，畜禽释放的甲烷对气候变化的影响备受关注。全球每年排放超过5亿吨甲烷，约18%来自畜牧业，其中养牛业占44%。虽然有人认为这一数据被高估了，即便如此，其危害亦不可小视。全球牧区草地退化高达20%，干旱地区退化更为严重，除气候变化等因素外，超载过牧是重要原因之一。有些地方林地用于生产饲料，土地涵养水源功能降低，二氧化碳释放增加，造成大气污染及动植物资源消失等资源环境问题。

3. 疾病风险

动物疫病已成为人类公共健康关注的重要组成部分，主要因为人畜共患病对人类健康的直接危害和威胁，以及动物源性食品质量及其他病害可能存在的安全隐患。仅人畜共患病已知的就超过200种。贸易全球化及市场发育，使人畜共患病日益增多，传播途径也更为广泛。有些烈性传染病如高致病性禽流感、口蹄疫、布氏杆菌病等，对于公共健康及生产活动的危害极为突出，以布氏杆菌病为例，仅2005年，全球就有160万人死于此病，成为引起死亡最多的疾病。

动物疾病还造成巨大的经济损失。一是畜禽生长过程减慢，生产率降低，造成人工饲料及药品费用增加，收入减少。二是疾病防控费用支出增加。世界银行2012年发布的"同一个健康"经济报告称，仅仅分析评估1997～2009年爆发与食品安全有关的六起重要人畜共患传染病，经济损失即高达800亿美元，平均每年67亿美元。英国2001年爆发口蹄疫，损失达到300亿美元；1997年中国台湾地区口蹄疫流行，损失达150亿美元。

全球为控制动物疫病做出了不懈努力，并取得显著成效。2011年，联合国粮农组织宣布全球成功消灭牛瘟，这是人类历史上继消灭天花后的第二个成功案例，但控制动物其他疫病的任务仍然十分艰巨。动物疾病不仅对人类健康构成威胁，而且往往对发病地区的畜牧业构成毁灭性打击。

4. 食品安全

食品供应体系的全球化及日益复杂的食物链，使动物源性疾病大规模爆发的风险增加，动物源性食品在生产加工过程中不当使用药物及添加物，加剧了公众对食品安全的担忧。一些重大动物源性食品安全事故，足以说明这种担忧不无道理。2008年，被二恶英污染的猪肉在爱尔兰一度引起社会恐慌，造成约10亿美元的经济损失。中国婴幼儿奶粉三聚氰胺污染事件，曾导致5万多名儿童患病、1万多名儿童住院治疗，[①] 引发消费者对整个行业的信任危机。事后有人做过一项调查，结果显示，面对频发的食品安全事故，28%的消费者倾向购买进口奶粉，尽管在回答进口奶粉是否更安全时，答案并非总是肯定的，而且有关职能部门随后也查出进口奶粉的其他质量问题，但还是有更多的消费者相信著名品牌在国外生产的质量控制程序更为严格。[②]

饲料在动物源食品安全中的作用同样重要，如疯牛病及其他关联疾病，如肠道感染等，要求饲料生产企业关注造成疾病传播的原因及其控制，把从饲料成分甚至来源到加工销售方式等均应纳入管控范围。促进生长制剂及预防治疗药物的滥用，成为食品安全隐患的重要来源。尽管世界卫生组织1997年已建议停止使用非治疗用药物抗生素，欧盟也于2006年率先禁止使用抗生素作为促生长素，但全球的一致行动尚需时日。

三　可持续畜牧业发展

（一）可持续畜牧业发展全球行动议程

综观全球畜牧业发展，市场需求成为驱动发展的原动力，生产方式并因此发生深刻变革，这使得畜牧业与其赖以生存的自然资源与环境的相互关系更为紧密，也使其自身的进一步发展面临许多新的挑战。因此，围绕如何采

---

① http：//www.who.int/foodsafety/fs_ management/infosan_ event/zh/index.html.

② http：//www.foodnavigator - asia.com/Markets - safer - thinks - China - Report.

取可持续生产方式，更为有效地利用资源以满足不断增长需求的讨论一直不曾间断，可以相信这种讨论还将继续，并且会对今后发展趋势产生影响。畜牧业的可持续发展，有赖于各国能否对畜牧业的政策、管理、技术及投入做出相应调整，既要促进行业进步，增加生产，满足需求；又要保护环境，提高资源利用效率，保障公共卫生健康，着眼长远粮食安全，减少贫困，推动经济发展，以获取最大的经济社会及生态环境综合效益。

为此，联合国粮农组织于2010年开始着手制订"可持续畜牧业发展全球行动议程"，以支持畜牧业的可持续发展。"议程"将致力于改进畜牧业资源利用效率，保障环境及公共健康，支撑人们生计和长远粮食安全及经济增长。议程的初期协商过程，集中了有关各方的智慧与关切，初步确定其重点领域围绕三个方面：一是缩小效率差距，二是恢复草地价值，三是追求零排放。虽然前沿科技的运用使资源利用效率不断接近其峰值，但大多数生产者的效率并不高。缩小效率差距就是利用现有技术，在价值链及生产体系中，最有效地提高自然资源利用效率，取得最大环境经济效益及社会效益。气候变化使人们更加注重环境服务，但现阶段的重点多放在林业。而恢复草地价值就是指通过机构及政策改革，在牧区以生物固碳、水资源保护与提供多样性保护等方式，发挥草地不同功能，使草原提供更大的资源环境收益。动物生产仅能转化部分营养成分及能量，其中50%～90%营养元素及30%的能量排放到周围环境，追求零排放，就是要循环利用动物粪便中的营养元素及能量，减少气体排放，培肥地力，替代化肥，增加作物生产。议程仍在进一步磋商与制定之中，估计不久会提交成员国讨论，一旦获得批准，将有助于各国结合本国实际，以更广阔的视野和更有效的行动，促进畜牧业的可持续发展。

（二）动物遗传资源多样性保护

畜牧业的可持续发展离不开动物遗传资源，动物遗传资源是人类生物资源财富的重要组成部分，是粮食安全和畜牧业生产的基础。动物遗传资源的多样性满足了不同生产方式和目标的要求，也为未来培育特定品种及对某些疾病或环境具有抗性的品种提供了可能，对人类社会发展及应对未来挑战具有深远意义。迄今为止，联合国粮农组织的粮食与农业动物遗传资源国际数据库总共收集了 7616 个畜禽品种的数据信息，其中，地方品种 6536 个，占所有品种的 86%；跨界品种 1080 个，占 14%。在跨界品种中，区域跨界品种 523 个，国际跨界品种 557 个（见图 1）。值得注意的是，如此珍贵的遗传资源并没有受到应有的重视和合理的保护利用，事实上，这些品种中有约 20% 已濒临灭绝，9% 已经灭绝，另有 36% 的品种信息不详，仅有 35% 的品种目前尚无风险（见图 2）。在已报道的 209 个灭绝品种中，牛是灭绝品种最多的物种，其次为猪、绵羊和马。国际数据库资料显示，1999 年 12 月至 2006 年 1 月短短 6 年间，就有 62 个品种灭绝，相当于每个月消亡一个品种。

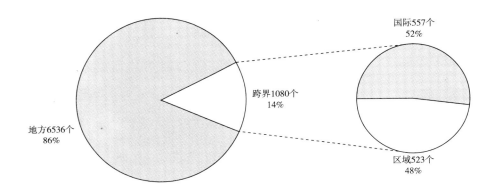

图 1　地方品种和跨界品种在世界上的分布

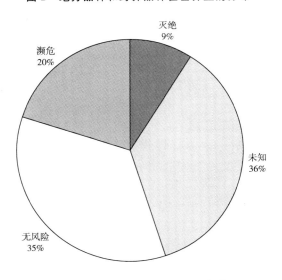

图 2　世界濒危品种种群数量分类情况

　　畜禽遗传资源灭绝速度之快超出人们想象，究其原因，一是集约化工业生产方式。集约化仅利用少数高产品种进行大规模生产，一些品种失去用途被忽视并逐渐消失。在30多种驯化的哺乳动物和禽类中，仅14个物种就占动物食品供应的90%，5个主要物种即牛、绵羊、山羊、猪和鸡在食品生产中占到1/2以上。这些物种又主要集中在少数几个品种，全球肉、蛋、奶生产越来越依赖几个经过高度选育的高产品种。利润最大化原则，使这些品种本身的适应性降低，另一些品种因得不到利用而逐渐陷入被淘汰和灭绝的厄运。集约型工业化在增加畜产品产量和满足人口增长带来的食物需求等方面做出了重要贡献，却给动物遗传资源多样性带来明显的现实和潜在的影响。二是重大流行病及各种重大灾害包括干旱、洪水、军事冲突等对动物遗传资源造成直接损失与巨大威胁。严重的疫病爆发致使大量动物死亡，而且当高致病性传染病来袭时，通常采取大范围捕杀措施，有可能导致种群数量较小，地理分布较集中的品种的直接消失。比如，2003~2004年越南爆发禽流感，捕杀禽类约4.3亿只，相当于其国内禽类总数的17%。英国在2001年口蹄疫爆发时，捕杀措施使几个稀有品种也未能幸免。三是畜牧业相关政策和法律框架并不能有效促进动物遗传资源的可持续利用和保护。显性或隐性的政府补助在促进大规模生产发展的同时，通常是以牺牲小规模生产体系为代价的，而这些小规模生产体系恰恰是利用地方遗传资源的主体。很多国家在制定发展方向、捕杀措施及灾后重建计划时，并不包含遗传资源多样性影响评估及对稀有品种的保护措施，不科学的政策及立法同样危及畜禽遗传资源多样性。

　　动物遗传资源面临的威胁，引起各国的广泛关注和重视，并相继采取措施改变这种不利局面。具有标志性意义的全球协调行动，是2007年9月在瑞士因特拉肯举行的动物遗传资源国际技术会议。会议围绕保存和可持续利用动物遗传资源及公平合理分享利用这些资源所产生的利益这一国际社会共同关注的问题展开讨论并取得共识。会议的重要成果是通过了"动物遗传资源全球行动计划"。"行动计划"为各国提供了一个框架，指导各国在国家、区域及全球范围内开展动物遗传资源保护和可持续开发利用工作（见专栏4）。

专栏4 **动物遗传资源全球行动计划的主要目标和重点领域**

主要目标：为各国粮食安全，可持续发展及人类福祉，促进可持续开发利用动物遗传资源；确保为当代和未来世界保存重要的动物遗传资源的多样性，遏制这些关键资源的随意减少；促进公正公平分享利用动物遗传资源产生的利益，承认与动物遗传资源及其可持续利用相关的传统知识、创新和方法的作用，并酌情实施有效的政策和法律措施；在国内法框架内，满足牧民和农民个人和集体的需要，在获得遗传材料、信息、技术、财政资源、研究结果、销售系统和自然资源方面一视同仁，以便他们继续管理和改良动物遗传资源，并从经济发展中获益；采取农业系统方法，促进可持续利用、开发和保存动物遗传资源；帮助各国遗传资源管理机构确立、执行和定期审查国家优先重点；强化国家计划，加强机构能力并制定相关的区域和国际计划；推动旨在提高公众意识，并使有关政府和国际组织重视可持续利用和保护动物遗传资源必要性的活动。

重点领域：一是遗传资源特性描述、登记注册与趋势风险监测；二是遗传资源可持续利用与开发；三是遗传资源保存；四是政策机构与能力建设。

资料来源：联合国粮农组织粮食和农业遗传资源委员会：《动物遗传资源全球行动计划和因特拉肯宣言》，罗马，2007。

四 借鉴国际经验，推动中国畜牧业可持续发展

中国既是畜产品生产大国，也是消费大国，在世界畜牧业中占有重要地位。2010 年，中国主要肉类、蛋、奶分别占世界总量的 27.6% 、40.6% 和

5.7%，肉类消费是世界平均水平的 1.4 倍，蛋是 2.1 倍。中国还是畜产品和饲料进口大国，2009 年，进口肉类 325 万吨，奶类 566 万吨，分别占生产总量的 2.3% 和 13.7%。未来畜牧业的发展与国际市场的关联度会更加紧密，国内市场的变化也会对世界畜牧业生产贸易产生更大影响。随着收入及人口增加，畜产品的需求将呈刚性增长，而饲料粮供求紧平衡状况难以根本改变，因此，在经济全球化大背景下，采取更为开放的政策，利用国际国内两个市场、两种资源，应该成为解决供求矛盾的一种战略选择。中国人口众多，资源有限，在立足国内生产，确保供应安全的前提下，结合"走出去"战略，适当利用境外资源，尤其在土地资源相对丰富的地区如非洲，可以通过合作与援助方式，生产或进口一定比例的饲料或畜产品。可以在境外生产或进口畜产品，增加或调节国内市场总量与花色品种供应；也可以在境外生产或进口饲料，增加国内饲料粮供应。应把部分进口替代作为一项战略加强研究，确定进口及自产合理比例范围，并制订具体方案组织实施。

毫无疑问，国内生产是主体，而且仍有较大的潜力。中国畜牧业过去几十年的发展成绩斐然，很多经验和做法应该继续。但在生产和消费达到一定水平后，寄希望于持续的快速发展是不现实的。如果说以往主要是依靠外延扩大生产满足供应，那么未来应该更多地依靠内涵挖潜，追求质量与效益及经济社会与生态相协调的可持续发展之路。政策、投入、科技是以往畜牧业发展的决定性因素，也仍然是今后发展的最重要支撑。在此基础上，处理好农区与牧区、集约化与小生产、数量增长与质量卫生安全及高新技术与现有科技运用的关系，可能成为畜牧业持续稳定发展的关键。

（一）发挥农区牧区各自优势，保证生产稳定增长

世界上很多国家根据自身优势选择了不同发展模式，如美国因粮食资源充足，在农区形成大规模集约化养殖；澳大利亚、新西兰等国则因为丰富的草地资源形成集约化草地畜牧业，而非洲由于粮食不足、草地生产力低下而多为粗放的草地畜牧业。中国地域辽阔，应根据不同区域特点，因地制宜，形成不同地区各有侧重但又相互补充的发展格局。中国农区具有传统畜禽养殖习惯，是主要畜产品来源地。农区生产的饲料粮，应主要用于猪禽饲养，

猪禽饲料转化率高，生产周期短，能有效增加生产、满足市场供应。不同畜禽种类及生产方式的饲料利用效率不同，以工业化生产为例，家禽饲料转化率为鸡肉2.8∶1，鸡蛋2.3∶1，猪肉3.9∶1，牛肉19.2∶1，羊肉13.3∶1，尽管由于计算方式上的区别，[①] 以绝对数直接对比并不科学，但从粮食消耗的角度看，牛羊饲料转化率远不如家禽与生猪，所以在农区完全利用饲料粮饲养牛羊是不经济的，而牛羊的优势在于可以利用人类及猪禽不能利用的粗饲料。

农区每年有7亿多吨秸秆及其他农作物剩余物、青饲料和加工副产物，牛羊可以将这些物质转化成畜产品而不过多消耗粮食。谷物生产是第一性生产，人类主要利用其籽实部分，不到作物营养成分的1/2，对作物的利用并不经济。通过动物第二性生产，转化人类不能直接利用的作物及营养元素，可以提高作物的利用价值，增加营养更为全面的动物食品。农业种植方式的科学运用还有较大空间，直接种植高产饲料作物，可以大幅提高作物生产总量，比种植普通粮食作物养畜更经济，轮作套种也不应仅限于农作物，应该包含粮食与饲料作物的轮作套种，采取不同农艺措施增加饲料粮生产供应。

中国拥有4亿公顷草原，但多在高寒地区，由于种种原因，退化面积不断扩大。20世纪70年代中期，全国退化草原面积占可利用草原面积的15%，80年代中期增加到30%，90年代中期达到50%。目前，全国约90%的可利用天然草原出现不同程度的退化，中度和重度退化面积达1.5亿公顷。必须采取措施扭转这种状况，一要加快建设，主要是人工草地建设，草地改良及围栏。截至2009年底，全国累计种草保留面积2064万公顷，其中改良草地面积815万公顷，草原围栏面积6634万公顷，与发达国家差距较大，如加拿大人工草地面积占到21%，新西兰则高达73%。草原围栏、退耕还草等国家项目的实施，对草原建设起到极大推动作用，要立足于提高草地的生态服务功能和提高草地生产能力，协调好有关各方利益，把各项政策落到实处。二要强化管理，主要是进一步落实草地承包责任制，加强草原执

① 猪禽饲料转化率是指每公斤畜产品所消耗的饲料；牛羊饲料转化率是指一年期间饲料摄取量与畜产品之比。M. M. Mekonnen，A. Y. Hoekstra：《畜牧业生产的绿色蓝色及灰色水印迹》，《水价值研究系列报告》2010年第48期。

法监管，制止非法开垦及乱砍滥挖，加强草原自然灾害救助。三要改变生产方式，主要是建立一套科学的草地经营模式。牧草生产的季节性使饲草供给不平衡，造成超载过牧与利用不足现象在一些地方同时并存，要进一步探讨适应这一特点的畜牧业生产方式，建立草畜平衡的生产系统，科学管理，合理开发利用。实施严格的轮牧休牧制度，兑现已经出台的各项补贴政策，恢复草地植被，避免超载过牧。全国主要牧区天然草原牲畜超载问题十分突出，超载率达44%。① 牧区舍饲是牧区生产方式的深刻变革，应与饲草料生产基地配套，通过建立饲草料储备制度，减轻草地压力，提高抵御灾害能力，保证生产稳定进行。易地育肥有利于发挥农区牧区两地优势，既可缓解牧区冬季草地负载压力，又可扩大利用农区饲草料资源，一举多得，应予以大力推广。

（二）合理引导集约化经营，积极支持小规模生产

发达国家集约化养殖的高生产率及高市场竞争力，使其成为发展中国家竞相效仿的典范，而且仍然会是一种趋势。随着发展中国家经济的发展及农村生活方式的改变，分散的家庭养殖会进一步减少；与此同时，城市化要求集中均衡供应，集约养殖会进一步增加。但集约化并不一定意味大规模，大规模对技术管理及环境的要求更高。如果把大规模养殖的环境费用计入产品价格，可能会抵消集约化的高效率及其产品的价格竞争优势，因此集约化养殖的关键是规模要适度。养殖小区建设为运用先进技术及集中服务创造了条件，有可能在改善和提高生产力水平的同时，避免大规模养殖的弊端，适应现阶段养殖需要。小区建设要合理布局，与土地对粪污的吸纳能力和种植业规模相配套，避免过于集中，造成环境污染。

需求的增加及多样化为小生产农户提供了机遇，小生产虽生产力及市场竞争力不高，但其具有的多重功能对于相对分散的人群，仍有重要价值。对小农户应给予足够的重视与支持，发挥小农户有效利用资源，保护环境，为

---

① 《2010年全国草原监测报告》，中国草原网，http：//www. grassland. gov. cn/Grassland - new/Item/2819. aspx。

市场提供多样化产品，促进自身粮食安全及改善生计的综合效益与优势，支持小规模生产提高技术水平，推广标准化养殖及其他配套先进技术，为其提供社会化服务创造良好的生存发展环境，激活小规模生产者的活力与潜力。不少发达国家反观其自身的发展过程，重新开始重视小规模生产方式正是基于此种考虑。

纵向联合体、合同养殖及专业合作社等联合经营方式，以利益共享、风险共担为基本准则，把分散养殖与集中经营有机结合在一起，具有旺盛的生命力，在世界很多国家不乏成功范例，应该成为扶持与组织小生产的重要措施。通过这种方式，解决农民投入不足，缺少技术及缺乏市场的制约，提高农户的生产水平，同时分散农户的生产成本及风险。联合经营风险的规避，则主要通过建立健全管理及法律制度，规范合作各方的行为。

农牧综合系统的观念近来得到进一步丰富，已不仅仅局限于农场内的农牧结合，而是将其放入生态环境及经济社会的范畴予以构建和开发，包括更广泛的农牧业投入产出价值链中的产品设计、生产及加工，农牧区动、植物生产方式及技术系统、生态服务及景观和政策及技术支持等，其目标是实现成果的最大化。

（三）注重产品质量与卫生安全，促进行业健康发展

中国是过去几十年全球畜牧业发展最快的国家之一。在可以预见的时期内，中国仍然会处于领跑方阵，但如同以往冲击波式的发展速度可能不会重现，今后应该把质量与卫生安全放在重要位置，促进行业健康、稳定发展。人们从健康的角度关注畜牧业，主要是因为人与动物之间的疾病传播及产品质量安全关系密切。人们在生产和消费过程中，不可避免地接触畜禽及其产品，给健康带来了风险。

在质量与卫生安全领域，要积极借鉴发达国家普遍采用的国际法典及规范，严格控制产前、产中及产后各环节的卫生与质量。生产环节要采用良好的生产管理规范，保证畜群健康无病，减少药品用量；加工环节要利用先进技术与设备，加强质量控制与监测，健全储运冷冻系统，保证从农场到餐桌全过程质量监管。很多国家采用的"畜禽识别追溯制度"能有效预防疫病传

播，加强生物安全与兽医公共卫生，而且成为增加产品透明度的市场销售手段。

疾病控制是生产环节质量与卫生安全的最重要措施之一，国际社会对一些重大疾病采取了多项联合防控行动，如禽流感、口蹄疫防控战略等，其主要目标是促进制定和采用合适的国际、地区及国家法律框架，加强动物健康与人类健康领域交流合作与联动协调，增进信息分享，改进服务功能，加强早期预警与联防能力建设，提高专业人员及公众兽医卫生安全意识，这些措施的原则具有广泛适用性，有关职能部门要积极研究采用，提高整体疫病防控水平。保证食品安全，国际上有较为完整的食品法典，应作为管理和保证食品安全的遵循原则。危害分析与关键点控制制度（HACCP）被普遍认为是保证食品安全和保证消费者健康的最有效手段，其要点是预防及消除所有危害，控制各环节关键点，建立关键控制点监测程序，设立关键控制点矫正方案，验证各环节运转有效，记录存档各项措施的有效实施。

保证食品卫生安全，有必要进一步完善法律法规体系，但同样重要的是国家已有法律法规要切实执行。通过严格执法、强化管理，逐步建立与国际先进水平一致的卫生与安全制度，采取无差别卫生与安全标准，建立行业信誉与权威，树立良好的行业形象，增强消费者信心。同时要提高生产者及消费者的法律意识和食品安全意识，只有生产者消费者自觉抵制不安全生产方式和可能存在安全隐患的畜产品，真正的食品安全目标才能实现。

（四）依靠科技进步，提高生产力水平

推动"畜牧业革命"的动力是人口增加及经济发展带来的需求增长，而支撑这一快速发展过程的是政策、投入与科技进步，其中科技进步对生产力提升的意义更加深远和持久。生产力提高，意味着用等量的资源生产更多的畜产品，或者生产等量的畜产品饲养较少的畜禽，既节约资源，又可有效减少排放，保护环境。经过过去 30 年的科技进步，生产等量牛肉，只需70% 的动物，82% 的饲料，相应的粪污减少了 18%，甲烷减少了 17% [1]。自

---

[1]　Madeline McCurry-Schmidt：《饥饿者的未来：畜牧业如何支持全球粮食安全》，http：//takingstock. asas. org/takingstock/wp – content/uploads/2012/04/the – future -- of – hunger. pdf。

20 世纪 60 年代以来，肉牛、肉鸡胴体重分别增加 30%，猪增加 20%，奶牛和蛋鸡单产也分别提高 30%。[①] 尽管中国畜牧业科技水平迅速提高，科技进步对畜牧业贡献率达到 55%，但整体科技水平与发达国家存有差距。未来的发展，仍然离不开良好的政策环境及与产业发展相适应的资金投入。近年国家财政大量增加投入，用于补贴支持畜禽良种及疫病防治等工作，成效显著。但投入及生产成本的增加，在一定程度上会推高畜产品价格，今后应更重视科技进步，提高行业生产效率，促进生产成本内生化，增强行业活力和市场竞争力。在科技领域要坚持高新技术与传统技术并举，全面提高科技水平。要加强现代高新科技的研究与开发利用，尤其是现代遗传育种、饲料营养与疫病防治等高新生物技术。分子遗传学的发展为畜牧业生产的进一步改良及新产品研发创造了可能，如转基因技术可能创造出新品种，改善生产性能和产品构成，增强抗病抗逆能力。依靠生物技术能有效增加食物生产与粮食安全，预防控制动物疫病并减少对环境的影响，要加强对这类高新技术的跟踪研究与运用。

进一步挖掘现有传统技术潜力，特别是针对小生产者的需要，选择推广适合不同条件的畜禽优良品种、繁育改良及饲养管理技术，提高其生产水平。在不同生产条件下，现代技术带来的高生产率并不一定代表最好的经济效益和综合效率。由于生产方式与环境条件的不同，单纯高产性能不一定是追求的唯一目标，比如选择高产性状可能导致健康问题及低受孕率，相反产量虽稍低，但若健康、耐受性好，经济效益可能会更高，所以高产优质及适应性强的品种更具优势。中国地域辽阔、人口众多、消费习惯和偏好多种多样，同时，中国动物遗传资源多样性丰富，不少地方品种性能独特，利用这类地方畜禽品种，开展特色养殖，既可最大限度地保护和利用地方畜禽品种资源，又可满足不同市场消费群体的特定需求，具有广阔的发展前景。

---

① Philip K. Thornton：《畜牧业生产：现在趋势及未来前景》，http：//rstb. royalsocietypublishing. org/ content/365/1554/2853. full. html#related – uris。

第五章
蓝色革命
——渔业的可持续发展与粮食安全

渔业是提供水产品的生产行业。它不仅是人类重要动物蛋白的主要来源之一，同时也为社会提供了就业机会，从而为国计民生做出了重要贡献。随着世界人口膨胀、经济增长、城市化进一步发展，以及人类对健康食品需求的提高，未来全球水产品需求预计会大幅增长，这无疑将会增加对渔业资源及其环境的压力。如何使渔业可持续发展，不仅决定渔业将来的走向，同时也会给世界粮食安全带来重要的影响。

渔业包括捕捞渔业和水产养殖渔业两个子行业。捕捞渔业是指捕捞天然水域自然繁衍、生长的水生资源的食品生产行业，而水产养殖业是指在人为控制的环境下饲养水生生物以获取水产品的行业。虽然这两个行业都以生产水产品为最终目标，但它们的生产环境与生产方式很不一样，因而管理措施以及管理目标也不尽相同，所面临的问题与挑战也有诸多差异。本章讨论的主要问题涉及渔业如何克服资源、环境、社会、经济、治理等方面的各种制约，以满足未来人口和经济增长所带来的巨大需求。

一 渔业与粮食安全

（一） 捕捞渔业发展现状

捕鱼是人类最古老的获取食物的手段之一。捕捞渔业发展到今天，不仅是人类粮食生产的重要行业，同时也对国民经济和人民生活起着至关重要的作用，在沿海地区和岛国更是如此。捕捞渔业不仅提供了食品供给、就业机会、家庭收入和人民生计，同时也铸就了沿海地区传统的经济文化特色。

根据联合国粮农组织估计，[①] 2010 年，世界捕捞渔业生产鱼产品约9000 万吨，为 3800 万人提供了直接就业机会。如果考虑到渔业所支持的其他行业，如造船业、渔具生产业、渔产品加工与销售业，全世界有 6.6 亿 ~8.2 亿人 （世界人口的 10% ~12%） 的生计与捕捞渔业息息相关。水产品是国际贸易中最受欢迎的商品之一，它为贫穷国家争得外汇、促进经济发展起到了积极作用，同时也为满足发达国家对水产品的需求做出了贡献。

从全球来看，海洋捕捞渔业是水产品的主要来源。2011 年，占全球水产品总产量的 51%，而海洋养殖、淡水养殖和内陆捕捞渔业分别占 13%、29% 和 7%。从产量上看，海洋捕捞渔业产量已经处于衰减过程中，总产量从 1950 年的 1670 万吨，增加到 1996 年的顶峰 8770 万吨，以后逐渐下降到2011 年的 7890 万吨 （见图 1）。然而，海洋捕捞渔业的从业人数却不断增加，1970 年，渔业从业人数只有 1226 万，到 2011 年已增加到约 3800 万人，增幅达 2 倍，而同期的产量仅仅增加了 50%，单位劳动力的产量明显下降。

（二） 水产养殖业发展现状

1980 ~2010 年，全球水产养殖产量年平均增长率将近 9%，是增长最快的食品生产行业，2010 年，全球总产量将近 6000 万吨。人口和经济增长等

---

① FAO, The State of World Fisheries and Aquaculture, 2012, http://www.fao.org/fishery/sofia/en.

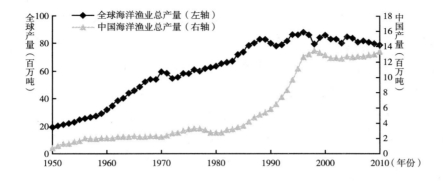

图 1　全球和中国海洋渔业总产量随时间的变化

因素带来的对水产品的巨大需求为水产养殖未来发展提供了广阔前景，而捕捞渔业未来产量的不确定性更让越来越多的国家开始重视水产养殖发展。

　　水产养殖近几十年来发展的一个主要特征是全球范围内的不平衡，少数国家高度发达和多数国家高度不发达。2010 年，水产养殖产量最大的国家（中国）占全球总产量的 60%，前 5 个最大水产养殖国的总产量占全球的80%，前 10 个最大水产养殖国的总产量占全球总产量的将近 90%。相比之下，捕捞产量全球分布则更为平均（见图 2）。

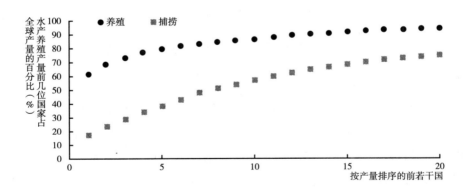

图 2　全球捕捞和水产养殖产量在国家间的分布状况

资料来源：联合国粮农组织（FISHSTAT）。

　　这种地区间发展的不平衡并非因水产资源分布不平衡的缘故，而是反映了许多地区（如南美和非洲）尚未充分利用其丰富水产养殖自然资源。例如，巴西的可再生水资源总量是中国的近 3 倍,[①] 而其淡水养殖产量却不足中国的 2% 。尼日利亚（撒哈拉以南非洲最大的水产养殖国）的可再生水资源总量是中国的 10% ，而其淡水养殖产量却不足中国的 1% 。

随着水产养殖欠发达国家对该行业的日益重视（如东非的肯尼亚、乌干达等国政府纷纷出台促进水产养殖发展的政策），假以时日，水产养殖较发达国家的经验和技术等将有望被其他国家借鉴以实现行业全面发展，为全球粮食安全做出贡献。

水产养殖发展至今，在淡水有鳍鱼类，洄游性有鳍鱼类，贝类的养殖产量已远超捕捞产量，甲壳类产量与捕捞产量大致相当，而在海洋有鳍鱼类和头足类的养殖产量则远低于捕捞产量（见图3）。

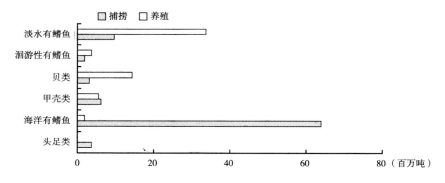

图 3　2010 年全球水产品产量品种与生产方式分布情况

资料来源：联合国粮农组织（FISHSTAT）。

2010 年，全球海洋有鳍鱼的捕捞产量将近 6400 万吨，而养殖产量却不足 200 万吨。这样的差距给海洋有鳍鱼养殖的发展提供了广阔的前景。由于成本相对较高，海洋有鳍鱼的发展相对其他品种发展缓慢，可近海和广阔的深海为海水养殖提供了丰富的资源条件，如果能够解决基础设施、苗种、饲料、养殖周期等一系列问题，海水有鳍鱼养殖未来发展潜力巨大。洄游性有鳍鱼里的鲑鱼就是一个很好的例子。由于鲑鱼养殖大国（主要是挪威和智利）的不断努力，全球鲑鱼养殖产量从 1980 年的不足 1 万吨增长到 2010 年

---

① 资料来源：联合国粮农组织的 AQUASTAT。

的 140 多万吨，养殖效率不断提高，成本逐渐降低。海洋有鳍鱼至今还未涌现出类似罗非鱼、越南鲇鱼、鲑鱼这样的明星品种，可一些品种如军曹鱼等已经显现出潜力①。

（三）渔业与粮食安全

无论是捕捞渔业还是养殖渔业，生产的都是水产品。虽然品种可能不同，或者即便是同一品种，品质、口味也不一样，但两者均为水产品，市场需求具有相当的互补性。水产品种类繁多，主要包括有鳍鱼类、甲壳类（虾蟹等）、贝类②、头足类、其他水生动物（龟鳖、蛙类等）及水生植物（主要包括各种藻类）。据不完全统计，2010 年，全球捕捞水产品种类超过1500 种，养殖种类超过 400 种。全球水产品产量由 1980 年的 7600 万吨增加至 2010 年的 1.68 亿吨，其中水产养殖产量由 1980 年的不足 500 万吨增长至 2010 年的将近 6000 万吨，是全球发展最快的食品生产行业。

水产品（不包括水生植物③）是人类重要的动物蛋白来源，贡献了将近17% 的全球人均动物蛋白摄取量④。全球水产品的人均消费由 1980 年的 12公斤增加到 2010 年的 19 公斤，在鱼肉类总消费中所占比重一直稳定在30% 左右（见图 4）。不过各国水产品消费水平参差不齐，一些岛国如马尔代夫的人均年消费高达 140 公斤，而一些内陆国家如蒙古的人均年消费却不足 1 公斤。

图 4 给出了世界各地区 1980 年和 2007 年人均水产品消费状况。从其中可看出以下几点。

（1）2007 年，欧洲、北美洲及大洋洲的人均水产品消费超过 20 公斤，高于世界平均水平。这主要反映了这些地区较高的人均收入水平，而水产品对其鱼肉类消费总量的贡献却低于世界平均水平（见图 5）。

①　Nhu V. C., Nguyen H. Q., Le T. L. Tran M. T., Sorgeloos P., Dierckens K., Reinertsen H., Kjorsvik E. & Svennevig N., 2011, Cobia *Rachycentron canadum* aquaculture in Vietnam: recent developments and prospects, *Aquaculture*, 315: 20 – 25.

②　除特别注明，本章中贝类不包括头足类。

③　除特别注明，本章中水产消费和产量数据不包括水生植物。

④　根据联合国粮农组织 2007 年数据估算。动物蛋白来源主要包括肉、鱼、蛋及奶制品。

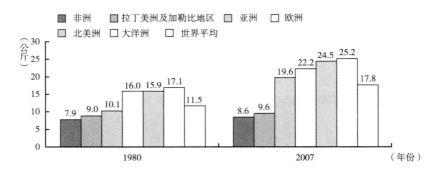

图 4　全球各地区人均水产消费水平

资料来源：联合国粮农组织（FAOSTAT）。

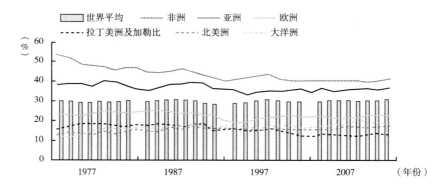

图 5　水产品占鱼肉类总消费的比重

资料来源：联合国粮农组织（FAOSTAT）。

（2）亚洲人均水产品消费增长最快，由 1980 年的 10 公斤增长至 2007 年的将近 20 公斤，其中中国的水产品人均消费由 1980 年的不足 5 公斤增长至 2007 年的将近 30 公斤。亚洲水产消费的快速增长不但得益于该地区经济的高速发展，也体现了东亚及东南亚地区偏好水产品的消费习惯和该地区水产品生产能力（尤其是水产养殖）的大幅提升。

（3）拉美和加勒比地区水产品人均消费不足 10 公斤，低于世界平均水平。这主要体现了该地区的饮食习惯中对肉类更为偏好。虽然该地区占全球水产品总产量的比重超过 10%，可其水产品消费比重却不足世界的 5%；虽然该地区的人均 GDP 水平将近亚洲的两倍，可其人均水产品消费却不及亚洲的一半。

（4）非洲地区的人均水产品消费全球最低，2007 年人均 8.6 公斤左右。与拉美和加勒比地区不同，非洲较低的水产品消费主要受制于该地区经济发展水平以及其有限的水产品生产能力。2007 年，非洲占世界总人口的 15%，却只消费了世界水产品的 7%，而其自身只提供了世界水产品总产量的 6%。然而，水产品是非洲重要的动物蛋白来源，2007 年，占该地区人口动物蛋白摄取量的 19% 左右，高于世界平均水平。据不完全统计，水产品对动物蛋白的贡献在 24 个非洲国家中超过 20%，17 个国家中超过 30%，9 个国家中超过 40%，4 个国家中超过 50%。

总的来说，如图 6 所示，水产品对于动物蛋白摄取总量较高的国家（主要是欧美等发达国家）是相对次要的动物蛋白来源，而对于动物蛋白摄取总量较低的国家（主要是亚洲和非洲等发展中国家）是相对重要的动物蛋白来源。在这个意义上，人们可以说"水产品是穷人的必需品和富人的奢侈品"。

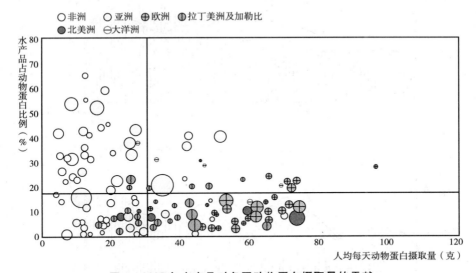

图 6　2007 年水产品对各国动物蛋白摄取量的贡献

注：圆点面积表示人口多少。

资料来源：联合国粮农组织（FAOSTAT）。

虽然如此，发达地区（包括欧美、日本、澳大利亚和新西兰）人均水产品消费量却远高于发展中地区。事实上，2007 年，发达地区占全球水产消费总量的 27%，远高于其人口占全球的比重（17%）。对于价值相对较高的虾蟹等甲壳类、头足类以及海洋有鳍鱼类,[①] 发达地区 2007 年占全球消费的比重更是分别高达 41%、37% 和 35%，而其对这些水产品种产量的贡献却仅为 13%、17% 和 29%。也就是说，发达地区"奢侈"的水产消费主要是由发展中国家支撑的，这点在水产品贸易中也有所体现。

水产品是国际贸易最发达的产品之一，2007 年，全球水产品出口占该年产量将近 30%，而肉类或奶制品出口占该年产量不足 15%。如图 7 所示，发达地区出口价值较低而进口价值较高的水产品；而发展中地区恰好相反，出口价值较高而进口价格较低的水产品。这种贸易模式说明除了提供优质蛋白质，水产业还可以通过提供收入（特别是外汇收入）来对粮食安全做出贡献。

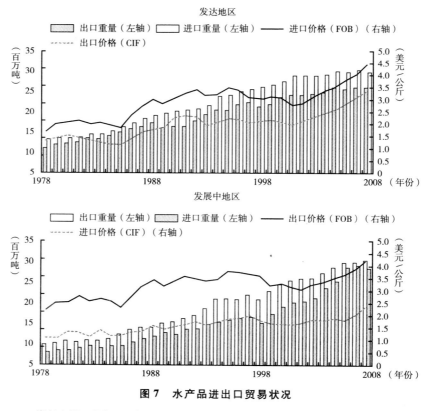

图 7　水产品进出口贸易状况

资料来源：联合国粮农组织（FISHSTAT）。

---

①　有鳍鱼类可划分为淡水有鳍鱼类、海淡水洄游性有鳍鱼类和海洋有鳍鱼类。

　　捕捞渔业是水产品供给的主要来源，1990 年曾经占全球水产品总产量的近 90%。由于捕捞渔业资源的过度利用，全球水产捕捞产量自 20 世纪 90 年代开始停滞不前，徘徊在 9000 万吨左右。而人口增长和经济扩张又不断刺激水产需求，于是人们将希望寄托在水产养殖上。在养殖户及水产养殖相关行业、科研部门、政府、国际组织等共同努力下，水产养殖业不负众望，由 1980 年的年产不足 500 万吨增长到 2010 年将近 6000 万吨，占该年全球水产品总产量的 40%。养殖种类也从开始的草食性淡水鱼开始发展到既包括大众化的产品（如四大家鱼、罗非鱼等），也包括高档产品（如海参、鲍鱼等）。一些曾经是奢侈品的水产品（如虾类）也因养殖品种改良和效率提高而成为越来越多百姓餐桌上常见的美味。

　　有科学家及环保人士对水产养殖的可持续发展及其对粮食安全的贡献提出质疑，认为水产养殖通过对鱼粉和鱼油的使用将大量原料鱼转化成少量的高价值鱼类（如肉食性鱼类和虾类），而这些原料鱼中有很多是可直接食用的。[1] 这好比用大量的穷人口粮来生产少量的富人奢侈品，对粮食安全带来不利影响。这种观点一度十分流行，对水产养殖业的形象造成冲击，不良影响至今犹存。这个观点虽不无道理，但对其片面理解可能造成不恰当的政策建议。除了粮食安全，水产品对营养安全也有重要贡献。水产品不但可以提供优质动物蛋白，而且还富含多种维生素、矿物质（如铁、碘等）、不饱和脂肪酸（如 Omega 3 和 Omega 6）等人体所需的营养成分，对孕妇和幼儿等群体的健康尤为重要。[2] 随着人们对健康饮食的日益重视，越来越多的人开始青睐水产品，许多国家政府也开始大力促进水产品消费。现有数据虽然尚未显示水产品在鱼肉类消费比重有大幅上升（见图 5），但未来值得期待。

---

[1]　Naylor, R. L., Goldburg, R. J., Primavera, J., Kautsky, N., Beveridge, M. C. M., Clay, J., Folke, C., Lubchenco, J., Mooney, H. & Troell, M. 2000, Effects of aquaculture on world food supplies.

[2]　FAO, 2003b, The role of aquaculture in improving food security and nutrition, CFS: 2003/2006, Committee on World Food Security, 29th Session, Rome, 12 – 16 May 2003.

二　未来需求与面临的挑战

根据联合国的估算，世界人口将于 2020 年达到约 77 亿人。如果按 2010 年世界人均 18.6 公斤的水产消费来估算，全球 2020 年共需约 1.65 亿吨水产品。满足这个需求似乎并不困难，因为即使捕捞产量依然停滞不前，只要各国的水产养殖业按照近年来的发展趋势增长，全球 2020 年的水产品产量将可达到 1.78 亿吨左右，足以满足由人口增长带来的需求增长，但未来水产品产量可能受制于若干不确定因素。

首先，未来捕捞产量是否能够保持现有水平？一方面，由于过度捕捞等原因，近年来，捕捞产量的总体趋势向下，由 2000 年的 9500 万吨降至 2010 年的 9000 吨；另一方面，各国正致力于渔业管理（如限制捕捞能力、休渔期等）以恢复捕捞渔业资源[①]。其次，水产养殖可否保持现有的发展趋势？土地、水、饵料原料等资源的日益稀缺、人们对环境保护的日益重视、气候变化、病虫灾害等因素对水产养殖的发展将会造成很大压力。养殖品种和技术的提高，对新资源（如稻田、盐碱地、深海等）的利用又大有潜力可挖，而且非洲和拉美地区水产养殖的潜力尚待挖掘。

另外，虽然从总量上看，全球未来的水产品供给将有能力满足因人口增加所造成的需求增长，但各地区各国的情况有所差异。假设各国人均水产消费水平保持在 2007 年的水平，[②] 而养殖产量按照近年来的增长趋势，到 2020 年，只有亚洲、欧洲和拉丁美洲及加勒比地区养殖产量的增加将超过其由于人口增长而带来的水产需求的增加。如果非洲水产养殖按现有趋势发展，尽管能实现近 10% 的产量增长率，但因其产量基数小，相关养殖产量

---

① Worm, B., Hilborn, R., Baum, J. K., Branch, T. A., Collie, J. S., Costello, C., Fogarty, M. J., Fulton, E. A., Hutchings, J. A., Jennings, S., Jensen, O. P., Lotze, H. K., Mace, P. M., McClanahan, T. R., Palumbi, S. R., Parma, A. M., Rikard, D., Rosenberg, A. A., Zeller, D. & Minto, C., 2009, Rebuilding Global Fisheries, Science 325 (5940), pp. 578 – 585, 2009.

② 在编写本章时，联合国粮农组织水产品消费数据对多数国家只更新至 2007 年。

增加只相当于其需求增加的 70%。大洋洲的养殖产量增长（年增长率约 3%）将只能满足其需求增长的 42%。北美的情况最糟，其几乎为零的养殖产量增加将只能满足其需求增加的 2%。从国家层面上看，在所研究的 200 多个国家和地区中，只有 50 多个国家和地区水产养殖产量的未来增长大于其自身人口增加带来的需求增长。

类似的不平衡问题在水产品种类上也有所体现。虽然海洋有鳍鱼类是最大的水产消费品，占全球 2007 年总水产消费的 43%，可其养殖产量却只有全球养殖总产量的 3.5%。按近来的趋势发展，2020 年，全球海洋有鳍鱼类养殖的产量增加，将只能满足 20% 的因人口增长而带来的需求增加。头足类养殖目前几乎没有，如按现有趋势发展则将对满足未来需求贡献甚微。

虽然从理论上讲，国家、地区或品种上的不平衡可以通过贸易、生产结构和消费结构等进行调整，可是具体调整方式将取决于很多实际因素的影响，如各国的经济和贸易状况、淡水品种和海水品种间的替代、野生品种和养殖品种间的替代等。而调整的过程和结果对粮食安全也将有深远影响。

除了人口增长，经济增长也对未来水产品需求带来重大影响。初步估算[1]，如果各国人均 GDP 按国际货币基金组织所预测的增长，而水产品价格保持稳定，则全球人均水产需求预计将在 2020 年达到 30 公斤。据此计算，在人口膨胀和经济增长的共同作用下，2020 年全球水产品总需求将达 2.5 亿吨。如果各国的捕捞产量保持不变，而水产养殖产量按现有趋势发展，则 2020 年全球水产品总供给将只能满足这个需求的 71%。其中，海洋有鳍鱼类的供给只能满足需求的 72%，淡水及洄游性鱼类只能满足 87%，甲壳类 66%，贝类 55%，头足类 33%。

这些数据显示了未来需求给渔业所带来的挑战。[2] 如果渔业因各种条件

---

[1]　估算的基本原理见 FAO Aquaculture Newsletter 第 47 期中发表的文章：Preliminary Notes on Forecasting Country's Future Demand for Fish。具体的估算方法将通过粮农技术论文或其他刊物发表。这里的估算结果是基于 1980~2007 年的数据。我们计划在 2009 年数据出台后进一步修正并将最新结果在粮农技术论文上发表。虽然在定量上将会有所差异，预计修正后的结果在定性方面与这里报告的结果将会一致。

[2]　除了人口膨胀和经济增长这两个主要因素，城市化、人们对健康食品的日益青睐等因素也将对未来水产品需求有正面影响，但具体的影响程度因缺乏数据等难以量化。

制约而无法满足因人口和经济增长所带来的需求，水产品价格将会上涨，对粮食安全造成不利影响。例如，尽管 2020 年全球人均水产品需求将达到 30 公斤（按 2007 年的价格水平估算），[①] 联合国粮农组织和经合组织（FAO-OECD）的预测显示，由于鱼粉和鱼油供给的制约，2020 年，全球水产人均消费预计将只有约 20 公斤，[②] 而水产品价格将上涨 36%[③]。其中，非洲的人均水产消费水平不但没有增加，反而将从原来的 8.8 公斤下降至 8.3 公斤，尽管非洲人均水产需求将因经济增长由 2007 年的 8.6 公斤增加至 2020 年的 11.5 公斤。

从供给角度看，渔业也面临诸多挑战，但挑战与机遇并存。随着人口的不断增长，土地和水等自然资源的稀缺问题在人类各种活动的竞争中日显突出，而气候变暖等因素也使人们愈来愈重视人类生产活动对环境和生态的影响，这对渔业来说既是严峻的挑战，也带来了发展机遇。

从捕捞渔业行业来看，随着捕捞强度的不断上升，渔业资源捕捞过度现象也日趋严重。联合国粮农组织估计[④]，1974 年，全球仅有 10% 的鱼类资源捕捞过度，随着捕捞渔业的发展，到 2009 年，全世界有 30% 的鱼类资源处于捕捞过度状态（见图 8），而没有充分开发的资源比例从 1974 的 40% 降到了 2009 年的 12.7%，只有充分开发的资源比例维持在 50% 左右，尽管最近几年略有增加。

当今的世界捕捞渔业，资源开发过度、捕捞效率低下、渔船亏本运行。最近一份报告[⑤]估计，渔船数量及从业人数超出最大持续产量所需的 40%，

---

①　作者进行估算时，联合国粮农组织水产品消费数据最新只到 2007 年，因此作者选用 2007 年作为基期估算各国在 2020 年的人均水产需求水平。估算的两个基本假设是：（1）水产品价格保持在 2007 年水平；（2）各国的人均 GDP 按国际货币基金组织（IMF）的预测增长。

②　OECD-FAO Agricultural Outlook 2012~2021，http：//www.oecd.org/site/oecd-faoagriculturaloutlook/.

③　由于估计方法和使用数据的差异，我们的估计结果与 FAO-OECD 预测中所估计的需求也许会有所不同。

④　Ye, Y., Cochrane, K., 2012, Global review of marine fishery resources, In Review of the State of World Marine Fishery Resources, FAO Fisheries and Aquaculture Technical Papers No. 569, pp. 4 – 19.

⑤　Ye, Y., Cochrane, K., Bianchi, G., Willmann, R., Majkowski, J., Tandstad, M., Carocci, F., 2012, Rebuilding global fisheries: the World Summit Goal, costs and benefits. Fish and Fisheries), in press, http://onlinelibrary.wiley.com/doi/10.1111/j.1467 – 2979.2012.00460. x/abstract.

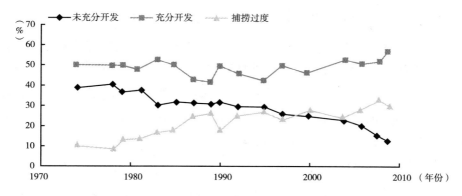

图 8 世界海洋渔业不同开发程度鱼种的百分比随时间的变化

渔船过剩和资源衰竭致使渔业每年产量损失 1650 万吨，经济损失 3200 亿美元。捕捞过度也造成了生态系统的破坏，如生物多样性的下降与系统功能不能发挥正常作用。探索一条可持续的捕捞渔业发展之路是一个崭新的课题。

从水产养殖业角度来看，未来发展的挑战首先是土地资源。现阶段很大一部分水产养殖产量来自池塘。由于经济发展和人口增长对自然资源的竞争日渐激烈，未来水产养殖通过占用耕地扩张的余地有限，通过拓展对非竞争性资源（如稻田、盐碱地等）的利用能够有所帮助，[1] 却很难完全解决问题[2]。沿海的养殖场所随着养殖业的发展和其他行业（如旅游业）的竞争也越来越紧张。向深海扩张有很大潜力，可是技术和成本方面的制约还很大。

水资源短缺是水产养殖要面对的更为严峻的问题。水产养殖对淡水资源的稳定供给和质量都有较高要求。在人口增长、经济发展、气候变化、海平面上升等各种因素的影响下，淡水资源（无论是地表水或地下水）在未来的发展趋势将很可能是供给的不断减少和需求的不断增加。从粮食安全角度出发，农业灌溉用水将会比养鱼更有优先权。加上工业和民用排污对水质的影响，水产养殖未来将不得不克服水资源缺乏这个瓶颈。

饲料是水产养殖最大的成本。水产养殖对鱼粉、鱼油的特别依赖，曾经

---

① Halwart, M. and M. V. Gupta, Culture of Fish in Rice Fields, FAO and The WorldFish Center, 2004.

② 虽然中国有超过 10 亿亩适合发展水产养殖的盐碱地资源，但其开发利用却受地理位置和条件、基础设施、市场等因素的限制。

让许多专家担心所谓的"鱼粉陷阱",① 即水产养殖的扩张受制于鱼粉、鱼油的供给不足。多年经验表明,水产养殖总是能通过各种方式避开"鱼粉陷阱",如提高饲料转化率、用植物性原料(如豆粕、藻类等)替代鱼粉、寻找新的鱼粉资源(如磷虾)、通过加工废料生产鱼粉等。在水产养殖迅猛发展的这段期间,虽然用于饲料加工的水产品开始由 1980 年的 1700 万吨增长到 1994 年的 3000 万吨,可随后逐渐下降至 2007 年的 1900 万吨,与 1980 年的水平相当。这些历史经验让一些专家认为,即使在鱼粉供给有限的情况下,未来水产养殖产量扩张的空间依然很大。② 然而,就目前的养殖技术和品种来说,鱼粉、鱼油将依然是海水鱼类养殖的主要瓶颈之一。

气候变化是水产养殖未来面临的重大挑战。③ 由于鱼类对温度变化的敏感性,全球变暖将对水产养殖生长率、疾病控制等方面持续造成困扰。海平面上升所造成的盐度上升将对沿海三角洲地区的水产养殖带来不利影响。海水酸化对贝类养殖有负面影响。极端天气如台风、干旱不断等会影响养殖活动,而且可以损坏基础设施。

疾病传播也是很大的问题。随着养殖密度的不断增加以及水质和其他养殖环境的恶化,没有一种主要品种(如鲑鱼、虾、罗非鱼等)不受疾病的影响。疾病杀伤力很大,往往在短时间内造成巨大的损失,而且难以控制。以鲑鱼为例,挪威作为鲑鱼养殖的先行者曾经有过疾病突发的惨痛经历,并因此总结出一套系统防病治病措施(如合理规划养殖区域、降低养殖密度、疾病疫苗等)。然而,虽然智利鲑鱼养殖场很多是挪威投资的,却没能避免重蹈覆辙,2007 年的疾病暴发使该国的鲑鱼产量骤降将近 50%④。

---

① FAO, Use of fishmeal and fish oil in aquafeeds: further thoughts on the fishmeal trap), by M. B. New & U. N. Wijkstr? m. FAO Fisheries Circular, No. 975, 2002, Rome.

② Olsen R. L. and Hasan M., A Limited Supply of Fishmeal: Impact on Future Increases in Global Aquaculture Production, Trends in Food Science & Technology, 2012, http://www.sciencedirect.com/science/article/pii/S0924224412001197.

③ Cochrane K., De Young C., Soto D., Bahri T. (eds), Climate Change Implications for Fisheries and Aquaculture: Overview of Current Scientific knowledge, FAO Fisheries and Aquaculture Technical Paper, No. 530, Rome, FAO, 2009.

④ Barrionuevo A., Salmon Virus Indicts Chile's Fishing Methods, New York Times, March 27, 2008.

水产养殖在大多数国家都是劳动密集型产业，在育种、养成、收获及加工等各个环节都需要大量劳动力。据联合国粮农组织估计，全球大约有1600多万人直接从事水产养殖。然而，随着城市化的发展，农村劳动力出现短缺现象，给未来水产养殖的发展造成压力。中国的数据表明，尽管近年来中国水产养殖产量由2007年的4100万吨增至2010年的将近4800万吨，而专业水产从业人员却始终保持在500万人左右。

水产养殖同时也需要资金。池塘的构建、网箱等基础设施投资和维护都需要大量资金。养殖业受气候、水质等多种因素的影响有较大的风险，且金融机构常常对水产养殖这个新兴行业了解不足，使得养殖户从金融机构获得资金支持比较困难。[①] 另外，许多国家养殖业由众多的小农户为主导，而且有些国家（如菲律宾、印度尼西亚等）的政策也抑制大型养殖企业的发展，这些都给养殖业获取资金造成困难。[②]

值得关注的是，研究表明，水产养殖在资源使用上比畜牧业更有效率[③]。据最近出版的一份报告，[④] 生产1公斤有鳍鱼蛋白大约需要13.5公斤谷物，而生产1公斤牛肉蛋白和猪肉蛋白分别需要61.1公斤和38公斤谷物。这个优势主要来自鱼类的生理特点（冷血动物）和生长环境（水的浮力）使其需要相对较小的能量来应付日常新陈代谢。此外，水产养殖比畜牧业对淡水的依赖也较小，所造成的污水也相对较少。一些养殖品种（如贝类藻类等）

---

① Secretan P. A. D. , Bueno P. B. , Van Anrooy R. , Siar S. V. , Olofsson, Bondad-Reantaso M. G. , Funge-Smith S. , Guidelines to meet insurance and other risk management needs in developing aquaculture in Asia, FAO Fisheries Technical Paper, No. 496, Rome, 2007.

② Hishamunda N. , Bueno P. B. , Ridler N. & Yap W. G. , Analysis of Aquaculture Development in Southeast Asia: a Policy Perspective, FAO Fisheries and Aquaculture Technical Paper, No. 509, 2009, Rome, FAO.

③ Costa-Pierce B. A. , Bartley D. M. , Hasan M. , Yusoff F. , Kaushik S. J. , Rana K. , Lemos D. , Bueno P. & Yakupitiyage, A. , 2012, Responsible Use of Resources for Sustainable Aquaculture, In Subasinghe R. P. , Arthur J. R. , Bartley D. M. , De Silva S. S. , Halwart M. , Hishamunda N. , C. V. Mohan & P. Sorgeloos, eds. Farming the Waters for People and Food. Proceedings of the Global Conference on Aquaculture 2010, Phuket, Thailand. 22 – 25 September 2010. pp. 113 – 147. FAO, Rome and NACA, Bangkok.

④ Stephen J. Hall, Anne Delaporte, Michael Phillips, Malcolm Beveridge and Mark O'Keefe, Blue Frontiers：Managing the environmental costs of aquaculture, WorldFish Center, 2011, http：//www. worldfishcenter. org/news – events/blue – frontiers.

对环境还有优化作用。这些环境上的优点都将使水产养殖未来发展易于得到政策上及消费者的支持。

总之，未来渔业机遇与挑战并存，发展潜力巨大。水产品在资源使用效率上比畜产品有相对优势，广大海域所提供的巨大渔业资源和养殖潜力为渔业发展提供了良好的基础，对中国来说机遇无限。

三 蓝色革命——可持续的渔业发展

（一）耕水牧渔，馈馈天下

联合国"千年发展目标"中的首要目标就是消除极度贫穷和饥饿。经过十多年的努力，全球依然有约 8.7 亿人口的粮食安全没能得到保障。在人口增长、资源减少、气候变化等因素的影响下，粮食安全日益得到广泛重视。由于地球表面 70% 以上覆盖为水域，人们自然而然地想到更多地从广阔的海洋中获取食物，憧憬着未来的"蓝色革命"为人类解决饥饿、保障粮食安全提供新的契机。管理学大师彼得·德鲁克（Peter Drucker）早在 20 世纪末就曾预言，水产养殖将是 21 世纪最有前途的投资机会，而事实证明，水产养殖发展也是近年来发展最快的食品生产行业[①]。

尽管如此，目前水产品所提供的蛋白质只占全球总食物蛋白供给的不足 7%，占全球总膳食能量供给的 1%。水产养殖近年来快速发展，很大程度上归功于亚洲几个水产养殖较发达国家的淡水鱼养殖的发展，而海水养殖的主要集中于近海地区，养殖品种也以海藻、贝类、甲壳类及高档有鳍鱼类等经济作物为主，对老百姓菜篮子的直接贡献相对有限。而广阔的海洋尚未被养殖充分利用，捕捞渔业作为一种资源采集的生产方式也因种种原因而问题重重。

---

① http：//www.theatlantic.com/magazine/archive/1999/10/beyond - the - information - revolution/304658/1/.

展望未来，蓝色革命值得期待，但必须突破诸多因素的制约。未来渔业发展需要从以下几个方面寻找突破口。

（1）捕捞渔业近年来产量下降的主要原因是：资源过度利用、兼捕渔获的丢弃，以及非法捕鱼等。加强渔业管理、保护海洋生态环境可以使渔业资源恢复到最大可持续产量的水平，从而可使全球海洋渔业产量提高约30%。在全球范围内，非法捕鱼量达到1100万～2600万吨。[①] 全球兼捕渔获的丢弃量虽然没有可靠的估算，但相信数额不小，例如在热带虾捕捞业中，一般捕1公斤虾要丢掉5～10公斤兼捕捞的杂鱼。如果在这些方面有所突破，捕捞产量可望大幅上升。

（2）按现在的发展趋势，水产养殖业如果能够继续在苗种、饲料、养殖系统等方面取得突破，从而以较低的成本提供优质水产品，将有望逐渐替代捕捞渔业，成为水产品供给的主要来源。

随着近海可供养殖的场所逐渐被充分利用，加上环境污染和病害等因素，水产养殖未来发展趋势之一是由滩涂、近海养殖向离岸、深海扩张。由于养殖成本相对较高，深海养殖现阶段主要以高价值鱼类、贝类等为主。苗种、饲料、基础设施等制约深海养殖的因素将会逐渐被养殖技术提高、水产品价格上涨等因素化解。

深海养殖的一个关键问题是其产业组织形式。发达国家的海水养殖（如挪威的鲑鱼、西班牙的鲆鲽类鱼等）大都是资本密集型行业，需要较高的资本投入，而对人力数量的需求相对较少。发展中国家水产养殖在向深海扩张时是否也会采用同样的模式？其对养殖户生计的影响如何？这些问题都有待进一步研究。

（3）在未来饲料原料由于稀缺性而价格不断上升的压力下，未来水产养殖将不得不克服对鱼粉、豆粉等高质量蛋白饲料的依赖。也就是说，水产养殖在未来要实现可持续发展就必须做到不与穷人争口粮。

近年来的趋势表明，水产养殖对饲料的依赖程度呈上升趋势。"非喂

---

① Agnew D. J., Pearce J., Pramod G., Peatman T., Watson R., Beddington J. R., Pitcher T. J., Estimating the worldwide content of illegal fishing, 2009.

养"品种（依靠天然饵料如浮游动植物等）占全球总产量的比重从 1980 年的 50% 逐渐下降至现在的 33%。这不但体现了肉食性或杂食性品种养殖相对较快的发展，也反映了水产养殖集约化对配方饲料的依赖。在粮价看涨的情况下这种依赖将是水产业发展的瓶颈之一。

技术进步将是水产养殖业克服饲料瓶颈的主要途径。在对鱼类生理机能和营养机制的不断理解基础上，通过利用各种技术革新（如使用微生物等），水产饲料的原料来源将更为广泛，而饲料转化率也不断增加。这个趋势在鲑鱼养殖发展上得到明显体现。由于技术不断进步，鲑鱼饲料转化率已经由 20 世纪 80 年代的 3:1 下降到现在的 1.2:1 左右。饲料中鱼粉比例也由 20 世纪 90 年代中期的 45% 降低至最近的 25%。[①] 另外，对鱼产品加工的废料、捕捞渔业的遗弃物等的利用将有助于增加水产饲料原料的供给。

这个发展趋势将主要由市场通过价格机制来驱动，各国政府在政策上应该尽量避免直接干预市场，但在制定行业发展战略时应该充分考虑饲料瓶颈对水产养殖行业的影响。

（4）在资源稀缺、生态环保、气候变化等因素的压力下，水产养殖未来将会更加集中在少数优良品种上。稳定充足的苗种供给，养殖周期短、饲料转化率高、对环境变化适应性强等将是这些优良品种的主要特征。这种集约化的趋势主要由规模效益所驱动，不仅仅是在生产效率上，还包括市场营销方面的规模效益，因此这种集约化将在国际商品贸易上表现得更为明显。

这种集约化虽然能够提高效率，但也伴随着诸多风险，尤其是疾病风险。2007 年，智利鲑鱼病害爆发几乎毁掉了其水产养殖的半壁江山，直到现在才逐渐恢复。气候变化等不利因素也将增加养殖品种集约化的风险。降低这种风险的途径之一是，在同一品种内分散化，如不同的罗非鱼、鲑鱼等。

为适应这个趋势，政府、科研机构等公共部门可以通过帮助养殖企业建立风险管理机制，在选种育种、防病治病等方面对主要品种进行技术支持。

[①] Tacon, Albert G. J. and Marc Metian, Global Overview on the Use of Fish Meal and Fish Oil in Industrially Compounded Aquafeeds: Trends and Future Prospects, Aquaculture 285: 146 - 58, 2008.

另外，在产业政策上，也需从长期可持续发展的角度做前瞻性调整，避免出现过度集约化的情况。

（5）采用类似肉鸡的发展模式，水产养殖的产业化趋势将继续加强。一直以来，在亚洲水产养殖主要是以小农户为主导。随着产业的不断成熟，小农户在市场竞争中的劣势被逐渐放大。国际组织和各国政府出于民生的考虑，一直致力于帮助小农户。然而，政策应该帮助小农户适应集约化的发展趋势，而不是勉强维持效率低的产业组织形式。一个流行的做法，是通过合作社将小农户组织起来，以适应集约化发展趋势，而合作社可以逐渐过渡到更为专业化的产业组织形式（如股份制企业等），从而保障小农户在产业集约化过程中的利益。

产业集约化也有不利之处。智利鲑鱼疾病暴发对产业的巨大影响，与南美地区水产养殖以大企业为主的产业组织形式或许不无关系。这方面有待进一步的研究。

（6）水生植物预计未来将有很大的发展潜力。上面讨论和提供的数据基本没有包括水生植物的养殖。事实上，藻类（如海带、紫菜等）是最早的养殖品种之一，1980年全球产量260万吨，占水产养殖总产量的36%。2010年，全球水生植物的总产量将近2000万吨，占全球水产养殖总产量的1/4左右。

水生植物不但是营养丰富的食物，还可以加工成食品添加剂、药品等工业产品。水生植物的种植属于劳动密集型行业，在发展中国家有很大的发展空间。不过，水生植物占用的海域面积较大，未来将需要通过与贝类、鱼类混养、向深海发展等模式拓展发展空间。但水生植物目前人们认同度不高，需要在营销方面做长久努力，才能逐渐让水生植物成为普通人的日常食品。

陆地上的农业和畜牧业所提供的植物性食物占总食物能量供给的80%，占食物蛋白供给的60%。由此，是否可以预计未来水生植物也会成为广阔海洋所提供的主要食物？考虑到基础设施、交通运输、饮食习惯等因素，这种远景可能将伴随着人类社会居住和生活环境的重大变迁而实现。

未来人口增长、资源减少、环境恶化等对粮食安全提出了更为严峻的考验，而渔业作为独特的食物生产方式，应该也有能力为保障粮食安全做出更大的贡献。尽管养殖技术、基础设施方面还需要多加努力，但广阔的海洋供给食物的潜力无限。

（二）捕捞渔业可持续发展措施

世界海洋捕捞渔业面临的困境的主要症结何在？概括起来有两个直接原因：一是渔船过剩，二是环境退化而导致资源的生产力下降。渔船过剩意味着渔船的数量超过了获取最大可持续产量所需的数量。在渔船过剩的情况下，要避免捕捞过度，管理部门就必须严格控制渔船的作业时间，从而使得每条船的产量，继而整个捕捞渔业的产量控制在一个适当水平。渔船过剩越厉害，渔船的效益就越低，渔民为了生存就会千方百计提高自己的产量，有时甚至违反有关规定，最终导致资源的过度捕捞。叶益民等估计全球渔船数量必须从 2008 年的水平减少 36% ~ 43%。

海洋环境退化必然导致资源的生产力下降，在同样的捕捞压力下，捕捞过度也就更易发生。环境退化主要指的是，沿岸生态系统由于受到沿海城镇发展和陆地各种人为活动所带来的污染，鱼类栖息、产卵、育幼地的消失，以及沿海生态系统的退化。例如，"死区"或缺氧海域的面积自 1960 年以来成指数增长，赤潮的发生率也不断增加，这些大都发生在幼鱼生长和鱼类集中的沿岸水域。对鱼类栖息生存至关重要的红树林的面积也在不断减少，从 1980 年的 19 万平方公里减少到 2005 年的 15 万平方公里。另外，气候变化也是引起鱼类栖息地和分布变化的很大因素，因为温度的升高和二氧化碳含量的增加，不仅导致水位上升而改变鱼类栖息水体的变化，而且会直接影响浮游生物的形成，从而影响食物网底层生物的生存。应对当前挑战，要实现捕捞渔业的可持续发展，需要从以下几个方面采取措施。

1. 建立资源权属体系

为什么海洋渔业会出现渔船过剩和资源捕捞过度？这是因为共享资源缺乏合理的所有权体系。共享资源对任何人开放，谁都可以捕鱼，捕捞的效益归个人所有，而对资源破坏所造成的后果无需承担任何责任。这样渔船就会越来越多，直到出现亏本，迫使那些效益较差的业者退出，这就会使资源得以恢复，而资源的恢复又使捕捞有所盈利，从而又有更多的渔船重新进入捕捞。这样整个系统在一个零利润的平衡点附近波动。遗憾的是，达到这个平衡点的资源水平一般都比最大可持续产量所需的资源低，因此，共享资源在管理缺位的情况下肯定会捕捞过度。

目前，完全开放式的捕捞渔业很少，每个国家都会在自己的经济专属区内对捕捞渔业进行管理。地区性的渔业管理组织则对国家主权管理之外的水域如公海捕捞渔业进行管理。尽管管理制度有繁有简，但概括起来不外乎两种，一种是对捕捞强度进行控制，另一种是对捕鱼量加以控制。然而，这两种方法都无法根本杜绝渔船过剩和捕捞过度的问题。在控制捕捞强度的管理体制下，一般控制渔船的数量或者捕捞的作业时间。过去许多国家的经验证明，在控制渔船数量的时候，船主会通过加大引擎马力、改善航海设备、更新渔具来提高船的捕鱼效率，这自然就会导致在同样的渔船数量下产能过剩。当然，管理机构可以再次减少渔船数，但是继续从事捕捞的渔船又会开始新一轮增加渔船效力的努力，在这猫和老鼠的游戏中，渔船永远都处于产能过剩的状态。

在控制渔获量的体制下，一开始可以把总许可渔获量（TAC）控制在较低水平，以便使已经捕捞过度的资源恢复到管理目标水平。但是，一旦资源恢复到零利润的水平之上，捕捞又成了有利可图，新的渔船又会再次入渔，逐渐地又会达到一个新的零利润的平衡点，这样资源又进入捕捞过度。

综上所述，捕捞过度的根源在于渔业资源的共享性。要防止和杜绝捕捞过度的问题，必须建立一个明确的产权体系。目前较为成功的有两种：一种是可以转让的个体配额，另一种是以社区为基础的管理。过去的实例表明，采用可转让的个体配额管理，比其他方式管理下的捕捞渔业较为成功。遗憾的是，它有一些推广上的技术问题，比如配额如何分配，渔民可能会扔掉小鱼以获得同样配额下的价值最大化，可转让带来的垄断、失业以及效益在渔民间的畸形分配等。同时，这一系统需要有较可靠的资源评估和严密监控系统，这样实施成本就比较高，因此它的采用率现在并不是很高。社区基础上的管理体系把渔业资源的使用权和管理权交给地方利益相关者，让他们自行对资源进行评估、管理和监督。这一方法一般在小规模渔业上的应用效果较好。由此可见，要解决渔业资源捕捞过度的问题，首先要建立一个明确的所有权体系。

2. 合理权衡短期损失和长期利益

由于管理不善而导致捕捞过度。要解决捕捞过度必须降低从业渔船数量，从而导致渔民失业等问题。如果政府部门不能提供经济支持或其他就业机会，渔民就不愿转行，渔船产能过剩的问题就得不到解决。叶益民等对世界捕捞渔业的估算表明，全球需要减少渔船 36%～40%，安排 1200 万～1500 万名渔民转行。如果用政府回购的方法，需花费 960 亿～3580 亿美元。但是，资源恢复后，每年可以增产 1650 万吨水产品，创利 320 亿美元。从长远看来，显然利益远远大于成本。但是为什么不能实现呢？这是因为利益不是马上可以得到的，而是长远的，只有那些继续从事渔业的渔民才能享受得到；相反成本是现时的，而且整个社会都感受到这个负担。一般政府均不愿做出这些短期会对社会造成负面影响、人们不欢迎的决定，而情愿选择放弃长远利益，因为长远利益对现行的决策者来说并不受益。渔业补贴就是只重视眼前利益的产物。现在各国政府给海洋渔业每年的补贴是 300 亿～340 亿美元，约为渔业产值的 30%。这样做是因为资源衰退而亏本时，渔民会向政府提出种种要求而产生很多社会问题。这时政府可以想办法让他们转行，或者给渔民一定的补贴，从而改善他们的经济状况，以保障渔民可以继续从事渔业活动。转行才能彻底解决资源衰退问题，但会涉及许多社会、经济问题，所以大多数政府选择后者。这其实是饮鸩止渴，也是渔业为什么会陷入恶性循环的原因。

3. 把渔业纳入国家发展规划

渔业是一个人与自然紧密结合的系统，纵向连接社会经济与自然生态系统，横向连接鱼类种群与自然环境，环环相连，节节相扣。任何一个局部的改变都会带来整个系统的变化。一个成功的捕捞渔业需要有政府各个部门的协调政策与行动。在实际社会中，渔业在国家的发展规划中常常被边缘化，渔业管理也很难得到其他部门的支持。这可能是因为捕捞渔业常常只占 GDP 的 0.5%～2.5%，只有少数岛国例外。

在发展中国家，政府往往鼓励更多的渔船从事捕捞渔业生产，总认为大海无边，取之不竭，无视捕捞渔业资源生产力的有限性，同时也没有把捕捞渔业作为整个国家政策与发展计划的一部分来考虑。要避免这种各个部门相互矛盾的政策，必须把捕捞渔业主流化，融入国家粮食安全规划中，使决策者懂得捕捞渔业对粮食安全的贡献，也让他们知道自然资源的安全保护和管理的必要性，同时强调其他社会、经济、环境等部门对渔业所起的作用。

消除捕捞过度，恢复衰退的资源需要国家政治、经济和法律的支持。转移渔船的产能过剩，全球需要 120 万～150 万渔民转行，这不是渔业部门能独立解决的。国家必须在财政、渔民安置以及其他相关行业的安排上进行统筹安排。

（三）水产养殖业可持续发展措施

水产养殖未来可持续发展战略与措施需要有全面视野和整体思路，不能仅根据某些片面的因素进行决策。例如，提高养殖密度可以克服土地和水资源不足的问题，却会增加疾病暴发的风险；大力支持水产养殖业发展有利于提高养殖户的生活水平，却可能对传统捕捞渔民的生计造成影响；支持产业向规模化和集约化发展可提高经济效益，却可能对小农户的利益造成损害；集中力量发展单一品种能够增强竞争力，但也可能会削弱行业抗风险的能力。因篇幅所限，我们在此无法对全球水产养殖未来发展战略进行充分阐述，只是从粮食安全的角度探讨水产养殖未来发展战略以及各部门在实现该战略中所起的作用。[①]

促进水产养殖全球性发展是保障水产品充足和稳定供给的重要途径之一。目前，全球还有不少地区（如南美洲和非洲）尚有许多未利用的水产养殖资源有待开发。水产养殖发展经验表明，如果能够有效地克服苗种、饲料、基础设施、市场营销等瓶颈，产量可以迅速大幅提高。譬如，在养殖技术和营销方面取得突破后，在短短的 10 年间，越南的鲶鱼（主要是巨鲶科鱼类）养殖产量由 2000 年约 10 万吨增长到 2010 年 114 万吨，年均增长率

---

① Cai J., Jolly C., Hishamunda N., Ridler N., Ligeon C. & Leung P., 2012, Review on Aquaculture's Contribution to Socio-economic Development: Enabling Policies, Legal Framework and Partnership for Improved Benefits, In R. P. Subasinghe, J. R. Arthur, D. M. Bartley, S. S. De Silva, M. Halwart, N. Hishamunda, C. V. Mohan & P. Sorgeloos, eds. Farming the Waters for People and Food, Proceedings of the Global Conference on Aquaculture 2010, Phuket, Thailand, 22 – 25 September 2010, pp. 265 – 302, FAO, Rome and NACA, Bangkok.

为 28%。如果能按此增长率发展，撒哈拉以南非洲地区在 2020 年的水产养殖产量可比 2010 年的水平（仅有 35 万吨）增加近 400 万吨，足够满足该地区因人口膨胀和经济增长带来的需求。

缺乏合适的发展战略、政策导向及配套措施，任何"潜在"产量都只是画饼充饥。近几十年来，非洲依靠政府和国际组织的技术和资金援助，积极发展水产养殖以保障粮食安全，然而这种"依赖项目"的小农自给自足的水产养殖发展模式已经被证明效果有限。[①] 相反，中国的水产养殖发展的经验表明，以市场为主导的水产养殖具有巨大潜力。因此，在发展战略上，水产养殖应明确以市场主导为发展方向。

在市场主导的发展机制中，政府的主要职能是保障市场机制的良好运行。主要措施之一包括通过法律法规的制定和实施，明确和保障水产养殖作为一种经济活动所享受的权利和义务。产权不明常常会给水产养殖发展带来阻碍，尤其是养殖周期较长的品种。此外，政府还应帮助提供基础实施、科研、技术推广等公共产品。不过，政府及非营利性机构参与产业链运作时应注意不要抑制或影响私营部门的发展。一些国家的经验表明，公有非营利性的苗种场常常会出现所提供的苗种质量低下、腐败滋生等一系列问题，对私营部门的发展造成不良影响。

在商业化水产养殖中，以追求利润为主要目标的养殖户的行为虽然对其自身的粮食安全可能是最优的，可对整体粮食安全却不一定有利。例如，同一口池塘在菲律宾用来养石斑鱼的经济效益可能会比养虱目鱼高，而从产量上来说，后者却可提供更多的蛋白质。在经济效益的驱动下，水产养殖发展较快的一般是高价值产品，如鲑鱼、鳜鱼、虾、扇贝、海参等。由于高价值养殖品种通常在资源利用效率方面相对较低，一些专家及环保人士对这些品种养殖的可持续发展及其对粮食安全的负面影响不断提出质疑，而这种质疑也逐渐成为流行观点，对水产养殖的行业形象造成负面影响。

各国政府从粮食安全角度出发制定水产养殖发展战略时，不应仅考虑其

① Hishamunda N., Poulain F. & Ridler N., *Prospective Analysis of Aquaculture Development: the Delphi Method*, FAO Fisheries and Aquaculture Technical Paper No. 521, 2009, Rome.

通过直接提供蛋白质所做的贡献，还应考虑其通过提供经济效益而间接地对粮食安全的贡献。事实上，对于人口小国来讲，水产养殖发展应该主要以经济效益为核心，通过提高居民收入水平来对粮食安全做贡献，而不是着重于蛋白质的自给自足。事实上，许多水产养殖发达的小国（如越南、泰国、挪威、智利等）都是采用出口导向的水产养殖发展模式。

对于人口较多的国家，特别是人均水产消费水平较高的国家（如中国、印度、孟加拉国、尼日利亚等），水产养殖发展在注重经济效益的同时，还要致力于为本国老百姓提供价廉物美的水产品。鲤科鱼、罗非鱼和鲶鱼是亚洲和非洲发展中国家老百姓菜篮子里常见的水产品，占 2010 年全球水产养殖总产量的 1/2 以上。从保障粮食安全角度上看，公共部门，特别是国际组织，应采取各种措施大力支持发展这类水产品种。不过，具体采取何种扶持方式应根据具体情况而定。在发展初期，直接补贴可以起到发动机的作用，而长期来看却不可持续。而通过提高苗种、饲料、养殖技术等方面的效率，可以引导养殖户选择有利于粮食安全的养殖品种。

即使有了良好的市场机制和政策环境，水产养殖未来发展还需要克服自然资源的瓶颈，而科技进步是这方面的主要手段。

首先是苗种方面。参照种植业的绿色革命、畜牧业的白色革命以及水产养殖的自身发展经验，品种改良和调整是克服自然资源瓶颈以增加产量的主要办法。几乎所有水产养殖品种（如大西洋鲑鱼、南美白对虾、虾夷扇贝等）在产量上的飞跃，都源于人工繁殖技术取得突破。众多研究表明，通过杂交、选育等基因改良措施可在不增加资源投入的情况下大幅提高养殖产量[①]。此外，气候变化、疾病等因素也对苗种质量提出了更高要求。

据 Trygve Gjedrem（2012）的估计，[②] 全球现阶段只有 1% 左右的水产养殖生产采用基因改良品种。因为统计口径的问题，这个数字也许有些低估了基因改良在水产养殖中的应用，但总的来说，水产养殖对基因改良的应用相

---

① Gjedrem T. , Genetic Improvement for the Development of Efficient Global Aquaculture：A Personal Opinion Review, Aquaculture 344 - 349 (2012) 12 - 22, 2012.

② Gjedrem T. , Genetic Improvement for the Development of Efficient Global Aquaculture：A Personal Opinion Review, Aquaculture 344 - 349 (2012) 12 - 22, 2012.

对于农业和畜牧业来讲还是较低的。Trygve Gjedrem 还估计，如果所有水产养殖品种均通过基因改良，即使不用或者较少地增加资源投入，全球水产产量在 2020 年将可高达 190 亿吨。

水产养殖科技进步的另一个领域是饲料及喂养技术。随着对养殖品种营养消化吸收机能的不断理解，许多品种（如鲑鱼、罗非鱼等）的饲料转化率都在不断提高，而且饲料成分中的鱼粉、鱼油比例不断下降，被其他植物或动物蛋白和脂肪源替代。这些趋势在未来将会继续保持。不过，为保证养殖鱼的生长率以及养殖产品的质量，饲料中鱼粉和鱼油的比例不可能无限制降低，寻找新的原材料成为关键。事实上，现在越来越多的鱼粉来自水产品加工业的废弃物。藻类和微生物也是未来鱼饲料中蛋白质和脂肪的来源之一。此外，饲料加工技术的提高也是关键。通过添加酶、益生菌、益生元等可提高养殖品种的消化和吸收机能，从而提高饲料转化率[1]。通过改变饲料形状、密度等方式，也可以提高饲料转化率。

其次是养殖技术方面。封闭式的循环养殖系统（recirculated aquaculture system）、不同营养层次品种混养（integrated multi-trophic aquaculure）等技术将有助于突破土地和水资源的瓶颈[2]。中国四大家鱼的养殖就是一个成功案例。

由于陆地和淡水资源有限，滩涂和近海的水产养殖资源日渐稀缺，广袤的海域却给未来水产养殖带来无限机会。虽然由于技术和成本原因，目前深海养殖规模相对较小，却得到不少国家政府和私营部门的重视，未来发展前景广阔。发展战略上，沿海国家和地区应该充分认识到在人口膨胀、经济增长、气候变化等因素影响下，陆地和近海资源变得日益稀缺，深海养殖是未

① Browdy C. L. , Hulata G. , Liu Z. , Allan G. L. , Sommerville C. , Passos de Andrade T. , Pereira R. , Yarish C. , Shpigel M. , Chopin T. , Robinson S. , Avnimelech Y. & Lovatelli A. , 2012, Novel and emerging technologies: can they contribute to improving aquaculture sustainability? In R. P. Subasinghe, J. R. Arthur, D. M. Bartley, S. S. De Silva, M. Halwart, N. Hishamunda, C. V. Mohan & P. Sorgeloos, eds. Farming the Waters for People and Food. Proceedings of the Global Conference on Aquaculture 2010, Phuket, Thailand, 22 – 25 September 2010, pp. 149 – 191, FAO, Rome and NACA, Bangkok.

② Soto D. , Integrated mariculture: a global review, FAO Fisheries and Aquaculture Technical Paper, No. 529, Rome, FAO, 2009.

来的必要选择。① 政策导向上，公共部门应该尽早制定法律法规，规范深海养殖行为，为该行业未来的可持续发展打下基础。同时，公共部门也应在基础设施建设、科研技术等方面支持深海养殖发展。

综上所述，从保障未来粮食安全的角度上看，全球水产养殖未来发展战略可归纳为以下几方面。

（1）水产养殖发展应以市场为主导，由公共政策引导，受科技进步驱动，因地制宜地实现可持续发展并对粮食和营养安全做出应有的贡献。

（2）对于人口小国来说，水产养殖发展可以主要以经济效益为出发点，通过提高居民收入水平来对粮食安全做出贡献。对于将水产品作为重要动物蛋白供给来源的人口大国来说，水产养殖发展应该在注重经济效益的同时，保障老百姓菜篮子里常见水产品的充足和稳定的供给。

（3）水产养殖应通过品种选择和改良、饲料喂养、水质管理等方面的技术革新来提高资源利用效率，力求在不增加自然资源使用（土地、水和饲料等）的情况下增加水产养殖产量。

（4）内陆水产养殖应充分利用未开发水产养殖资源，包括非竞争性资源（如稻田、盐碱地等），来发展水产养殖。

（5）沿海地区应在基础设施建设和资金投入等方面大力发展深海养殖，通过品种选择和改良，养殖技术革新和规模效益来降低深海养殖成本，为其未来大规模扩张打下基础。

在政策导向上，要注意以下几点：（1）政府作为公共资源的管理者应该制定并实施明确的水产养殖法律法规，以保障水产养殖作为一种经济活动的权利和义务。（2）政府作为社会公平的捍卫者，应该促进水产养殖发展对粮食安全的贡献。（3）国际组织（如联合国粮农组织）从全球利益出发，应大力支持发展作为普通老百姓重要动物蛋白来源的水产品（如鲤科鱼类、罗非鱼、鲶鱼等）的养殖。（4）各国政府在以市场为主导的发展战略下应通过政策调节来保障弱势群体在水产养殖发展中的利益。（5）政府在制定

---

① 联合国粮农组织渔业委员会水产养殖分委员会第五届会议议题7：《水产养殖向外海推进：治理和挑战》，参见 http://www.fao.org/docrep/meeting/019/k7667c.pdf。

政策时应评估政策的成本和效益以及其可持续性，并应尽量避免直接干预市场机制的运行。

四　中国渔业的可持续发展

（一）中国水产品需求展望

2010 年，中国水产品总产量为 5200 万吨，其中养殖 3700 万吨，捕捞 1500 万吨，占全球总产量的 35%。水产养殖占中国水产品总产量的比重从 1980 年的 30% 逐渐增加至 2010 年的 70%（见图 9）。中国是水产品消费大国，2007 年人均水产品消费 28.5 公斤，比世界平均水平（17.8 公斤）高出 60%。2007 年，中国总水产消费 4100 万吨，总产量 4500 万吨，基本持平，略有盈余。

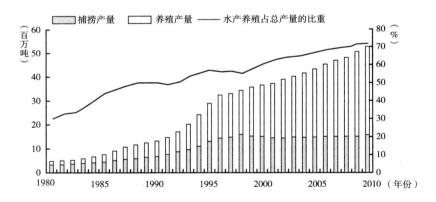

图 9　中国水产品产量（包括养殖和捕捞）发展趋势

资料来源：联合国粮农组织。

由于人口增长逐渐放缓，中国在 2020 年水产品需求总量（按 2007 年人均消费水平计算）将仅比 2007 年高出约 200 万吨。如果中国水产养殖能够按现在的趋势继续发展，2020 年，水产养殖产量将比 2007 年高出将近 2000 万吨，满足由人口增长而带来的 200 万吨水产需求增长绰绰有余。

根据国际货币基金组织预测，2020 年，中国人均 GDP 将比 2007 年增加两倍多。据此估算，2020 年，中国人均水产需求将增至 74 公斤，相应的，总水产品需求将比 2007 年高出 6500 万吨。这种情况下，水产养殖按现有趋势发展所能够带来的 2000 万吨产量增加将只能满足该需求的 63%。

具体到各个水产品种，按现有趋势发展中国淡水及洄游性有鳍鱼，未来所能增加的未来供给，预计只能满足未来因人口膨胀和经济增长所带来的需求增长的 78%，海洋有鳍鱼类只能满足 75%，甲壳类 69%，贝类 47%，而头足类只有 15%（见表 1）。①

表 1　中国未来水产供给与需求展望

水产品种类	2007 年				2020 年			
	人均年需求	总需求	总供给	总供给/总需求	人均年需求	总需求	总供给	总供给/总需求
	公斤	万吨	万吨	%	公斤	万吨	万吨	%
淡水及洄游性有鳍鱼	12.3	1866	1917	103	27.8	4098	3193	78
海洋有鳍鱼	5.4	818	891	109	9.4	1409	1057	75
甲壳类	3.0	402	510	127	8.6	1189	825	69
贝类	6.8	896	1119	125	23.7	3313	1551	47
头足类	0.9	125	106	85	4.5	621	91	15
水产品总计	28.4	4107	4543	111	74	10630	6717	63

以上数据表明，随着经济不断增长，加上现有消费水平较低，中国对高档水产品（如海洋鱼类、甲壳类、贝类和头足类）的需求将继续增长，对该类产品的供给及整个水产行业造成压力的同时，也给中国大力发展海水养殖（包括深海养殖）带来广阔前景。

（二）捕捞渔业的可持续发展策略

2010 年，中国捕捞渔业产量达到 1314 万吨，占世界产量的 16.6%，总产值达到 1272 亿元，从业人数 578 万人，渔船数 20.4 万艘，渔船功率 1500

---

① 供给按现有趋势推算，需求按 2007 年价格及国际货币基金组织人均 GDP 增长预测估算。

万千瓦。捕捞渔业占中国农业国内生产总值的 4.5%，在中国的国民经济中起着举足轻重的作用，沿海地区不仅是地区经济的重要组成部分，更是当地人民经济活动和日常生计的重要支柱。渔船多、渔民多是中国现阶段的基本国情，捕捞力量过剩、渔业资源过度利用的状况十分突出。[①]

除了以上提到的世界海洋渔业所面临的问题外，中国海洋渔业还有以下两个特有问题。

首要问题是中国渔业没有明确的法定管理目标。联合国海洋法公约明确规定，"沿岸国应通过正当的养护和管理措施，确保专属经济区内生物资源不受过度开发的危害，使捕捞鱼种的资源量能维持在或恢复到能够生产最高持续产量的水平"。其目标很明确："资源维持在最大持续产量的水平"，这一目标是定量的，可测定的。其他一些国际法规，如《生物多样性公约》《联合国洄游性鱼类和公海渔业协议》，以及联合国粮农组织的《负责任渔业行为准则》，均有类似定量的、可实际操控的管理目标。然而，中国的渔业法或渔业法实施细则虽然规定了怎样分级管理，捕捞许可制度及处罚条件，却没有明确渔业法的管理目标是什么，甚至连捕捞过度这一概念都没有提及。没有明确的管理目标，也就无法进行有效管理，因为不管捕捞到什么程度都不违法。在一些渔业管理比较成功的国家，如澳大利亚、挪威、美国，都有明确规定，如澳大利亚的管理目标是资源不能低于最大经济产量所需的资源量，或不能低于原始资源的 40%；美国在 2006 年的 Magnuson-Stevens 法的修改案中明确规定要防止过度捕捞，对已经捕捞过度的鱼种要建立一个管理计划，在一定时间内把资源恢复到最大持续产量的水平。立法手段和明确的目标使这两个国家取得了很大的成功。美国于 2011 年消除了过度捕捞，捕捞过度的鱼种数下降了 30%；澳大利亚把捕捞过度的鱼种从 2005 年的 24 个减少到了 18 个。

第二个问题是中国没有资源评估，也没有以目标鱼种或实体渔业为中心的管理体系。鱼类是一种可再生资源，如果把捕捞限制在一定范围内，人类

[①] 《农业部渔业局负责人表示：我国渔业资源利用过度》，2007，新华社，http://politics.people.com.cn/GB/1027/5698057.html。

对资源的利用就可以无限延续下去。资源的再生量减去自然死亡部分就是剩余产量。这种剩余产量在一定的资源水平下会达到最大，如果资源小于这一水平通常就称捕捞过度。管理的目的就是把捕捞控制在一定范围内，从而使剩余产量达到最大。如果没有资源评估，也就不知道该鱼种的生产力与最大剩余产量，当然也就不知道现在的资源状况，从而也无法判断是否捕捞过度。这就是为什么说"没有资源评估，就无法进行有效的管理"。

渔业管理最有效的还是以单鱼种或以目标鱼种为中心的实体渔业管理，比如东海的带鱼汛就是一个实体渔业。世界上渔业管理较成功的国家均有一个类似的评估管理体系，主要由资源评估委员会和科学决策委员会组成。资源评估委员会负责评估和设计管理控制规则，每年为科学决策委员会提供有关资源状况不同控制措施下的资源变动情况和达到管理目标所需的控制措施。科学决策委员会则根据评估委员会的建议，结合渔民和其他有关的社会、经济与市场因素作最后决定。而中国不具备类似体系，虽然学者和科学家也在作评估资源方面的研究，但均不是直接为生产管理服务的。

要确保中国捕捞渔业的长期可持续性，必须解决上面所提到的这些问题。

首先，是建立一个合理的产权系统。中国对产权问题并不陌生，而且可以说经验丰富。改革开放的成功就是从改革农村土地使用权而采用承包责任制开始的。只不过土地的承包责任制是以激发农民的积极性从而提高产量，而渔业的责任制应偏重渔业资源的长期使用权，使渔民认识到保护资源的重要性，通过合理的资源保护，获得长期的最大产量，从而消除竭泽而渔的现象。这种产权系统可以消除渔民间的无端竞争，使渔民觉得鱼类资源就是他们自己的财产，从而主动保护它。这种系统的典型代表就是可转让的个体配额和以社区为基础的管理体系。过去的经验表明，大型工业化捕鱼为主的渔业用个体配额比较好，而小规模的沿岸渔业即用社区基础上的管理模式较有效。鉴于中国的所有制体系，也可以做一些适合自己特色的尝试。

其次，要建立科学的决策体系。中国有庞大的渔业科研体系，要把为渔业管理服务作为一个重点领域，建立一个完整的评估—决策—管理体系。在这种体系中，渔民、科学家、政府管理部门、地方社会、经济、环境等专家都参与其中，形成一种透明、公开、公正的决策过程。只有这种明确、量化的目标管理，才有可能达到捕捞渔业的长期可持续发展。

中国目前的管理系统是政府主导的自上而下的管理，渔民成为被管理的对象，这样也就失去了上下一体、各方齐心的威力。回顾历史不难看出，捕捞渔业调控的几次大动作，如 1995 年起实施的夏季休渔期和 1999 年实施的零增长，后来调整成负增长。这些措施都未能达到捕捞渔业的可持续发展，因为即使真正做到了零增长意义也不是很大，这时候渔民肯定会扔掉所有低质的渔获物而保留高价鱼种。而这些高价鱼种才往往会被捕捞过度，需要保护。这些均是在许多国家得到证实的。"天下渔民都一样"，中国渔民也不例外。对于夏季休渔也一样，不可否认，夏季休渔对保护渔业资源有积极作用，实施起来比较方便，但这种笼统的措施很难真正降低那些捕捞过度鱼种的捕捞压力，因为这些鱼种的市价高，渔民会千方百计地在休渔期过后更变本加厉地捕捞，而受益的可能只是那些低价值、不需要保护的鱼类，这其实是降低了对低价值资源的利用率。

最后，应该提高渔业数据的可靠性。中国渔业数据的可靠性问题在国内和国外都引发了广泛的讨论。《经济参考报》也报道了"渔业真实数据的获得"问题。在 2006 年第二次全国农业普查结束后，农业部对 2006 年统计产量下调了约 16%，某种程度上证实了这一问题的存在。另外一个有待改进之处是分鱼种的产量统计。现行的统计数据很多都是分大类的。产量数据不准确，加上缺乏分鱼种数据，资源评估就很难进行，从而也就限制了制定定量管理目标的可能性。一个值得尝试的方法是，将现行的层层行政上报改为科学抽样调查系统。

（三）水产养殖业的可持续发展策略

2010 年，中国水产养殖产量 3700 万吨，占世界水产养殖总产量的 61%。未来国内外水产品需求的日益增长给中国水产养殖业发展提供了良好的机遇，不过资源、环境及社会经济等方面也对可持续发展提出了严峻的挑战。

中国水产养殖品种繁多，开始以淡水的四大家鱼，海水的贝类和藻类为主，慢慢发展到今天包括鱼、虾、蟹、贝类、海参、鲍鱼、龟鳖、藻类等。

中国水产养殖技术在养殖户和科研部门的共同努力下不断创新发展，在育种、饲料喂养、水质调节、防病治病等各个环节均居世界先进水平。四大家鱼混养、罗非鱼立体养殖（如鱼鸭混养）、稻田养鱼、利用工业废热水养殖反季节淡水鱼，南美白对虾淡水养殖、引进海湾扇贝、虾夷扇贝并成功育种、贝类与藻类混养、刺参育苗成功等，都是中国水产养殖的业绩。

低档淡水鱼如四大家鱼、罗非鱼、鲶鱼等是中国水产养殖的主力军，2010年占全国水产养殖总产量的1/2。这些鱼品的质量随着养殖技术的提高而不断改进，为粮食安全做出了贡献。

联合国粮农组织数据显示，2010年，中国水产养殖品种至少有70多种，产量分布相对分散。这种分散化的模式不但给养殖户提供了更多的选择，也有利于分散行业风险（如市场风险、病害等）。

中国水产养殖品种多样化的形成，得益于中国巨大的国内市场以及国人的饮食习惯。中国经济增长和城市化造成的大量人口流动，带动了饮食产业的全国化。内陆省份可以品尝沿海地区的特色海鲜，沿海的食客也领略了水煮鱼的风味。在巨大的市场需求推动下，水产养殖在品种上不断推陈出新。在经济利益的驱动下，创新产品一般以高档产品为主，如鳜鱼、虾蟹、扇贝、海参、龟鳖等。随着养殖技术、规模的不断提高，昔日的高档水产品（如虾蟹等）越来越成为普通百姓可以吃得起的食材。这种蓬勃发展的行业良性循环，不但填补了由捕捞渔业停滞不前带来的水产品供给缺乏，也为养殖企业和地区创造了巨大的经济效益，从而间接地对当地粮食安全做出贡献。

中国水产养殖在不断发展的过程中也面临诸多问题。在资源和环境方面，中国水产养殖面临水、土地、滩涂、近海等养殖资源不足的瓶颈，涉水工程的发展也挤占水产业的发展空间。工业民用污水排放造成水质污染。病害是全球水产养殖的一大难题，中国也不例外。中国几乎没有养殖品种不受病害的困扰。病害所造成的损失和带来的风险，以及防病治病所需的费用，已成为水产养殖成本的主要组成部分。

经济方面，中国水产养殖虽然产量大品种多，但行业的产业化程度相对较低，主要依靠经销商将众多的中小养殖户整合起来，不但缺乏有知名度的品牌，行业还容易受到冲击。2007年，美国对中国及其他一些养虾大国征收反倾销税，导致市场上传出了美国市场也将对中国罗非鱼关闭的流言，造成广东一些地区的养殖户纷纷减产。[①] 由于对饲料的严重依赖，水产养殖成本对饲料价格相当敏感，饲料原料（如鱼粉和豆粉）价格不断攀升，对水产养殖整个产业链造成很大的压力。最近海南出现了罗非鱼养殖户和经销商串联要求饲料厂降价的风波，就是一个很好的例证。[②]

社会方面，随着经济增长和城市化，中国水产养殖还将面临劳动力供给不足和价格上升的影响。虽然中国水产养殖业创造了大量的财富，而处于产业链最低端的中小农户却得不到相应的回报。

展望未来，中国水产业将迎来极佳的机会和严峻的挑战。中国未来水产需求增长的潜力已经显露出来。中国已经从原来的水产品出口国变成进口国。市场需求旺盛为中国水产业产业调整提供了良好契机。国家"十二五"规划中提出了扶持龙头企业以带动技术创新和产业整合的方针。近20多年来，水产行业的迅猛发展已经打下坚实基础，今后中国水产养殖发展应该在食品质量和安全、合理利用资源及生态环境保护、关注社会效益方面做出更多努力，才能够应对未来自然环境和经济环境的挑战。

---

① http：//www.cyone.com.cn/cfsp/16148_ 3.html.
② http：//www.shuichan.cc/news_ view － 85272.html.

第六章
可持续的林业
——粮食安全的绿色屏障

一 全球森林资源状况及发展趋势

（一）全球森林资源总体状况及发展趋势

森林面积是表述森林资源总体状况的一个通用指标，也是描述森林[①]在一个国家或区域相对重要性的首要指标。根据联合国粮农组织 2010 年森林资源评估报告[②]（FRA 2010），全球森林覆盖率为 31%。2010 年，世界森林总面积估计略高于 40 亿公顷，相当于人均拥有 0.6 公顷森林。但森林面积分布不均。森林资源最富有的五个国家（俄罗斯、巴西、加拿大、美国和中国）占有一半以上的全球森林资源（53%）；而在有 20 亿人口的 64 个国

[①] 森林被定义为土地跨度超过 0.5 公顷，其上面的树木高于 5 米，树冠郁闭度超过 10%。它不包括主要用于农业或城市使用的土地。

[②] FAO：《2010 年森林资源评估主报告》，2011，罗马。参见 http://www.fao.org/docrep/014/i1757c/i1757c.pdf。

家中，森林占土地面积少于 10%。这些国家包括干旱地区的几个较大的国家和许多小岛屿发展中国家及属地，其中 10 个国家没有森林。

2000～2010 年，全球森林面积的净变化率估计为每年减少 520 万公顷（相当于哥斯达黎加的面积），比 1990～2000 年的每年减少 830 万公顷有所降低。这一大幅下降有两方面原因：一是森林砍伐率下降；二是通过种植、播种或现存森林的自然扩展致使新增森林面积。一些国家的植树造林和森林的自然扩展明显降低了全球森林面积的净损失。南美洲和非洲仍是森林净损失最大的地区。亚洲在 20 世纪 90 年代显示为净损失，2000～2010 年，尽管南亚和东南亚许多国家的净损失率依然很高，但亚洲森林面积出现净增长，主要原因是得益于中国的大规模植树造林。

立木蓄积量和碳储存也是决定森林资源状况相关趋势变化的重要指标。在 2010 年，全球森林立木蓄积总量估计为 5270 亿立方米。这相当于平均每公顷 131 立方米。中欧和一些热带地区的单位蓄积量最大。1990～2010 年，立木蓄积总量略有下降，但并不显著，完全在误差许可范围内。

对森林作为碳储存、碳排放源和碳汇的作用进行量化，已成为认识和改变全球碳循环的关键之一。森林容纳比整个大气层更多的碳。全世界森林的碳储量为 6500 亿吨，其中有 44% 在生物量中，11% 在枯死木和枯枝落叶中，45% 在土壤层。尽管森林的可持续经营、植树和恢复可以保护或增加森林碳储量，但森林砍伐、退化和不良管理导致碳储量下降。就全球范围而言，2005～2010 年，每年森林生物量中的碳储量估计减少 5 亿吨，这主要是由于全球森林面积的减少，尽管某些区域单位蓄积量有所上升。[①]

中国的森林面积为 2.07 亿公顷，约占全球森林面积的 5.13%，居世界第五位（见图 1）。1990～2000 年，中国森林面积平均每年净增 200 万公顷（1.2%）。2000～2010 年，其森林面积平均每年净增 300 万公顷（1.6%）。中国是世界上人工林[②]发展最迅速的国家（见图 2），其总面积达 7700 万公顷，占世界人工林总面积近 30%。亚洲和太平洋地区在 20 世纪 90 年代每年损失森林 70 万公顷，

① 联合国粮农组织：《2010 年森林资源评估主报告》，2011，罗马。参见 http：//www.fao.org/docrep/014/i1757c/i1757c.pdf。

② 人工林被定义为主要是由种植和播种成长起来的树木组成的森林。

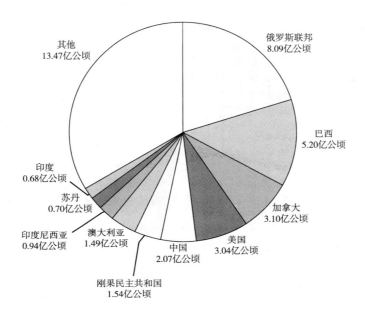

图1　森林面积最大的10个国家（2010年）

资料来源：联合国粮农组织：《2010年全球森林资源评估主报告》。

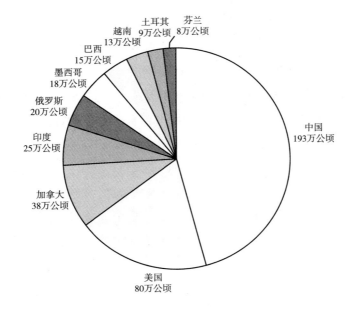

图2　人工林面积增长幅度最大的10个国家（1990～2010年）

资料来源：联合国粮农组织：《2010年全球森林资源评估主报告》。

但 2000～2010 年，每年增加了 140 万公顷，这主要得益于中国大规模植树造林。中国大部分人工林通过植树造林活动营造，通过实施几项旨在增加森林资源、保护流域、治理水土侵蚀和荒漠化、保持生物多样性的大工程，对这一增长做出了重要贡献。[①]

联合国粮农组织 2010 年报告（FRA 2010）的主要结论表明，全球在扭转森林面积减少的总体趋势方面已经取得了显著进展，在一段时间以来，一些国家和区域的某些与森林资源范围相关的变量没有呈现明显的负面态势，有的甚至出现积极态势。但在许多国家，毁林行为，包括不受限制地将森林转变为农业用地，继续保持着令人震惊的高比率。为了确保所有区域的森林资源持续发展，人类需要继续付出巨大努力。

（二）森林的经济、社会和环境三大功能

1. 森林的生物多样性和保护功能

生物多样性包括各种现有生命形式以及它们发挥的生态作用和包含的遗传多样性。在森林中，生物多样性使物种能够进化并动态地适应环境条件，包括气候的变化，维持树木繁殖和改善的潜力，并支持其生态系统功能，以满足人类对产品和服务的不断变化的需求。

在全球范围内，超过 1/3 的森林被划分为原生林。[②] 原生林尤其是热带雨林，是地球上物种最丰富的多元陆地生态系统。在过去 10 年间，由于择伐和开放其他人类活动，原生林面积每年减少约 0.4%，导致部分原生林被重新划分为"其他自然再生林"。自 1990 年以来，指定用于生物多样性保护的森林面积增加了逾 9500 万公顷。当前，这些森林占森林总量的 12%，超过 4.6 亿公顷。它们中的大部分位于保护区内。2010 年森林资源评估数据表明，生物多样性保护努力呈现积极态势，诸如指定主要用于生物多样性保护的森

---

① 联合国粮农组织：《2010 年森林资源评估主报告》，2011，罗马，http://www.fao.org/docrep/014/i1757c/i1757c.pdf。国家林业局：《中国森林资源报告——第七次全国森林资源清查》，中国林业出版社，2009。

② 原生林被定义为本地树种的森林，以及没有明显的人类活动迹象而且生态系统未受到严重干扰。

林面积和保护区的森林面积都稳定上升，但原生林面积继续有所减小。

全球的森林具有诸多防护功能，一些为地方性的，另一些属于全球的，包括防护土壤免遭风和水的侵蚀、沿海保护、避免雪崩及作为空气污染的过滤器。森林最重要的防护功能体现于对土壤和水资源的保护。森林通过增加渗透、降低径流流速和地表侵蚀、减缓沉积来保护水土资源。森林能够过滤水污染物、控制出水量和流量、减轻洪涝、促进降雨并减少盐渍。目前，全球约有3.3亿公顷的森林功能被确定为水土保持、避免雪崩、沙丘固定、荒漠化防治和海岸保护。1990～2010年，全球被指定具有防护功能的森林面积增加了5900万公顷，这主要归功于在中国进行的以荒漠化防治、水土资源保持和其他防护为目的的大规模植树活动。[①]

2. 森林的生产和社会经济功能

森林资源的生产功能体现了其对国民经济及依赖森林生存的当地社区的经济和社会效用。全世界30%的森林，约12亿公顷，主要用于生产木材和非木材林产品。人工种植的森林和树木有多种用途，占森林总面积的7%，为2.64亿公顷。中国、美国、俄罗斯、日本和印度五个国家的总面积为53%。2005～2010年，人工林面积年均增长约500万公顷，大多数是通过植树造林活动，尤其在中国。根据目前的发展趋势，人工林面积将会继续上升，预计在2020年前可达3亿公顷。[②] 人工林面积急剧上升，预示着木材供给的趋势正从天然林转向人工林。

木材采伐量在20世纪90年代下降之后，2000～2005年有所上升。据报告，2005年全球范围的木材采伐量每年达34亿立方米，与1990年记录的采伐量相似，相当于立木蓄积总量的0.7%。[③] 考虑到以非正式或非法方式采伐的木材，特别是木质燃料，通常未予记录，因此实际木材采伐量无疑

---

① 联合国粮农组织：《2010年森林资源评估主报告》，2011，罗马，参见 http://www.fao.org/docrep/014/i1757c/i1757c.pdf。

② 联合国粮农组织：《2010年森林资源评估主报告》，2011，罗马，参见 http://www.fao.org/docrep/014/i1757c/i1757c.pdf。

③ 联合国粮农组织：《2010年森林资源评估主报告》，2011，罗马，参见 http://www.fao.org/docrep/014/i1757c/i1757c.pdf。

会更高。在全球范围，食物是所采集的非木材林产品中最大的种类。其他重要的产品包括分泌物、其他植物产品、野蜂蜜和蜂蜡，以及观赏植物等。森林除了满足人类对木材和广泛的非木材林产品的需求外，还为人类提供了就业机会和经济收入。

2003～2007年，每年木材采伐估价略高于1000亿美元，绝大多数价值来自工业原木。2005年收获的非木材林产品价值约达185亿美元，其中占最大比例的是食品。由于以非木材林产品为主的国家的相关信息缺乏，非木材林产品价值仍然被低估。全球在森林管理和保护领域中就业的人数虽然仅约1000万人，而更多的人则直接依赖森林得以生存。考虑到大多数林业工作不属于正式就业，林业工作对农村生计和国家经济的重要性要比这些数字所显示的大得多。

3. 森林与农业及粮食安全的关系

据多种来源估计，世界约有10亿人口的食物直接源自森林和农场上的树木。此外，20亿人口依靠生物质燃料烹饪和取暖，其中大部分是薪材和木炭。树木和森林对粮食安全和营养还有更多间接的作用，主要是提供创收和生态环境保障。然而，这些作用鲜为人知，远被低估，且未在许多国家的发展和粮食安全战略中得到体现。[①]

（1）在许多情况下，对食物、纤维和燃料的不断增长的需求，引发毁林行为，导致生态系统退化，从而减少水的供应和限制薪柴的采集。

（2）天然林对林区居民包括许多当地居民的生存至关重要，它通过保护集水区为农业用地提供清洁水。

（3）农民通过天然更新、植树来保持农业用地上的树木及农田防护林带，以稳定或增加粮食产量。在一年中的大部分时间里，在干旱和半干旱地区的农牧民依靠树木为他们的牲畜提供饲料来源和遮光乘凉的场所。

（4）一些非木质林产品对粮食安全和营养直接发挥着重要作用，如水果、坚果、菌类、蜂蜜等。

---

① 联合国粮农组织：《为改进营养和食品安全的森林》，2011，参见 http://www.fao.org/docrep/014/i2011e/i2011e00.pdf。

（三）森林所有制及经营管理权的总体状况及发展趋势

世界大部分地区的森林仍为公有，约占80%。目前，森林所有权和使用权在一些区域已发生变化，社区、个人和私营公司拥有并管理森林的趋势日益明显。但区域之间的差别相当大，北美洲和中美洲、欧洲（俄罗斯除外）、南美洲和大洋洲私有林的比例高于其他区域。在有些地区已出现逐步吸收社区、个人和私营公司参与公有林管理的趋势。

除欧洲（俄罗斯除外）以外，公有制在世界各地区都占主导地位。公有制森林在欧洲占森林总面积的46%。在许多森林覆盖率高的国家，公有制则是最常见的所有制，例如巴西、刚果民主共和国、印度尼西亚及俄罗斯。私有制最常见于北美洲（31%）、中美洲（46%）和大洋洲（37%）。私有林在智利、哥伦比亚、巴拉圭和中国占较高比例，私有制在南美洲（21%）和东亚（33%）也占显著地位。①

根据现有有限的国家信息，59%的私有森林由个人拥有，19%为私营企业和机构拥有，其余的21%属于当地社区和土著居民群体。在区域层面，个人所有制在大多数区域也占主导地位；在北美洲、欧洲（俄罗斯除外）、西亚和中亚，企业所有制也较为显著。

公有森林可以归国家、社区、个人或私营部门管理。在全球层面，国家仍负责管理约80%的公有森林，其后依次是私营企业和机构（10%）及社区（7%）。在大洋洲、南亚和东南亚及中部非洲等几个区域，私营企业和机构起到尤为重要的作用，因为它们在澳大利亚、印度尼西亚及刚果盆地国家影响深远。在这些地区，私营公司分别负责管理58%、30%和14%的公有森林。②

在区域层面最明显的变化是，管理权限由国有企业向私营企业下放，特别是在中美洲和俄罗斯联邦，以及在南美洲和东南亚，管理权限正向当地社

---

① 联合国粮农组织：《2010年森林资源评估主报告》，2011，罗马。参见 http：//www.fao.org/docrep/014/i1757c/i1757c.pdf。

② 联合国粮农组织：《2010年森林资源评估主报告》，2011，罗马，参见 http：//www.fao.org/docrep/014/i1757c/i1757c.pdf。

区下放。此外，由于中国的分权到户及拉丁美洲（巴西的私营业角色有所扩大）的林权改革，预计森林所有制和管理将继续发生大规模转向。在非洲，国家在森林管理中仍占主导地位；但在森林覆盖率高的中部非洲国家，某些管理权被下放到私营企业；在东部和南部非洲，某些管理权被下放到当地社区。

上述森林所有制及经营管理权的总体状况及发展趋势，主要是一些国家在近些年来进行林权改革的结果，目的是赋予当地社区和居民更多的权利，以使他们能够从森林和林地中更多地获取收益，改善生计，同时实现保护和发展森林资源。大量事实证明，由国有部门或公共部门拥有和管理绝大部分森林的模式，是不成功或低效的，其结果是森林资源不断退化和减少，当地社区和居民的生计和收益不能得到保障和改善。事实上，当地居民与公共部门因产权不清和利益矛盾经常产生冲突，成为影响社会和谐的原因之一。然而，林权改革又是一个长期和艰巨的过程。各个国家进行林权改革和管理权下放的形式也各有不同，但可相互借鉴。

二　林业面临的重要机遇与挑战
——适应和减缓气候变化

（一）森林在适应和减缓气候变化中的作用

森林在减缓和适应气候变化中发挥着重要作用。可持续森林管理有助于减少碳排放。具体来说，森林在气候变化中有四项主要作用：第一，森林直接降低碳排放。目前，森林砍伐、过度利用和退化所导致的碳排放，占全球碳排放量的1/6。第二，森林对气候变化的反应灵敏。第三，可持续管理时，森林生产的木质燃料作为一种生物燃料能够替代化石燃料。第四，预计在21世纪上半叶，森林在其生物量、土壤和产品中，有可能吸收并储存全球大约1/10的碳排放量。

林业部门是否采取适应气候变化的措施，对于减缓气候变化和促进可持续发展至关重要。如果不采取气候变化适应措施，靠森林为生的当地居民和社区所受影响会很大。同时，我们应看到，森林和林业部门在政治上从未如此备受瞩目。通过利用现有的政策支持和新的融资机遇，采取适当行动，上十亿依赖森林谋生的人民将会有更多收益。

（二）与森林有关的气候变化政策的国际进程

鉴于全球温室气体排放约有 17.4% 来自林业部门，且很大程度上由发展中国家的毁林导致，[①] 同时认识到制止毁林是减少温室气体排放的一种更加经济的手段，联合国气候变化框架公约的谈判已开始重点关注森林。目前，国际社会鼓励发展中国家减少来自森林的排放量并更好实现其减排潜力的努力，已从有关"避免毁林所致排放"的讨论演变成 REDD +机制。

REDD +机制的演进过程是与森林有关的气候变化政策讨论的重要国际进程。自《联合国气候变化框架公约》生效以来，各国就认识到全球森林作为碳汇的重要作用，以及毁林将产生温室气体排放的严重性。《京都议定书》谈判期间，重点考虑的是清洁发展机制下使"避免毁林所致排放"有效，但由于当时相关方法和数据的不确定性，这个概念被弃用。2005 年，在联合国气候变化框架公约第 11 次缔约方会议[②]上，一些国家在谈判中联合提出了"减少发展中国家毁林所致排放量（RED）：激励行动的方针"的议题，这个"避免毁林所致排放"的想法重新出现。

在第 11 次和第 13 次缔约方会议中间，通过科学和技术咨询附属机构（SBSTA）的工作，缔约国还同意解决森林退化导致的排放问题，因为该问题被认为比许多国家毁林带来的排放更多。于是，这个概念就扩大到"减少发展中国家毁林和森林退化造成的碳排放"（REDD）。2007 年，《联合国气候变化框架公约》第 13 次缔约方会议[③]通过了题为"发展中国家减少毁林和森林退化造成的排放有关问题的政策措施和正向激励；森林保护、森林可持续管理的作用，及提高发展中国家森林碳储量"的决议，这就是现在

---

① 政府间气候变化专门委员会（IPCC）第四次评估报告，2007 年。

② http://unfccc.int/meetings/montreal_nov_2005/session/6269.php。

③ http://unfccc.int/meetings/bali_dec_2007/session/6265.php。

所谓的 REDD +①机制。REDD + 机制的范围不只局限于毁林和森林退化，还包括保持和增加森林碳储量②。该机制旨在鼓励发展中国家减缓毁林和森林退化行为。

2009 年 12 月，在哥本哈根举行的会议上，缔约方就 REDD + 机制达成了较大程度的共识，但没有就这些问题达成协议。联合国气候变化框架公约强调了 REDD +，并在 2010 年 12 月的墨西哥坎昆会议（联合国气候变化框架公约第 16 次缔约方会议③）上对 REDD + 做出决议，通过决议确定了REDD + 的范围、原则及保障措施，包括减少毁林和森林退化造成的排放量以及森林保护、森林可持续管理和增加碳储量，并同意分阶段实施。关于REDD + 的融资行动的方式和有关测量、报告、核实减排方法，还在继续讨论中。

2011 年第 17 次缔约方会议④上，在森林核算规则上，实现了一个在《京都议定书》框架下适用于工业化国家的突破。森林管理核算现在是强制性的，而不是自愿的，各国也需要作为一个碳库报告采伐的木材产品。对森林更全面的核算，有助于实现以土地为基础的排放核算。这些政策及生物燃料的使用政策，可能有助于改变森林的经营方式和林产品的使用方式。UN-REDD 计划⑤目前支持 46 个伙伴国家，横跨非洲、亚太、拉丁美洲和加勒比地区。该计划支持伙伴国家 REDD + 的准备工作有两种方式：（1）直接支持设计和实施 UN-REDD 国家方案；（2）通过 UN-REDD 开发的常用的方式、分析、方法、工具、数据和最佳做法，补充支持国家层面的 REDD + 行动。⑥

---

① REDD + 被定义为通过减少毁林和森林退化减少碳排放，以及在发展中国家保护、可持续森林管理及加强储量的作用。

② 联合国粮农组织：《2011 年世界森林状况》，参见 http：//www. fao. org/docrep/013/i2000c/i2000c. pdf。

③ 《联合国气候变化框架公约》缔约方第 16 次会议，2010，网站：http：//unfccc. int/meetings/cancun_ nov_ 2010/session/6254. php。

④ 《联合国气候变化框架公约》缔约方第 17 次会议，2011，网站：http：//unfccc. int/meetings/durban_ nov_ 2011/session/6294. php。

⑤ UN-REDD 计划是联合国的合作倡议，以减少发展中国家由毁林和森林退化（REDD）而导致的碳排放。该计划于 2008 年推出，并建立在联合国粮农组织、联合国发展计划署和联合国环境计划署的技术专长和召开会议的基础上。UN-REDD 计划，支持国家主导的 REDD + 的进程和促进所有利益相关者，包括原住民和其他依赖森林为生的社区，在实施国家和国际 REDD + 中的知情权和有意义的参与。

⑥ http：//www. un - redd. org/AboutUN - REDDProgramme/tabid/102613/Default. aspx。

（三）气候变化及应对政策给林业带来的机遇

在全球应对气候变化中，森林在适应和减缓气候变化中的重要作用，提升了林业行业的可视度，提高了超出传统范围的利益相关者对森林和林业的广泛关注。森林在历史上从未拥有如此重要的地位和机遇。

首先，各种应对气候变化政策为林业带来融资机会。在坎昆，《联合国气候变化框架公约》同意启动绿色气候基金，目标为到 2020 年每年投入 1000 亿美元，以平衡的方式支持适应和减缓气候变化。REDD + 机制旨在为森林储存的碳设定经济价值，向发展中国家提供激励措施，以减少其由于毁林和森林退化而导致的碳排放。该方案承诺于 2010～2012 年提供约 40 亿美元，但该数字预计将于 2020 年前增长到每年 300 亿美元。最初有 6 个国家（澳大利亚、法国、日本、挪威、英国和美国）同意集体捐资 35 亿美元，用于"设立减缓、制止并最终扭转发展中国家毁林的公共启动基金"。

其次，REDD + 进一步提高了森林治理和注重当地居民利益的重要性。根据第 16 次缔约方会议形成的谈判文本，REDD + 确定了活动范围，提出了一系列保障措施（见专栏1），[①] 以确保获得多重效益，并避免 REDD + 活动产生的负面溢出效应。

REDD + 活动范围

（1）减少森林采伐所致的排放；

（2）减少森林退化所致的排放；

（3）森林的可持续管理；

---

① 联合国粮农组织：《2011 年世界森林状况》，参见 http：//www. fao. org/docrep/013/i2000c/ i2000c. pdf。

（4）保持森林碳储量；

（5）增加森林碳储存。

REDD + 七项保障措施

（1）与现有的森林计划和国际协定保持一致；

（2）森林治理；

（3）土著民和当地社区成员的权利；

（4）参与途径；

（5）自然资源和生物多样性保护；

（6）减缓行动的持久性；

（7）碳泄漏。

另外，应致力于使 REDD + 目标与其他全球目标（如《生物多样性公约》《防治荒漠化公约》"千年发展目标"）相互统一，协同行动，实现可持续管理。同时，在气候变化战略框架下，促进综合景观方法（Integrated Landscape Approach）和行业间的协调，把森林可持续管理纳入国家社会经济和生态可持续发展的总体进程。

（四）森林产权①对执行 REDD + 的作用与影响

REDD + 机制认识到了林权，包括土著民和当地社区的权利及其参与的重要性。在哥本哈根举行的第 15 次缔约方会议报告第 4 号决定，② 即关于发展中国家减少毁林和森林退化所致排放量相关活动、森林保护和可持续管理的作用，以及提高森林碳储量的方法学指导意见，认识到有必要使土著居民和地方社区充分、有效地参与 REDD + 相关活动的监测和报告，其知识可能对这些活动的监测和报告有所贡献。长期合作行动问题特设工作组（AWG-LCA），同时呼吁土著民的权利。坎昆会议决定，为 REDD + 协议达成一致迈出了重要的一步，对 REDD + 活动、原则和保障给予更清晰的指

---

① 森林产权涉及谁拥有或控制林地，以及谁使用或管理森林资源。林权决定谁可以使用什么样的资源，持续多久，在什么条件下。产权可以通过正式或法定的法律安排或习惯做法来定义。

② http：//unfccc. int/resource/docs/2009/cop15/chi/11a01c. pdf.

导。同时决定，REDD＋活动需遵循七项保障措施，包括关注森林治理、利益相关者参与、土著民和当地社区的知识和权利。REDD＋协议还确认了林权，包括土著民和当地社区的权利和他们参与的重要性，这些在七项保障措施中也得到反映。

产权制度改革是 REDD＋筹备工作的一个重要组成部分。首先，明晰和强制执行的林权制度可以更好地控制森林和进行森林管理，这是防止毁林和森林退化、分配为 REDD＋管理森林补偿的必要条件。其次，无论REDD＋是基于市场或以基金为主，它都将涉及以表现为条件的支付转移。这是一种创建可持续森林管理激励的方式。如果没有明晰的产权安排和适当的执法，将难以界定谁应收到这些款项。至于环境服务支付（PES）计划，由于缺乏对谁应拥有土地权和碳权的共识，产权不明晰，这类机制难以成功。而当法律认可土地和资源使用者的权利，就能为当地社区和投资者提供安全保障。

在全球应对气候变化中，森林的固碳作用无疑是一个重要的政策考量。REDD＋方法对未来的森林管理方案也会发挥作用。事实上，在许多国家的REDD＋是否有效实施，将取决于产权制度改革。如果在 REDD＋的实施前没有进行产权改革，将对土著民生计产生负面影响，并影响森林保护计划的成功实施。

由于林权上的争议和错综复杂的历史，正在为林业提供新的重要经济机会的 REDD＋，将可能会遭遇很大困难。可以想象，弱势利益相关者将在资源产权冲突中被边缘化。可以预见，如果 REDD＋未能成功地分配管理责任和利益，在国家层面可能发生强行控制森林保护方法，以维护国家 REDD＋收入。因此，如果产权不明晰，REDD＋机制的有效性、效率和公平性将会在许多方面被削弱。首先，含糊不清或有争议的产权，将造成不平等地分享REDD＋利益，意味着合同和利益可能归属于较少的大森林主、国家精英或者非森林利益相关者。这将增加不公平现象，并引发不满，特别是当REDD＋资金由强大的利益集团掌控之际。其次，不明晰的产权会增加冲突。政府可以通过强化对森林的控制来扩大 REDD＋森林面积，这样会导致"枪支和围栏"模式，将人民排除在森林保护之外。更多的国家控制意味着人们将可能被驱逐出他们赖以生存的森林，侵害传统的森林使用权和其他权利，将意味着更多的冲突。[1]

三　森林产权改革与农民林业合作组织的发展
——林业改革面临的重要议题

（一）世界各地区及国家森林产权变化及林权改革趋势

明晰森林产权不仅是实行气候变化政策的保障和前提条件，而且是提高农民收入和实现可持续林业发展的关键。如前所述，全球大约80%的森林属于公有，但社区、个人和私有公司也在一定程度上拥有森林的所有权和管理权，一些国家还在不断增加之中。在森林覆盖率高的国家如印度尼西亚，公有制也是最常见的模式。不过，怎样管理森林和谁获得收益的核心问题是，谁拥有权利使用和经营森林，因为这些权利与所有权并不一定相同。

在过去的20年里，世界上许多地方发生了应用于森林的规范的产权制度转型。其中，中国和越南将林木所有权和土地使用权赋予个体农户，发展中国家许多地区将土著民和当地社区的森林使用权合法化和规范化，一些东欧国家和南非将国家森林资产私有化。森林所有权制度正在进行前所未有的重大转型。承认土著民权利、社区所有权，使林权更加合理化，构成了一个历史性机遇，数以百万计林区居民的生计可以大幅度提高。这些转型中最重要的两大变化，一是谁拥有所有权，二是谁拥有经营管理森林的权利和怎样运作这些权利。

一项研究[2]指出，约68%的亚洲森林由政府管理。在一些亚洲国家，几乎所有的森林都由政府管理。在公有林中，仅有极少森林为当地社区和土著民所有。这项研究同时表明了亚洲国家2002～2008年的趋势：社区和土著

---

[1]　马蕾：《亚洲森林产权与气候变化》，《林业经济》2011年第11期。

[2]　Ganga Ram Dahal, Julian Atkinson and James Bampton：《亚洲林权的状况和趋势》，2011，参见 http：//dlc. dlib. indiana. edu/dlc/bitstream/handle/10535/7719/doc_ 2721. pdf? sequence =1。

群体使用面积在增加，由社区所有的森林面积在增加，私有公司所拥有的面积在下降，而由政府管理的面积并未显著增加。

（二）亚洲一些国家森林产权的主要问题及林权改革的主要经验与教训

亚洲森林产权具有极大的多样性。绝大多数国家已经认识到土著民和社区的土地权利。中国、菲律宾和越南等国家的社区和土著民拥有森林所有权的比率比较高，中国的比率高于58%。其他一些国家，包括印度尼西亚，不承认土著民或社区的所有权——在印度尼西亚，社区拥有的森林资产不足1%。其他国家则正处于实施国家林权制度改革的早期阶段，如印度最近通过了国家立法，承认当地居民拥有森林土地的权利。

虽然亚洲森林产权多样性较高，但也有一些非常重要的共同点。首先，该区域林区土著村人口密度很高，这些人有使用森林的传统习惯。第二个共性是，该区域的林区所有权的冲突率非常高。例如，在印度尼西亚的加里曼丹省，森林资产使用许可存在交叉重叠部分。该省正在颁发或已经颁发的土地使用许可证有25%的重叠率①，相当于400万公顷的森林面积。该区域的第三个重要的共同点是，林权制度在许多国家是不平等的，很多人都没有获得土地的合法权。虽然社区有使用大面积森林的传统权利，这些很少由法定的法律确认。在许多国家，土著民和当地社区使用其森林的权利仍然被忽视，缺乏法律机制支持土著民和当地社区管理其土地和森林。

在亚洲许多国家，毁林开荒和森林退化率很高，这与土地使用权不平等和依赖森林的社区缺乏所有权相关。林权制度安排不清晰、不公正或重叠，导致社区之间产生冲突，以及社区、企业和政府之间产生冲突。

产权的清晰度和安全性，是有利于森林管理的前提条件。成功的林权制度改革，可以提高森林的经营管理水平，从而增加林业收入，提高总体农户

---

① Kuntoro Mangkusubroto：《土地和林权改革对执行气候变化进程的重要性》，2011，参见 http：//www. ukp. go. id/pidato/35 - importance - of - land - and - forest - tenure - reforms - in - implementing - a - climate - change - sensitive - development - agenda。

的收入水平。最近的一项研究①表明，中国政府的重新造林和森林恢复工程之所以成功，取决于当前的林权制度改革。

（三）东欧的森林产权改革及其森林所有者组织的发展

20 世纪 90 年代初以来，作为整体经济改革的一部分，许多东欧国家对其林权制度通过恢复私有森林资产和私有化进行转型。所谓恢复私有森林资产，即为通过将土地归还其前业主或继承人或地方社区和机构，以确认私人林地所有权的连续性。而私有化主要是指林地的产权从国家转移到私人实体。

通过林权改革，保加利亚、捷克共和国、爱沙尼亚、匈牙利、拉脱维亚、立陶宛、罗马尼亚和斯洛伐克等国，最大幅度地改变了森林所有制结构。例如，在 1990 年，几乎所有上述国家的森林都为公有，而到 2005 年，这些国家平均近 30% 的森林已为私人所有（见图 3）。

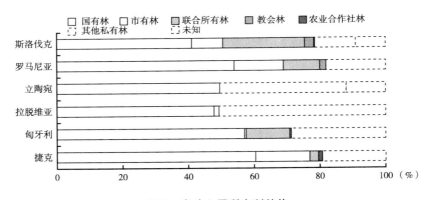

图 3　东欧六国所有制结构

资料来源：联合国粮农组织和欧洲林业研究所：《东欧国家森林所有者组织回顾》，2012，参见 http：//www.fao.org/docrep/016/me171e/me171e00.pdf。

自 20 世纪 90 年代初，许多新出现的私人土地所有者成为小森林主。截至 2005 年，整个匈牙利、拉脱维亚、立陶宛、波兰、罗马尼亚、塞尔维亚

---

① Hans Gregersen, Hosny El Lakany, Luke Bailey and Andy White：《从森林面积增加的国家借鉴执行 REDD＋》，2011，参见 http：//www.rightsandresources.org/documents/files/doc_2431.pdf。

和斯洛文尼亚产生了超过 300 万的小森林主[1]。在一些东欧国家，小森林主的数量在继续增加，主要基于仍在进行中的恢复私有森林资产和私有化进程。此外，由于许多土地所有者拥有多个继承人，越来越多的所有者占有越来越少的土地。匈牙利、拉脱维亚、立陶宛、波兰、斯洛伐克和斯洛文尼亚的汇总数据显示，超过一半的小森林主拥有的森林面积不到一公顷。[2] 森林面积拥有规模越来越小，使有效的森林管理变得日益困难，且只能在较长的时间内产生少量收入。

在东欧许多国家，个人或家庭占据其私有林的所有权和管理权的主导地位。许多小森林主拥有有限的林业专业知识和投资资本。大部分小森林主从事农业和林业部门以外的专业活动，或者靠领取养老金维生。越来越多的小森林主居住在城市，形成了土地所有者事实上的缺位。此外，随着各种法规向注重环境保护的森林管理倾斜，这意味着东欧国家成千上万的新小森林主面临巨大挑战，他们必须学习新的管理技术，这构成对能向小森林主提供支持服务的机构的需求，以便降低交易成本，实现规模经济，为小森林主提供有效服务。

由此产生的东欧国家的森林所有者协会和森林所有者合作社，在帮助小森林主解决面临的制约、应对挑战及满足需求方面发挥着重要作用，并且潜力较大。这些协会和合作社主要具备两大类功能：一是侧重于管理，市场和服务层面的支持，如提供技术、资金、信息和知识共享服务；二是侧重于政治层面的支持，如在各种政治进程中代表小森林主的利益，支持及影响政策和法律框架。通常情况下，森林所有者协会规模更庞大，覆盖面更广，一般兼备以上两大功能。相对之下，森林所有者合作社通常规模较小，隶属于某个协会，主要具备第一类功能。

（四）中国与东欧的林业合作组织发展对比

2003 年开始，中国实施了新一轮集体林林权改革。这次改革在坚持家

---

[1]　Franz Schmithüsen and Franziska Hirsch：《欧洲私有林所有制》，联合国欧洲经委会，2010，参见 http：//www. unece. org/fileadmin/DAM/timber/publications/SP － 26. pdf。

[2]　联合国粮农组织和欧洲林业研究所：《东欧国家森林所有者组织回顾》，2012，参见 http：//www. fao. org/docrep/016/me171e/me171e00. pdf。

庭经营制度安排基础上，推行包括农民林业专业合作社建设在内的一系列配套改革。随着《中华人民共和国农民专业合作社法》的实施，林业专业合作组织将可能成为重要的林业经营主体，并发挥促进中央及地方政府与林农沟通的功能。2009 年 8 月，国家林业局出台了《关于促进农民林业专业合作社发展的指导意见》，从政策和制度层面鼓励、支持、保障和引导农民林业专业合作社的健康发展。农民林业专业合作组织迅速发展壮大，全国有 29 个省共建立林业合作组织 9.45 万个，加入合作组织的农户 1136 万户，合作组织经营林地面积 2.15 亿亩，占已确权林地面积的 8.8%，其中，林业专业合作社为 1.78 万个，加入合作社的农户为 655 万户，合作社经营的林地面积为 7294 万亩，占已确权林地面积的 3%。[1] 林业专业合作组织在促进林业规模经营、推广林业实用技术、降低市场交易成本、促进标准化生产、提高农民参与市场竞争能力方面发挥了积极作用。然而，中国林业专业合作组织的发展尚处于初级阶段，存在不少制约其发展的因素。中国农民林业合作组织与东欧森林所有者组织都是应林权改革而产生的，其产生的背景及所提供的功能与服务有一定的相似性和可比性。这里应用联合国粮农组织的最新研究成果，[2] 将中国与东欧生产者组织发展对比，进行相同或相似方面及主要差距分析。[3]

1. 中国农民林业合作组织与东欧森林所有者组织的主要相同或相似方面

中国农民林业合作组织的成立与发展是中国实施新一轮集体林林权改革的一项配套措施，其主要目的是巩固林权改革成果，解决改革后出现的林地破碎化问题，实现规模经营，维护林农权益。

与东欧森林所有者组织相似，中国农民林业合作组织的成立与发展也得到中国政府各层面的法律、政策和资金等多方面支持，其成立也主要有自下而上和自上而下两种方式。所谓林业大户或能人在合作组织的成立与发展中起着重要作用。

---

① 国家林业局：《中国林业发展报告 2011》。

② Ivana Guduri and Bernhard Wolfslehner, Review of forest owners' organizations in selected Eastern European countries，参见 http：//www. fao. org/docrep/016/me171e/me171e00. pdf.

③ 马蕾：《东欧森林所有者组织的经验及其对中国的借鉴意义》，《林业经济》2012 年第 7 期。

中国农民林业合作组织在促进林地规模经营、缓解单户经营问题、提高林业集约化经营水平方面显示出成效。最为直观的成效在于提高分散的林业生产要素的配置效率，将分到农户的林地集中起来进行统一管理和经营，实现森林规模经营。首先，通过将林农细碎化的林地进行联合经营，有助于开展规模化林业生产经营活动，采用统一的技术规程，保障森林质量，提高林地生产力，降低造林、营林和管护成本。其次，林业专业合作组织的专人管理和管护可以节约劳动力，尤其是在当前农村劳动力外出打工比例居高不下，从事林业兼业性质明显的情况下，解决或缓解了单户经营中存在的劳动力不足问题，提高了劳动力的利用效率。

与东欧森林所有者组织相似，中国农民林业合作组织在编制经营方案、技术培训、信息服务以及获取政策支持等方面也显示出组织优势。大多数林业专业合作组织在成立伊始，就有明确的以经营规划为核心的发展规划，它是合作社发展的行动指南，也是寻求投资项目、编制年度计划的基础。中国林业专业合作组织在减少市场交易成本，提高市场竞争力和提高林农林业收入等方面也显示出优势。林业专业合作组织通过在市场交易中的规模效率，化解农户在市场竞争中的弱势地位，提高其组织化程度和竞争能力，特别是农民林业专业合作社拥有自产自销权，解决了林农的林产品销售难或销售成本高的问题。

2. 中国农民林业合作组织与东欧森林所有者组织的主要差距

中国农民林业合作组织——林业专业合作组织，在实现规模经营、提高产品市场竞争力和发挥组织功能等方面做了不少贡献，但与东欧成功的森林所有者组织相比，中国林业专业合作组织成立时间较晚，总体发展阶段较低，某些方面还存在差距。

不论是中国的林业专业合作组织还是东欧的森林所有者组织，信息服务都是其成员最需要的服务。对于合作组织的经营管理活动，信息作用至关重要，只有获得正确及有效的信息，合作组织才能正确分析现状，做出适当的经营和管理决策。一般合作组织成员对合作组织提供信息服务的期望值较高。中国林业专业合作组织及其成员需要的信息主要包括要素市场信息、产品市场信息，包括财政、金融、保险等在内的政策信息，及新品种、新技术等技术服务信息。但根据对27个合作组织的案例调查,[①] 大多数信息服务处于零散和随机状态,缺乏固定的信息系统支持,不能满足成员要求。而且这些有限的信息服务主要是由政府有关部门提供的。相比之下,东欧的森林所有者组织在提供信息服务方面比较先进,提供信息服务是其大多数协会或合作社的主要功能之一,并且普遍认为具有实效。

中国农民林业合作组织主要是以村为单位建设的。虽然专业合作社实现了生产由分散到集中的转变,但普遍经营规模小,实力弱,其拥有的社员数量和固定资产都非常有限。大多林业专业合作组织局限于本乡村,一般不超过本市(县),几乎没有跨地区合作。规模小、实力弱必然导致带动力不强,对促进集体林地经营效益的增长难以发挥作用。而东欧森林所有者组织,特别是森林所有者协会,普遍是跨地区的甚至是覆盖全国的。例如,匈牙利私有林所有者协会拥有约1400名成员,覆盖11.5万公顷森林,有效地发挥其各项功能,维护其成员的权益。[②]

中国大部分林业专业合作组织的服务和经营内容比较单一,股份制合作社或股份合作林场大都处于造林营林阶段,没有向林木产业链纵向延伸的业务。会员制合作社则大多停留在收购上,那些既能集产前、产中、产后服务于一身,又能提供技术、产品加工、销售等综合服务的林业专业合作组织甚少。东欧国家合作组织的发展实践表明,东欧国家成功的绝大多数合作组织在成立后,都发展了更多的服务功能。一般情况下,具有更多服务功能的合作组织更富有成效和更具有可持续性。

所有被调查的六个东欧国家(捷克、匈牙利、拉脱维亚、立陶宛、罗马尼亚和斯洛伐克),都成立了一个伞形国家级森林所有者协会,发挥政治代表的功能,并在国家政策制定中维护成员权益,发挥着显著作用[③]。发挥政治代表的功能是东欧国家森林所有者组织的两大类型之一,也是其成立的

---

① 联合国粮农组织:《中国集体林区农民林业专业合作组织研究》,中国农业出版社,2012。

② Ivana Guduri and Bernhard Wolfslehner, 2012, Review of forest owners' organizations in selected Eastern European countries,参见 http://www.fao.org/docrep/016/me171e/me171e00.pdf.

③ Ivana Guduri and Bernhard Wolfslehner, 2012, Review of forest owners' organizations in selected Eastern European countries,参见 http://www.fao.org/docrep/016/me171e/me171e00.pdf.

主要原因之一。中国的林业专业合作组织一般还不具备政治代表的功能，也没有伞形国家级森林所有者协会。

四 全球林业的未来及对中国林业发展的启示

（一）"里约＋20"——林业在实现绿色经济与未来可持续发展中应发挥的作用

联合国粮农组织在与森林合作伙伴关系共同向"里约＋20"峰会提交的提案中，强调了采取景观方法①管理自然资源的重要性。这种方法通过跨部门和机构间合作，确保在决策中考虑森林的环境、经济和社会方面。森林在绿色经济中提供生物能源、生态系统服务、可持续节能建筑材料及为生活在偏远农村地区的人们改善生计。

"里约＋20"在成果文件《我们希望的未来》② 中，有四段表述和森林有关，强调森林部门在很多领域都能发挥作用，包括：提供可持续生产和服务；重新造林、恢复和造林以扭转毁林趋势；可持续森林管理；降低气候变化风险以及加强合作、能力建设和治理。

在近期开展的活动中，联合国粮农组织和森林合作伙伴关系成员讨论了森林和农业之间的联系如何能够促进可持续性；森林在绿色经济和可持续发展中的作用；森林部门对绿色经济的贡献。通过公众投票进程，公众为森林管理提出了如下建议：2020 年前，恢复 1.5 亿公顷毁林和退化土地；提升

---

① 景观方法：景观包括物理和生物功能的区域，以及对其产生影响的体制和人员。这些因素的相互关联强调跨部门的工作与解决环境、社会和经济问题于一体的综合方法的价值。景观是一个以综合方式进行工作的有用单位。在大多数地区，森林和树木被嵌入一个更广阔的景观中，受一系列生物的、社会的和体制力量的影响。在景观水平上工作，能够在有效的制度和治理机制下，有利于建立合理的土地使用系统，保护自然资源和提高当地人民生计。采用景观方法管理森林，更可能使其对保持生态系统的稳定和活力的贡献，并以可持续的方式支持社会需要的能力最大化。

② 联合国可持续发展大会：《我们希望的未来》，2012，参见 http：//www.uncsd2012.org/content/documents/814UNCSD％20REPORT％20final％20revs.pdf。

科学技术、加强创新和增进传统知识以应对林业挑战；在 2020 年前实现零净毁林。

基于"里约 + 20"峰会上的讨论和承诺，可以考虑采取若干行动，尤其注重跨部门活动。联合国粮农组织林业委员会在其第二十一届会议上提出如下行动建议。①

（1）可持续森林管理和扭转毁林趋势。建立一个框架，促进可持续森林管理技术的更广泛应用，并支持在扭转毁林和森林退化趋势方面的努力。

（2）重新造林、恢复造林及其他土地利用。恢复退化土地、提高土壤质量和加强用水管理，并改进土地权属安排，如通过实施《国家粮食安全范围内土地、渔业及森林权属负责任治理自愿准则》。

（3）森林产品和服务。产自可持续管理森林的木材在可持续发展和促进绿色经济方面发挥着重要作用。因此，应考虑如何促进木材利用以期为这些发展的可持续性做出巨大贡献。

（4）气候变化和提高碳储量。森林和林产品能够截获和储存碳以减缓气候变化的影响并提供生物能源替代化石燃料，还能帮助预防和减缓自然灾害的影响。

（5）森林与粮食安全。森林对粮食安全的贡献远被低估，且未在许多国家的发展和粮食安全战略中得到体现。需要进一步探索林业、粮食安全、营养、性别平等、可持续农业和农村生计之间的关联，如果采用景观方法尤应如此。

国际上对在景观水平上跨部门方法的政治支持越来越大。有关机构、网络和伙伴关系近年来开始出现，旨在采取综合方法，改善农村生计、土地利用规划和管理。例如，国际示范林网络（IMFN）② 支持建立"示范森林"的方法，就是采用将森林看作是长期可持续发展的大型景观一个重要组成部分，综合当地社区对社会、文化和经济的需要的方法，根据自愿原则，进行使林业、研究、农业、采矿、娱乐和其他利益相联系的景观设计。

---

① 联合国粮农组织林业委员会第 21 届会议文件：《将里约 + 20 成果付诸行动》，2012，参见 http：//www. fao. org/docrep/meeting/026/me431c. pdf。
② http：//www. imfn. net/.

（二）对中国未来林业发展的启示

中国林业发展"十二五"规划①规定了现代林业建设的三大目标，即构建完善的林业生态体系、发达的林业产业体系、繁荣的生态文化体系；明确了在贯彻可持续发展战略中林业具有四大重要地位，即在贯彻可持续发展战略中林业具有重要地位，在生态建设中林业具有首要地位，在西部大开发中林业具有基础地位，在应对气候变化中林业具有特殊地位。

根据经济社会发展的客观要求，为确保实现 2020 年奋斗目标奠定坚实基础，"十二五"林业发展目标是：五年完成新造林 3000 万公顷、森林抚育经营（含低效林改造）3500 万公顷，全民义务植树 120 亿株。到 2015 年，森林覆盖率达到 21.66%。实施国土生态安全屏障战略，构筑国土生态安全体系。实施国家木材和粮油安全战略，保障林产品有效供给。今后林业发展的基本原则是将兴林富民、改善民生作为林业发展的根本出发点和落脚点，把深化改革作为林业发展的强大动力，把应对气候变化作为林业发展的重要内容。

基于上述国际、国内林业面临的机遇与挑战和重要课题，以及林业在实现绿色经济与可持续发展中应发挥的作用，为实现中国林业的可持续发展目标，建议坚持以下几个林业发展的基本原则。

（1）将当前正在进行的林权改革与在国家粮食安全范围内土地、渔业与森林权属负责任治理资源准则相结合。2012 年 5 月，粮食安全委成员通过了《国家粮食安全范围内土地、渔业及森林权属负责任治理自愿准则》，②这是首个经国际谈判达成的有关土地、渔业及森林权属的多边协定。该《自愿准则》阐述了负责任行为的原则和国际接受的标准，通过推广有保障的权属权利和平等获取土地、渔业及森林资源，根除饥饿和贫困，支持可持续发展并改善环境。联合国粮农组织鼓励各国在各部门实施该《自愿准

---

① 国家林业局：《林业发展"十二五"规划》，2011，参见 http：//www. forestry. gov. cn/uploadfile/main/2011 - 11/file/2011 - 11 - 1 - 4b12d4c81c4f4851a94a7aecd73a69b7. pdf。

② 联合国粮农组织：《土地、渔业及森林权属负责任治理自愿准则》，2012，参见 http：//www. fao. org/fileadmin/templates/cfs/Docs1112/VG/VG_ Final_ CH_ May_ 2012. pdf。

则》，以减少土地利用方面的冲突，制订更为协调一致的土地利用政策。将中国目前正在进行的林权改革与《自愿准则》相结合，有助于巩固和加强改革成果，进一步完善各项改革配套措施，明晰产权，确保林农的权利，从而改善其生计，提高林业生产力。其中，综合考虑妇女和儿童尤为重要，特别是考虑到城市化和不断变化的农村结构。

中国林权改革的一项重要配套措施是促进农民林业合作组织的发展。尽管各种合作组织近年来在数量上得到了迅猛增长，在不同程度上发挥了其功能，在不同方面取得了一定成绩，但中国农民林业合作组织还有很大发展空间。

东欧森林所有者组织的经验教训对中国农民林业合作组织发展有借鉴意义。从合作组织自身发展角度，合作组织的生存和成功发展有赖于不断扩大为其成员所提供的服务范围。合作组织发展成功与否，需要经过时间的考验。时间是一个重要因素，因为合作组织需要一段时间来发展自己的能力、知识、经验和网络，以履行其职能。只有经过一段时间，其有效性和成功才能显现出来。

东欧森林所有者组织的发展经验还表明，那些自下而上、为成员的具体利益而形成的组织，更能成功地生存。从合作组织的外部发展环境角度，政府的参与和支持是保证合作组织成功发展的重要因素。在政策和法律层面上明晰森林所有者的产权，提供一个明确、稳定的体制框架和政治参与论坛。保证合作组织，特别是伞形组织在政策制定和决策过程中的参与权。另外，通过双边或国际项目合作，国家间有利于交流经验教训和知识共享，也有助于与国际社会接轨，增强合作组织的地位。

东欧的伞形国家级协会在代表私有林所有者的利益在国家政策制定等政治舞台上发挥着积极有效的作用。合作社或协会之间的联合，成立国家级及地区级联合会发挥协会对其成员的代表性，在国家及地区层面的政策制定及决策中发挥作用，赢得话语权，这应该是中国农民林业合作组织今后的发展方向。政府对森林主协会或合作社的长期、稳定的支持，包括政策法律保障、财政资金支持及能力建设，也是中国农民林业合作组织今后的发展值得借鉴的经验。

（2）拓宽可持续森林管理的融资渠道。森林向社会提供了众多的产品和服务，"里约+20"会议审议讨论后确认，森林在我们建设更安全、更绿色、更公平和更繁荣的世界过程中发挥着关键作用。然而，在林业部门努力扩展和丰富收益来源，并提高林业经济活力的同时，可持续森林管理的融资工作仍然具有挑战性。由于世界上大部分森林为公有，公共部门融资起着重要作用，特别是侧重社会和环境效益之时。虽然在许多国家森林公有制占主导地位，一个持续的强劲趋势是，私营部门越来越多地参与森林管理。公共部门也可以通过为私营部门投资去除壁垒和改善环境，来协助巩固可持续森林管理的财政基础。例如，减少交易和履约成本（如简化或取消规章和条例），推广资源权利和林权保障，从而进一步确保投资回报。公共部门也可协助改善获取金融和市场服务及信息的手段。

另一拓宽融资渠道的主要方式是提高对林产品和森林服务的回报，提高森林管理带来的收入或收益，其目的是确保林产品和森林服务方面的贸易体现其真正价值。一些可资借鉴的措施如：确保森林对国家经济做出的真正贡献得到反映，手段包括调整传统的核算体系，适当的分类和考虑森林对非正式部门做出的贡献；设立专项"森林基金"，通过自愿或法定捐款以及通过市场保留税收和森林收入用于对林业进行再投资等来推动融资；在新的林产品和森林服务中促进提高附加值和实现多种经营，如生态旅游和生物勘探，或者通过开发创新木质产品来提高其制造业的附加值。

在过去十年中，中国林业融资以29%的速度增长，这主要归功于中国经济的持续发展和对林业环境功能的认识的提高。从融资结构上看，公共融资占有最大份额，但此份额在不断减少，从2001年的74%降到2011年的42%。这主要是由于对林业大型工程的投资减少造成的。私营部门融资主要来自银行和企业，2011年占9.9%。[①] 中国林业融资面临的主要挑战及今后的努力方向是，提高公共投资的有效性和效率；市场机制的建立，特别是对生态林生态效益补偿的市场机制的建立和森林碳市场机制的建立；吸引更多

---

① 吴志民：《中国的林业融资》，UNFF 会议演讲稿，2012，参见 http：//www. un. org/esa/forests/pdf/cpf - oli/CPF_ OLI_ 19_ Sept_ WG1_ Wu. pdf。

的私营部门投资，特别是有关林权抵押贷款在额度和规模上还有很大潜力可挖，当然这需要具体的政策和措施来支持。更重要的是，在国家层面建立一个总体政策和计划战略，努力拓宽林业的各种融资渠道，从而促进其可持续发展。

（3）采用景观管理方法，实行跨部门的综合管理。应对粮食安全、贫困、气候变化、毁林、森林退化和生物多样性的丧失等的挑战，需要采取综合行动，而不是单一解决方案。综合的景观方法能增进多种土地利用目标间的协同作用，但要求引进或实施新的政策、投资、市场激励机制、机构和能力。只有从涵盖森林和林业、农业生产力、土壤保护、水资源供应和分配、生物多样性保护等更广泛角度进行综合管理，所有利益相关者才能更好地认识森林和树木的作用。

采用综合方法应对这些挑战，是在农村地区制定可持续土地利用和生计战略必不可少的要素。这种综合方法考虑和涉及所有利益相关者，包括当地社区和个人土地使用者的看法、需要和利益。鉴于50%以上的世界人口居住在城市地区，综合景观方法还应该将农村和城市环境联系起来，满足社会的整体需求。

森林和树木是更广阔景观中的一部分，对生态系统的稳定性和生命力，以及生态系统可持续满足社会需求的能力做出贡献。处理生态系统和土地利用问题的机构需要通过改进多部门土地利用规划、管理政策和方法，对自然资源（特别是森林、树木、土壤和水）进行综合管理。综合的功能性景观管理概念要想变成现实，还需要明晰和落实产权和使用权。

中国的林业和农业分别由国家林业局和农业部两大部门管理。近年来开展的大规模退耕还林工程，要求农地与林地的综合规划。平原地区存在许多混农林业系统，农田防护林和四旁植树不仅发挥着保护农田的作用，而且还提供了相当数量的木材产品。近年来林下经济的迅速发展，为综合土地利用创造了一种新的模式。采用景观管理方法实行跨部门综合管理适用于中国。中国林业发展的未来之路包括以下几点。

（1）在国家层面加强现行土地利用和治理机制，在相互冲突的需求与机遇之间取得适当平衡，将森林纳入各级环境和土地利用政策管理，应对环境挑战实施完善的自然资源治理措施。

（2）为满足对粮食、纤维和燃料的需求，林业部门和农业部门需要积极主动地就共同关注的问题开展对话。粮食安全问题无法仅通过农业手段解决，而是需要成功实施协调一致的土地利用、环境、水、能源以及农村发展方面的战略。包括农林混作系统在内的森林和树木能够大力推动以上各方面的工作。同样，森林生物燃料的生产和利用需要参照更广泛的能源和环境安全以及包括减贫在内的国家总体发展战略。

（3）采用国际推行的"国家森林计划"作为参与性、国家自主和跨部门的森林政策综合性框架，在更广泛的发展目标中综合考虑林业问题。使广大利益相关者得以更全面地参与国家一级的林业政策进程。在其他环境和土地利用政策中进一步综合考虑林业工作，实现森林可持续管理，同时加强粮食安全并推广气候智慧型农业。

第七章
绿色经济与气候智慧型农业发展[*]

一 气候变化、生物能源与粮食安全

（一）农业的双重角色

气候变化是当今人类社会面临的最大挑战。自工业化以来，人类活动引起全球温室气体排放增加，大气中二氧化碳（CO_2）、甲烷（CH_4）和氧化亚氮（N_2O）浓度升高，导致全球变暖，冰川、雪盖融化，海平面上升，干旱、洪涝、高温热浪等气象灾害加剧，对自然生态系统和人类社会造成多方面影响。政府间气候变化专门委员会第四次评估报告（以下简称 IPCC AR4）认为：1906～2005 年的 100 年间，全球地表温度平均升高了 0.74℃，其中 1956～2005 年的线性变暖趋势为每 10 年 0.13℃；1961～2003 年，全球海平面以平均每年 1.85 毫米的速度上升，其中 1993～2003 年的上升速度

　＊ 本章"农业"是指包括种植业、畜牧业、林业、渔业和农产品加工业在内的"大农业"概念。

为每年 3.1 毫米；未来 20 年，若温室气体以当前或高于当前的速度排放，全球地表温度将以每 10 年大约 0.2℃ 的速度升高；即使所有温室气体和气溶胶的浓度稳定在 2000 年的水平不变，全球地表温度也会以每 10 年大约 0.1℃ 的速度持续升高。① 为此，国际社会呼吁采取有效措施，减少温室气体排放，力争到 21 世纪中叶将全球平均温度升幅控制在 2℃ 以内。2012 年 12 月召开的联合国气候变化多哈会议通过了"多哈气候之门"系列成果文件，包括关于《京都议定书》第二承诺期的决定（为相关发达国家和经济转型国家设定了 2013 年 1 月 1 日~2020 年 12 月 31 日的温室气体量化减排指标）、关于巴厘行动计划工作成果的决定及关于推进德班平台工作的决定。此后国际气候谈判将进入一个以德班平台为重心的全新阶段，目标是制定 2020 年后适用于所有缔约方的国际减排安排。

农业是受气候变化影响比较大的行业。气候变化改变农业生产体系的一些基本要素，如温度、降水、蒸发、水土资源、生物多样性、动植物生长环境以及病虫害发生形态等，增加极端气候事件发生的频度和强度，因而给各地区农业带来不同程度的影响。总体来看，全球粮食生产能力当温度升高 1~3℃ 时将会增加，超过这一幅度则会降低；中高纬度地区粮食生产能力当温度升高 1~3℃ 时会略有提高；低纬度地区，特别是季节性干旱和热带地区，小幅的升温（1~2℃）也会引起种植业和畜牧业生产能力下降。非洲雨养农业区的种植业和干旱、半干旱地区的草原畜牧业受到的负面影响最为明显。灌溉农业区将出现常年或季节性的用水紧张。林业森林火灾的频度和强度会增加，病虫害和物种入侵的风险会上升。对渔业而言，多数热带和亚热带海洋、湖泊的生态生产能力会因鱼类栖息地向高纬度地区转移而降低，但水产养殖业会迎来新的发展机遇，特别是在亚洲。

气候变化不仅影响粮食的供给，也影响粮食安全的其他三个方面，即粮食的获取、供给和获取的稳定性以及粮食的利用。例如，水旱灾害等极端气候事件的增加会影响粮食供给的稳定性和人们的购买力；水资源量的减少和

---

① 政府间气候变化专门委员会：《气候变化 2007》（第四次评估报告），2008，日内瓦。

水质的下降会影响粮食的加工、质量和消费。IPCC AR4 预计，到 2080 年，全球因气候变化影响而增加的粮食不安全人口可能会在 500 万～1.7 亿，其中 40%～50% 集中在撒哈拉以南非洲。受影响的程度可能会因区域、国家和社会群体而不同：撒哈拉以南非洲、小岛国地区以及亚洲和非洲人口稠密的大三角洲地区将是受影响较严重的地区；发展中国家因基础设施薄弱、技术水平低、经济实力差、适应能力弱，会比发达国家更容易受影响；居住在生态脆弱地区的小型农户、渔民、山民，特别是那些目前处于饥饿状况的贫困人口、弱势群体和老人、妇女、儿童将是最容易受影响的人群（见专栏 1）。

专栏 1　**气候变化对农业和粮食生产的影响**

全球　升温幅度在 1～3℃ 时，粮食生产能力增加；超过这一幅度，粮食生产能力降低。中高纬度地区：升温幅度在 1～3℃ 时，农作物生产力会略有提高，具体情况取决于作物种类。低纬度地区：小幅升温（1～2℃）也会引起农作物生产力降低，特别在季节性干旱和热带区域。

非洲　许多国家农业生产会受到严重影响。到 2020 年，一些国家雨养农业会减产 50%；到 2080 年，干旱和半干旱土地会增加 5%～8%。

亚洲　到 21 世纪 50 年代，海岸带地区，特别是南亚、东亚和东南亚人口众多的大三角洲地区和滨海平原区会遭受洪涝侵袭或因盐碱度上升而变得不适宜农耕。

澳大利亚和新西兰　到 2030 年，澳大利亚南部和东部大部分地区以及新西兰东部部分地区，农业产量会下降。

欧洲　南部农作物生产力普遍下降。

拉丁美洲　一些重要农产品的生产力会下降，畜牧业生产力降低，温带地区的大豆产量会增加。总体而言，面临饥饿风险的人数会有所增加。

北美洲　21世纪最初几十年，小幅度气候变化会使雨养农业增产5%～20%，但地区间存在重要差异。对农作物的主要挑战是接近其温度适宜范围的变暖上限。

极地　气候对物种入侵的屏障降低，特殊的栖息地会更加脆弱。北极自然生态系统的变化对包括迁徙鸟类、哺乳类动物和高等食肉类动物在内的许多生物产生不利影响。

小岛屿　海平面上升会加剧洪水、风暴潮、侵蚀以及其他海岸带灾害，进而危及那些支撑小岛屿社区生计的至关重要的基础设施、人居环境和设施。

资料来源：政府间气候变化专门委员会第四次评估报告，2007。

农业不仅是气候变化的受害者，也是温室气体的重要排放源。IPCC AR4估计，农业各相关领域的温室气体排放总量约占全球总量的1/3（见图1）。其中种植业和畜牧业的排放量约占13.5%，主要来源是施用肥料的土壤，反刍动物的肠胃发酵，秸秆焚烧、水稻生产，以及有机肥和化肥生产过程中释放的甲烷（CH_4）和氧化亚氮（N_2O）；林业和土地利用方式改变领域的排放量约占17.4%，主要是森林砍伐造成的；渔业的排放量约占0.1%。全球约3/4的农业温室气体排放来源于发展中国家，主要原因之一是在草原和森林地区毁林开荒。[①] 20年前里约联合国环境与发展大会通过的《关于环境与发展的里约宣言》确立了"共同但有区别的责任"的原则：发达国家是工业化以来温室气体排放的主要贡献者，应在减排方面积极承担责任，并为发展中国家的减排提供技术与资金支持。在以农业为主要经济基础的发展中国家，发展生产保障粮食供给是首要任务，未来农业温室气体排放预计还会增加。据IPCC测算，2030年以前，种植

---

① FAO, Climate Change Profile, 2009, Rome.

业和畜牧业温室气体减排的技术潜力为每年1.5兆~1.6兆吨碳当量（相当于5.5兆~6兆吨二氧化碳），约占其温室气体总排放量的83%~91%，主要途径是土壤碳捕获；2050年以前，林业和土地利用领域改变的温室气体减排技术潜力为每年1.5兆吨碳当量（相当于5.4兆吨二氧化碳），约占其温室气体排放总量的64%，主要途径是植树造林①。当然这之外还要考虑经济可行性问题。全球约70%的农业温室气体减排的技术潜力集中在发展中国家，这些潜力若不加以充分挖掘，到21世纪中叶将全球温室气体排放总量在1990年基础上减半的目标将难以实现。亚洲占全球农业领域甲烷和氧化亚氮总排放量的37%，其中南亚和东南亚占全球水稻甲烷排放总量的82%。全球农业温室气体减排技术潜力的50%集中在亚洲②，潜力十分可观。

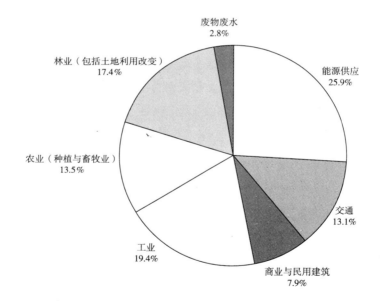

图1　全球各行业温室气体排放比例

资料来源：IPCC AR4，2007。

---

① FAO, Climate Change Profile, 2009, Rome.
② 政府间气候变化专门委员会：《气候变化2007》（第四次评估报告），2008，日内瓦。

（二）生物能源是一把双刃剑[①]

生物能源来源于生物质。全球植物每年通过光合作用捕获的能源约相当于 750 亿吨石油当量（3150 艾焦），为全球能源需求的 6~7 倍，由于技术经济原因，目前只有少量能加以利用。生物燃料是储存生物质能源的载体，主要源于农林产品、有机废物和残留物，包括未经加工的初级燃料，如薪柴、木屑和木块及经过加工的高级燃料，如木炭、乙醇、生物柴油、生物石油、沼气、合成气和氢气等。千百年来，人类利用生物质能取暖做饭，非洲和亚洲的发展中国家至今仍然严重依赖这些传统的生物质能利用方式。在一些国家，高达 90% 的能源消耗总量是由生物质能供给的。但总体来看，生物能源在当前全球能源供给中所占份额很小。全球初级能源需求总量约为每年 114 亿吨石油当量，其中石油、煤炭和天然气等化石燃料的能源供给占81%，居主导地位，生物能源所占份额仅约 10%。在生物能源中，固体生物燃料，如薪柴、木炭和动物粪便至今仍占绝大部分，约 98%，液体生物燃料仅占 1.9%。21 世纪伊始，由于石油价格居高不下，全球温室气体减排的呼声日益高涨，加之对化石燃料终将耗尽的预期，一些国家政府和区域组织纷纷出台措施，尤其是美国和欧盟的补贴政策，推动生物燃料，尤其是交通运输用液体生物燃料的生产和使用。据国际能源署统计，2000~2010 年，全球液体生物燃料产量从 160 亿升增加到 1000 亿升（体积）以上（见图2），其中约 83% 是乙醇，主要产自美国和巴西（约占世界总产量的 82%）；其余为生物柴油，主要产自欧盟（约占世界总产量的 60%）。

目前已经可以商业化规模生产的常规生物燃料技术主要以粮食和农产品为原料；生产的产品包括糖基乙醇和淀粉基乙醇、从油料作物中制取的生物柴油和可以直接利用的植物油以及通过厌氧消化制取的沼气，通常称为第一代生物燃料。这类工艺使用的典型原料包括：甘蔗和甜菜；含淀粉的粮食，如玉米和小麦；油料作物，如油菜（蓖麻）；大豆和油棕榈；以及动物脂肪和回收的食用油。正在研发、试点或示范的第二代、第三代先进生物燃料技

[①]　联合国粮农组织：《粮食及农业状况报告：生物能源：前景、风险和机遇》，2008，罗马。

术拟采用动物脂肪和植物油炼制氢化植物油（HVO）；用木质纤维素生产生物燃料，比如纤维素乙醇、生物合成柴油和生物合成气（bio-SG）以及其他新颖技术，如藻类生物燃料和使用生物催化剂或化学催化剂把糖转化成柴油类型的生物燃料。这类技术有可能帮助减轻或摆脱生物燃料对粮食和农产品的严重依赖。

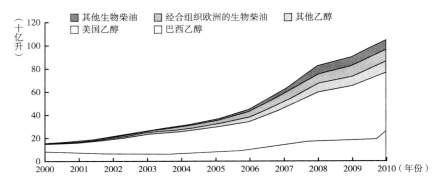

图 2　2000～2010 年全球液体生物燃料生产状况

资料来源：国际能源署，2010。

液体生物燃料在发展之初，人们曾对它在替代化石燃料、减少温室气体排放、增加农民收入和改善农村生计等方面普遍寄予很高期望。2007～2008年的世界粮食危机使人们对它有了更理性的认识。国际社会经过反思，对当前的液体生物燃料发展模式提出了争议和质疑，归纳起来有以下几个方面。

（1）在保障能源安全方面所能发挥的作用。尽管近年来液体生物燃料强势增长，但从总量上看，只占 2010 年全球交通运输燃料总量的 2%。国际能源署预测，在一定的政策和投资力度下，2050 年生物燃料可占到全球交通运输用燃料的 27%[①]。但即便是把全球 1/4 的谷物和糖类用来生产乙醇，也只能替代 14% 的石油消耗总量[②]。实际上，当前生物燃料对农产品和水土资源的巨大需求，从根本上限制了其发展空间。未来 20 年，生物能源的贡献仍将是十分有限的。不过，一些具备自然资源优势的国家有较好的发

[①]　经合组织、国际能源署：《技术路线图——交通用生物燃料》，2011，巴黎。

[②]　联合国粮农组织：《粮食及农业状况报告：生物能源：前景、风险和机遇》，2008，罗马。

展潜力，比如巴西以甘蔗为原料的生物燃料产业，在 2008 年就提供了全国 21% 的道路运输燃料需求。另外，长远来看，技术创新，特别是第二代、第三代先进生物燃料技术的商业化生产，有可能摆脱这方面的制约，大大拓展其发展空间（见图 3）。

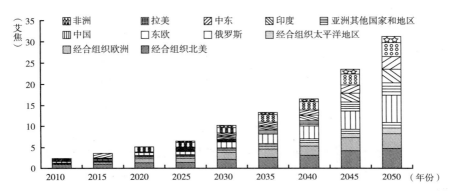

图 3 2010～2050 年各地区生物燃料需求

资料来源：国际能源署，2011。

（2）对世界粮食安全和贫困人口的影响。2007 年，世界 5% 的谷物和 9% 的油菜子被用于生物燃料生产，其中包括美国 30% 的玉米和欧盟 60% 的油菜子，此外还有巴西 50% 的甘蔗。当前的生物燃料发展与人争粮，与粮争地、争水、争肥，推动了农业资源和粮食价格的上涨。这在 2007～2008 年几近重演的世界粮食危机中已得到充分证明，虽然目前对具体影响程度的评价尚有争议，从 3%（美国农业部，2008）一直到 30%（国际粮食政策研究所，2008）甚至更高。预计到 2017 年，农产品价格可能会因生物燃料需求的拉动比 2007 年升高 12%～15%（经合发展组织－联合国粮农组织，2008）[①]。这一方面会直接威胁贫困人口的粮食安全，但从长远来看，也有助于逆转农产品实际价格长期下滑的趋势，给农业和农村发展带来机遇，尤其是给小农提供一定的就业机会，增加收入，帮助扶贫。这也是一些发展中国家鼓励发展生物能源的部分原因。

---

① 联合国粮农组织：《粮食及农业状况报告：生物能源：前景、风险和机遇》，2008，罗马。

（3）在温室气体减排方面的效果。减少温室气体排放是各国政府扶持液体生物燃料发展的动因之一。单从生物燃料本身的碳排放来看，效果令人乐观。但若综合考察其生产、运输、销售和消费全过程，不同燃料作物因其种植地点、加工方式和能源转换工艺的不同，结果会大不一样。尤其是当原料是通过毁林开荒来种植时，因土地利用方式改变而增加的碳排放往往会抵消甚至超过后期生物燃料的减排效益，使整个过程的净效益为负。例如，在巴西、印度尼西亚、马来西亚和美国开垦雨林、泥炭地、热带草原或草地生产生物燃料而增加的碳排放，比这些生物燃料替代化石燃料每年减少的排放要高出至少 17 倍。这种"碳债"，若是在美国的环保休耕地上种玉米生产乙醇，可能需要 48 年才能还清；若是砍伐亚马孙雨林种大豆生产生物柴油，则需要 300 多年；若是开垦印度尼西亚或马来西亚的热带泥炭地种棕榈树生产生物柴油，则要用 400 多年[①]。

（4）对自然资源和环境的影响。能源作物的生产需占用大量土地资源。国际能源署预测，为实现其生物燃料技术路线图的发展目标，全球生物燃料生产用地要从 2010 年的 3000 万公顷增加到 2050 年的 1 亿公顷；相应地，其占总耕地的比例将从 2% 增加到 6% 左右，北美和欧洲的比例甚至会更高。[②] 生物能源在原料生产和加工过程中都需要消耗水资源。生产 1 升乙醇所需的甘蔗和玉米，分别需要 2 方和 1.4 方水；生产 1 升生物柴油所需的油菜子和油棕，分别需要 3.3 方和 2.4 方水。国际能源署估计，2010 年全球能源生产抽取的水资源量为 5830 亿方，其中水资源消耗量为 660 亿方；到 2035 年，水资源消耗量将提高 85%[③]，其中很大一部分是由于生物燃料的扩张。此外，大规模改变现有土地的用途、集约化的生产模式和开垦新的耕地，这一切不仅会增加温室气体排放，还会引发与现行农业生产类似的问题，如水资源的枯竭和污染、土壤退化及生物多样性减少等。这无疑会给已经十分脆弱的自然资源和环境带来巨大压力，尤其是在人口稠密的发展中国家。

① 联合国粮农组织：《粮食及农业状况报告：生物能源：前景、风险和机遇》，2008，罗马。
② 经合组织、国际能源署：《技术路线图——交通用生物燃料》，2011，巴黎。
③ 国际能源署：《世界能源展望》执行摘要，2012，巴黎。

（5）技术经济合理性。除因严重依赖农产品和水土资源，发展空间受到限制外，生物燃料技术的经济合理性也受到多方质疑。在目前情况下，如果没有政府的补贴和支持，生物燃料的市场竞争力总体不如化石燃料（巴西以甘蔗为原料的乙醇产业例外），温室气体减排的投资效益也往往不如其他可再生能源、节能、造林或改进耕作方法等措施。例如：利用生物燃料来减少碳排放，美国每吨二氧化碳要补贴 500 多美元（用玉米生产乙醇），欧盟要补贴 4520 美元（用甜菜和玉米生产乙醇），远远高于碳汇市场价格；而通过提高建筑保温隔热性能、供暖和空调系统效率来减少碳排放，每吨成本不到 40 欧元。国际能源署预测，2010~2030 年，全球生物燃料相对于被替代的化石燃料的增量成本为 950 亿~4800 亿美元。但是 2030 年以后，随着常规生物燃料技术的改进和第二代、第三代先进生物燃料技术的商业化应用，生物燃料的成本有可能会小于被替代的化石燃料的成本。

（6）当前政策的适当性。世界各国，特别是经合组织国家采用的推动生物燃料发展的政策工具包括：强制规定在汽油中混入生物燃料，截至 2010 年，已有 50 个国家执行此类规定；对生物燃料提供政府补贴和税收优惠，如欧盟、美国及部分其他经合组织国家 2006 年对生物柴油和乙醇的补贴总额高达 110 亿~120 亿美元，平均每升 0.2~1 美元，以及利用关税壁垒保护本国生产者，尤其是欧盟和美国这两个最大的进口国。这些政策扭曲了生物燃料和农产品市场，影响了全球产业的布局和发展，可能重蹈农业政策的覆辙。此外，政策性扶持刺激了生物燃料产量的过快增长，加剧了业已吃紧的自然资源的压力。如果取消现有的各种关税和补贴，全球乙醇和生物柴油产量可能分别下滑 10%~15% 和 15%~20%。① 由于第一代生物燃料在保障能源安全方面的作用有限、在温室气体减排方面具有不确定性，并且可能对粮食安全和资源环境造成负面影响，这些政策的基本面正受到越来越多的质疑。

过去 10 年来生物燃料的迅猛发展在许多方面超出人们的认知范围。正如仓促推进生物燃料发展可能会带来意想不到的负面影响那样，盲目限制生

---

① 联合国粮农组织：《粮食及农业状况报告：生物能源：前景、风险和机遇》，2008，罗马。

物燃料发展也可能错过良好的发展机遇。有关生物燃料的争论还在继续，一个共识是既要防范它带来的风险，又要抓住它带来的机遇，为此需要在国际范围内审议现有生物燃料政策，以保护饥饿贫困人口，促进农业农村发展，确保环境的可持续性。联合国粮农组织2008年6月在罗马召开的有181个国家代表参加的"世界粮食安全：气候变化和生物能源的挑战高级别会议"呼吁有关国际组织与各国政府、合作伙伴、私营部门和社会团体一道，按照粮食安全和可持续发展的要求，加强研究、改进技术、讨论标准，围绕生物燃料开展连贯、有效和注重结果的国际对话。

（三）统筹考虑气候变化下的能源安全与粮食安全

2007～2008年世界粮食危机期间，全球约7500万贫困人口陷入饥饿和营养不良状况，使饥饿和营养不良人口总数由2003～2005年的8.48亿上升到2007年的9.23亿，全球粮食安全进程发生逆转。虽然2008年下半年情况出现好转，到年底回落至9.15亿，但随之而来的世界经济危机又将这一数字推升至2009年底的10.23亿，约占当时世界人口的15%，居1970年以来的历史最高位。能源危机、粮食危机和经济危机三重危机叠加对世界发展造成的严重冲击，以及贯穿其间的粮食价格的飙升且居高不下，值得人们认真总结和思考。粮食价格的飙升，是多种因素综合作用的结果，包括油价上涨导致生产成本增加，主要出口国因天气原因减产，以及经济发展和生物燃料原料需求增长导致农产品需求增长强劲。这些情况出现在全球谷物库存空前低下的背景下，驱使市场价格走高。而粮食市场的贸易投机、汇率波动和旨在保护国内消费者的出口限制等紧急措施，又把世界市场进一步推向动荡。①

未来10年左右，由于人口与经济的持续增长都将推高需求，加之预期中的生物燃料使用量的持续增长，粮价还可能保持在相对高位。此外，随着气候、农业与能源的联动性越来越高，粮价还将更具波动性。气候变化不但影响农业综合生产能力，还增加各种气象灾害、农业灾害的频度和强

---

① 联合国粮农组织：《粮食及农业状况报告：生物能源：前景、风险和机遇》，2008，罗马。

度，引起粮食供给的波动。现代农业对能源的依赖程度越来越高，而生物燃料政策又在油价和粮价之间建立了新的关联。油价的波动，除直接影响农业投入成本外，还会通过对生物燃料的需求传导到粮价。由于世界油价在历史上一直比粮价更具波动性，因此世界粮食市场的波动性也可能加剧。为此，需要在可持续发展的大框架下统筹考虑粮食安全和能源安全，应对气候变化。可以通过综合资源规划，来指导粮食安全和能源安全战略的编制和实施。有关气候变化的适应性措施和减排措施应综合考虑，纳入相关战略和各级行动计划中去。农业领域应加大投入，以充分利用价格上涨带来的机遇，弥补过去几十年农业投入的不足，提高农业生产能力、可持续性和抵御气候灾害风险的能力；有针对性地建立粮食安全网络和应急粮食储备，建立和完善市场监测和风险管理体系，强化对小农户的保护措施，以提高应对市场波动的能力。应采取更广泛的能源安全战略，综合考虑节能增效和各种可再生资源和清洁能源的潜力。生物能源只是多种可再生能源中的一种选项，它的发展需要选择合乎国情的政策，统筹兼顾发展民生、维护能源安全、减少温室气体排放各方面，不能与人争粮、与粮争地，以牺牲粮食安全为代价。

（四）可持续的生物能源发展

近年来，国际社会围绕可持续的生物能源发展展开了积极的工作："全球生物能源合作伙伴"（GBEP）专门组建了可持续工作组；"可持续生物燃料圆桌会议"正在制定相应的可持续发展指标；"联合国能源机制"正在制定可持续生物能源决策者实用指南；联合国粮农组织与相关合作伙伴一起，正在讨论制定有关可持续生物能源，特别是液体生物燃料发展的行动方案。国际社会普遍呼吁，应在国际和国家层面协同努力，采取有效措施，推动全球生物能源的可持续发展。具体政策措施建议包括以下几个方面。

（1）制定可持续发展战略，审视和调整现行激励政策。推动缔结一项协调粮食安全、能源安全和应对气候变化的全球生物能源战略，并采取相应政策措施。在国际层面，在相关国际准则缔结并通过以前，应承诺停止进一步扩大利用粮食生产生物燃料。这需要暂停所有配额、混合要求，税收优惠和其他人为保护生物燃料市场的政策；承诺促进"不与粮争地"的行为规范，逐步淘汰参加生物燃料原料生产的农户补贴；明确政策的核心要以人为本，特别强调有利于保护小农的利益；以及在生物能源原料生产中减少对资源、环境和生物多样性的影响。在国家层面，应审视和调整当前国家生物燃料政策，避免生物燃料过猛增长，以更好地防范风险。调整的重点应放在：一是保障粮食安全。未来水土资源的开发利用应优先保证粮食生产的需要。二是减缓气候变化。应避免直接或间接改变土地利用方式带来的危害，特别是防止对高碳储量土壤的破坏。三是消除政策性扭曲。取消强制混合目标，停止人为推动的市场配额和税收减免政策。中国政府明确提出"不与人争粮，不与粮争地"的政策具有前瞻与现实意义，关键在于如何在国际、国内推广，把政策变成可操作与监控的举措。

（2）加大对先进生物能源技术的研发力度。遵循不"与粮争地"，不"与人争粮"的思路，着力推进第二代、第三代先进生物燃料技术的实用化。目前全球至少有 12 个国家已投入纤维乙醇提炼技术的研发，其中美国已有十来家商业公司介入。意大利的 Mossi & Ghisolfi 集团公司于 2011 年 4 月开始动工兴建年产 4.9 万立方米的纤维乙醇提炼厂。这是目前全球同类项目中最大的，为现有最大示范项目产能的 10 倍[①]。但由于技术和资金的限制，与发达国家比，绝大部分发展中国家基本上毫无竞争优势，目前的差距大且继续拉开。

（3）开展有关生物燃料的监测评估。对于大部分发展中国家而言，生物燃料的监测评估是能力发展的最薄弱环节，今后的重点包括：监测生物能源发展对粮食安全、能源安全和生态安全的影响；开发生命周期碳排放的评估方法，考虑直接或间接土地利用变化的影响；评估适宜生物质生产的边际土地、退化土地，编制潜力分布图。

---

① Kris Bevill, World's Largest Cellulosic Ethanol Plant Breaks Ground in Italy, Ethanol Producer Magazine, April 2012.

二 绿色经济与气候智慧型农业发展战略

（一）绿色经济发展战略

1992 年在巴西里约热内卢召开的联合国环境与发展大会通过了《关于环境与发展的里约宣言》，确立了可持续发展的原则。可持续发展是既能满足当代需要，又不危及子孙后代满足其需要的能力的发展，强调在所有层面运用综合、公平和前瞻性的决策方法，实现经济、社会和环境的均衡发展。20 年来，可持续发展理念得到了广泛的传播和实践，取得了一些成绩。但总体来看，当前模式下的世界经济发展给生态环境带来了巨大压力，也造成了社会发展的不均衡。虽然自 1992 年以来全球 GDP 增长了近 60%，但是贫困现象依然严重。全球每 5 个人中就有 1 人生活在贫困线以下，每 8 个人中就有 1 人处于饥饿和营养不良状态。气候变化、生态恶化、生物多样性减少和水土资源退化等已成为全球性的突出问题。2050 年，世界人口将达到 90 亿。要想给子孙后代留下一个适宜居住的地球，现在就必须采取措施转变经济增长方式，解决贫困和环境问题。为此，2012 年 6 月在巴西里约热内卢召开的 "里约 + 20" 峰会提出要向可持续发展和消除贫困背景下的绿色经济转变。

"绿色经济" 的概念有多种提法。联合国环境署定义为 "能改善人类福祉和社会公平，同时又显著减少环境和生态透支的经济"。联合国亚太经社会提出了 "绿色增长" 的概念，定义为 "强调环境可持续，经济进步，并鼓励低碳型和社会包容性的发展"。经济合作组织也提出过类似的概念，但强调把绿色投资作为经济增长引擎。从经济分析的角度来看，传统的绿色经济概念强调将环境成本纳入经济核算，以矫正价格信息，推动资源的高效利用。扩展的绿色经济概念加入了对资源规模和社会公平性（包容性）的考虑。地球上各种自然资源的利用是有限度的，即所谓 "地球的边界"。超出这个总量限制，利用效率再高也不能再发展。在一定的资源利用量和利用效率下，社会福利的最大化取决于对经济增长成果的公平分配。"里约＋20"峰会没有对"绿色经济"给出确切的定义，但强调它不能取代可持续发展战略，只是实现可持续发展的一项重要手段，用来保护和加强自然资源基础，提高资源效率，促进可持续的生产和消费模式，引导经济社会向低碳型发展。会议通过的关于可持续生产和消费方式的 10 年方案确立了粮食安全、水管理、能源等 15 个重点领域；特别强调要支持统筹考虑水、能源、粮食安全与气候变化等问题的国际行动与合作，以争取多部门协同，取得综合效益，减少行业间政策目标的冲突。会议呼吁可持续发展和消除贫困背景下的绿色经济政策应该考虑发展中国家的需要，加强国际合作，包括向发展中国家提供资金、技术援助；重视消除贫困问题；促进民间团体、私营部门等社会各方的参与。

（二）农业与绿色经济发展

农业包括种植业、畜牧业、林业、渔业和农产品加工等子行业，在向绿色经济的转型中扮演着重要角色。世界耕地、草原和森林面积占陆地总面积的 60%。农业用水占全球取水量的 70%，为世界 40% 的人口提供生计[①]。农业生产与自然生态系统紧密相关，既可以对环境造成危害，也可以给环境带来益处。农业领域的温室气体排放占全球总量的 1/3 以上，改进的农业措施可以在保障粮食安全的同时，实现几乎零排放，并提供生态服务和可再生能源。农业还可以是经济增长的引擎，提供数百万绿色就业机会，尤其是在最不发达的国家。没有农业的深刻变革，就不可能实现向绿色经济的转型。此外，粮食和营养安全本身就是绿色经济的一个组成部分。气候变化、资源退化和贫困对粮食与营养安全的影响，正是绿色经济要解决的问题。一个能改善人类福祉、促进社会公平，同时又有效减少环境风险和生态透支的经济体系，才能在有限的资源条件下，解决 2050 年世界 90 亿人口的粮食安全问题。为此，联合国粮农组织于 2010 年 5 月启动了以农业促绿色经济发展的活动。一些区域组织和国家政府也采取了相应行动，如欧盟制定了绿色农业

---

① 联合国粮农组织：《世界用于粮食和农业的水土资源状况》，2011，罗马。

发展战略。

以农业促绿色经济发展活动的主要目标是：提高整个食品价值链的效率、抗外部干扰能力和社会公平度，在减少资源消耗的同时，保障粮食安全，为全球绿色经济发展做出贡献。总体战略是：运用生态系统的方法加强农、林、渔业管理，使其既满足多样化的社会需求，又不影响子孙后代对陆地、水域、海洋生态系统各类产品与服务的利用。① 重点领域包括以下几方面：（1）为小农户提供绿色工作。农村小农户占世界人口总数的2/5，正面临越来越大的就业压力；农村外流人口扩大了城市贫民窟，使粮食和饮用水的获取成为突出问题。多样化的粮食与副业生产体系，比如增加附加值、城乡食品网络，农业生态旅游，小型林业实体等，在就业紧张的情况下，尤其是在最不发达国家，能增加就业机会。（2）加强产后管理、改变饮食习惯。当今世界一方面8.7亿人口吃不饱饭，另一方面约17亿人口因营养不平衡导致超重和肥胖，全球每年还损失浪费约1/3的粮食。通过加强产后管理、调整饮食结构、改变消费习惯，可以大大减少粮食供应链的生态足迹，给环境和公共健康带来好处。（3）以全成本价格审计粮食的环境和社会影响。发展绿色经济需要在产品价格中反映经济、环境和社会各方面成本，这将促使农业生产各部门采取措施提高资源使用效率、减少对环境的损害、促进社会公平。资源规划和管理、技术创新和对可持续、适应性措施的激励机制，如生态补偿机制，是有效的手段。市场和贸易在促进社会公平性方面将发挥重要作用，特别是对发展中国家的贫困人口来说完善社会保障系统可以保护弱势群体免受价格波动变化带来的影响。（4）多部门合作实现包容性发展。很多粮食和农业生产模式能促进粮食安全、环境保护、经济和社会发展等多个目标的协同发展，而不是取舍，例如生态农业体系、公平贸易、资源均享和公平就业等。实现这些转变除了必要的政策、资金和技术支持外，还需要多部门合作，协同作战；不仅是农业、林业、渔业的合作，还包括与能源、水利、环境、健康、教育和贸易等部门的合作。

---

① 联合国粮农组织，"里约＋20"网页，2011，参见 http://www.fao.org/rio20。

（三）气候智慧型农业的发展

联合国粮农组织把能够持续性地提高生产能力，抵御（适应）气候变化的影响，减少/消除温室气体排放，促进实现国家粮食安全和可持续发展目标的农业定义为"气候智慧型农业"[①]。提高对气候变化的适应能力可以稳定和提高粮食安全的保障能力。减少温室气体排放有助于减缓气候变化的进一步发展，降低未来应对气候变化所需的成本。不同的国家、地区和农业生产系统应根据各自不同的情况，将适应气候变化和减少温室气体排放的要求主流化到各项政策、计划和投资项目中去，并尽可能选取共赢性措施（见表1）。当两者发生冲突时，在以农业为主要经济基础的发展中国家，保障粮食安全是首要目标，提高生产系统的适应能力是基本需求。

表 1　应对气候变化的共赢性措施

	提高生产能力	提高气候变化的适应能力	减少温室气体排放
具有双赢效果的适应性措施	√	√	
具有双赢效果的减排措施	√		√
气候智慧型农业措施	√	√	√

气候智慧型农业的发展应遵循一些基本原则，包括：按生态系统统一规划，以保证同一生态系统内各区域、各部门采取的措施相互协调，且总体发展规模在自然资源的承载能力之内；加强对弱势群体，特别是发展中国家处于饥饿和营养不良状态的贫困人口的扶持，体现政策、资金、技术等各方面扶持的针对性；支持以国家为主导的行动与国家和地方有关气候变化的战略和行动计划，特别是与《适应气候变化的国家行动计划》和《减缓气候变化的国家行动方案》保持一致；运用参与式的方法设计、实施适合当地具体情况的方案与行动，充分考虑性别平等；建立广泛的合作伙伴关系，增进各部门合作和各方面的参与；支持跨边界合作，有效解决跨边界的气候模拟监测、资源管理、病虫害防治和防灾减灾等。

---

① 联合国粮农组织：《气候智慧型农业》，2010，罗马。

气候智慧型农业发展包括以下一些优先领域。

（1）知识和信息的创建与共享，包括改进气象数据监测、分析与处理系统；开发评估气候变化影响与脆弱性的工具和方法；收集和分析社会经济信息，为决策提供参考。

（2）体制机制创新，包括调整和完善相应的法规政策、技术标准体系与组织机构，加强部门协调；设定相应的决策程序，确保将适应和减缓气候变化的措施主流化到各级农业规划、计划和投资活动中；创新投入机制，扶持气候智慧型农业的发展，特别关注小农户和贫困人口。

（3）可持续的水土资源管理与生物多样性保护。通过全面了解农、林、水各行业与生态系统的相互关联，对现行的自然资源管理战略与方法做出适当调整，在发展生产的同时维护资源与环境的可持续性。

（4）技术开发与推广，包括更可靠的气候变化模型与预测方案；适应气候变化的动植物新品种；各种减少农业投入、增加农业产出和资源利用效率的新技术；适用于小农户的温室气体减排效益的监测、报告和认证方法；以及不同层次的技术培训与能力建设。

（5）防灾减灾，有效应对气候变化可能带来的各种农业和气象灾害。联合国国际减灾计划为这方面的国际合作提供了平台。联合国粮农组织最近编制的减灾框架计划从四个方面采取措施支持国际减灾计划在农业领域的实施，即强化机制与管理，建立信息与早期预警系统，编制应急预案与加强灾后修复，以及防灾减灾能力建设。

三　目前国际上推广的经验与模式

（一）适应气候变化的主要措施

适应气候变化就是针对已发生或预计将发生的气候扰动及因此造成的影响，调整自然或人类系统，以减轻危害或充分利用有利机遇。适当的适应性措施可以有效减轻气候变化的负面影响，提升正面影响（IPCC，2007）。农业领域适应气候变化主要通过三个途径来实现，即减少暴露程度、降低敏感度和增强适应能力。暴露程度指人、财产、系统或其他元素出现在可能遭受损失的风险区域。[①] 敏感度指一个系统可能被气候波动或变化影响的程度，它部分受发展程度的影响。适应能力指人类或自然系统能够根据气候变化做出调节以减轻危害、利用机遇，或应对其后果的能力。[②] 表 2 列举了一些目前国际农业领域广泛采用的适应性措施，包括改变农业种植模式、编制水土资源综合规划、推广应用动植物新品种、加强田间水肥管理、改善水利基础设施、建立灾害和风险保障体系等。

表 2　农业领域适应气候变化的措施

减少暴露程度	降低敏感度	增强适应能力
影响评估、绘制风险图	繁育和采用适应性动植物品种	制订适应性战略和行动计划
编制水、土资源综合规划	改善灌溉排水系统	农民收入来源多渠道化
保护小流域、建立滞洪区	加强田间水、肥与管理	改善水利与其他基础设施系统
移民安置与农业结构调整	作物品种和农业生产多样化	设立灾害和作物风险保险项目
改变农业种植模式	采用抗灾建设标准	促进技术转让与能力建设

　　适应性措施并不一定都是新技术、新方法，有很多是人们所熟知的传统方法。人们在长期生产实践中积累的一些本土经验可以为正确选择适应性措施提供有价值的参考，如适合当地条件的作物、鱼类和畜牧品种和耕作方式，田间土、肥、水管理办法，林区防火系统等。近年来在农业领域可持续发展总结出来的一些经验方法也大多能借用，如可持续的水土资源管理、林业管理等。然而，传统经验需要与现代科技相结合，以有效应对气候变化带来的一些复杂、长远的问题。这需要可靠的数据资料和适当的技术方法，对气候变化的影响及脆弱性做出科学的评估；在此基础上制定全面、综合的规划；综合采取行政、管理、技术、投资等各方面措施。发展中国家由于短期内解决粮食安全和农民生计问题的任务较重，可能会在一定程度上影响解决长期气候变化问题的政治意愿和投资，需要统筹考虑，

---

① 联合国国际减灾计划：《减灾术语》，2009，日内瓦。
② 政府间气候变化专门委员会：《气候变化 2007》（第四次评估报告），2008，日内瓦。

兼顾当前与长远，突出重点、分步实施。气候变化有很大的不确定性，加之一些发展中国家和地区技术能力和资金有限，可能难以对当地气候变化影响和脆弱性做出确切的评估，这种情况下可以采用"无悔措施"，即那些在未来影响不确定，或气候变化并没有像预计那样发生的情况下仍然有益的措施。

（二）减缓气候变化的主要措施

减缓气候变化就是执行相关政策以减少温室气体的排放和增加碳汇[①]。农业领域减缓气候变化主要通过三个途径来实现，即减少排放、避免或置换排放以及转移排放。减少排放的主要措施是加强碳、氮循环的管理。避免或置换排放的主要措施是提高能源使用效率，或利用清洁能源替代化石燃料。转移排放的主要措施是增加地上和地下的土壤碳汇，减少森林砍伐、遏制森林退化（见表3）。农业领域减缓气候变化的一些措施，如加强农田和草原管理、发展农用林以及恢复退化的土地和有机土壤等，往往可以为小农户带来多重效益，包括提高农业生产率、增加粮食产量、提高抗灾能力和改善生态服务等。这些多重效益的获得因各地情况不同而不同，在具体制定区域、行业和项目发展规划时，需要全面了解、综合权衡，尽可能实现投资项目的最大综合效益，对可能发生冲突的选项做出合理取舍，尤其要考虑生物能源发展对粮食安全与消除贫困的影响。

表3　农业领域减缓气候变化的措施

减少排放	避免或置换排放	转移排放
提高饲料使用效率以减少甲烷排放 提高农田水、肥利用率 减少因森林砍伐和退化造成的排放 减少鱼粉用量和过剩的捕捞能力 减少产后损失与浪费、增加废物回收利用	用木头、农业原料以及秸秆生产的生物能源替代化石燃料能源 提高农业领域能源使用效率 加强森林保护、避免排放 用其他原料替代木制品	植树造林、林区恢复 可持续林业管理 改进耕地和草地管理 恢复退化的土地

---

① 政府间气候变化专门委员会：《气候变化2007》（第四次评估报告），2008，日内瓦。

在农业领域实施减缓气候变化的措施，当前面临的一项挑战是如何设计适当的投资与激励机制来补偿小农户提供的环境服务，如小流域保护、碳汇、生物多样性等，投资补偿机制需要能覆盖其前期投资成本。另一项挑战是如何开发适当的监测、报告与认证方法来评估大量小农户的减排效益，以降低碳监测与碳交易成本。一些机构提倡用生命周期的评估方法来评价农业生产系统沿食品链或价值链的碳足迹。这种方法目前主要被环境部门用来监测、评估特定产品、技术或工艺整个生命周期的原料投入对环境的影响。在农业投资项目中，某项措施获得的温室气体减排效益可能被其他措施增加的排放量抵消，因而使整个项目的减排效益减少，甚至为负值。例如，造林活动减少的排放量可能因大量使用机动车辆巡管林区而抵消；采用喷滴灌提高水资源利用效率获得的效益可能因增加的能耗而抵消。因此要考核整个投资项目的碳足迹，需要进行全项目碳效益评估。联合国粮农组织开发了一套碳平衡分析工具，可以对农业与林业投资活动的碳排放与碳捕获情景做出预期评估，从而考核投资项目的总体碳足迹。[①]

（三）气候智慧型农业的主要措施

联合国粮农组织 2010 年出版的《气候智慧型农业》对相关政策、实践与投资做了详细介绍。表 4 列举了农业领域适应气候变化、减缓气候变化及气候智慧型农业的主要措施，包括保护性耕作、综合海岸带管理、生态渔业和水产养殖业、可持续林业管理、农用林业、雨水积蓄利用、改进的水稻耕作、灌溉现代化以及加强草原管理等。

保护性耕作是农业生态管理的一套综合性措施，可以在稳定和提高农业生产力的同时保护自然资源与环境。[②] 这套措施已在世界很多地区大面积推广，尤其是巴西、中国和北美洲，要点是：持续的免耕或少耕，永久性土壤覆盖以及按序轮作。这套措施可以保水、保土，提高作物对气候波动的反弹力，稳定和增加农业产量，减少化石燃料和无机肥的施用，减少温室气体排

---

① http：//www. fao. org/tc/exact/ex－act－home/en/.

② http：//www. fao. org/ag/ca/1a. html.

放，最大限度地减少地表径流和土壤侵蚀。主要弱点是需要特殊的耕作机械和动态的耕作制度，前期投入较大，需要先进的管理技术和系统的学习过程。

表 4 气候智慧型农业的主要措施

行业与措施	适应气候变化	减缓气候变化	气候智慧型农业
种植业			
保护性耕作	√	√	√
综合病虫害管理	√	√	√
水稻强化耕作	√	√	√
畜牧业			
改进草原管理	√	√	√
改进畜牧管理	√	√	√
改进粪便管理	√	√	√
林业			
农用林发展	√	√	√
可持续林业管理	√	√	√
植树造林、林区恢复	√	√	√
渔业			
减少鱼肉与鱼油饲料使用量		√	
减少过剩的渔业捕捞能力		√	
渔业品种多样化	√		
土地管理			
可持续土地管理	√	√	√
改进的耕地与草原管理	√	√	√
恢复退化土地与有机土壤	√	√	√
水管理			
灌溉现代化	√	√	√
雨水积蓄利用	√	√	√
跨行业措施			
提高能源使用效率	√	√	√
减少产后损失浪费与废物回收利用	√	√	√
灾害风险管理	√		
改进良种系统，采用合适的动植物品种	√		

综合海岸带管理是管理海岸带，包括地域和行政边界，以实现可持续发展目标的一套综合方法。这一概念是在 1992 年里约热内卢地球峰会上提出来的，它提倡在设计海岸带管理计划和应对气候变化方案时，要充分考虑鱼类与海洋生物的需求。例如，修建海堤应对海平面上升，可能会影响鱼类从海滩或湿地向内陆的回游，而这对许多生物的繁衍至关重要。为兼顾海洋生

物、海岸基础设施和农业发展的要求，需要编制综合规划。

生态渔业和水产养殖业有助于应对温度、pH 值和海平面的变化以及极端气候事件的增加，提高水生物系统与渔业生产系统的反弹力，促进环境友好和节能型渔业的发展。具体方法包括在渔业和水产品供应链（包括捕捞、养殖、加工、包装、运输）以及消费环节推广节能；减少对水生物系统的负面影响，如红树林与水草；尽可能地增加碳汇，如加强半集约化养鱼池的碳管理，在水产、渔业区内重新种植红树林，种植海草、改进水产养殖方法以提高海岸系统的碳滞留与碳捕获等。①

可持续林业管理指通过采取政策、法律、机构及其他措施，保障森林和林地的所有权和使用权属，保护和改善林区生物多样性、生产力以及再生能力，满足目前和将来当地、国家及全球生态、经济和社会发展的需要。可持续的林业管理有潜力在 21 世纪上半叶储存全球碳排放的 1/10②。全球约 3.5 亿人主要依靠林区为生，因此可持续的林业管理在消除贫困方面同样发挥着重要作用③。林业决策者与管理者们需要考虑如何帮助林区民众适应气候变化下的新条件，提高林业对减缓气候变化的贡献。这两个方面是紧密联系在一起的，需要统筹规划和实施。④

混农林业指在同一土地单元上，有目的地把多年生木本植物（乔木、灌木、竹类等）同其他栽培植物（如农作物、药用植物、经济植物以及真菌等）以及畜牧业等，在空间上或按一定时序安排在一起进行经营的土地利用形式。⑤ 它能实现农、林、牧、副业协调发展；提高土地、空间、光照、温度、水分和肥料的利用效率；丰富食物与收入来源；遏制并逆转土地退化；在同一土地单元上取得较好的经济效益和生态效益。农用林业可以以

---

① 联合国粮农组织：《气候变化情况下的渔业与水产养殖业》，渔业委员会工作报告，2011，罗马。
② 参见联合国粮农组织林业与气候变化网站，http：//www. fao. org/forestry/climatechange/53459/en/。
③ 参见世界银行网站，http：//siteresources. worldbank. org/EXTFORSOUBOOK/Resources/01 - FSB - Ch01. pdf。
④ 联合国粮农组织：《气候变化下的林业管理》，2011，罗马。
⑤ 国际农用林研究中心网站，2011，参见 http：//www. ciesin. org/IC/icraf/ICRAF. html。

庭院、田间、小流域或地区为单元，也可以是覆盖广大面积的农田防护林体系。世界银行 2008 年估计，全球约有 12 亿人口以农用林为生。

雨水积蓄利用是指收集雨水为农业生产和家庭生活所用的技术和方法，常用的系统包括三部分：产生径流的集雨面、径流输送系统（田埂、水沟或水渠）和储水设施（土壤、水坑、水池、水塘和水坝）。这类措施普遍适用于面临季节性干旱问题的湿润、半湿润、半干旱甚至干旱地区；通常用于谷物、蔬菜、饲料和树木的补充灌溉，也可用来为家庭生活、牲畜、鱼塘供水。雨水积蓄利用可以增加供水量，降低农业减产风险，提高种植业和畜牧业生产率，减少土壤侵蚀、增加地下水回补、增加地表和地下土壤碳汇。

改进的水稻耕作通过采用新品种和节水、节肥等措施，减少温室气体排放，提高生产能力和对气候变化的反弹力。比较典型的例子是水稻集约化耕作系统，其具体措施包括按网格间距插秧，在保持土壤湿度的前提下适时排水透气，添加复合肥或尽量在土壤中添加其他有机物质。过去 10 年，这一方法已在世界很多国家推广应用，在提高水稻产量、节约种子、水、化肥和农药等方面效果良好。水稻种植是甲烷的主要排放源。目前全球有 100 多个国家种植水稻，超过 1/2 的人口以水稻为主食。因此这类方法推广潜力较大。若与保护性耕作等其他措施结合，效果会更加显著。

灌溉现代化通过采取管区管理、技术进步和机构改革等措施，提高资源使用效率和对农民的灌溉服务水平。[①] 它强调用系统的、参与式的方法综合解决灌区管理体制、工程设施和技术经济等问题，近年来已在世界很多国家，特别是亚洲国家试点推广，证明在提高对气候变化的反弹力、提高资源使用效率特别是水分生产率方面十分有效。若与节水型作物品种和其他农艺措施，如保护性耕作结合，效果会更佳。

加强草原管理，通过有选择性地种植牧草、添加磷肥、实施禁牧、轮牧和季节性休牧等措施恢复退化和过度放牧的草地，提高生物质产量，增加土壤植被，提高土壤持水能力，增加土壤有机质含量。这有助于改善畜牧生产和牧民生计，减缓草原沙化。

---

① 联合国粮农组织亚太区域办事处：《东南亚地区大型水稻灌区的未来》，2007，曼谷。

四 对中国的启发

(一) 气候变化的不确定性对策

气候变化对中国农业和粮食生产的影响因地而异，有正有负。中国农业科学院农业环境与可持续发展研究所最近对 16 个省区的研究表明：1981～2010 年，气候变化可能抵消了 3%～7% 的粮食产量增长幅度；气候变化在东北地区有一定的正效应，在华北、西北、西南有负效应，在其他地区不明显；农业气象灾害有增加的趋势，已采取的应对措施在一定程度上减轻了其影响[1]。由于未来气候情景，包括增温幅度、降水动态、空间和日际分布等难以确定，未来气候变化的影响有较大的不确定性。初步研究表明，气温上升可以改善农业热量条件，使北方地区低温冷害减少、种植期延长、种植带北移；但同时也会造成作物水分亏缺，生长期缩短，产量下降。二氧化碳的增肥效应有助于作物增产，但气候变化引起的干旱缺水、土肥流失和土地退化会抵消其正面效应。按照目前趋势，今后 20～50 年间，当全国平均温度升高 2.5～3℃ 之后，中国三大主要粮食作物（水稻、小麦和玉米）的产量将持续下降。在综合考虑温度升高、农业用水减少和耕地面积下降等因素的情况下，中国 2050 年的粮食总生产水平可能下降 14%～23%（与 2000 年 5 亿吨的生产水平相比）。[2]

未来中国农业与粮食生产面临的主要问题是资源数量与质量的约束、水土资源不匹配以及气象灾害频繁。全国耕地面积衰减、土壤肥力下降，中低产田比例大；水资源不足、水利基础设施不完善，抗御水旱灾害的能力低，季节性干旱问题突出（见专栏 2）；[3] 土地退化、沙化严重，农业面源污染

---

[1] 熊伟等：《农业综合开发适应气候变化的影响预测》，世界银行与中国国家农发办联合举办的农业与气候变化国际研讨会，2012 年 8 月，北京。

[2] 居辉、熊伟：《气候变化将怎样影响粮食安全》，《环球视野》，参见 http://www.globalview.cn/ReadNews.asp? NewsID=17047。

[3] 严昌荣：《农业综合开发适应气候变化技术措施评估》，世界银行与中国国家农发办联合举办的农业与气候变化国际研讨会，2012 年 8 月，北京。

加剧。中国农业科学院的研究给出了各地农业适应气候变化主要措施的详细清单。针对未来气候变化影响的不确定性，各地可以总结推广一批适合当地条件的"无悔"选项，如适合当地条件的动植物新品种；提高中低产田生产能力的高标准农田建设；维持和提高土壤肥力的保护性耕作、秸秆还田和增施有机肥等措施；提高农业生产能力和抗灾能力的农田水利基本建设；保护生态环境、改善农民生计的绿化造林、小流域治理、草原管理、水土保持和农村沼气建设；提高农业适应能力的技术研发与农业科技推广等。这些措施有许多都是近年来国内大力推广的，应该进一步加大力度、加快进度。此外，国外也有一些好的经验可以借鉴，如水稻集约化耕作、综合风险管理、减少粮食产后损失和浪费以及废物回收利用等。

专栏 2　中国农业生产面临问题的区域化

东北地区：春旱 + 地力衰退 + 低温冷害

华北地区：季节性干旱 + 地力水平低

西北地区：季节性干旱 + 地力衰退

西南地区：季节性干旱 + 水土流失

长江中下游地区：季节性干旱 + 洪涝

（二）气候变化的主流化

要把绿色经济和气候智慧型农业的理念落到实处，关键是把相应措施纳入国家和地方各级农业与社会经济发展战略、规划、计划与具体投资项目中去。这需要相应的制度保障、技术指导和资金扶持。制度保障包括必要的法规体系、政策框架、组织机构和决策程序，确保每一项战略、规划和计划充分考虑气候变化可能带来的影响和绿色经济、气候智慧型农业发展的需要。

对建设项目的审查批准，要像审查环境评价和水资源评价一样，审查对气候变化问题的考虑和应对方案。技术指导包括根据变化的气候边界条件修订已有的技术标准体系，审查传统农业发展措施，推荐适应气候变化的新措施，例如，水利工程的规划设计要在历史水文资料的基础上适当考虑未来气候下的降水、蒸发、水资源量与需/排水量，由此确定工程规模与设计方案。资金扶持要将传统的基于经济成本的投入产出分析扩展成包括经济、社会和环境在内的全成本分析，将社会和环境方面的投入和产出纳入投资和核算范围。这可能意味着除常规发展资金需求外，还需要为适应气候变化和减缓气候变化提供投资。

近年来国际机构和组织编制了很多方法和指南，帮助发展中国家主流化气候变化的影响和应对措施。如联合国气候变化框架委员会编制了相应指南，指导发展中国家编制了《国家适应气候变化行动方案》和《国家减缓气候变化应对措施》；联合国发展协调工作组办公室和联合国开发计划署编制了相应指南，指导将气候变化的影响与对策主流化到联合国对发展中国家的发展援助国别战略中；世界银行、亚洲开发银行和国际农业发展基金等国际投资机构建立了气候变化主流化的项目审查机制；联合国粮农组织等专业机构出版了将气候变化的影响与对策主流化到农业与农村投资项目中的技术指南。中国已颁布了国家和地方应对气候变化的行动方案与相应政策，下一步可以建立明确的投资项目审查机制，确保农业领域的各项投资项目充分考虑气候变化可能带来的影响与必要的应对措施。特别是对面上的农业投资项目，由于绿色经济和气候智慧型农业的概念比较新，基层项目规划设计单位对它们的理解不太全面，需要加强这方面的能力建设、项目指导和技术审查。

（三）重点攻关领域

绿色经济和气候智慧型农业发展目前还面临一些技术性问题需要解决，如绿色经济强调三项基本政策：一是生态规模政策。要对耕地、水资源等重要自然资本的使用，实行总量控制，确保社会经济发展规模在地球自然资本的边界之内。二是分配公平政策。每个人都享有均等的发展机会，资源环境总量在地球人口间的分配要体现公平性，充分照顾贫穷人口的生态和发展权利。三是效率提高政策。通过提高技术和管理水平，提高资源环境的生产率，利用市场机制将自然资源向高效率领域配置。三项政策相互配套，形成系统，推动绿色转型。这需要一套相应的技术手段和方法，加强资源的评价、监测、配置和管理，以实现资源利用的总量控制、定额管理和社会均衡。气候智慧型农业发展需要进一步改进和分解现有气候模型，对气候变化情景做出更可靠的预测分析，开发更多的农业适应气候变化和减缓气候变化的适用技术，可以投入大规模商业化生产的第二代生物燃料技术，对不同农作物和生产系统的温室气体排放特性做更详细的描述，较好适用于小规模农户经营体制的农业减排效果的监测、评估方法与激励机制等。中国作为一个农业大国，目前在农业领域的气候变化研究方面有较长的知识积累，在发展中国家中是比较靠前的，应进一步加大在这些领域的攻关力度，继续为本国和世界农业的可持续发展做出贡献。

（四）风险管理

气候变化改变自然生态系统的基本要素，包括温度、降水、蒸发、水土资源状况等，可能给农业和粮食生产带来多重风险，如农业、气象灾害频度和强度的增加，水土资源可利用量的减少，动物栖息区和作物种植带的转移，以及动植物病虫害发生规律的变化等。风险管理的程序和方法可以帮助农业生产体系有效应对这些风险。

风险管理就是应对不确定性，最大限度地减少潜在危害和损失的系统程序和方法，包括风险评价与分析、风险控制、减少和转移。目前国际上开发了不少有关风险管理的方法和工具，主要集中在灾害风险管理。

灾害风险管理包括三个往复循环的步骤：减灾、应急响应与灾后恢复重建。减灾措施包括风险评估、灾害防控、应急预案以及早期预警；应急响应措施包括疏散、人道主义救助、紧急援助与灾后损失评估；灾后恢复重建措施包括灾后恢复、灾后重建以及经济社会恢复等[①]。风险管理包括工程性措施和非工程性措施。近年来一些国家和地区尝试将水旱灾害保险、作物保险

---

① 联合国粮农组织：《灾害风险管理系统分析》，2008，罗马。

措施引入适应气候变化的措施中，重点应对气候变化带来的不确定性与极端气候事件，值得中国借鉴。

（五）能力建设

应对气候变化的能力建设涉及组织机构能力、技术能力与生产实践能力多个层次。组织机构能力方面中国有明确的发展战略与行动计划、专门的协调机构，在国际气候变化谈判中有鲜明的政治立场，下一步可在明确部门分工、加强部门协调、加速气候变化的主流化等方面下工夫。

技术能力方面应充分借鉴国际先进经验，在现有成果的基础上，加大技术攻关力度，尽快建立中国自己的气候变化研究应用技术体系，为行业决策和生产实践提供技术支撑。

生产实践能力建设方面还有大量工作要做。目前很多国际机构和发展援助组织在农民培训中提倡一种叫"农民田间学校"的方法。该方法有三个典型特征：一是参与式教学。培训人员与被培训者共同讨论制订培训计划与实施方案，定期监督检查，适时调整。二是量身定做。培训方案与培训教材根据事先进行的培训需求调查来制定，确保符合被培训者的具体要求。三是田间课堂。把课堂搬到田间地头，把每项农业技术的培训与具体的生产实际结合起来，让农民一边种地一边学习。这种方法因效果较好已被广泛应用到世界很多发展中国家和地区，可以供中国的农技推广部门，尤其是县、乡农技推广站借鉴。

第八章
农业科技进步与科技创新

　　农业科技进步和科技创新是世界农业发展的决定性推动力量和根本途径。也就是说，现代农业是伴随着科技进步而发展的，并随着科技的不断创新与突破而产生新的飞跃。近代世界农业发展史上有两次重大的科技革命：第一次农业科技革命是以现代作物育种技术和农用化学技术为主导，以高产良种和化学肥料应用为标志的科技革命，使生物技术、化学技术在农业生产中发挥了前所未有的创新作用，其中包括美国杂交玉米、发展中国家的"绿色革命"以及化肥农药的广泛使用。第二次农业科技革命就是目前在世界范围兴起，以现代生物技术和信息技术为主体，以细胞和胚胎工程育种、分子标记技术、转基因技术为主要内容的新农业科技革命。其影响之深远、意义之浩大，是以往任何一次科技革命所不能比拟的。随着农业的发展，科技进步和科技创新对世界粮食安全和农业发展的贡献也日益增大。

一　农业科技进步、科技创新与农业发展

（一）农业科技进步和科技创新的概念与特点

　　要客观、科学地阐明科技进步对农业发展的推进及其贡献，帮助决策者制

定有利于农业科技进步的战略和政策体制，从而加快发展中国家由传统农业向现代农业转变的步伐，就必须对农业科技进步的内涵有一个准确的把握。目前，对农业科技进步的理解和定义似乎还没有一致的看法，但仔细研究国内外专家、学者对农业科技进步的定义主要有狭义和广义两种观点。农业科技进步是指在农业经济发展过程中，不断创造、掌握和应用生产效率更高的科学技术，以替代生产效率较低的技术的过程。狭义的农业科技进步仅仅指自然科学技术的进步，表现为与农业生产有关的生产技能、技巧的提高及其应用于生产过程中所取得的进展。广义的科技进步除了包括狭义科技进步的内容外，还包括管理与决策水平、机制和体制创新等方面的进步，例如政府在农业上的治理水平，管理职能的转变，组织管理和决策方法的改进，国家整体科技能力和教育水平的提高等。一般来讲，广义的农业科技进步能较全面地反映一个国家在一定时期内的农业科技进步水平，其涵盖了一个国家将各相关领域自然科学技术广泛应用于农业，并与农业本身的技术发展结合，使农业科技不断产生渐进式发展，从而使农业生产技术或技术体系产生质的变革的波浪式动态进程。

农业科技创新是指在整个农业生产过程中，有关农业生产的新知识、新科学、新技术的产生创造、延伸应用，采用新的生产方式和经营管理模式，开发新技术、生产新产品，开拓新市场，大幅度提高农业生产力和经济效益的整个过程。广义的农业科技创新包括农业科学创新和农业技术创新的整个过程，是指发现农业科学领域内未知的规律，产生新的知识并利用已知科学规律和科学知识开发新的技术，通过新的生产方式和经营管理模式，开发新的产品并提高农业生产力和产出效率，从而产生经济、社会和环境效益的整个过程。

随着 21 世纪全球经济和社会的高度发展，农业科技创新也被赋予新的、更加复杂的内涵。农业科技创新业已成为在各创新主体、各创新要素在复杂条件下交互作用的系统工程，是作为推动力的整个科技进步与作为拉动力的应用创新之间的互动，推动了其向前发展的复杂过程。可以说，农业科技创新是农业科技进步与应用创新的"双螺旋结构"共同演进互动而催生的产物。① 在农业

---

① 宋刚、唐蔷、陈锐、纪阳：《复杂性科学视野下的科技创新》，《科学对社会的影响》2008年第 2 期。

生产过程中，应用创新是指以农业生产者为中心，充分考虑在农业生产过程中推广和应用的环境变化，通过科技人员与农业生产者及消费者的互动挖掘需求，通过农业生产者、消费者参与创意、研发到试验推广与应用全过程，也就是以农业生产者及消费者目前与潜在需求为导向，通过各种创新的农业生产技术与产品，推动科技创新。从纵向上看，目前国际上比较普遍地认为，农业科技创新是从新技术的研究开发到商业化生产应用的系统工程，包括基础研究、应用研究、示范试验、推广应用和进入市场五个相互衔接的阶段。

（二）科技进步和科技创新对农业发展和粮食安全的贡献

世界的农业发展的历程中，农业科技始终是农业发展的主要动力，发挥着重要的推进作用。从传统农业、近代农业到现代农业，每一轮农业科技革命无不以农业技术变革为动力、以技术进步为标志而发展，并随着农业科技的不断创新与突破而产生质的飞跃，因此世界各国均把大力推进农业科技进步作为促进农业发展的重要战略。从农业生产投入要素（主要包括劳动力和土地）的角度来分析，农业科技进步的主要表现是对这两种要素的替代。世界农业发展和提高粮食安全的实践证明，在构成农业综合生产能力的主要生产要素中，科技发挥了基础性和关键性作用。农业科技进步和创新有力地保障了世界粮食的有效供给。

目前农业现代化水平较高的国家，其农业科技对农业增长的贡献率均达到70%～80%。根据有关研究，中国科技进步对农业增长的贡献率已由新中国成立初期的15%提高到2012年的53.5%，而科技进步对粮食增产的贡献率则更为突出。1984～2007年，生产技术进步对单产增长的贡献份额，早稻和中籼稻分别为70.6%和71.8%，玉米和晚稻分别约为60%，小麦和粳稻分别为42.1%和44%[①]。根据中国农业部最新统计，中国近一半的农业增产来自科技的贡献。因此，世界上许多国家均把农业科技进步作为提高农业生产力水平的重要战略，采取各种有效的政策措施，推进农业发展和提高粮食安全。

①　翟虎渠：《科技进步：粮食增产的重要支撑》，《求是》2010年第5期。

农业科技进步和创新对农业发展和粮食安全的贡献可通过以下途径实现。

1. 提高有限资源要素利用率，提高农业经济效益

农业科学进步和创新可以提高农业资源的质量和单位资源的利用效率，使有限的农业资源发挥更大的经济效用。例如，采用配方施肥一般可使各种作物增产 8% ~ 15%，高的可达 20%，比传统施肥方法节约肥料约 15%。节水灌溉和旱作农业技术可使单位农产品的平均耗水量减少一半，相当于把灌溉面积扩大了一倍。像日本、荷兰、韩国、以色列等"人多地少"的国家，其人均耕地面积低于世界水平，这些国家就是依靠大力发展资源替代技术，走资源节约型道路，采用以化肥、农药为主的化学技术，以及以农作物品种改良为主的生物技术来提高土地单位面积产量，以此来突破土地规模对农业产出增加的制约（见专栏 1）。

专栏 1 微量化肥施用技术的应用——改善发展中国家的粮食安全状况

农业技术进步和创新为解决世界粮食安全难题带来希望。国际半干旱热带植物研究所的科学家们在微量化肥施用技术上的研究和技术创新活动，为改善发展中国家的粮食安全做出了很大贡献。

国际半干旱热带植物研究所在尼日尔、马里和布基纳法索等国干旱地区的 2.5 万个农户中开展了微量化肥施用技术的试验和推广应用活动。该技术的关键环节是农户在施肥时，必须使用瓶盖将微量化肥直接施到植物根部（大约是美国谷物作物普遍使用量的 1/6）。结果表明，该技术的应用能够使这些撒哈拉国家旱地主要农作物的小米增产 50% ~ 100% 以上。在节约投入、减少环境危害的同时，也使小农户的收入翻了一番以上。国际半干旱热带植物研究所试验证明，只此简单的操作就能够使尼日尔小米产量平均增产近 55%。

在推广微量化肥施用技术之前，有一农户每公顷小米收成约是187公斤。采用该技术以后，2009年，该农户小米产量达到每公顷520公斤。这对其家庭成员的营养和健康状况有着巨大的影响。

通过微量化肥施用技术的推广应用，尼日尔能够在风调雨顺的年份生产大量小米，存储富余的小米就可缓解歉收年份的粮食短缺状况。

国际半干旱热带植物研究所驻尼日尔的经济学家朱比特·耐德健伽指出："如果2009年尼日尔有1/4的农户使用了微量化肥施用方法，那么就不会出现谷物短缺问题。"他说："在2010年出现粮食危机时，该国不需要花费巨额资金用于购买粮食，以解决该国家的粮食不安全问题。"

由此可见，农业技术进步和推广应用至关重要。如果贫困农户能够有渠道获得这类简单的实用技术，成千上万个小农户将能够生产出更多的粮食以解决他们的粮食安全问题，其收入和生活水平也能得到相应改善，从而完全有能力抵御可能发生的粮食短缺状况。

资料来源：CGIAR网站 Stories of Change 栏目，2012年7月3日。

2. 开发和应用高质量的生产资料，提高土地生产率和农产品质量

农业科技进步，不仅可以为农业不断开发和提供高质量的生产资料，如化肥、地膜等，提高生产效率，还可为农业生产培育和提供动植物新品种，提高投入产出比。例如，中国改革开放30多年来，共育成主要作物新品种6000多个，水稻、小麦、玉米、大豆等主要粮食作物品种在全国范围内更新了3~4次，每次更新增产10%~20%，而且作物品种的抗性和品质也不断得到改进。

3. 开发和应用先进的农业生产技术，提高农业生产的可持续性

先进的农业生产技术包括农作物耕作栽培技术、化肥技术、畜禽饲养技术、水产养殖技术、病虫害防治技术、农产品加工保藏技术等。这些技术的应用大幅度提高了资源利用率，缓解了资源和生态压力，增加了环境资源的

可持续性。此外，通过高效动植物病虫害预防手段和控制技术，可有效防止重大病虫害的发生，降低农产品的损失，减轻甚至杜绝长期使用化学农药带来的污染环境、破坏生态系统平衡以及害虫抗药性提高等后果。先进的农业生产技术的应用还可促进并加快家庭经营向采用先进科技和生产手段的方向转变（见专栏2）。

专栏2　核技术的应用——促进病虫害的生物防治

智利和阿根廷是世界上热带水果的主要生产国。20世纪90年代初，地中海果蝇侵入南美，给水果生产造成严重影响，许多农户被迫停止种植生产那些受果蝇危害严重的水果，并且为了能出售无虫水果不得不定期施用大量农药。但是，主要水果进口国家，由于害怕在进口果品中携带的地中海果蝇的侵入，对这些地区的水果进行严格检疫并拒绝其进口，或者要求对水果进行昂贵的收获后处理。每年给这些国家的水果生产造成数亿美元的损失。

联合国粮农组织和国际原子能机构核技术应用联合司研究开发了昆虫不育技术的生物防治办法，可有效防治乃至灭绝危害严重的地中海果蝇。该技术是利用辐照技术使大规模饲养的目标害虫雄性不育，然后将这些雄性不育害虫投放到野外与野生雌虫交配，进而阻止其后代的繁殖，从而控制乃至灭绝害虫的整个种群。为了实施应用昆虫不育技术根除地中海果蝇的计划，智利建造了一个每周能生产约6000万只不育果蝇的大规模饲养设施，并且用飞机大量投放不育果蝇。为了同样的目的，阿根廷也建造了一个周产能力为2亿多只不育果蝇的饲养设施，并在里奥内格罗、内乌肯和门多萨数省实施地中海果蝇根除计划。

经过若干年努力，智利已经根除了地中海果蝇，该国已成为国际公认的无地中海果蝇的国家。这为其价值几十亿美元的水果出口业的扩大提供了广阔的前景。在阿根廷，在项目实施的生产区域已经成为无果蝇地区，热带水果产品的数量和质量已经得到极大的提高。根据阿根廷出口检疫部门计算，每年仅免检一项就可节约200多万美元。现在这一项目产区每年向美国出口300万箱高质量的梨和苹果，向南美和欧洲一些国家出口约3000万箱的水果，有力地提高了当地水果生产和果农的收入水平。

资料来源：《国际原子能机构通报》2007年3月。

4. 提供先进的农业技术装备，不断提高劳动生产率

科技进步和创新可为农业提供先进的农业机械、运输工具、生产和加工设备、生产性建筑设施等，从而改善和提高现有农业生产技术装备水平，提高劳动生产率，生产规模效益化，成本降低，提高投入产出率。美国、俄罗斯、加拿大、澳大利亚等"人少地多"的国家，就是通过以农业机械技术为依托的劳动力替代技术，走劳动力节约型的发展道路，这对于新兴经济体和城市化发展快速的国家尤为重要。

二　世界农业科技的发展趋势及战略考量

（一）世界农业科技创新的特点及其发展趋势

进入21世纪以来，随着世界农业及农业科技创新的发展和社会政治、经济条件的变化，各国都在根据新的需要对本国的农业科技创新模式和运行机制进行不断调整和改革。[①] 认真分析世界农业科技创新的特点及发展趋势将有助于为有关国家农业科技创新体系的构建寻找借鉴。

---

① 科学技术部专题研究组编《国外支持农业科技创新的典型做法与经验借鉴》，科学技术文献出版社，2006。

1. 以政府投入为主导的多元化创新主体

目前，美国、日本、加拿大、法国、英国、德国、巴西、印度、荷兰、以色列等国家在农业科技创新投入、农业科技创新产出以及农业自主创新能力等方面远远高于其他国家，它们已跨入农业科技创新型国家行列。随着整个社会经济的发展，农业科技产业和各种非政府组织不断发展壮大，农业技术市场范围逐步扩大，知识产权制度逐步完善，均为这些非政府组织和私人部门广泛介入农业科技创新的投入乃至成为科技创新主体创造了良好的环境和条件。目前已经凸显出农业技术创新主体由国家政府占主导地位逐步向多元化模式发展的趋势。但是，由于农业科技创新在很大程度上具有公共利益的属性，这些国家中政府在农业科技创新体系中仍然处于主导地位，政府公共研究机构在农业科技创新中发挥着重要作用。目前，这些国家的政府都在不断加强基础研究和应用基础研究，重点置于知识产权不易得到保护、技术难以商业化、社会效益高于经济效益的应用研究，包括农业发展战略和政策研究。在实践中，政府部门和私营部门往往相辅相成，相得益彰。前者主要负责具有公共利益性质的农业科技创新，后者则以一种互为补充的方式，着重进行应用型技术的开发和推广。例如，美国拥有规模较大、机构健全、布局合理的农业科研网络。美国农业部领导的科研机构负责全国公共研究任务的40%以上；各州立大学农学院则侧重于地方区域性农业科研教学和推广工作，并接受农业部的相关任务。私人农业研究机构一般承担具有应用价值的技术开发研究。各主体的科研目标都非常明确，所有的研究课题的重点都是解决农业生产实践中出现和亟待解决的实际问题。

近年来，许多国家（如美国等）非政府的私营农业企业逐步加大在农业应用研究方面的投入，并具有逐渐形成农业科技创新的主体和主导性力量的趋势。许多农业企业，尤其是大型跨国企业（如孟山都、先锋等）都已逐步成为农业技术创新主体。例如，美国1986年在农业研究上的总投入为33亿美元，其中政府公共投入占54%，私营部门的投入占46%；到2010年，农业企业（主要是种子和农用化学品企业）的投入就占了整个农业研究总投入的72%。[①]

---

① 世界观察研究所：《哺育地球的创新：2001 年世界状况》，2011。

2. 强化农业科技创新体系的改革和建设

农业科技创新体系是指农业科技创新的组织系统，包括创新主体、创新体制和机制、创新环境等，是能够基于市场作用和国家引导，促进各种创新主体网络化互动的社会经济系统，由政府、农业科研机构和大学、农业企业与农户、农业推广和社会化服务机构组成。它们彼此之间的相互关联和相互作用，共同构成农业科学技术知识生产、流动、应用以及反馈的复杂网络，成为国家农业发展赖以生存的科技创新基础。世界上发达国家的农业科研机构设置均立足于本国农业发展和确保国家粮食安全的需要，与本国的国情和经济发展阶段相适应，并根据科技创新与经济发展情况不断进行调整和改革。处于不同发展阶段、拥有不同"人地关系"的国家具有不同农业科技创新体系和科技进步模式。根据分析，大致可以分为三种具有代表性的运行模式。

（1）以大学为核心的科研、教学、推广运行模式，主要代表国家有美国。美国农业有着完善的科研体系及雄厚的科研实力，这种农业科研、教育和技术推广结合型模式是美国富有特色的"三位一体"合作机制，其显著特征是由联邦政府统一按照生态区域和作物产区进行布局，科研机构布局合理，科研体制比较健全，其农业科技进步贡献率高达80%。美国农业科研体系主要由农业部科研机构、大学及私人企业三个部分组成，属于典型的产学研结合型农业科技创新模式。

（2）以政府为主导的科研、教学、推广运行模式，主要代表国家有日本和英国。日本的科研、教育、推广体制由政府主导。日本农业科技创新主要由政府的国立农林水产科研机构和公立农林水产研究所机构为主导运行，农业企业的科研机构也起到重要的补充作用。日本的农业教育是在初等教育到高等教育各个阶段进行，为初次从事农业劳动和农业经营者讲授必要的农业技术和经营知识。日本农业推广主要通过政府的农业改良普及机构进行，并由农民协会辅助。政府的农业改良普及机构由中央和都、道、府、县在技术、资金、物资、政策等方面协调建立推广体系，并作为双方的共同事业予以推进和实施。英国农业科技创新模式主要包括公正透明的国家农业科技质量保证体系、完善而高效的农业科技创新支持和推广应用体系、强大的农业创新成果应用补贴政策。从总体上看，就是一种政府引导型的科技创新模式。

（3）政府与私人部门共同主导的运行模式，主要代表国家有法国。其主要特点是私营部门和政府部门互为补充、共同主导农业科技创新和推广应用的过程，包括：完善的生产、教学和研究农业科技创新体系，政府部门、农业行业组织和工业企业等共同参与农业科技推广服务，形成一个包括农机、农药、化肥、良种和先进农艺等在内的立体推广网络，强化农业产前、产中、产后链条式服务，确保农业生产的高效、高产、优质和标准化。法国农业技术推广活动由农会组织委托一些私人公司承担。农业技术推广项目由农会理事决定，中央政府仅给推广活动部分补贴。但是，法国的农业科研的基础性、公益性项目仍由政府主导。法国的农业教育分为高等农业教育、中等农业教育和农民业余技术教育。其培训对象主要是农场主、农业工人和农业后继者。

3. 提供强大有效的农业科技创新保障措施

纵观发达国家农业科技创新的整个发展历程不难发现，没有符合各国国情、适应农业发展需要的重要政策和措施，农业科技创新就难以实现。这些政策和措施是国家农业科技创新发展的重要保障。通过制定和实施农业科技政策，并使各项农业科技政策与经济政策达到协调一致、有机配合，是许多发达国家始终占据农业科技创新制高点的重要经验之一。适应经济和科技发展、职能清晰、运转高效的农业科技创新体系，既是确保农业科技创新顺利发展的重要保证，也是农业科技进步的基础。农业科技创新保障措施作为一个政策系统，是政府通过投入、支持、补贴、人才、知识产权政策以及多元化投资机制等杠杆作用于农业科技创新体系的一个综合体。建立健全合理的农业创新政策体系，是使国家农业科技创新系统健康运转的关键。从农业科技创新保障措施涉及的领域看，它作为一个政策系统大致包括农业投入政策、农业补贴政策、农业人才政策、知识产权政策、多元化投资机制等五个方面。

4. 完善并高效运转的推广应用和技术服务体系

农业科技推广和技术服务在农业生产和农村发展中发挥了将科技成果

转化为现实生产力的桥梁和纽带的作用。它是农业科技创新的关键环节，也是农业科技应用创新的重要组成部分。目前国际上的农业技术推广应用和技术服务体系主要有三种类型：一是以政府推广机构为主导的农技推广体系；二是以政府领导、农业院校参与的农技推广体系；三是非政府组织主导的农技推广体系。一般的，发达国家的农业科技推广应用与服务活动不完全由政府经营，私营企业同样也承担重要的职能。同样的，由于发达国家的农业企业实力较强，对农业科技的需求通过农业推广服务活动能够形成正向的反馈，将信息及时传递到农业科研机构，从而加快农业科技创新成果的转化，也缩短了农业科技成果市场化的时间。总体而言，农业科技创新成功的国家在建立完善的农业科技推广服务体系方面主要有以下一些经验：（1）具有完备和高效的组织结构体系；（2）充分倚重大学和公益性科研机构力量；（3）注重能力建设、建立高素质的推广队伍；（4）建立利益相关者的伙伴关系；（5）充分利用现代化推广手段；（6）筹措并投入足够的资金。

5. 国际农业研究机构的改革和农业科技创新方向

国际农业研究磋商组织（CGIAR）下属的国际农业研究中心（所）是世界上规模最大，也是目前世界上唯一从事公益性农业科技研究与推广应用的综合性国际农业研究机构，素有"世界农业科学院"之称。其拥有15个研究所（中心），研究领域覆盖农、林、牧、渔、政策等各个学科领域。这些研究中心在农、林、牧、渔、政策和自然资源保护等领域，通过开展科技创新和相关活动，帮助发展中国家实现可持续粮食安全和摆脱贫穷的目标。这些研究中心是"绿色革命"的主要发起和参与者之一，为全球的粮食安全做出了巨大贡献。最近对国际农业研究磋商组织开展的全面评估表明：该组织在作物改良、病虫害防治、自然资源管理以及政策研究等方面成绩显著，其产出远远大于投入。该组织成员国或者捐助机构每投入一美元，就会帮助发展中国家多生产出 9 美元的粮食。[①] 这表明：世界尤其

---

① 中国农业科学院国际合作局：《中国与国际农业磋商组织：成效与展望》，中国农业科学技术出版社，2011。

是发展中国家仍然需要国际农业研究磋商组织，作为目前为消除饥饿和贫困而开展科技创新活动唯一的全球性研究组织，其在相当长的时间内还将继续为世界的粮食安全和减少贫困做出贡献。进入 21 世纪之后，随着全球经济的发展以及农业所面临的挑战，国际农业研究磋商组织开始了一系列改革，这些改革旨在改变 CGIAR 研究中心的运行效率低下，合作伙伴关系不明确、经费来源不足，特别是科技创新目标不明确、科研成果的推广应用不足等问题。国际农业研究磋商组织自 2008 年开始着手新一轮的改革，历经两年多时间，2010 年开始实施崭新的组织构架和运行模式。在科技创新方面，重新确认了 CGIAR 的使命、远景和战略目标，其战略目标为四个方面：减少农村贫困、提高粮食安全、改善营养和健康状况和提高自然资源的可持续管理。为了实现这四大战略目标，整个系统的各个研究中心统筹协调，建立明确的科技创新目标，设立了七个战略性重点研究领域（见专栏 3）。国际农业研究磋商组织拟在这些领域上，通过开展与利益相关者和受益方的相关计划，开展卓有成效的科技创新，实施一些具有战略性、大协作、竞争性、高投入等特点的研究项目，以满足发展中国家的需要。

专栏3　　国际农业研究磋商组织七个战略性重点研究领域

（1）针对贫困人口及弱势群体的综合农业生产体系

（2）增加贫困人口资产和农业收入的政策、制度和市场

（3）保障粮食安全的可持续生产体系

（4）农业、营养和健康

（5）水资源短缺、土地及生态系统退化的持久解决方案

（6）森林及树木

（7）气候变化与农业

资料来源：国际农业研究磋商组织：《战略与成果框架》，2001 年 2 月 20 日。

（二）现代农业发展对科技进步和创新的战略考虑

当今世界经济全球化发展迅速，科学技术发展更是突飞猛进，科技实力的竞争已成为世界各国综合国力竞争的核心，农业科学技术已成为推动世界各国农业发展的强大动力，以农业生物技术和信息技术为特征的新科技革命浪潮正在世界各国全面兴起。总体来看，科技进步和创新不仅能为世界粮食安全和农业发展提供有力支撑，而且能发挥引领作用，必将为农业生产和农村发展开辟更加广阔的空间。在这场新的农业科技进步和创新角逐过程中，美国、澳大利亚、加拿大、德国、日本等发达国家，中国、巴西、印度、阿根廷等发展中国家，都在制定各自新的农业科技发展战略，不断改革农业科技格局以及运行机制，改变农业科研投入的模式和力度，加快农业科技创新步伐，力图抢占农业科技发展制高点。认真分析世界各国农业发展对科技进步和创新的需求趋势，不难看出主要是出于以下的战略考虑。

1. 确保国家粮食安全

进入 21 世纪以来，全球粮食供求偏紧，粮食市场波动性、不确定性和风险性日趋加大，粮食危机的隐患越来越大，确保粮食安全已成为各国农业政策的首要目标。此外，目前世界各国的耕地、淡水等资源约束均存在不同程度的恶性加剧，生态环境保护的压力越来越大，依靠大量消耗资源的传统生产方式推进农业发展已难以为继；农业劳动力的用工成本迅速上涨，依靠低成本劳动力支撑现代农业发展的空间逐渐减小。科技进步已成为各国农业发展最重要也是最根本的出路。据世界银行报告，包括印度和中国在内的许多发展中国家的技术创新（高产作物品种的推广）和体制创新（家庭承包经营制度和市场自由化）均促进农业迅速增长，并大幅度减少农村贫困现象。① 多项跨国评估显示，农业的国内生产总值增长对有效脱贫的作用要比非农业的国内生产总值增长的作用至少大出两倍以上。总结世界各国保障粮食安全的主要经验，我们可以发现：无论"人地关系"是否紧张，世界各国都把提高农业科技水平、促进农业科技进步作为保障国家粮食安全的重点

---

① 世界银行：《旨在发展的研究，2008 年世界发展报告》。

之一。随着时代的发展，技术进步对经济增长的贡献率呈日益增长的趋势，生产越发展，经济增长对技术进步的依赖就越大。

2. 转变农业发展方式的需求

目前世界农业的发展面临一系列问题。发达国家主要是环境污染、农业投入成本过高；发展中国家主要是人口膨胀、资源破坏和过度消耗、环境恶化、食物短缺和食品安全等问题。这种人口与资源和环境、经济与社会的不平衡发展，不仅影响当代人类的生存与发展，也影响子孙后代的延续和发展。这就迫使人类重新考虑农业人口、资源、环境的关系，努力排除这些非持续性因素的影响，提出必须转变农业发展方式，保持农业长期可持续发展的问题。在这样的背景下，逼迫发展中国家从小农户和劳动密集型农业生产向集约化、高效可持续性生产方式发展，从传统农业向现代农业转变。发达国家集约化、资本密集型农业生产也面临必须向高效生态型、多元化的可持续发展农业转化。为了加速农业发展方式转变，必须极大地依赖农业科技创新和科技进步，只有农业科技创新和进步，才能克服资源报酬递减的缺陷，提高生产力和农业的集约化程度，通过新技术的推广和广泛应用方可使生产函数曲线向上推移，使资源投入的最适点向外推移，从而增加资源的适用量，提高资源的利用率，加速农业的集约化、现代化进程。因此，农业科技进步是发展现代农业的决定性力量，是实现农业发展方式转变的关键因素。

3. 出于资源环境压力的需求

世界农业仍严重受制于各种自然资源和环境压力。首先，气候变化，高温、干旱、水灾等恶劣的自然条件，加之人口增长、土壤退化造成的农业用地不足、战乱等问题，削弱了人们增加农产品的努力。如第二章所述，水土资源严重短缺和退化是农业生产的主要瓶颈。在全球可利用的全部淡水中，约70%用于粮食生产，许多国家的用水速度已经超过了水的再生速度，加上干旱频频发生，水资源浪费、水源污染严重，从而导致水资源日益匮乏。1996～2000年，严重干旱的国家由28个增加到46个。其次，耕地退化和大量占用使世界粮食种植面积受限。目前世界人均可耕地面积从0.4公顷下降至0.26公顷。绝大多数发展中国家扩大耕地面积的潜力不大。南亚、近东和北非地区几乎没有土地可以开垦。根据美国世界资源研究所提供的最新数据，目前世界40%的农业土地具有中等程度的退化迹象，世界每年由于盐碱化而损失耕地近400万英亩，导致农业产值减少约110亿美元。此外，农作物病虫害也是影响粮食生产的重要因素，如非洲经常暴发的蝗灾。由此可见，全球农业生产资源的变化，自然资源的退化和匮乏的总体趋势，对处于不同发展阶段的国家农业生产均具有极大的挑战和压力。要有效应对这些挑战，只能依靠农业科技创新与集成应用，不断提高土地产出率和资源利用率。通过科技创新，为土壤、肥料、水分、光热资源等提供高效利用技术、耕地保护与替代技术、精确施用技术、重大农业生物灾害防控技术、生态农业与环境工程技术等，形成资源节约型、环境友好型农村技术体系。

4. 提高农业国际竞争力的需求

随着经济全球化进程逐步加快，国际农业竞争日益剧烈。科技实力的竞争成为世界各国综合国力竞争的核心。目前世界范围正在孕育一场新的农业科技革命。世界各国正在对农业科技和农业产业发展进行新的统筹部署，开始了新一轮抢占农业科技和农业产业发展制高点的竞争。在这场新的农业科技竞争中，不少国家近年都在制订实施新的农业科技发展战略，抢占农业科技发展的制高点。此外，经济全球化的发展不仅使国内市场国际化，而且使国内农业国际化。面对日益激烈的国际竞争，一个国家的农业部门是否能够提供高品质产品，是其是否具有国际竞争优势的基础。分析世界各国的成功经验，可以清楚地看出，加快农业科技创新、依靠科技进步来有效降低农产品生产成本，改善农产品品质和质量，是提高农业国际竞争力的根本出路。

三　对中国农业科技创新及科技进步若干问题的建议

改革开放以来，中国在农业科技创新方面取得了辉煌成就，许多技术已达到世界水平。但是中国农业科技创新水平在许多领域仍落后于发达国家10~15年。尽管中国农业科技对农业生产的贡献率已经提高到53.5%，但同发达国家相比还有很大差距，发达国家农业科技对农业生产的贡献率都在75%以上，德国、法国、英国等甚至达到90%。此外，中国农业科研成果转化率也比较低。据报道，2000年以来，中国每年取得科技成果6000多个，但转化率不足50%，真正形成规模的还不到20%，而发达国家农业科研成果转化率已经达到80%以上。这些均严重阻碍了中国的农业现代化和国际竞争力的提高。鉴于此，拟结合世界各国农业科技创新和应用创新的经验和实践，针对中国的具体国情，从以下几方面就如何提高农业科技创新在中国农业发展和粮食安全上的作用提出一些建议。

（一）认清农业科技创新的特点，跳出认识误区

在充分认识农业科技创新对中国国家的粮食安全和农业发展的重要性和紧迫性的同时，还应该正视中国农业部门对农业科技创新存在的一些认识误区。

1. 认识误区之一——科技创新就是科学研究和科技领先，科技创新就是整个农业和农村发展的一副"灵丹妙药"

这种观点认为，只要能够通过科学研究，并实现科技领先，所有问题就能迎刃而解。实际上，农业科技创新是农业科技进步与应用创新的"双螺旋结构"共同演进互动而催生的产物；是在农业生产过程中，科技人员与农业生产者及消费者的互动挖掘需求，通过农业生产者、消费者参与创意、研发到试验推广与应用全过程。农业科技创新包括基础研究、应用研究、示范试验、推广应用和进入市场五个相互衔接的阶段。这五个相互衔接的阶段缺一不可。现在的科技创新理论应是双螺旋结构理论，科学进步和应用创新两者相互影响、相互作用、螺旋上升。农业科技创新强调创新过程中的科技力量，但不是科技发明的本身，而是农业科学技术发明的价值实现。农业科技创新并不是一个纯科技概念。事实上，它应该是个经济的概念。光有科学研究，没有随后的推广应用、产业化生产和进入市场，就不能称之为科技创新。此外，科技创新可以为农业发展提供动力，提高农业生产力水平和国际

竞争力，但是要实现可持续农业发展和粮食安全，还需要一系列的配套措施、完善的政策环境和社会人文环境等。科技创新不是一剂放之四海而皆准的"灵丹妙药"。

2. 认识误区之二——认为农业科技创新就是高新技术的研究，就是科学技术领先

这种观点造成盲目追求高精尖、高新技术研究，极力推崇所谓的"顶层设计"，无比崇拜"大科学"，盲目热衷"大工程、大项目、大课题"。在国家资源有限的情况下，将大量资源甚至倾国之财力盲目地投入这些"大计划"、"大工程"或者大项目，而对积累性农业技术创新不屑一顾，甚至挤压、"关停并转"那些传统的农业技术研究，使一些传统或非主流的实用学科和应用技术研究萎缩，乃至消亡。这种认识误区和政策误导，在许多发展中国家普遍存在。在中国曾经有一段时间确实出现千军万马会战农业高新"生物技术"，重复投资，造成浪费，而传统的杂交育种、突变育种却缺乏经费支持，一度被打入"冷宫"。一些实用的栽培技术、水土保持技术研究也被挤压、被忽视。实践证明，恰恰就是这些被忽视的传统育种技术和实用技术为中国的粮食生产和粮食安全做出了巨大贡献。截至目前，中国采用传统育种技术已育成小麦新品种2200多个，为中国小麦生产做出了突出贡献。尽管现代生物技术的发展将为传统育种技术注入新的生命力，目前这些传统的育种技术在作物品种改良上仍然处于主导地位。由此可见，提高农业生产力和国家粮食安全的农业科技创新，并非一定要全部致力于高投入、"高精尖"的农业技术。低成本、高效率、现代和传统的有机结合的实用技术往往对发展中国家的农业发展和粮食安全能做出及时、更大的贡献，如"桑基渔田"是联合国粮农组织向全世界广泛推广的一种模式。

3. 认识误区之三——忽视农民在农业科技创新中的重要地位和作用

无论在制定农业科技创新的战略，还是确定农业科研项目时，往往采取一种"闭门造车""跟踪国外"或"自上而下"的技术创新和应用创新思维，既忽视农民在农业科技创新中的作用，也忽视农民作为最终用户或者受益者的真正需求，结果自然是造成科技创新的供给和需求脱节，技术成果转换率低下，科技创新的效率和效果均不理想。目前，中国农民的人口仍然约占全国总人口的50%，没有一个国家的农村规模和农民人口能与中国相提并论。这个庞大的规模和人口特征就形成了中国农村发展和农业生产的最基本也是最重要的国情之一。任何忽视农民的实际需求和作用的科技创新最终肯定是失败的。因为作为农业生产力中最重要的主导因素的农民是决定农业科技创新成败与否的关键。无论从国际农业磋商组织的科技创新项目，[①] 还是从联合国粮农组织、国际原子能机构联合农业研究项目[②]实施的经验和教训均表明：以农民和农业生产需求为驱动（Demand-driven）、以促进农业生产和粮食安全的结果为基础或导向（Results-based 或者 Results-oriented）制定并实施农业科技创新战略和技术路线，是卓有成效并成功的。联合国粮农组织、国际原子能机构联合采用这种以需求为驱动、以应用结果为基础的技术创新，利用核技术研究成功的牛肺疫诊断技术，帮助非洲许多国家根除了这种疾病，仅博茨瓦纳一国，每年就保护了对欧盟国家价值9000万美元的牛肉出口。

在确定农业科技创新战略时，必须认识科技创新的成本和效率、科技创新和科技进步的关系，现代和传统技术的权衡比重，前瞻创新性和传统应用性技术研究，有益于小农户技术和集约化农业高新技术的比重，资源型和劳动密集型的技术发展等诸多因素。此外，政策环境和社会人文环境也对科技创新的成败起到重要作用，这一点对于决策者至关重要。

（二）建立以政府为主导、多元化的农业科技创新投入机制

根据农业科技创新的公益性特征，世界上许多重要国家都毫不例外地对农业科技给予极大扶持，尤其是加大对农业科技创新的投入。联合国粮农组织研究表明，当一个国家农业科研投资占农业产值比重大于2%时，该国农业科技才会出现原始创新，农业与国民经济其他部门才可能协调发展。据世

---

① 国际农业研究磋商组织：《战略与成果框架》，国际农业研究磋商组织捐助者论坛的报告，2001年2月20日。

② 国际原子能机构：《为成功而奉献，国际原子能机构核技术应用试验中心创新的成功事例》，2012年3月。

界银行报告，目前发展中国家在农业研究上的投资占农业生产总值的比重，只有工业化国家的1/9。在过去的20年间，中国和印度在农业研究上的投资仅增长3倍，撒哈拉以南非洲地区仅增长1/5。尽管这些年来，中国以政府财政为主的农业科技投入不断增长，但目前投入不足的问题依然严重。2009年，中国农业科研投入占农业GDP的比例仅为0.6%左右，远低于工业化国家2%以上的比例，与联合国粮农组织建议的发展中国家1%的水平也有较大差距。无论从社会总投入，还是从公共财政投入看，中国农业研发投入水平也远低于全国科技的平均投入水平。鉴于中国作为最大的发展中农业大国及其具体的国情，农业科技创新体系的主体在相当长一段时间里仍然是政府的公共研究部门或应以政府的公共研究部门为主，建议建立以政府投入为主导的多元化农业科技创新投入机制。

首先，必须提高农业科技创新的投资强度，政府的投入应力争达到占农业总产值比重1%以上。

其次，政府公共投入的重点应主要置于基础研究和应用基础研究，重点置于知识产权不易得到保护、技术难以商业化、社会效益高于经济效益的应用研究，包括农业发展战略和政策研究；与此同时，政府要改善农业科技创新的投资环境，通过体制改革深化和政策引导，逐步鼓励全社会、多渠道、多元化的科技创新投入新体系，以弥补公共投资的不足。引导工商资本、民间资本和外资流向农业高技术产业，尤其是农产品加工、农业生产资料和农业生物技术行业，发展农业科技创新风险投资，从而形成以政府为主导的多元化的农业科技创新投入机制；此外，要优化投资结构，建立财政投入标准体系。应统一农业科技资金管理，优化农业科技资金配置，以保证农业科技创新的财政投资效率。

最后，在加大对科技创新投入的同时，还应切实提高科技人员的收入水平，确保农业科技人员的收入不低于同地域同类行业的平均收入水平，避免出现"有钱打仗、没钱养兵"的怪异现象。

（三）深化改革，构建科学高效的农业科技创新体系

中国的农业科研、教育、推广机构和队伍是全世界最大的。整个国家的

农业科研体系基本上是延续苏联模式设立，基本按照行政区划设定，而不是按照自然资源、农业生态和农业区划设立，部门、专业、单位条块分割，国家、省、地（市）三级农业科研单位的机构、学科、专业重复设置，分工不明确，跨部门、跨专业、跨学科的合作项目越来越少，科技资源配置浪费较大，总体运行效率不高。

区域性是农业科技创新特征之一，也是世界各主要国家有效配置农业科技资源的重要依据。例如，美国农业研究局按照农业区域特点和生态区划，把全美划分成八大区域，并在每个区域设置了由农业研究局直接领导的科研服务机构；每个机构根据本区特点下设不同数量和规模的试验站、示范点或研究所。建议从中国具体国情并遵循农业生态和区域性特征出发，借鉴美国和其他农业发达国家的经验教训，构建层次分明、结构优化、分工明确、有机衔接的适应现代农业科技发展需要的新型农业科技创新体系。

整个国家的农业科技创新体系可以分为国家和区域两级体系。国家一级的创新体系可以由国家级的农业科研机构、重点农业院校等组成，形成国家农业科技创新的核心基础，应以知识创新为主体，以原始创新为重点，着重解决全局性、基础性、战略性农业科技创新问题；区域一级农业科技创新体系可由省级农业科研机构和农业院校组成，是国家农业科技创新体系的重要组成部分，以技术创新为主，重大关键技术系统集成为重点，着重解决区域性、地方性的农业科技创新问题。这种层次分明、以农业生态区域为基础的创新体系，一方面可以使农业科研工作更适合各个生态区域的特点和发展需要，促进农业科研与生产的紧密结合；另一方面还可以避免目前中国农业科研机构之间的低水平重复和恶性竞争，提高农业科技资源的利用效率。在这个基础之上，还可构建新型农业教育体系和农业推广体系，促进研究、教育和生产的紧密结合，促进不同区域特点的农业科技创新体系的互动合作。此外，随着市场经济的完善和成熟，还应进一步建立系统的政策激励机制，促进高等学校、科研院所同私营企业、私营研究机构、农民专业合作社、龙头企业、农户开展多种形式的技术合作，不断增强农业科技创新能力、推广应用、公益服务能力和自我发展能力。在创新模式的选择上，应确立自主创新与引进技术相结合，高新技术与传统技术相结合，基础研究、应用研究与技术开发相结合的农业科技创新模式。

（四）完善推广服务体系，促进农业科技应用创新进程

建立国家农业科技创新体系是一个系统全面的创新体系，不仅要增强农业基础研究和高新技术原始创新能力，提高农业重大关键技术集成创新能力，更要强化农业技术推广与服务，推广农业科技成果产业化，真正实现以技术创新为核心，以科技推广为纽带，以农民、农户为最终用户的农业创新体系。在中国现行体制下，不仅农业技术从产生到采用过程存在着严重脱节，农业科技教、产、学、研也存在严重脱节现象。在创建农业科技创新体系中，如何使农业研究、农业教育和农业推广建立起有机联系，既相互补充、相互促进，又相对独立、自我发展，是农业科技创新成功与否的关键。

参考美国政府在科技创新体系各要素之间的协调和促进作用，对中国建立完善的科技创新体系具有一定借鉴作用。美国是世界上较早重视农业推广服务的国家。从这个国家的农业推广服务体系看，可分为公共的农业推广服务系统、私人农业推广服务系统和合作社农业推广服务系统。三者之间相辅相成、相互补充，又相得益彰、自我发展。从公共的农业推广服务系统来看，美国政府一直把农业的教育、研究和技术推广作为政府的主要职能，从而形成极有特色的教育、研究、推广"三位一体"的体系。此外，美国还拥有一批世界级的农业企业，这些企业所拥有的私人农业推广服务系统具有经济实力强、运转效率高、见效快的特点。政府通过多种政策措施，促进私人农业推广服务系统和合作社农业服务体系在农业推广中发挥越来越重要的作用。

中国应该根据自己的国情，进一步完善农业科研教育和推广体系，建立一个以国家农业科技服务体系为主导，由民营科研机构、私营企业、农业龙头企业共同参与的多元化新型农业技术推广体系。政府要加强对公益和市场结合型的农业技术推广的指导，推动农业科研机构、高等院校和中介组织面向农业技术推广领域，加快农业科技成果的转化。与此同时，在建立有效的

推广服务体系过程中，要切实面向农民，以农民和农户为核心，通过技术示范、科技承包、农民培训等活动，与农民进行有效对接，为农民提供有效的科技服务。无论是从国外发达国家的成功经验，还是从农业科技创新的实践特征来看，以农民为本，以农户为核心是农业科技创新的客观要求和目的所在。如何充分发挥农民在新时期农业科技创新中的作用，是决定中国农业科技创新成败和中国农业未来的关键问题。

第九章
粮食安全投资战略

一 实现世界粮食安全需要创新投资战略

（一）面向 2050 年的投资需求

实现 2050 年的世界粮食安全，任务复杂而艰巨：不仅要发展生产、实现粮食增产 60% 的目标，保障 90 多亿人口的总量供给，还要改善粮食获取途径、提高民众获取能力、完善社会安全网，保证一家一户的粮食获取和使用，同时要转变生产方式、提高资源效率、保护生态环境，确保粮食安全的可持续性。这些问题要在全球范围内得到妥善解决，必须有充足的投资做保证。投资的重点领域包括：农业初级产业，如种植业、畜牧业、水产养殖业、捕捞渔业和农用林业；下游支持服务业，如农产品储藏、初级加工和销售系统；农业科技研发、推广及技术服务体系；自然资源管理尤其是水土资源、渔业资源、森林资源及相关的生态系统；与农业生产紧密相关的基础设施，如灌溉、排水、道路、电力等；以及相关的非农领域投资，如社会安全网、教育、卫生、供水及保健等系统。

预期的投资来源有公共投资和私营投资两大类，其中每类又包括国内和国外投资。各类投资的对象与目的不同，虽有所交叉，但总体来说是互补的，不可相互替代。国内私营投资大部分来自农民，是中低收入国家粮食安全投资的最大来源。这类投资以提高农业生产效率和经济产出为目标，主要集中在与农民利益直接相关的农业初级产业和下游支持服务业。国内公共投资主要来自各国政府，是粮食安全投资的第二大来源。政府投资重点提供私营投资不感兴趣或难以负担的公共产品与服务，如研发推广、资源管理、基础设施和安全网等。外国公共投资主要来自各种发展援助资金，重点弥补发展中国家政府投资的不足，也可能直接涉足农业初级产业或下游支持服务业。外国私营投资主要来自公司和个人，以投资者自身经济利益为目标，客观上可能给受投资国家和地区的经济发展、农民增收和粮食安全带来益处。

联合国粮农组织 2009 年估计，为满足 93 个发展中国家到 2050 年的农产品需求，种植业和畜牧业等农业初级产业及下游支持服务业每年所需投资按 2009 年价格计算约为 2090 亿美元，扣除资本折旧更新，年需净投资 830 亿美元，其中 200 多亿元用于作物生产、100 多亿元用于畜牧业生产、其余 500 多亿元用于下游支持服务业。① 这些尚不包括道路、大型灌溉项目、农村电气化和教育等方面的公共投资。斯格密哈伯（Schmidhuber）和布鲁因斯马 2011 年进一步预测，为在 2025 年消除世界范围内的饥饿，每年用于农业和社会安全网方面的公共支出需要在现有基础上增加 502 亿美元，用以支持农村基础设施、自然资源保护、农业研发推广以及农村体制等方面的投资，并为饥饿人口提供社会安全网。② 同时，实现从"第一次绿色革命"向"第二次绿色革命"的转变，建设可持续的集约化农业，需要农民和公共部门加大投资力度；应对当前面临的一些新的挑战，如适应和减缓气候变化等，也需额外增加投资。

饥饿和营养不良问题的根源在于发展中国家投入不足。世界上 70% 的

① 联合国粮农组织，"2050 年如何养活世界"高级别专家论坛，2009 年 10 月 12 ~ 13 日，罗马。

② J. Schmidhuber, J. Bruinsma, Investing Towards a World Free of Hunger: Lower Vulnerability and Enhancing Resilience, Safeguarding Food Security in Volatile Global Markets, FAO, 2011, Rome.

贫困人口生活在农村，农业投资与农民的生产、生活紧密相关，是解决粮食安全问题最直接、最有效的措施。尽管目前各种预测估计的投资需求数额巨大，但与 2007 年经合组织国家用于国内农业扶持的 3650 亿美元或同年全球 13400 亿美元的军费开支比较起来，这些数字就显得微不足道了。2007～2008 年发生的世界粮食危机和紧随其后的国际市场粮价高企，使农业和粮食安全的投资问题得到了国际社会的广泛关注，成为各国政府和相关国际组织，如联合国粮农组织和"粮安委"，乃至区域集团，如 G8、G20 和非洲统一组织等，共同重视的政治议题与政策话题。

（二）当前面临的挑战与制约

对照未来几十年的投资需求，审视当前的发展态势，世界农业与粮食安全投资领域尚面临诸多挑战与制约，主要是总量不足、增长不平衡、政策不完善、效率有待提高，迫切需要创新投资战略、改革投资机制和良好的资金管理，妥善加以应对。

联合国粮农组织 2012 年发布的研究报告表明，[①] 1975～1990 年，全球初级农业资本存量的积累速度为平均每年 1.1%，1991～2007 年下降为 0.5%。2009 年，发展中国家农业资本年度总投资估计为 1420 亿美元左右，约需 50% 的增幅才能满足未来投资需求。造成投资不足的原因很多，主要包括：农民作为最主要的投资者，长期以来因受各种条件的制约，投资意愿和能力不足；过去 30 年来，多数发展中国家农业在政府支出中的比重持续下滑，其中亚洲地区由 20 世纪 80 年代初的 10% 降到了 2004 年的 4%，撒哈拉以南非洲从 1980 年的 6% 降到了 2007 年的 2.7%；农业（包括林业和渔业）在全球官方发展援助中的份额从 1980 年的 19% 下降到 2009 年的 5%，这与发展中国家每年约 440 亿美元的海外发展援助需求相去甚远。

投资增长的不平衡也十分明显。联合国粮农组织的研究报告表明：能稳步实现"千年发展目标"中消除饥饿指标的 47 个国家，其农业人均资本积累自 1992 年以来以年均 0.7% 的速度不断增加；但进展不足的 31 个国家，

---

① FAO，The State of Food and Agriculture，2012.

增长速度就慢了很多；而在营养不足人口比例居高不下甚至出现上升的 16 个国家中，这一数值甚至有所降低。过去 30 年来，农业人均资本存量和农业公共支出限于停滞或下滑的区域，也正是当今贫困与饥饿的重灾区，如撒哈拉以南非洲和南亚地区。而且，几十年来随着低收入国家农业劳动力增速超过其农业资本存量增速，高、低收入国家之间的差距在进一步拉大。除非采取有效措施，加大投入力度、完善基础设施、改进资源管理、推进技术进步，否则这些国家将很难摆脱"低生产率增长陷阱"的困扰。

除农民以外的国内外私营投资是中低收入国家农业投资的一个潜在来源。目前其规模虽然与国内农业投资总额相比仍然很小，但近一段时期以来，各种规模和性质的投资者在全球粮食价值链的各个环节都开始活跃起来，涉及农资供应、种子繁育、田间生产、贸易和物流、加工及零售等所有领域。私营部门投资在加快完善农业基础设施，提高农业生产和支持服务水平，创造就业机会，增加农民收入和促进技术转让等方面能发挥积极作用，但也蕴藏着风险，如大规模投资商对小农户利益的挤占，外来投资者对当地资源、环境和社会可能带来的负面影响等。近年来大幅增加的以土地交易为主要方式的海外农业直接投资尤其引起国际社会的普遍关注，即要充分挖掘私营投资的潜力，通过加强与国内外私营投资伙伴的联系与合作，鼓励适当的私营部门投资和公私合营，有效弥补农业投资的不足，又要制定相应的政策措施，加强对私营投资的监管，有效防范其在社会和环境方面可能带来的负面影响，这对发展中国家的政府管理能力提出了新的挑战，也是国际社会当前研究的一个新课题。

缺乏良好的投资环境在一些发展中国家是增加农业投资的制约因素。由于管理不完善、法制不健全，导致政府机构官僚腐败、投资政策朝令夕改、投资人权益得不到保障，加之农业税负过重、农村基础设施和公共服务不完善，使农业投资成本和风险增加，挫伤了投资农业的积极性。如何加强制度建设、基础设施建设和能力建设，为农业投资构建有利环境，是多数发展中国家共同面临的复杂课题。此外，一些发展中国家政府公共投资的质量和效率也有待提高。由于农业和粮食安全投资在政府预算分配中得不到足够重视或预算分配执行不严、项目质量欠佳、监管力度不够，往往造成稀缺资源的浪费。这背后有多方面因素，包括政治利益的较量，政府部门的管理能力，以及农业投资项目的客观复杂性，如周期长、效益分散、难以明确责任归属等。因此，如何实施更加透明和更具包容性的预算程序，提高公共投资的决策质量和投资绩效，仍是一些发展中国家需要解决的问题。

二　未来投资战略及重点领域

（一）以农民为中心的投资战略

关于粮食安全的投资问题，国际社会已于 2009 年罗马世界粮食安全首脑会议上达成了政治意愿和基本共识。会议通过的《世界粮食安全首脑会议宣言》明确提出"全球可持续粮食安全罗马五项原则"，其中两项具体阐述了有关农业投资的承诺与行动，即原则一——投资国家主导的行动计划和原则五——确保所有伙伴对农业和粮食安全投资持续做出实质性承诺，及时可靠地提供必要资源。原则一强调粮食安全是国家责任，应对粮食安全的行动计划必须由国家提出、设计和主导；要把粮食安全作为重点优先领域，纳入国家投资计划和预算安排中；加大国际支持力度，推进国家、区域战略的实施。原则五承诺做出重要调整，为发展中国家农业增加短期、中期和长期投资；欢迎非洲国家领导人承诺把各自农业预算支出比例至少提高到 10%，鼓励其他地区做出类似的定时、定量的承诺；强调履行所有官方发展援助承诺的重要性，承诺根据国家要求，大幅提高官方发展援助用于农业和粮食安全的比例，并鼓励国际金融机构和区域开发银行加以效仿；支持公共与私营部门的合作以及国内外私营部门投资发展中国家的农业和粮食安全领域，支持酌情开展促进和支持私营部门投资的国家立法工作，同意继续开展相关规则研究以促进负责任的国际农业投资①。

---

① 《世界粮食安全首脑会议宣言》，世界粮食安全首脑会议，2009 年 11 月 16～18 日，罗马。

目前，发展中国家农民对农业资本存量的投资是政府投资的 4 倍以上，是其他类型投资总和的 3 倍多。在可预见的未来，农民自身投资占绝对主导地位的局面还将延续，这意味着任何旨在改善农业投资的战略都必须把农民及其投资决策放到中心位置。基于这一考虑，联合国粮农组织 2012 年的旗舰报告《粮食及农业状况报告：投资农业创造美好未来》呼吁制定以农民为中心的投资战略，围绕支持、引导和服务农民投资，加强相应的机构和人员能力建设，改善投资环境，完善公共服务，加强投资监管，建立政府、援助机构、民间社会以及私营部门尤其是农民之间的伙伴关系，以提高农业投资的数量和质量，实现可持续的世界粮食安全。以农民为中心的投资战略要求政府及发展合作伙伴履行四项基本职责，即创造有利的投资环境；引导公共支出投向回报率高的基本公共产品；帮助小农克服储蓄和投资方面的困难；监管私营投资，尤其是大规模的投资，确保社会公平和环境可持续性。[①]

1. 创造良好的投资环境

投资环境取决于由政府主导的政策、制度及基础设施，以及由市场决定、但受政府政策影响的市场激励机制，它影响农业投资的盈利与风险预期，因而会成为农民和私营投资部门投资农业的激励或阻碍因素。虽然在不同国家、不同经济发展阶段、不同投资者对农业投资环境的要求各不相同，但所有农业生产者，都要求具有下列基本特征的有利环境：基础设施和人力资源开发、贸易和市场制度、宏观经济稳定性及良好的管理。农业投资尤其依赖于一些关键的有利因素，如政策的可预见性和透明性，明确的土地使用权和财产所有权，透明的贸易政策及完善的农村基础设施，包括灌溉、道路、通信、供水、卫生和电力。其他与农业相关的有利因素还包括生产标准与规范、研究与开发，以及农村金融服务等。

2. 调整公共投资的方向

近年来，增加农业公共投资已成为发展中国家的普遍共识。以农民为中

---

① FAO，The State of Food and Agriculture，2012.

心的投资战略要求将公共投资政策的核心转向促进更多、更好的私营投资。为此，政府和发展援助机构应将稀缺的公共资源尽量用于具有较高经济和社会回报率的重要公共产品。虽然公共投资的重点可以因时间地点的不同而有所不同，但世界各国已有的经验表明，某些类型投资的社会回报率明显高于其他类型的投资，如农业科研与开发；农业自然资源管理，包括水土资源、林业资源及相关生态系统；农业技术推广服务及市场体系建设；农业基础设施和社会保障，包括道路、供水、卫生、教育和养老保险等。另外，进行必要的机构建设和人力资本开发，为农业投资构建有利环境，也应该成为农业公共投资的重点领域。

3. 对小农户提供帮助

小农经营的农业生产在全球范围内为约 20 亿人口提供生计。[1] 他们需要投资于三类资产，包括自然资源资产，如维持和改善水土、渔业、林业资源基础；有形资产，如设备、农舍和基础设施；人力资本，如正规和非正规的教育培训。由于生产规模小、技术水平低、经济能力有限，在很多国家，小农（其中许多为女性）通常面临一些具体困难，包括极端贫困、产权缺乏保护、难以进入市场和获取金融服务、易受冲击，且应对风险的能力有限。政府和发展援助机构需要采取措施，加强对小农户产权的保护，提供更好的农村基础设施和公共服务。合作社及其他类型的农民合作组织能够帮助小农户抵御上述挑战，并在市场上实现规模经济；社会安全网能够帮助最贫困的农户摆脱贫困陷阱，从而构建生产性资产。

4. 加强私营投资的监管

农业领域大规模私营投资日益增多的趋势为农业带来了新的机遇和挑战。大规模投资可能会提高生产水平、增加出口收入、创造就业并促进技术转让，但是也蕴藏着风险，导致现有土地使用者权益受损，并造成负面环境影响。政府及发展合作伙伴有责任对这类投资进行监管，确保其有助于所在国家和地区的粮食安全和消除贫困。2011 年，由"粮安委"批准的《国家

---

[1]　IFAD：Governing Council, 2010.

粮食安全范围内土地、渔业及森林权属负责任治理自愿准则》和正在磋商的《负责任的农业投资准则》提供了相应的政策框架，核心是提倡促进大型投资者选用替代性和更具包容性的商业模式，创造更多机会让当地农民参与农业价值链，确保大规模农业投资能够带来社会效益，并有利于环境可持续发展。

（二）国际社会关注的重点领域

1. 国家与区域投资计划的编制与实施

20 世纪 90 年代中期以来，在联合国粮农组织和其他发展援助机构支持下，100 多个发展中国家编制实施了国家级粮食安全特别行动计划。目前尚有 17 个大规模国家粮食安全计划正在执行，另有 30 个计划处于立项后期。此外，联合国粮农组织还与区域经济联盟一道，制订了 12 项粮食安全计划，用以鼓励贸易，同时侧重食品质量安全。2003 年 7 月，"非洲农业发展综合计划"在马普托得到了各国国家元首和政府首脑批准，落实该计划每年需要 250 亿美元投资。在该框架内，为 51 个非洲国家制订了"国家中期投资计划"及"可获银行担保的投资项目建议"，总预算达 100 亿美元。此外，联合国粮农组织、非洲联盟（以下简称"非盟"）以及"非洲发展新伙伴关系"于 2008 年 12 月在苏尔特联合召开的部长级会议上，为 53 个非洲国家制定了 1000 项内容翔实的短期、中期和长期项目和投资计划组合，融资总额达 650 亿美元。目前的工作重点是对相关国家与区域投资计划的不断完善和更新。

2. 负责任的农业投资

近年来，以土地交易为主要方式的海外农业直接投资明显增加。投资主要来源于三类国家，即东亚和南美新兴国家、海湾石油输出国家、北美和欧洲发达国家。投资重点集中在非洲，也分布在亚洲和拉美。在最近统计的 754 宗土地交易案中，约有 5600 万公顷在非洲，1770 万公顷在亚洲，700 万公顷在拉美。非洲土地交易面积约为非洲农业总用地的 4.8%，相当于津巴布韦的国土面积；70% 的土地交易集中在 11 个国家，其中非洲 7 个，东南亚3个。① 这一现象引起了国际社会的普遍关注，引发了关于加强对农业投资的监管和制定相关国际行为准则的提议。2012年，粮安委决定在《国家粮食安全范围内土地、渔业及森林权属负责任治理自愿准则》得到批准后，立即启动关于制定负责任的农业投资准则的磋商进程；要求磋商兼顾现有框架的情况，包括联合国粮农组织、国际农业发展基金、联合国贸发会议和世界银行制定的"负责任农业投资"原则；并敦促把"注重小农的投资"明确认定为负责任企业农业投资的鉴别标准。具体的工作方案已于2012年10月粮安委第39届会议上通过，准则的适用范围将包括国内外所有的公共和私营投资。②

3. 社会安全网的建立

当前，世界粮食总量供应充足，但饥饿和营养不良现象仍普遍存在，这一局面使人们认识到在饥饿和贫困相互交织的情况下建立社会安全保障网的重要性和必要性。社会安全网和社会保障计划通过现金转移支付、在公共工程中雇佣劳动力、提供学生餐等向社会弱势群体提供帮助。这类项目不仅仅是福利，也是能够产生经济效益的可靠投资，而且其效益还可以通过对现金转移计划的附加条件得以增强，如要求获得帮助的贫穷家庭遵守卫生和教育等方面的某些要求。社会安全网的成本因所在国家和援助形式不同而不同。非洲最为全面的社会计划是埃塞俄比亚的"生产性社会安全网"计划，受益人群约700万人，每人每月最多获得3.5美元，或每年最多6个月获得21美元。在拉丁美洲，巴西的"家庭补助金"计划每月向1240万家庭提供51美元的现金补助。联合国粮农组织估计建立世界范围的社会安全网，每年约需240亿美元③。

4. 扶持小农生产

与发达国家相比，发展中国家的农业更容易受到各种自然灾害和市场风

---

① 联合国粮农组织：《海外农业投资发展中国家的趋势及影响》，2012。
② 参见世界粮食安全委员第39届会议文件《负责任农业投资：未来方向》，2012年10月15～20日，罗马。
③ 联合国粮农组织：《养活世界，消除饥饿》，世界粮食安全首脑会议文件，2009年11月16～18日，罗马。

险的影响。由于缺乏有效的应对措施和安全网络，发展中国家小农户的大部分储蓄都用于自我保险。此外，他们还经常陷于低回报、高风险的生产活动中。这部分农民占当今世界农民的绝大多数，也是粮食安全状况最不稳定的群体，是消除饥饿和贫困的主要工作对象。因此，国际社会普遍呼吁提高粮食安全投资和政策的针对性，更多地关注和扶持小农生产。除了投资基础设施、技术培训和市场信息系统外，目前世界各地正在试点探索的办法还包括向农民的环境服务付费；建立针对作物歉收、干旱及其他灾害的保险和安全网络等。

三　提升中国农业投资水平

（一）完善公共投入体制

促进农业发展及保障粮食安全需要政府公共投入的支持。世界发达国家和地区在这方面的投入力度比较大，如美国、欧盟和日本的农业补贴占世界各国农业补贴的 80%，其农场主约 40% 的收入来源于政府补贴。[①] 中国 20 世纪后半叶主要实行"以农养工"的政策，21 世纪初进入工业化中期以来，政府开始着手建立公共财政体制，实行城市支持农村、工业反哺农业，情况有了很大改观。中央财政"三农"投入从 2003 年的 2144 亿元增加到 2012 年的 1.228 万亿元，实现了从"千亿"到"万亿"的数量级跨越；十年累计投入超过 6 万亿元，年均增长 21%，比同期财政支出年增长率高出 4.5 个百分点；占财政支出的比重从 13.7% 提高到 19.2%；其中 2012 年中央财政各种涉农补贴达到 2000 多亿元。这些措施为中国"三农"发展赢得十年"黄金期"，粮食产量实现"八连增"做出了重要贡献。[②] 但总体来看，中国农业公共体制还不能很好地适应农业发展和粮食安全的要求，需要从以下

---

① 姜亦华：《国外农业补贴趋向及其启示》，求实理论网，2012 年 5 月 14 日。
② 《国外农业补贴趋向及其启示》，《人民日报》2012 年 5 月 28 日。

几方面采取措施逐步完善。

1. 建立政策机制

50 多年 "以农养工" 积累的农业投入欠账太多。当前，中国农业发展面临一系列问题和挑战，尤其是基础设施薄弱、资源环境约束加剧、科技贡献程度不高、自然和市场风险上升，以及农业比较效益偏低等。要有效解决这些问题，实现可持续的国家粮食安全长远目标和《全国农村经济发展"十二五"规划》（以下简称《规划》）提出的近期目标，如新增农田有效灌溉面积 4000 万亩，粮食综合生产能力达到 5.4 亿吨以上，农产品质量安全监测总体合格率稳定在 96% 以上，农业科技进步贡献率达到 55% 以上，农村居民人均纯收入年均增长 7% 以上，[①] 增加投入是关键。近年来农业公共投入得以快速增长，得益于国家投资政策的调整，也有为应对经济危机采取应急刺激措施的原因。未来需要完善法规制度建设，建立稳定的投入增长机制，以实现"三个持续加大"，即持续加大财政用于"三农"的支出，持续加大国家固定资产投资对农业农村的投入，持续加大农业科技投入，确保增量和比例均有所提高。

2. 优化投资结构

目前，财政对农业的支持有很大一块用于农产品的政策补贴，其中多数用于农产品的流通环节，使流通企业和消费者成为主要受益者，农民受惠的程度有限。农业固定资产投资中，大型社会公共资源管理与保护项目所占比例较高，直接为农业生产、农民生活服务的民生工程力度有限，农业科技投入不足。2012 年，农业科技三项费用支出占国家财政农业支出的比重不足 1%，大大低于一些发达国家的水平。未来需要围绕《规划》发展目标的实现，特别是"七区二十三带农业战略格局"和"两屏三带"生态安全战略格局的构建调整和优化投资结构，重点扶持农业综合生产能力的提高，农业物质装备条件的提升，农村经济结构的调整，农民收入的持续快速增长，农村基础设施和公共服务的改善，以及农村生态建设和环

---

① 国家发展改革委员会：《全国农村经济发展"十二五"规划》，中央政府门户网站，http://www.gov.cn，2012 年 6 月。

境保护。

3. 改进资金使用

目前，农业公共投资门类较多、条块分割，不利于"三农"问题的统筹解决，妨碍了资金整体效益的发挥。需要加强部门联合，实施综合投资战略，按区域推进，按项目管理，整合农、林、水，联合种、养、加，连接产、供、销，促进区域农业一体化发展。近年来国家对农资和农机具的补贴力度较大，产业化组织和农民合作社受益颇多。这类补贴资金的具体使用有值得探讨的地方，如目前合作社的运作机制尚不健全，龙头企业和大户的利益往往居多，如何采取相应措施，保障小农户的利益，维护社会公平？对常规生产资料和设备的无偿补贴，是否有助于农户和农民组织经济自立能力的健康发展？发达国家不同时期对农业的扶持有明确的阶段性重点，工业化中期，在政府财力有限时，往往集中于发展需要迫切而农民和市场又解决不了的关键环节，如公共基础设施建设、生态建设、市场建设、技术进步和能力培训；对营利性的生产设施、项目投入，通常采用有投有放、周转使用、还本付息的资金扶持方式，以缓解资金不足并提高引导效益。目前，中国还有 1.28 亿贫困人口和 1.58 亿营养不良人口，农业投资需要兼顾效率与公平，切实保障扶贫与粮食安全的投入力度。具体投资政策和方法也需要在区域扶贫战略的框架下进一步细化，提高针对性，瞄准贫困和营养不良群体。

4. 加强资金管理

发达国家在公共投入方面都有一套严格的管理程序。中国农业公共投资目前尚存在管理体制分散、监督约束不严、人为因素及随意性较大等问题，需要采取措施从预算安排、执行使用、监督审计和评估考核等方面加强管理。预算安排应落实政府关于农业发展的方针政策，保证农业投资占财政支出的比重。执行使用过程应引进公众咨询、民主决策程序；加强农业生产成本收益监测；完善与农业生产资料价格上涨挂钩的农资综合补贴动态调整机制。监督审计部门应不断完善支农项目的财务决算审计和重点项目的竣工审计制度，建立农业补贴政策后评估机制。纪检、监察等部门应研究制定支农资金使用过程中的违规、违纪和贪腐行为的惩处办法，加大处罚力度。新闻媒体可以督促投资的预算安排、执行进度与投资效益。

（二）拓宽投融资渠道

农业现代化的发展需要广开源路，从政府、农户、涉农企业、资本市场等各个方面筹措资金。目前，中国政府财力有限，农户资金不足、融资困难，农村信用社功能不健全、资金外流，农业保险才刚刚起步，导致农业投资缺口较大，制约了农业生产发展，迫切需要尽快建立以国家投资为导向，以信贷投资为支持，以企业资金、社会资金和外资为补充的多层次、多渠道的投融资格局，使社会各方各尽其能，共同增加对农业的投资，具体措施包括以下几个方面。

1. 创新金融支农体制

金融支农是国际上的普遍做法。中国农村目前缺乏一些像发达国家那样强有力的信用合作体系，政策性金融机构也不发达，农业发展银行的贷款业务在金融机构中所占份额很小。应加大对农村金融政策的支持力度，加快建立商业性金融、合作性金融、政策性金融相结合的农村金融体系。这需要对商业银行的支农业务提供税收减免和费用补贴，引导各类商业性金融机构到农村开拓业务；放宽农村金融准入政策，鼓励和规范发展多种形式的农村金融机构、资金互助社和小额贷款组织；拓展农业发展银行的支农领域，扩大邮政储蓄银行的涉农业务范围；深化农村信用社改革，充分发挥其作为农村金融服务主力军的作用；同时加强农村信用体系建设，扩大农村有效担保物范围。[①]

2. 鼓励涉农企业投资农业

虽然目前这类投资的总量不多，但近年来呈发展趋势，包括一些农业产业化的龙头企业和农资、农产品营销公司。投资的重点领域包括设施农业或工厂化农业的发展；垂直门类农产品的生产、加工和销售一体化；生物农

---

① 国家发展改革委员会：《全国农村经济发展"十二五"规划》，中央政府门户网站，http://www.gov.cn，2012年6月。

药、有机肥料的研发、生产；农产品物流，特别是冷链物流。政府部门应该为这些企业在农业领域的投资活动提供相关的政策指导和宽松的投资环境，并协助做好龙头企业与当地社区、农民合作组织之间的沟通、衔接，积极推动当地农业产业化的发展。

3. 引导农业资本市场投入农业

支持符合条件的涉农企业上市，扩大金融市场投资规模。在财政投入有限、信贷扶持不足的情况下，通过股票市场直接融资是增加农业资金投入的一条有效途径。应积极创造条件，组建农业企业集团，扩大企业实力，积极争取上市。此外，中国居民储蓄量大，适当扩大农业建设债券的发行规模，可以减轻中央政府的财政负担，缓解当前农业经济发展中资金不足的问题。

4. 积极实施农业"引进来"战略

引导外商投资发展现代农业，促进农业生产发展、科技升级和管理优化。合理有效利用国外优惠贷款，更加注重"引资"和"引智"相结合。完善农业外资准入和安全管理制度，健全符合世界贸易组织规则的外商经营农产品和农业生产资料准入制度，保护国内农业产业安全。

5. 积极发展农业保险业

要加大宣传力度，提高农民对农业保险重要性的认识。农业是一个风险大、比较效益相对低的行业；中国农村地域差别大、农业生产模式和种类呈多样化，应实行政府主导下的多元化经营保险模式。政府应制定和完善相应的法律法规，组织建立政策性农业保险机构，对经营农业保险业务的保险公司给予财政补贴和税收优惠。目前世界其他国家已经开展的农业保险业务有作物保险、灾害风险保险和农产品价格保险等。

（三）改进海外农业投资

受国内资源条件的限制和境外发展潜力的吸引，"走出去"成为当前中国农业投资的一个热门话题。20 世纪 80 年代以来，虽然中国陆续在 30 多个国家的专属经济区和太平洋、大西洋、印度洋的公海开发海洋渔业资源，已跻身世界主要远洋渔业国家的行列；还先后在俄罗斯、东南亚、中亚、非洲和拉美等地建设了一批粮食、大豆等生产基地和橡胶、油棕、剑麻等稀缺资源开发基地；但总体来看，农业对外投资尚处于起步阶段。到2010年底，中国农林牧渔业对外直接投资存量约26亿美元，不足各行业对外直接投资存量总额的1%；设立境外涉农企业个数768家，仅占境外投资企业总数的4.8%[①]；而且产业层次不高，盈利能力不强，成功率较低。2010年下半年以来，政府有关部门开始研究制定帮助中国农业"走出去"的战略措施，提出了包括财政、金融、税收和保险在内的一揽子方案，农业对外投资的步伐开始加快。2011年，重庆粮食集团在巴西投资25亿元建设大豆基地，2012年，计划在阿根廷投资12亿美元，建设200万亩粮食种植基地。重庆市政府规划"十二五"期间在巴西、阿根廷、加拿大等地建成5个境外大豆、油菜等农产品生产加工基地。黑龙江农垦总局计划到2015年，在俄罗斯、巴西、菲律宾等国家和地区建设粮食种植、畜牧养殖、木材采伐等"域外垦区"4000多万亩。中农发集团计划在非洲、南美、澳洲、东南亚开发农业、渔业等资源，未来三五年内开发利用境外农业土地1000万~3000万亩。[②]

中国农业"走出去"的道路并不平坦，除了一般海外投资通常要面对的制度风险、市场风险、自然风险和技术风险之外，当前首先要面对的是政治风险和社会风险。在中国农业迈步"走出去"的同时，韩国、新加坡和一些中东产油国也因近年来国际粮价高企纷纷加入海外农业投资的行列，一时间在国际上形成了一波土地收购热潮，引起资本输入国的政治敏感和国际社会的广泛关注。2008年，韩国大宇物流在马达加斯加租用大片农田的企图促成了马达加斯加政府的倒台。澳大利亚政府已明确提出要严格审查外资对该国农村土地和农业食品生产的所有权。联合国有官员曾批评外国投资者在贫困国家购买土地会给当地农业用地带来压力，把贫困小农户推向饥饿边缘。世界银行发表报告提出，土地收购往往牺牲了当地人，尤其是弱势群体

---

① 商务部、国家统计局、国家外汇管理局：《2010年中国对外直接投资统计公报》，2011，参见商务部网站。

② 降蕴彰：《农业布局"走出去"三大央企圈定重点》，经济观察网，2012年2月11日，http://www.eeo.com.cn/2012/0211/220696.shtml。

的利益。包括乐施会在内的一些非政府组织甚至批评这类交易是一种新殖民主义形式。世界粮食安全委员会 2012 年 5 月通过的《国家粮食安全范围内土地、渔业及森林权属负责任治理自愿准则》就是为规范土地交易投资制订的，目前又在进一步研究制定负责任的农业投资准则。中国因为庞大的人口基数和巨大的市场需求，海外农业投资的一举一动都备受关注，未出国门，就走到了聚光灯下，应该相应调整思路、转变方式，更好地适应新形势的发展。

（1）坚持利益共享，实现企业经济效益、国家政治利益和项目所在地的社会、环境效益的多赢；突出效益的可持续性，避免短期利益行为。比如，在从事投资活动的同时，向当地农民传播先进的农业技术，提高他们的生产技能和生活水平条件；将投资项目与政府援助项目结合起来；将农业开发和道路、港口等基础设施建设连接起来等。为此需完善对外投资的相关政策法规和技术指南，建立健全相应的对外投资项目审批程序和方法，严格项目审查，尤其是对那些申请国家政策扶持的项目。

（2）创新投资模式，跳出土地交易的传统框框。海外农业投资并不一定要"海外屯地"，虽然这在国外已有 100 多年的历史。人们常常提到日本在世界各地拥有 1200 万公顷农田，相当于其国内农田面积的 3 倍左右，[①]但没有注意到土地交易的风险和失败率也是非常高的，尤其在那些社会动荡、政局不稳的发展中国家。全球化和现代农业体系的发展为合作农业、订单农业、农产品加工、市场和物流以及国际资本运作方面的投资开拓了空间。当然这需要提高自身素质，提升在国际市场上的竞争能力。

（3）加强风险管理，充分考虑到各种潜在的风险，制订应对措施。除了政治风险外，还可能有因地区政局不稳定、法律不健全、政策朝令夕改带来的政策变动；因国际经济形势变化造成的汇率变动、市场波动和税率变化；因社会习俗和制度不同引发的社会冲突、劳资纠纷；以及因政府部门腐败、低效导致的投资效率降低等。对外投资管理部门除了加强投资管理外，也应加强相关信息指导与服务。

---

① 李浩：《中国海外农业投资的阻力》，《改革内参·综合版》2012 年第 18 期。

（4）遵守国际准则和惯例，尊重当地法规和习俗，维护中国负责任的大国形象。除了有明确规定的法律条文外，在国际层面应注意与国际公认的环境保护、社会保障和性别平等准则保持一致；在国家层面应尊重当地社会、文化和宗教习俗。随着对外投资的扩大，国家管理部门可以考虑设立专门机构，对相关企业进行有关国际法规的培训和投资目的地政治、社会情况和文化与宗教习俗等方面的指导，提高对外投资企业和人员的素质。

第十章
影响全球粮食安全的国际
农业规则制定

当前国际局势面临深刻变革,世界政治经济格局重组加速,全球治理步伐加快。粮食安全作为全球关注的政治议题和全球治理的重点领域,既需要国家战略、政策的扶持,也离不开国际规范、准则的约束。国际规则的制定,直接关系到各国主权利益,是国际政治及经济利益博弈、平衡的结果。作为一个崛起中的大国,中国如何加强自身历练,熟谙相关程序,在国际谈判中掌握主动,趋利避害,既展示负责任的大国胸怀,又维护国家主权利益,是事关国家发展战略与经济安全的重大课题。

一 全球粮食安全国际规则

(一) 主要类别

从产业链视角,与粮食安全问题相关的国际规则覆盖领域甚广,涵盖粮食生产、贸易、消费等全过程。主要相关国际规则包括："土地和其他自然资源权属负责任治理自愿准则""负责任的农业投资原则"（粮安委）；农业贸易规则——《农业协议》（世界贸易组织）；与种子息息相关的知识产权制度——《与贸易相关的知识产权协定》（世界知识产权组织）；授予育种者权利的《国际植物新品种保护公约》（植物新品种保护国际联盟，即UPOV）；对植物遗传资源获取和利益分享标准——《粮食和农业植物遗传资源国际条约》（联合国粮农组织）；农药标准——《鹿特丹公约》（联合国粮农组织和联合国环境署）；卫生和植物检疫措施标准——《国际植物保护公约》①（联合国粮农组织）；国际食品标准、准则和规范——《食品法典》②（联合国粮农组织和世界卫生组织）。

　　国际规则制定的利益相关方涉及农民、各项生产资料（种子、化肥、农药等）供应商、土地所有者、国际贸易商、食品加工商、批发零售商、消费者等。参与规则制定的利益相关者都围绕粮食生产和供给的权力，以及利益和风险分配的控制力而展开较量。鉴于各项国际谈判涉及不同的国际组织，如联合国粮农组织、世界知识产权组织、世界贸易组织、生物多样性公约、植物新品种保护国际联盟等，这决定了参与各项谈判的同一国家要在不同场合与不同对手进行较量。除了极少数国家之外，多数政府代表亦来自农业部、外交部、商务部、环境部等不同部委，能否妥善协调不同部委立场，对一国在国际谈判中的实际参与能力也会产生直接影响。

（二）程序与方法

　　国际规则、标准制定过程，从战略谋划到议题设定，从启动磋商到审议批准，少则数年，多则十余年，是各方政治经济实力的较量，是各国谈判能力的反映，也是一国软实力的反映。有人认为："一流国家定标准。"历史上，发达国家创立并控制了包括世界贸易组织在内的意义重大的国际经济机

---

　①　多边国际植物卫生条约旨在通过预防包括昆虫、杂草和疫病在内的有害生物的输入和扩散来保护栽培和野生植物。

　②　旨在为保护消费者的健康、确保公平食品贸易而制定协调一致的国际食品标准、准则和行为规范，由联合国粮农组织和世界卫生组织于1963年成立。

制，这不仅使发达国家拥有了重要的先行优势，还能充分利用对机制的深入了解，掌控规则的制订权和解释权，为自己争取有利的国际经济环境。①

认识国际规则制度的本质至关重要。国际规则的设立往往是受国家利益的驱动，国家利益至上是所有国际制度建立及其变迁的政治逻辑。国际农业规则作为规范农业生产、贸易、流通的规则，其制度建立与变迁的驱动力决定于成员国的国家利益博弈。尽管根据国家主权理论，各国在国际社会处于一种"平权状态"，但在全球性国际经济事务的决策机制与决策权力实际却是不平等的。② 国际规则是多边谈判中相互让步的结果，而这种让步实际上是一方利益对另一方利益的战胜过程。从国际关系层面看，粮食安全与国际贸易规则的演变及主权国家的粮食安全战略交织在一起，十分复杂；而一国的贸易政策又是国内政策制定过程中不同利益参与者相互斗争、妥协的政治结果。在国内与国际层次的互动中，理解国内经济运行形势与政策的变动对贸易政策和贸易谈判立场的影响变得越来越重要。③

总体上看，国际规则制定主要体现在两个层面：战略层面和操作层面。前者主要体现的是对国际规则走向的宏观布局，如国际组织结构性设置及重大人事布局，确立的是国际规则制定的主导权，通常由一国或一个集团推动，是高端的，如基辛格将粮食援助视为"国家权力的工具"的理念，从一定意义上影响了美国始终对世界粮食计划署保持主导地位；后者主要是对国际规则的具体磋商谈判，通常由各成员国共同参与。从操作层面看，谈判主要涵盖两个方面：程序性问题与实体性问题。如果说程序性谈判所确立的是游戏规则的形式，实体性谈判所确立的就是游戏规则的内容，它涉及国与国之间经济领土边界的具体界定。从大国治理角度看，一国在国际事务的话语权甚至主导权，是其执政能力的重要体现，主要大国对全球粮食安全国际规则的影响也贯穿于这交互影响的两个层面。

---

① 徐泉：《WTO 体制中成员集团化趋向发展及中国的选择析论》，《法律科学（西北政法学院学报）》2007 年第 3 期。
② 肖佳灵：《国家主权论》，时事出版社，2004。
③ 徐泉：《WTO 体制中成员集团化趋向发展及中国的选择析论》，《法律科学（西北政法学院学报）》2007 年第 3 期。

二　全球粮食安全国际规则制定谈判实例

（一）《粮食和农业植物遗传资源国际条约》谈判

1. 核心议题：自由获取与限制使用的冲突

粮食与农业植物遗传资源对粮食安全至关重要。粮食与农业相关的遗传资源处于粮食生产链的上游位置。各国对粮食和农业植物遗传资源具有高度依存度，即大多数地区的依存度超过 50%，中部非洲达到 67%～94%，印度洋国家地区高达 85%～100%，埃塞俄比亚为 28%～56%，孟加拉国则为 14%～21%，没有一个国家可以完全自给自足。[①] 世界粮食安全在很大程度上依赖于持续的作物改良，而作物改良建立在遗传资源多样性基础之上。例如，由国际玉米和小麦改良中心（CIMMYT）培育的春播面包用小麦品种画眉鸟（VEERY），就曾经过 3170 次不同品种杂交的产品，其中包括至少 26 个国家的 51 个亲本品种。[②] 因此，为改良作物品种，各国能否自由、持续获取其他地区的植物遗传资源至关重要。

曾几何时，遗传资源属于人类共有财富，各国相互依赖，相互交换，相互共享，彼此相安，1983 年联合国粮农组织关于遗传资源的国际约定即体现了这一时境。然而，这个既有平衡却因一系列国际规则的诞生而打破，特别是《与贸易相关的知识产权协定》（TRIPS）、植物新品种保护国际联盟（UPOV）等。在新的国际规则框架下，一方面，发达国家享有无偿从发展中国家获取遗传资源的权利；另一方面，发达国家通过科技手段，对无偿获得的遗传资源进行研究并取得知识产权，以高价卖给发展中国家，并独享相关惠益，从而造成了发达国家与发展中国家之间的激烈冲突。对于发展中国

---

① Ximena Flores Palacios, Contribution to the Estimation of Countries' Interdependence in the Area of Plant Genetic Resources, Background Study Paper, No. 7, Rev. 1.

② Gerald Moore and Witold Tymowski, Explanatory Guide to International Treaty on Plant Genetic Resources for Food and Agriculture, IUCN, 2004.

家来说，当遗传资源从本国无偿流出后，却以商品形式高价重新流入国土，这构成一种不公；而发达国家则以为，发展中资源大国自身不对所持资源积极开发，以求解决粮食安全面临的种种挑战，能够享有研发结果本身，就应当被视为一种惠益分享。这就构成了一对难以调和的冲突：发展中国家认为，"共有"应包涵获取与使用两方面，如果下游产品适用于私权，那么上游供给也需要保护；而发达国家认为，资源应当共有，而创新则需要保护。于是，国际谈判围绕遗传资源应当自由获取还是惠益分享而展开，围绕着共有财富还是私权利益而升级。

2. 谈判进行过程的博弈

（1）第一阶段：《粮食和农业植物遗传资源国际条约》通过前。

《粮食和农业植物遗传资源国际条约》（以下简称《条约》）谈判历程甚为曲折。如何在《与贸易相关的知识产权协定》的知识产权私有性、《生物多样性公约》的国家主权原则与联合国粮农组织的人类共有概念之间寻找新的平衡，构成 1994 年对《植物遗传资源国际约定》谈判重启时的背景。这一谈判历时七年，十分艰难。影响共识达成的因素，既来自相互交织的多边国际规则环境，也来自错综复杂的国内利益相关方。与粮食与农业相关的植物遗传资源谈判主要在联合国粮农组织"粮食和农业遗传资源委员会"举行。然而该论坛与其他国际论坛密切相关，特别是生物多样性公约、世界贸易组织、世界知识产权组织等，这就使各谈判进程你中有我、我中有你、相互渗透、彼此影响。2001 年 11 月 3 日，联合国粮农组织大会第 31 届会议以 116 票赞成、2 票弃权，正式通过了《条约》，并在 2004 年 6 月 29日正式生效。

我们不妨回顾一下《条约》的谈判发展进程：《条约》的起源可以追溯到 1983 年在联合国粮农组织大会上通过的《植物遗传资源国际约定》（第8/83 号决议）。这个《国际约定》是当时专门处理粮食和农业遗传资源问题的唯一国际文书。它将植物遗传资源界定为"人类的遗产，因此应当不加限制地获取"为原则，并得到当时各国的广泛支持。随着时间的推移，系统不均衡格局在强化：一方面，当从事植物遗传资源开发创新者的贡献通过专利或植物品种保护获得奖励的同时，却没有承认农民在长时间选育和保存植物遗传资源创新的重要贡献。另一方面，国家对于资源拥有的主权被边缘化了。

作为世界贸易组织法律框架的三大支柱之一，被认为旨在保护发达国家利益的《与贸易相关的知识产权协定》打破了原有平衡，该协定强调各成员国或地区应承认知识产权的私权性质，给予知识产权强有力的国际保护。根据《与贸易相关的知识产权协定》规定，成员国需对植物品种提供有效的专门法保护。由于该协定没有排除基因的可专利性，发达国家正在越来越多地获得基因专利的保护，而这些基因资源多从遗传资源丰富的发展中国家获取。而与此同时，《与贸易相关的知识产权协定》并未要求申请人在进行生物资源搜集时取得有关政府和社区的同意，也不要求专利持有者公布遗传资源来源地及分享利益。

《保护植物新品种国际公约》的核心内容是保护育种者权利，鼓励植物新品种开发。该《公约》起源于 20 世纪 50 年代的欧洲，当时欧洲各国出现了种子贸易，其中六个国家联合起来，意在保护其所属的新品种知识产权，由此订立了这一公约。迄今为止，该《公约》共有四个法律文本：1961 年文本、1972 年文本、1978 年文本和 1991 年文本。各文本对权利义务设置差别较大，其中，1991 年文本对新成员国的限制条件最多。

1992 年通过的《生物多样性公约》则充分强调了资源的国家主权原则。在《条约》演进史上，它是至关重要的国际规则。该公约确立了三项重要原则："国家主权原则、事先知情同意原则和惠益分享原则"。它承认国家对其自然资源的主权，规定了决定资源获取的权利归属相关国家政府，遗传资源获取经批准后，应按照共同商定的条件，并且经提供该资源的缔约国事先知情同意，除非该缔约国另有约定。

为与呼之欲出的《生物多样性公约》精神保持一致，1992 年，联合国粮农组织大会承认各国对其植物遗传资源拥有国家主权（第 3/91 号决议）。1993 年，联合国粮农组织大会要求委员会为各国政府开展磋商提供一个论坛，议题包括：（1）根据《生物多样性公约》，修订《粮食和农业植物遗传资源国际条约》；（2）审议有关以共同商定的条件获取植物遗传资源问题，包括《公约》未涉及的非原生境收集品；（3）有关实现农民权利的问题

（第 7/93 号决议）。

当发达国家强调创新的知识产权保护的同时，发展中国家运用《生物多样性公约》进行自保，各国纷纷根据《生物多样性公约》制订了国内法律，对所有遗传资源流动进行严格控制与监管。一时间，长期流动的粮食与农业遗传资源的国际交换面临停滞危险，一旦各国需在个案、双边基础上谈判获取遗传资源，所伴生的高交易成本将可能扼杀持续交换的现代农业创新。基于这一理解，各方认为，在联合国粮农组织创立的保存和可持续利用粮食和农业植物遗传资源全球系统内，需要寻求对该突出问题的特别解决办法。如何在相关国际规则框架中既形成有针对性的新规则，又与《生物多样性公约》保持协调，这个问题相当棘手。为破解这道难题，各国农业谈判代表经过长达七年的磋商方成正果：2001 年，联合国粮农组织大会通过了具有法律约束力的《粮食和农业植物遗传资源国际条约》（第 3/2001 号决议）。

（2）第二阶段：《条约》通过后。

若一国将国际条约通过视为多边谈判终点，该国就难免会在群雄逐鹿的进程中陷于被动地位。事实上，自《条约》2001 年通过以来，谈判并未就此尘埃落定。时至今日，无论是广义的国际生物多样性规则环境，还是《条约》组织结构及相关技术规则，都与十年前不可同日而语。从《条约》2001 年通过到 2004 年生效的三年时间里，关于其核心法律文件《标准材料转让协议（SMTA）》的谈判一刻也未停止；而自《条约》秘书处 2007 年正式挂牌运行起，各国就《条约》实施的磋商本身就是一轮新的谈判，是对《条约》未尽事宜的修正、补充甚至变革。

2002～2006 年，粮食和农业植物遗传资源委员会成为《粮食和农业植物遗传资源国际条约》的临时委员会。临时委员会组织开展了各项相关谈判，包括《标准材料转让协定》、供资战略、财务条例、议事规则，以及促进履约的程序和机制。

2007 年，自《条约》秘书处成立后，国际谈判仍以各种形式推进，从程序上看，主要国家谋求扩大执行局（Bureau）权限，扩大影响力，把握控制权。以欧盟为例，作为《条约》制定与实施的主导国，它积极推动由 7

人组成的执行局主导的决策机制（欧盟、北美、南太平洋岛国、近东、亚洲、非洲、拉美各一名），以求获得超越缔约国大会（由 127 个缔约方构成）的实际主导权。在执行局的七位代表中，亚洲、非洲代表素来沉默，很少表明立场，该决策机制实际上由发达国家掌控。美国虽未成为正式缔约国，但积极参与《条约》制定的全过程，并通过北美地区代表加拿大，积极对《条约》实施走向施加影响。中国由于并非缔约方，亦无代言人，因此除了以观察员地位出席两年一度的缔约国大会外，对于诸多仅限于缔约方出席的技术委员会谈判进程不甚了了。

从实体上看，各方则相互角力，以求设定符合本国利益的谈判议程，或谋求各法律文件进行符合本国利益的解释、修订。例如，当初《条约》谈判的焦点之一就是缔约方创立的获取和利益分享的多边系统，自《条约》实施至今，发达国家主要关切的是如何扩大包括在多边系统内的附件一所列出的作物清单，并通过各种场合加以推动；而发展中国家关切的是多边系统要严格限于最重要的作物清单，两者可谓针锋相对。在 2011 年 11 月举行的《条约》成立十周年会议上，与会发达国家接二连三表示，展望未来，《条约》应将扩大附件一范围作为首要任务来抓；而发展中国家则要求加快惠益分享步伐，并明确表示，在现有作物尚未充分获得利益分享之前，扩大清单范围不在考虑之列。

围绕植物遗传资源展开的谈判迂回曲折。当 1983 年通过《国际约定》时，没有人想到 1992 年《生物多样性公约》会横空出世；当 1995 年《与贸易相关的知识产权协定》通过时，人们未必想到遗传资源获取与利用的冲突会日益升级；当《与贸易相关的知识产权协定》与《生物多样性公约》之间的关系剪不断、理还乱时，《条约》却最终得以通过。值得重视的是，《条约》达成并不意味着谈判终了；相反，它意味着谈判将迈入新的阶段。由于谈判各方构成随之变化，整个角逐与较量将发生新的变局。对于这些变局及可能的影响，一国特别是尚未正式加入但考虑加入《条约》的国家，应当给予充分关注。

3. 谈判剖析

多边规则制定是谈判各方力量的博弈；规则公平与否取决于博弈各方力

量是否均衡。《条约》谈判之不易，与发达国家和发展中国家两个阵营实力差距相关。发达国家谈判团队实力雄厚，无论从政治、政策、法律和技术层面，还是从行政和后勤保障层面，发展中国家都难以匹敌。例如，在2011年3月印度尼西亚巴厘岛举行的《条约》第四届管理机构大会上，大会主席由一位经验丰富的欧盟地区代表担任，对于各项会议包括各技术委员会的轻重缓急处理老到，有效控制谈判节奏。且不谈大会主席这一政治性与政策性要求甚高的角色，单从发达国家和发展中国家的谈判代表名单上，就可以看出两个阵营的距离与分野：主要发达国家派出庞大的谈判队伍，从而在各个技术委员会举行平行会议时，足以从容布局，分头行动；而多数发展中国家往往只能派出1~2名代表，而且这些谈判代表得以出席，还是仰仗发达国家提供的专项资金支持。

《条约》谈判的复杂性，也与一国谈判立场的形成过程相关。上述各个国际论坛的国家谈判代表分属于农业部、商务部、外交部、环境部与知识产权局等不同部委。对一个部际间横向协调得力的国家来说，这当然不会构成什么冲突，只要国家做出总体决策，其在所有国际场合的谈判代表都理当协同行动，一个声音表态。然而，这往往是个理想状态，在实际进程中，无论发达国家还是发展中国家，在不同的国际论坛都达成了诸多不仅彼此相互冲突，甚至与本国整体利益相背离的决议，并且时常事后知晓。例如，北欧某国环境部在代表本国签署《生物多样性公约》后归来，其司法部闻讯并通读已达成共识的《生物多样性公约》，认为其环境部做出签署该公约的决策不仅愚蠢荒谬，甚至与本国基本法相违。

一个国家立场的形成，还因各国内部运行机制、流程及利益相关者涉足面而大相径庭。利益相关方通常包括政府官员、学术界、非政府组织、行业代表等，如在植物遗传资源领域，相关利益者包含甚广：农业部、环境部、基因库、种子公司、育种者、农民团体等。在一国内部，要达成一个相对一致的谈判立场往往并不容易，长期利益会屈从于短期利益，技术考量可能要服从于政治利益。这对一国参加国际谈判并形成符合本国利益最大化的谈判立场构成障碍，很可能变成符合本部门利益的谈判立场。同为一个国家谈判代表，其谈判权限往往取决于相连的国际场合，也取决于所属主管部门在本国官僚体系的地位。以联合国粮农组织所对应的农业部门为例，在一个主权国家中往往不占重要地位，而 WTO 所对应的商务部门往往拥有更大的权限。[①] 这样，在很多情况下，在谈判进程中，整体利益可能会让位于部门利益，部门利益可能会由某些部门负责人的个人意志而左右。凡此种种，使多边谈判犹如万花筒，令人眼花缭乱，终局难辨。而长袖善舞者，可于迷局中四两拨千斤，于无声之处听惊雷。

（二）世界粮食安全委员会（"粮安委"）改革

如果说 WTO 农业谈判与植物遗传资源谈判是各成员国同台"唱戏"，那么，始于 2009 年的"粮安委"改革所呈现的则是各国"搭台"与"唱戏"的双重角力。所谓"搭台"，是指"粮安委"改革的规则制定框架，包括参与主体、参与模式、决策机制、报告关系等，如"扩大非政府组织和私营部门对粮安委活动的参与"，涉及国际机制的建立，属于程序性问题；所谓"唱戏"，是指在此平台上就特定议题加以磋商，如"解决粮食价格波动问题""土地权属与国际农业投资""制定全球粮食安全和营养战略框架"，涉及实质性议题。从 2009 年改革以来，"粮安委"无论从平台格局、形式、规模、内容、影响等各个层面，都不可同日而语。

1. 新"粮安委"的程序性议题

（1）新老"粮安委"对比。"粮安委"是联合国系统的一个负责审议和落实世界粮食安全政策的政府间论坛。它最初根据 1974 年世界粮食大会第 XXII 号决议设立，该决议提议联合国粮农组织设立粮安委，作为联合国粮农组织理事会的一个常设委员会。"粮安委"是遵照联合国粮农组织《章程》第 V 条第 6 款设立的。[②] 首届"粮安委"于 1976 年召开。[③] 虽然"粮安委"是个相对开放的机构，但其模式因缺乏广泛代表性而备受诟病：粮

---

① Michel Petit, Cary Fowler, Wanda Collins, Carlos Correa and Carl-Gustaf Thornstr? Why Governments Cannot Make Policy? The Case of Plant Genetic Resources in the International Arena.
② 粮安委第三十四届会议文件，《关于加强世界粮食安全委员会（粮安委）以迎接新的挑战的建议》，2008 年 10 月 14～17 日，ftp：//ftp. fao. org/docrep/fao/meeting/014/k3029c. pdf。
③ http：//www. fao. org/unfao/govbodies/gsbhome/committee - wfs/en/。

食安全与否事关每一个人，然而粮食安全政策却只由成员国政府代表讨论，以至于很多观点在决定解决关系到粮食安全与营养的问题时并未得到充分考虑。由于种种原因，多年来，"粮安委"在应对全球粮食安全问题上显得力不从心，作用式微。2007～2008年爆发的全球粮食危机直接催生了"粮安委"改革。

2009年，"粮安委"改革经联合国粮农组织大会第36届会议批准。在本次大会上通过的改革方案勾勒出了三年后的"粮安委"基本雏形。新"粮安委"是老"粮安委"的脱胎、升格。与传统模式不同，改革中的"粮安委"具有几个显著特点：[①] 一是参与主体扩大。与老"粮安委"不同，它不再是隶属于各成员国政府的独角戏，而成为一个更具包容性的国际和多方利益相关者平台。具体而言，新"粮安委"由成员国、与会者和观察员三种类别组成："成员国"包括联合国粮食及农业组织、国际农业发展基金和世界粮食计划署的所有成员国，以及虽非联合国粮农组织成员国但是联合国成员国的国家。"与会者"包括联合国机构、民间社会和非政府组织及其网络、国际农业研究系统、国际和区域金融机构的代表，以及私营部门协会和私人慈善基金的代表。"观察员"则是"粮安委"所邀请的与其工作相关的其他感兴趣的组织，列席整个会议或者关于特定议题的会议。这与老"粮安委"唯有成员国有资格成为正式代表大相径庭。二是参与形式不同。与老"粮安委"不同，包括非政府组织和私营企业在内的所有利益相关者都能在有关粮食和农业的政策辩论中，与成员国一道同台唱戏，尽管决策权依旧属于成员国政府。其中，非政府组织、私营企业等均可作为"粮安委"的"与会者"身份出席并即时参与谈判，而不仅以"观察员"身份列席，或在报告通过后象征性发言，这在"粮安委"乃至整个联合国系统历史上尚属首次。三是报告关系不同。老"粮安委"全体会议成果仅向联合国粮农组织大会报告，而新"粮安委"则被赋予双重报告关系：每年分别向联合国粮农组织大会（FAO Conference）及通过经社理事会（ECOSOC）向联

---

① 粮安委第35届会议"世界粮食安全委员会改革"文件，2009年10月，ftp：//ftp.fao.org/docrep/fao/meeting/018/k7197e.pdf。

合国大会（UNGA）报告。这大大提升了"粮安委"的地位，也使"粮安委"羽翼日丰，更具权威性。四是加大对闭会期间活动的重视。老"粮安委"在两次全体会议期间很少举行闭会活动，基本无声无息；新"粮安委"闭会期间则一改旧貌，十分活跃，如今，除了频繁举行主席团会议之外（有些月份达到每周一次），还不定期召集举行"粮安委"特别会议（例如就土地权属问题而举行的第三十八届特别会议）及高级别专家组会议等。

自 2009 年联合国粮农组织大会正式批准以来，"粮安委"改革如火如荼地进行：从最初属于联合国粮农组织的有机组成部分，到成为设在联合国粮农组织的机构；其秘书任命由联合国粮农组织单独任命，到需经由联合国粮农组织、粮食计划署和农发基金联合公开招聘，竞争上岗，并报"粮安委"核准。值得一提的是，"粮安委"改革尚属现在进行时，仍以非常规速度推进。2012 年 10 月举行的联合国粮农组织章法委（CCLM）会议审议了"粮安委"主席团提交的改革方案，其中包括一项提案："粮安委"主席团——而不需经过"粮安委"全体会议——有权决定在每年一度全体会议之外，召集"粮安委"特别会议。这项提案与 2009 年"粮安委"改革文件所强调的全体大会才有权决定召集特别会议精神并不完全一致。

（2）"粮安委"组织结构。组织结构包含影响规则谈判的重要信息。从组织结构可以看出一项国际规则的启动、发展、谈判到形成的整个流程。国际规则制定进程之缓急，往往取决于组织结构中的决策层立场。一国要有效参与程序性谈判，就要从源头抓起，深入了解结构特性，有效把握机制运行的核心环节。

新"粮安委"的结构组成包括全体会议、主席团和咨询小组、高级别专家组以及秘书处。这一结构设置旨在听取全球、区域和国家层面所有利益相关者的意见，各组成部分之间的关系如图 1 所示。

全体会议：全体会议每年举行，是所有利益相关者在全球层面对粮食安全问题做出决策、开展辩论、组织协调、吸取经验教训并加以整合的中央机构。

"粮安委"主席团与咨询小组：主席团是"粮安委"的执行机构，由主席和 12 个成员国或地区组成。这是新"粮安委"组织结构中最具影响力的一个环节。咨询小组由"粮安委"五大类别参与方代表组成，它们分别是：

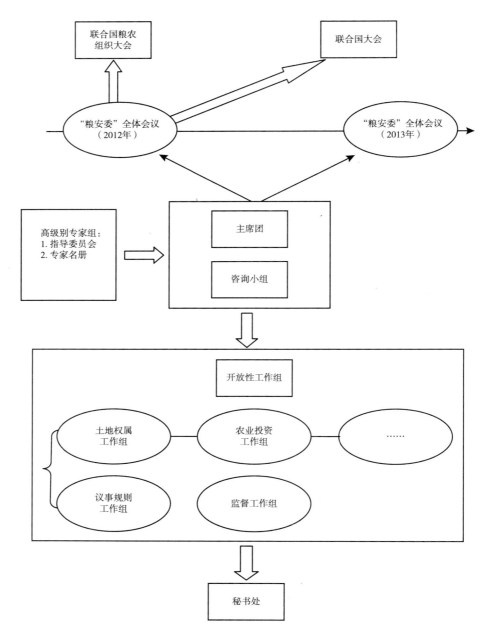

图1 新"粮安委"组织结构

（1）联合国机构和联合国其他单位；（2）民间社会和非政府组织，特别是代表小规模农户、渔民、牧民、无地贫民、城市贫民、农业和粮食领域劳工、妇女、年轻人、消费者和土著居民的团体；（3）国际农业研究机构；（4）国际和区域金融机构，如世界银行、国际货币基金组织、区域发展银行以及世界贸易组织；（5）私营部门协会和慈善基金会。咨询小组帮助主席团推进落实粮安委各项目标，特别是确保在区域、分区和地方各层面与不同利益相关者之间的联系，并确保双向信息交流的畅通。

现任咨询小组成员共由 15 名成员组成，它们分别是：（1）联合国机构：联合国粮农组织、世界粮食计划署、国际农业发展基金、食物权特别报告员—联合国人权事务高级专员办事处、联合国全球粮食安全危机高级别工作组；（2）民间社会组织/非政府组织：世界捕鱼者和鱼工论坛、国际天主教农业和乡村青年运动（MIJARC）、土著人小组会议、流动土著人民世界联盟；（3）国际农业研究机构：国际生物多样性组织；（4）国际金融和贸易机构：世界银行。

高级别专家组：高级别专家组分为两部分，一是指导委员会，由粮食安全和营养相关领域的国际知名专家组成；二是专家名册，用以构建项目小组，按照各具体项目对粮食安全和营养问题开展分析并提出报告。高级别专家组目标在于确保定期吸纳基于科学证据和知识的咨询建议。在粮安委全体会议和主席团的指导下，高级别专家组对粮食安全和营养现状及其根源进行评估和分析。高级别专家组同时还针对政策问题，提供分析意见和建议，并查找出新出现的趋势。高级别专家组还将帮助对未来行动进行优先排序并对关键领域予以充分重视。

秘书处："粮安委"秘书处常设在联合国粮农组织，其成员包括来自世界粮食计划署和国际农业发展基金成员。其职责是为全体会议、主席团和咨询小组以及高级别专家组的工作提供支持。

（3）"粮安委"决策机制。改革后的"粮安委"主席团握有实权。一方面，闭会期间主席团授权其代替"粮安委"全体会议行使最高权力；另一方面，根据"粮安委"改革精神，需加大对闭会期间活动的重视，而所有闭会期间活动均由主席团决定。临近第 39 届"粮安委"召开之际，主席团会议频度近乎一周一次（粮安委全体会议一年一次）。而主席团成员由各地区推选。因此，对于希望在"粮安委"发挥积极作用的成员国来说，是否拥有"粮安委"主席团席位就变得至关重要。换而言之，要对"粮安委"产生影响力，有了主席团席位未必能行，但没有主席团席位则万万不行。如前所述，一旦章法委（CCLM）会议审议通过"粮安委"主席团有权不经"粮安委"全体会议而决定召集"粮安委"特别会议这项提案，主席团的权限将进一步放大。

"粮安委"主席团的12名成员系按照联合国粮农组织地区划分标准，由7大地区推举产生：欧洲、亚洲、非洲、南美洲、近东地区各两名，北美和南太平洋岛地区各一名。

与历任"粮安委"主席团主席产生程序不同，现任主席的推选是经过激烈竞争最终通过投票选出的。起初，近东地区与南美洲地区各推选出一名候选人，而这两位发展中国家代表不相上下，难分伯仲。其时，非洲杀出一匹黑马（尼日利亚大使），认为前两任主席分别来自南美和亚洲，本届主席应当轮到非洲领衔。然而，鉴于议事规则对于主席团主席如何产生本身缺乏明确的地区轮换规则约束，大会不得不对此进行投票。最终，非洲地区（尼日利亚大使）以67：19的大比分战胜南美地区代表而胜出。这一分庭对垒的局面，充分显示了发展中国家日益重视"粮安委"主席这一位置，同时，亚、非、拉三大地区均有其本地区利益考量从而相互较量。

短短三年时间，"粮安委"还亲历了诸多看似细小但不容忽视的改革步伐：它从联合国粮农组织下辖的委员会之一，演绎成为"罗马三机构"的联合子机构；其秘书处从单纯隶属于联合国粮农组织，到现在隶属于"罗马三机构"；其文件由经过联合国粮农组织审批，到由"粮安委"主席团审议批准；"粮安委"报告从建议与世界粮食计划署、国际农业发展基金管理机构大会及联合国经社理事会共享，[①] 到通过联合国粮农组织和联合国经社理事会而正式向联合国大会（UNGA）报告；从提请联合国粮农组织章法委对

---

① 粮安委第35届会议最终报告，参见 ftp：//ftp. fao. org/docrep/fao/meeting/018/K6406E_03. pdf。

联合国粮农组织《基本文件》按照"粮安委"改革实施文件进行修订，到对《基本文件》进行实质性修改等等。一旦"粮安委"主席团获得授权，其权限将进一步扩大，甚至不排除在与全体成员国意志不一致下凌驾于成员国意志之上的格局。"粮安委"改革仍在紧锣密鼓进行，其未来去向，值得关注。

2. 新"粮安委"的实质性议题

（1）"粮安委，像个筐"。

如果说"粮安委"机制构建于规则制定是程序性问题，那么"粮安委"各工作组的议题讨论就是实体性问题。如果说程序性谈判确立的是谈判主导权，实体性谈判所确立的则是国际规则内容，它关涉国与国之间经济领土边界的具体界定。某谈判代表曾描述，"粮安委，像个筐，什么都可以往里头装。"然而，必须认识到，"什么东西能往筐里装"，本身就是一项重要谈判，它集中体现的是一些成员国的战略眼光及对规则之通晓及善用，是上游问题；而装进筐中最终呈现何种形状则是谈判的重要组成及结果，它着重体现的是各国之间的博弈与角力，是下游问题。谈判经验丰富的国家，在实体谈判中隐蔽性强，多一石二鸟，既在经济版图重组过程中安然实现自身利益最大化，又用直接或间接手段悄然遏制对手发展空间。很多国家历经多边谈判多年，始终处于被动地位，未必是谈判实力强弱所致，实则在谈判定位伊始就处于下风而不自知，因为制定谈判议程往往超出谈判技术官员关注之外。

那么，"粮安委"筐里究竟装了些什么呢？自改革以来，"粮安委"确定了一系列磋商议题，如土地权属与农业国际投资；编制国家粮食安全行动计划问责；确保国家与国际层面政策连贯性；在长时期粮食危机下的粮食及营养安全；价格波动等。不足三年时间，在新"粮安委"框架下，具有实质性内容的几个谈判紧锣密鼓地进行。如以创纪录的速度达成了《国家粮食安全范围内土地、渔业及森林权属负责任治理自愿准则》（简称《权属管理自愿准则》）谈判，"农业投资"工作组谈判业已开锣，"确保国家与国际层面政策连贯性——全球战略框架"即将封顶。"粮安委"谈判高歌猛进，风生水起，恐怕出乎很多发展中国家当初所料。

从某种意义上，回顾刚刚达成的"土地权属自愿准则"及业已启动的"农业投资"议题的演进进程或有所助益。对于相关国来说，该议题被正式纳入"粮安委"议程本身就是胜利。

（2）土地权属与农业投资谈判焦点。

"国家粮食安全范围内土地、渔业及森林权属负责任治理自愿准则"是"粮安委"的五个政治磋商进程之一。其中，土地权属与农业投资是影响较大的议题。土地权属与农业投资议题是农业投资问题的两个方面，前者侧重于国内治理，后者侧重于国际规范，两者紧密关联。土地权属治理决定着公民、社区能否以及如何获得权利及相关义务，以使用和掌控土地、渔业及森林资源，治理不当会带来很多权属问题，而权属问题的解决又受到治理质量的影响。农业投资规范则涉及土地租赁、购买在内的各项国际农业投资行为，投资失当可能引发诸多负面影响。两者通过"负责任的农业投资七原则"之一的第一条紧密相连："认可并尊重目前的土地及相关自然资源的持有权。"① 这意味着，当既有土地权属通过国际关注最终取得共识后，相关确权应当受到后来投资者的认可及尊重。

联合国粮农组织一直对土地权属与农业投资问题有所研究。之所以近年来权属治理与农业投资引起国际社会格外关注，从表面上看，因其涉及资源可持续利用与滥用的分野。一旦权属操作过程中出现腐败或执行机构未能保护好公民的权属权利，导致其失去对自己的家园、土地、渔业及森林资源和生计活动的权属权利，就有可能将其推入饥饿和贫困的深渊。一旦权属治理不当导致暴力冲突，就可能失去生命，甚至引起社会动乱。相反，负责任的权属治理能促进可持续的社会、经济发展，并有助于消除贫困和饥饿，鼓励负责任投资。② 一旦因土地所有权界定不明、政府不够强势等因素，土地供给国的粮食安全及经济发展可能面临巨大风险，加剧粮食不安全，增加环境损害，贫富日趋分化，故国际社会应对此行为加以规范。《权属管理自愿准则》与"负责任的农业投资原则"正是在这一背景下应运而生。

从深层来看，这份关注基于某些国家对海外土地资源可能面临再分配的

---

① 粮安委第 36 届文件，《土地权属及国际农业投资政策圆桌会议》，2010 年 10 月 11～14 日和 10 月 16 日，http：//www. fao. org/docrep/meeting/019/k8929c. pdf。

② 联合国粮农组织：《国家粮食安全范围内土地、渔业及森林权属负责任治理自愿准则》，2012，参见 http：//www. fao. org/docrep/016/i2801c/i2801c. pdf。

忧虑。对农业投资议题抱有格外关切的日本即为一例。2009 年 9 月，继当年"八国峰会"之后，日本政府发起"促进负责任的国际农业投资圆桌会议"，"负责任的国际农业投资"之称随之步入国际论坛。有谈判代表认为，这或与日本高度依赖海外土地资源实现本国粮食安全息息相关。其时，正值全球刚刚发生粮食危机，粮食自给率不足 60% 的日本难免不对与土地、水和其他自然资源相关的国际农业投资行动高度关注，故以做负责任的利益相关者为出发点，谋求营造投资垄断及有利于其海外投资的国际规则环境；而对于政治含量较高的土地权属问题，则积极推动土地权属改革，谋求营造未来所需的国际舆论环境。日本等国之所以对此高度关注，部分是基于其作为海外种地最高国家之一，忧虑新兴国家成为海外土地竞争对手，其实质是土地资源再分配之争。

（3）谈判演进。

2009 年，农业投资议题在世界各地展开讨论，130 个国家的 1000 多人参与了磋商；该磋商随后推进到"粮安委"，近 100 个国家、众多民间社会组织、私营部门和其他利益相关者参与。[①] 倘以"负责任的农业投资原则"概念提出并纳入"粮安委"为界限，该议题的发展演变进程可大体分为两个阶段。

第一阶段：国家发起（2009 年 7~9 月）。2009 年 7 月 8 日，"八国峰会"发表宣言，对日益增长的包括土地租赁、购买在内的国际农业投资表示关注，并将与相关国家及国际组织一道，发表关于国际农业投资原则和最佳做法的联合提案。[②] 2009 年 9 月 23 日，日本政府联合世界银行、联合国粮农组织、国际农业发展基金和联合国贸发会议，在纽约举办"促进负责任的国际农业投资圆桌会议"。该会旨在发动国际社会，联合应对日益增加的与获取海外用地权及相关资源相关的国际农业投资行为。来自 31 国的政府和 13 个组织出席该会。联合国粮农组织、国际农业发展基金、世界银行、世界粮食计划署等机构负责人出席了该会。[③]

---

① 粮安委第 38 届特会上联合国粮农组织总干事致辞，2012 年 5 月 11 日。
② G8 中期报告，2010，http：//www.g8.utoronto.ca/evaluations/2010compliance – interim/06 – 10 – interim – food – inv.pdf。
③ http：//www.mofa.go.jp/policy/economy/fishery/agriculture/summary0909.pdf.

本阶段的主要成果：第一，推出的"负责任的国际农业投资"概念获得了广泛支持。第二，与会者同意共同设计促进"负责任的农业投资原则"，并设计相关国际框架，将原则转化为行动。第三，与会者达成了以七项主要原则为基础来制定"负责任的农业投资原则"的广泛共识。这七项原则是：一是尊重土地和资源权利，二是确保粮食安全，三是确保透明、良好治理及适当的有利环境，四是磋商和参与，五是负责任的农业企业投资，六是社会可持续性，七是环境可持续性。①

第二阶段：国际磋商（2009年10月至2012年8月）。2009年9月份圆桌会议举办后，国际农业投资议题被广泛纳入国际论坛。这些论坛包括：世界粮食安全委员会、世界银行年度会议、联合国粮农组织世界粮食安全首脑会议、联合国贸发会议、经合组织—联合国贸发会议国际投资、战略及政策小组会议全球论坛、欧盟发展日、英国皇家国际关系研究院（Chatham House）粮食安全研讨会和农村发展全球捐助者平台（GDPRD）土地、投资和发展会议等。2009年10月，第35届"粮安委"对起草负责任的土地和自然资源治理自愿准则提案给予考虑，并随即展开了一个旨在确定土地权属治理的关键环节及障碍的开放式讨论。2009年11月，在世界粮食安全首脑会议上，各国领导人发表宣言，"同意继续研究原则和良好做法，以促进负责任的国际农业投资。"② 2010年4月25日，由美国、日本政府及非盟委员会主办，联合国粮农组织、国际货币基金组织、联合国贸发组织和世界银行协办的"负责任的农业投资圆桌会议"在华盛顿召开。出席圆桌会议的有130多名代表，其中包括87位政府官员、10个私人部门实体以及34个多边和民间社会组织。③ 联合国粮农组织总干事出席了会议，多名农业部部长及财政部部长出席了会议。自2009年9月始，伴随着"粮安委"改革，"粮安委"就土地权属问题设立了开放性工作组，对"国家粮食安全范围内土地、渔业及森林权属负责任治理自愿准则"展开多轮磋商。经过激烈辩论及密集

---

① 粮安委第36届会议文件，《土地权属及国际农业投资政策圆桌会议》，2010年10月11~14日和10月16日，http：//www.fao.org/docrep/meeting/019/k8929c.pdf。

② http：//www.fao.org/docrep/meeting/019/k8929c.pdf。

③ http：//www.mofa.go.jp/mofaj/gaiko/food_ security/pdfs/besshi2.pdf。

谈判，该自愿准则于 2012 年 5 月 "粮安委" 第 38 届特别会议上获得正式批准。2012 年 8 月，"负责任的农业投资" 开放性工作组磋商正式拉开帷幕。

该阶段的主要成果有：第一，各方就土地权属治理达成了阶段性成果，为农业投资谈判打下基础。第二，与会各方在开放性讨论的基础上，细化了对 "负责任的农业投资" 概念的理解，取得了对 "负责任的农业投资原则" 的广泛支持，也认识到实施这些原则的复杂性。

（4）谈判特征。

"粮安委" 的土地权属与农业投资谈判呈现几个显著特点：第一，它采取的是日本发起，诸边推进，多边磋商，最终成为联合国正式议题的模式，与联合国谈判由成员国主导的特征一致。第二，议题引起了国际社会的广泛关注。通过对 "粮安委" 议事规则的改革，非政府组织拥有与成员国同等的发言地位，促使了民间社会团体的广泛参与，极大地拓展了原来仅限于联合国成员国参与的传统多边谈判模式。第三，国际规则制定进程快。土地权属从 2009 年作为 "粮安委" 政治议题之一设定，到正式成立 "土地权属开放性工作组"，直至 2012 年 5 月在 "粮安委" 特别会议上正式通过《自愿准则》，是联合国粮农组织历史上进程最短的一次国际规则谈判；农业投资问题从 2009 年进入 "粮安委" 政治磋商议题，到由国际组织起草的《负责任的农业投资七原则》讨论稿，仅用了半年。

总体上看，发展中国家对 "粮安委" 改革的重视相对滞后。"粮安委" 改革之初，一些发展中国家谈判代表评述："粮安委不改革要死不活，粮安委改革了还是半死不活。" 由于对新生事物可能蕴藏的能量估计不足，不少国家在这场洗牌进程中置于被动地位。在 "粮安委" 第 36 届会议上，"粮安委" 主席表示，他 "没有收到提请其注意的任何国家请求"。他建议，在粮安委第 37 届会议上，"主席介绍国家向粮安委提出的要求概况" 可用于向各国提供一个机会，介绍其目前和计划在粮食安全和营养领域建立发展伙伴关系的活动①。

一出戏成功与否，戏要唱得精彩，台要搭得漂亮。只有功力深厚者才能

---

① 粮安委第 36 届会议报告，http：//www.fao.org/docrep/meeting/020/k9551e.pdf。

唱好戏；只有熟稔布景者才能搭好台。话剧舞台如此，国际谈判更是这样。只有浸淫多边舞台者才能唱好规则谈判这出戏，只有熟稔规则制定才能搭好规则制定之平台。回望不足三年的"粮安委"改革进程，有的国家善于借力，有的国家则孤军向前，有的成员国或地区长于台上慷慨激昂，有的成员国或地区则长于台下动作频仍，有的国家夹缝中能逆势而上，有的国家则被相对边缘化，有的国家悄无声息占领了制高点，有的国家则自始至终懵里懵懂，有的国家占领了舆论高地，有的国家则饱受诟病。此消彼长，这就是多边谈判的永恒生态。

三 中国如何更有效地参与国际规则制定

（一）系统把握国际规则制定对中国粮食安全的宏观影响

拥有良好国际规则环境事关一国中长期经济安全。良好的外部环境对于稳步增长、国力增强的中国尤其是这样。谋求营造有利的国际经济新秩序符合中国利益。历史证明，一旦国际规则环境恶化，可轻而易举大幅度抵消内部经济成果，甚至导致来之不易的发展成果付之东流，拱手让人。国际规则制定属于一国软实力范畴，它覆盖从战略谋划到战术设计，从中枢控制到纵横协调等各方面的综合能力。对于大国而言，不仅要在国际事务中拥有话语权，更应致力于执掌主导权，为安邦天下保驾护航。必须认识到，国力强弱与国家软实力并不一定成正比，这就需要顶层设计，综合打造。

顶层设计侧重的是战略布局，它着眼于谋求战略发展需何种国际格局配合，推动何种国际议题符合国内利益，遴选何种国际平台有利于推动特定议题。战略布局需全面统筹，部门协同，前后方联动。纵观国际舞台上长袖善舞、纵横捭阖之国，无不擅长国际、国内两个阵地的战略协同。

综合打造侧重的则是战术层面。鉴于与粮食安全相关的国际规则涉及粮食生产、消费、贸易、投资、金融等各方面，中国在参与国际规则制定时，可兵分三路：首先，纵观当下。应将影响中国农业各个领域的国际规则体系进行全面梳理，根据既有态势，对现状、趋势及影响做系统分析，明确自身坐标，洞悉强弱对比。其次，知己知彼。在国际农业规则体系谈判中，传统的南北分野格局已不明显，利益集团往往重新组合。应通过各种渠道，及时掌握各国战略意图及动向，了解各集团目标及组成，对当前国际规则制定可能延伸的方向做深入调研，不做"睁眼瞎"，不打被动仗。再次，学会发球。应从被动参与向主动发球转化，把握联合国"成员国主导"的机制阀门，遴选既符合中国利益又惠及全球的议题，理直气壮地占领道德制高点，在国际舞台上合纵连横，联手推进。

（二）把握全球粮食安全国际规则制定的主要特征

1. 国际谈判新特点与中国的因应机制：场合挑选

应当充分认识国际谈判的跨组织、跨部门的新特点。与传统模式不同，当今各个国家组织的谈判边界日益模糊，同一议题在不同国际组织同步磋商者比比皆是。这通常被称为"场合挑选"，是当前国际谈判的新特点之一。它与议题自身的多元性息息相关，与国际组织职能边界日趋模糊有关，与成员国着力于兵分多路、自不同场合推动有关。以植物遗传资源议题为例，该议题就分别在生物多样性公约（CBD）、联合国粮农组织（FAO）、世界贸易组织（WTO）、世界知识产权组织（WIPO）、世界卫生组织（WHO）等组织内磋商。以农业投资规则为例，这一议题传统上属于世界贸易组织（WTO）及联合国贸易会议（UNCTAD）范畴，曾作为"新加坡议题"一度备受关注，而当前则是"粮安委"的正式谈判议题之一。

所谓场合挑选，是一个国家或一个集团（通常是发达国家）为推动有利于本国或本集团利益的国际议题，遴选一个或几个国际组织作为切入点，攻其不备，出其不意，探索并择取对其最有利的国际场合展开谈判，进而影响其他国际组织（见图2）。正如"木桶理论"所示，谈判将从水位最低的部位加以渗透，并延及其他。本书所述的投资问题即为一例。由于同步推进，对于国内协调机制完善的国家来说，本身并不耗费太多成本，而对于国内部际间协调不够顺畅的国家来说，就可能错失良机。因此，对因应方

（通常是发展中国家）来说，"场合挑选"式谈判的最大挑战在于，由于一国参与国际规则谈判时通常按部门职责范围分割，垂直分工，横向不足，当谈判议题从一个国际组织腾挪至另一个国际组织时，由于国内协调机制通常不健全，信息往往存在断裂，相关部委的后方对这一腾挪互不了解，前方则因相距甚远未必通气，致使留给对手以结构性空档，从而错失最佳介入时机。

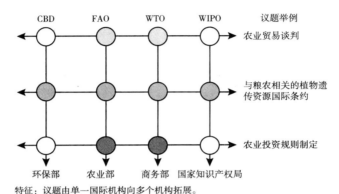

特征：议题由单一国际机构向多个机构拓展。

图 2　多边谈判"场合挑选"示意

2. 制定周期

应当充分认识国际谈判的制定周期不仅涵盖规则谈判全过程，也涵盖公约或协定达成后。在多边谈判全过程中，规则制定之初尤为重要，因其涉及议事规则、决策机制、模式、委员会主席及成员构成、议程起草等，该环节对于谈判走向至关重要（见图3）。

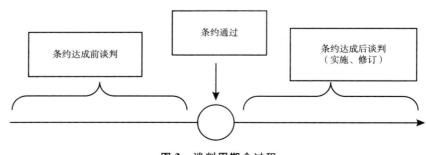

图 3　谈判周期全过程

议事规则达成后，进入实质性谈判阶段。这一阶段是诸侯较量，群雄竞争，各主要利益相关国会使出浑身解数，合纵连横。有谈判代表形容为"打群架"，颇为生动。这一阶段进程把握主要有赖于后方大本营的粮草补给能力、智力支持与前方代表团与方方面面的根基厚实程度。

客观来看，当前中国主导国际规则制定短板突出。联合国是国际规则制定的主战场。将包括中国在内的发展中国家置于多边环境审视，发展中国家掌控国际规则谈判进程实力还很欠缺，宏观与微观层面参与能力还很有限，因应国际经济事务能力还很薄弱，经济领土隐性损失层出不穷，驾驭国际规则能力与营造有利国际规则空间构成鲜明冲突。其症结不仅在于发展中国家经济实力有限，而且在于相关国家在多边格局的经验与能力不足。

一项条约签订后，并不意味着各国可以就此束之高阁。很多发展中国家在条约谈判阶段高度重视，而一旦进入条约实施阶段就变得有些漠不关心，仿佛一切万事大吉。这种麻痹大意的心态让不少国家陷于被动局面。固然，一项国际规则在缔结前的谈判空间要比缔结后的谈判余地大，以 WTO 为例，在乌拉圭回合中达成的 TRIPS 条约，发展中国家为修正不合理的第 27 第 3 款（b）① 项的规定，在 WTO 的 TRIPS 理事会上耗费了足足 18 年，并且至今尚不明朗。但是，诸多谈判阶段未竟事宜，通常可在后续实施阶段重新提上议事日程，并在新组织框架下修订。一旦思想准备不足，最终可能导致被动，甚至使好不容易赢得的有利局面付诸东流。

（三）提高参与程度与能力

1. 宏观战略布局能力

选择在什么时机、什么场合、推动什么议题反映的是一国宏观战略思维，体现的是运筹能力、决策水平和布局技巧。对于大国而言，之所以推动一项国际规则，初衷之一即为国内政治经济目标效力。例如，在关贸总协定

---

① 根据 TRIPS 第 27 条第 3 款（b）项的规定，WTO 成员方可以不对植物、动物和本质上属于生物技术的方法授予专利，但应对微生物、采用非生物技术或微生物技术生产动植物的方法授予专利；同时，应通过专利或某种有效的特别制度对植物新品种提供保护。TRIPS 协议要求在 WTO 协议生效后的四年，即 1999 年对这一问题进行审议。

（GATT）时期，美国经济处于稳步上升时期，对国际市场有较强依赖。为了实现其粮食战略霸权地位，需要建立一个自由、稳定以及有效率的国际政治经济秩序。为进一步强化美国农产品的国际竞争力，在全球范围内推动"自由贸易"，美国通过双边、多边贸易谈判对其他国家施压，消除美国农产品进口的农业贸易壁垒，利用贸易机制推进其全球商业化农业的出口计划，以便扩大美国的粮食出口。为了支持这一目标，美国祭出亚当·斯密的比较优势学说，强调美国农业具有规模和效率、技术和资本优势，而欧共体保护农民利益的地区和国家都是在保护"低效率"。在美国看来，世界资源"最合理的"使用就是让美国成为"世界粮仓"，而欧洲、日本及其他工业化国家都应放弃本国自给自足的农业生产，第三世界国家则应放弃在小麦、大米和其他粮食、牛肉等方面的自给自足，集中精力生产水果、蔗糖和蔬菜。

用国际关系理论主要流派新现实主义分析，强权国家要在高附加值产品的生产上具有竞争优势，就必须控制原料、资本的来源和市场。由于美国将粮食视为与石油一样的可交换、可控制的战略商品，因此美国需要通过各种补贴、专利制度使得其粮食具有全球竞争力，以便能够低价倾销，借以挤垮发展中国家的传统农业，使之丧失粮食自给能力，最终谋求将其他发展中国家从粮食种子、生产、销售到粮食消费均纳入其掌控的粮食食物链，沦为其强权体系的附随者。为了实现其全球粮食战略，需要建立一个自由、稳定以及有效率的国际政治经济秩序。[①] 从 1995 年 WTO 成立至今，美国通过各项国内立法、政策大力发展粮食生产，鼓励出口。统计资料显示，近年来，美国玉米、大豆、小麦产量虽然分别占世界产量的 37.9%、36.6% 和 8.3%，但贸易量却占世界贸易量的 58%、43% 和 22%，均居世界第一，美国已具备控制国际粮食市场的基本条件。

作为中国而言，应尽早就国际谈判考虑建立超越部门层次的全局性统筹机制，对谈判进行顶层设计、部委联动、全程监督，从整体布局、议题设计、磋商、签署、实施各环节合力而为，形成符合中国国家利益最大化的谈

---

① 余莹、汤俊：《美国粮食战略主导下的粮食贸易规则》，《国际观察》2011 年第 1 期。

判立场。

2. 协调组织能力

议事规则一旦确定，则进入正式谈判环节。一般可分为五个阶段：（1）确定谈判议题；（2）提出各自的谈判立场；（3）统一承诺模式并形成框架协议；（4）按框架协议实质性减让谈判；（5）达成最终协议。在这个过程中，发达国家谈判除了通过推动国际规则实现本国利益最大化的目标感强，协调机制是其一大特点。发达国家深谙一个道理：攻与防。发达国家定期或不定期举办磋商会议，其结果是实现联动基础上的善攻。而进攻，源于其深厚的支持保障体系。发达国家通常有完整的谈判团队，既包含技术、法律专家，又包含政策、经济专家，因此，其谈判队伍往往能实现跨学科协调行动。

许多发展中国家则不然。首先，由于种种条件限制，发展中国家信息经常不对称，例如，往往会前临时或随机指定谈判代表，造成对议题来龙去脉不熟悉，纠结环节不明了，各方立场不知情，缺乏系统性和连贯性。其次，在多边谈判阶段，发展中国家往往缺乏事前磋商，彼此联动，这与发展中国家意识不足有关，也与谈判资源缺乏有关。例如，一些发展中国家代表出席某项国际谈判的正常国际差旅费尚需发达国家资助，自然没有余力提前抵达谈判地点，与潜在盟友进行面对面磋商。再次，在谈判团队中，发展中国家往往缺乏兼具法律背景、技术、经济等跨学科背景谈判者，单一化特征明显，因而在谈判中对于敏感问题往往缺乏敏感性，对于潜在问题不易识别，对于既定议题多属被动防守，对于突发问题则无所适从。在《粮食和农业植物遗传资源国际条约》谈判中，就"农民权"展开的谈判即为一例，尽管发展中国家占据道德高地，但由于协调力度不足，法律专家缺位，最终在条约文本中只留下了一个"农民权"空壳，没有体现任何国际约束或实质权利。

3. 技术谈判能力

技术谈判能力包罗万象，而法律文本起草则是国际规则制定的落脚点。长期以来，法律文本起草能力始终未曾受到重视，成为制约包括中国在内的发展中国家有效参与国际谈判的软肋。

在实质性谈判过程中，有的国家在规则制定之初积极参与，宣读本国立场，而进入规则实质阶段则销声匿迹，令发达国家颇为迷惑，究竟前者代表国家立场，还是后者代表国家立场；究竟前者是个人观点，还是后者是个人风格。从组织上，发展中国家往往指挥缺位，缺少统一战略，成形战术稀缺。盟军不立，友军不明，既缺少事前联动，又缺少事中呼应，还缺乏事后总结。从内容上，发展中国家往往不熟悉语境背景发展沿革，不善于提出有共识、有信服力的观点，不善于用常用的逻辑方法陈述支持所提出的观点。殊不知，自身不做家庭作业，背后易遭他国轻视，影响的绝非一己之誉；提不出有信服力、有代表性的观点，一国立场就容易被孤立，难以获得广泛支持；逻辑不够严谨，所持观点就站不住脚，易受攻击。而从态度上看，发展中国家对法律文本谈判缺乏足够重视。某发展中国家常驻联合国谈判官员对另一发展中国家谈判代表在决议起草阶段不遗余力地增删部分条文不仅未予呼应，而且不屑一顾，殊不知几个看似并不相干的决议就可能给一个国家设置难以想象的栅栏，反之亦然。当年中国重返联合国，倚重的就是非洲黑人兄弟在联合国大会上的一个提案。

发达国家则往往不然。在实质性谈判过程中，发达国家常明修栈道，暗度陈仓，通过各种形式，或在经济版图重组过程中悄然实现自身利益最大化，或用直接或间接手段侵蚀对手发展空间。由于多边谈判通常具有较强公开性、公允性与迷惑性，所传达的实质内涵往往并非一目了然；而在法律文件如谈判草案与工作报告层面，措辞通常一语双关，暗藏玄机。具体来说，态度上，发达国家积极参加法律文本谈判，事前，做好书面准备；事中，积极即兴发言；事后，及时后续回应。在组织分工上，盟友组织力强，内部讲求角色分工，或为指挥中枢，或为排兵布阵，或负责主攻，或负责配合，或负责佯攻，或负责妥协，不一而足。在具体进程中，发达国家讲求积极联动，彼此呼应，快速出击，多重组合；若另一方占优势，及时施以援手，出手相助。而根据议题难易程度，或采取循序渐进式，或采取急风暴雨式，或采取迂回前进式，或采取侧翼进攻式等。而在内容上，发达国家善于推出普世价值，提出容易接受的思想、概念和观点，谋求认同；善于组织逻辑，用令人信服的理由，取得共识；善于通过取得共识的逻辑驳倒对方提出的观点；更重要的是善于将取得共识的思想、概念、观点转化为文本语言。毫不夸张地说，多边法律文本谈判犹如一面镜子，直接折射出各方谈判能力分野。

（四）舆论引导能力

舆论引导是另一个重要能力，属于公共外交范畴，不接山水，却影响生活环境。联合国作为多边规则制定的主战场，各路兵马同台，各类杂陈俱在，既可因登高而呼，应者云集；也可因群起而攻，节节落败。发达国家事前善于造势，打造有利的舆论环境；而发展中国家往往缺乏经验资源，应付谈判尚且不及，无暇他顾。如何在舆论上赢得主动，是中国面临的一件不容忽视的事情。

在非政府组织开始全面参与多边谈判的今天，如何通过联合国等多边机构塑造公众形象，间接开展公共外交，引导国际社会舆论，进而影响国际政治生态与政府政策，塑造利我的政治生态，促进协同的政策产出，是一个值得全面探索的领域。如何与独立学者的研究相配合，以事实数据客观说话；如何整合资源，通过直接和间接方式，借助、培育和组织国际公共外交力量，扩大中国软实力，这里大有可为。

第十一章
粮食安全信息系统及信息管理趋势

21 世纪以信息和通信技术革命为基础的全球化从根本上改变了农业生产要素，即资本、信息、技术和人才组合的时间与空间环境，各国的粮食安全相互影响、紧密相关。[①] 国际组织制定的政策、措施、对策已经充分认识到利用信息技术和手段改造传统农业、建立粮食安全信息系统的重要性。以信息化推动现代化，成为社会经济发展的必要手段。信息化上升到国家战略层面，成为加快发展现代农业，增强农业综合生产能力，确保国家粮食安全和重要农产品有效供给的最重要、最有效的技术支撑。粮食安全信息系统作为农业类信息系统中的一类，为国际粮食安全治理和国家粮食安全战略制定提供直接数据支持和决策参考，是全球粮食安全治理体系中的重要组成部分。

联合国粮农组织、国际农业发展基金和世界粮食计划署是联合国系统内为农业和粮食安全服务的核心机构，它们虽然不参与具体的农业生产活动，没有国家农业部门所具有的行政职能，但是在各国粮食安全信息的收集、整理和发布上有中立、客观的平台优势，发挥着独特的"集散地"作用。

---

① 税尚楠：《全球化视角下我国粮食安全的新思维及战略》，《农业经济问题》2012 年第 6 期，参见 http://www.gygov.gov.cn/gygov/1442575838561435648/20120831/341807.html。

一 粮食安全信息系统

(一) 粮食安全信息系统概述

建设粮食安全信息系统的目的是给决策者提供经过缜密分析的信息以及政策建议,帮助决策者了解谁是粮食不安全人群、不安全的性质及原因,从而制定和采取相应的政策措施和行动项目。这里所说的粮食安全信息系统,不是一个具体的基于统计数据库的、单纯信息技术层面的计算机查询系统,而是一个"宏观系统"——即经济分析人员为核心、经济分析方法和信息技术为支撑的对粮食安全信息进行全面监测和分析的有机整体,由专门的组织结构负责该系统的运作、运行。系统工作流程如图1所示。[①]

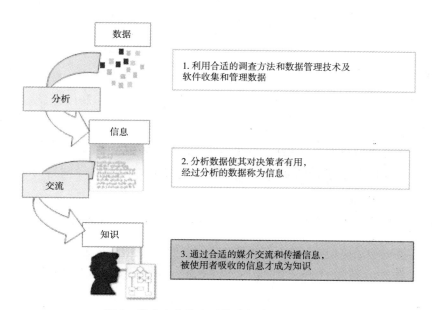

图1 粮食安全信息系统分析人员工作流程

[①] 粮食安全信息系统电子学习课程,2010,http://www.foodsec.org/DL/elcpages/food - security - courses. asp? pgLanguage = en&leftItemSelected = food - security - courses。

粮食安全是一个跨部门的复杂主题。粮食安全可以从四个方面评测（粮食供给、粮食购买力和市场准入、粮食利用和食品安全以及市场的稳定性），粮食安全信息系统也是围绕这四个方面组织和分析数据的。具体来说，粮食安全信息系统建设的目的主要有以下几点。

（1）增加市场透明度（为消费者和贸易商提供市场信息）；

（2）预测预警（重点：短期粮食供给问题）；

（3）紧急需求评估（重点：短期有效应对措施）；

（4）脆弱性分析（家庭及个人面临的粮食风险因素及处理危机能力的短中期分析）；

（5）家庭粮食安全分析（家庭购买力、家庭内部食物分配等社会经济因素中期分析）；

（6）政策及项目制定（粮食安全分析用于长期发展规划）；

（7）粮食安全项目的监测与评估（评估粮食安全项目是否达到预期效果）；

（8）粮食安全分析产品的宣传。

目前颇具代表性的系统既有长期运行的联合国粮农组织全球粮食和农业信息及预警系统（FAO Global Information and Early Warning System，以下简称 GIEWS）、粮食计划署粮食安全分析——脆弱性分析和制图系统（WFP Vulnerability Analysis and Mapping ，以下简称 VAM），也有新秀，如刚刚建立的农业市场信息系统（Agriculture Market Information System，AMIS）。其他由国家和区域建设运行的有：美国国际开发署饥饿预警系统网络（USAID Famine Early Warning Systems Network，FEWS Net）；欧盟委员会联合研究中心水星项目（EU Joint Research Center MARS，以作物遥感监测为主）；东盟粮食安全信息系统（ASEAN Food Security Information System）；索马里粮食安全与营养分析组（Food Security and Nutrition Analysis Unit-Somalia）等。中国也从 2004 年开始建立了农业监测预警系统。[①]

目前，国际上还没有一个系统能够覆盖粮食安全的全部信息并对这些信

---

① 陈晓华：《推进农业信息化促进现代农业发展》，2010，参见 http：//www. moa. gov. cn/fwllm/xxhjs/nyxxh/201008/t20100809_ 1614692. htm。

息做全面分析，对粮食安全的全面了解需要来自不同信息系统的数据和分析结果。

（二）国际组织长期运行的粮食安全信息系统

系统都有生命周期，如果设计不合理，就会造成运行效率不高、资源浪费和过早夭折。系统的成功与否，经济分析人员的分析和交流能力是关键，其他因素还包括：领导重视程度、支持力度和有效运作的组织架构，合适的分析方法以及充足的信息技术支持（包括硬件和软件）。GIEWS 和 VAM 是由国际组织运行的两个专门从事粮食安全监测预警和灾后评估分析的信息系统。

1. 联合国粮农组织的全球粮食和农业信息及预警系统（GIEWS）

GIEWS 成立于 1975 年，是在 1974 年 11 月召开的第一次世界粮食首脑会议上决定成立的。建设的主要目的是对全球、地区和各国的粮食安全状况进行持续监测和评估，定期发布信息分析产品，对个别有潜在粮食危机的国家提供预警，为各国政府和国际社会应对粮食安全和粮食危机提供决策参考。同时，对面临严重粮食紧急情况、需要粮食援助的国家，GIEWS 与 VAM 会前往该国联合执行"作物与粮食安全评估任务"（CFSAMs），目的是提供及时、可靠的信息以便政府、国际社会及其他机构能够采取适当行动（见专栏1）。

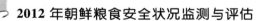

专栏1　2012 年朝鲜粮食安全状况监测与评估

朝鲜是 GIEWS 长期重点监测国家之一。以 2012 年为例，2012年 3 月 GIEWS 出版的《作物前景和粮食形势》指出，朝鲜是"处于危机需要外部粮食援助的国家"之一，原因是"虽然（朝鲜）今年粮食生产改观，但经济制约和农业投入品匮乏继续导致粮食供给不足。早些时候冬季条件严苛造成小麦减产并对留存的马铃薯种薯造成破坏；近期洪涝造成主季作物减产"。2012 年 6 月 18 日，GIEWS

通过网站通报了朝鲜5～6月干旱状况及对农作物的影响（287896公顷）；8月20日，又进一步通报了7月中旬洪水状况及受灾情况（65282公顷）。鉴于上述状况，朝鲜政府向国际社会提出粮食援助要求。

应朝鲜政府的要求，2012年9月24日至10月8日，GIEWS和VAM工作人员在朝鲜执行了作物与粮食安全评估任务（CFSAMs）：评估2012年主要农作物的收成、预计2013年冬季和春季作物产量、2012～2013年市场年度（2012年11月至2013年10月）谷物进口需要量，评估家庭的粮食安全状况以及粮食援助需求量。

2012年11月12日由GIEWS和VAM联合发布的评估报告详细分析说明了朝鲜2012～2013年的粮食安全状况、分布，报告指出，除商业进口外，2012～2013年仍然有21万吨的粮食缺口（需要政府、国际社会及其他机构能够采取适当的行动）。报告同时也提出了以下改善朝鲜粮食安全状况的建议。

短期建议：

（1）增加高蛋白质作物的生产，即大豆的种植和鱼塘的发展；

（2）重新启动双季作物种植计划，具体可通过增加投入（如早期作物小麦、大麦和马铃薯的种子和化肥）、提高机械化程度和鼓励发展农业合作社等方式；

（3）帮助发展家庭菜园。

中长期建议：

对农产品销售的激励制度做相应调整，将有助于提升产量并改善国家的粮食安全状况。

自2000年以来的2003年、2004年、2008年、2010年及2011年也执行过同样的评估任务，根据评估结果，WFP等国际组织启动了相应的援助机制。如2010～2011年市场年度（2010年11月至2011年10月）对朝鲜的实际谷物援助为14.5万吨，2011～2012市场年度（2011年11月至2012年10月）已分配、承诺或装运的粮食援助为40.8万吨。

GIEWS 经济分析人员的主要工作职能包括：监测、分析和报告，都是围绕着粮食安全定义的四个方面（粮食供给、粮食购买力和市场准入、粮食利用和食品安全以及市场的稳定性）进行的。经过 30 多年的运行，该系统聚集了众多分析人员（经济学家）、积累了大量的数据（产量、进出口、价格、粮食援助、政策、气象遥感数据等），形成了较为系统的粮食安全分析方法，产生了大量的信息分析产品，通过网站、Web 2.0 技术、印刷品等各种媒体对外发布其分析报告，并且将经济学家分析使用的数据和部分工具通过网站公布，为各层次粮食安全分析提供公共数据产品和服务。GIEWS 的工作流程如图 2 所示。

GIEWS 的主要特点有以下几点。

（1）监测范围涵盖所有国家，监测内容较为全面，时效性强，主要使用供需平衡表方法。

（2）经过多年运行，形成了较为完善的信息收集网络，经济学家对被监测国家的情况较为了解，经济分析能力强。

（3）信息产品/报告结构合理，系统性强（有定期出版物），有层次和互补性，产品制作和发布过程自动化程度高，产出周期短，成本低。

（4）职能和人员结构较为稳定，核心人员少（10～15 位），老、中、青结合。系统由经济学家、数据管理/信息系统专家和服务支持人员共同运行，职责明确，可持续性强。

（5）监测分析手段较为先进，运用遥感和地理信息系统等信息技术辅助作物长势监测；开发的各类信息分析软件工具采用较为先进的软件技术平台，这是为经济学家每天的分析工作"量身定做"的，较为实用，系统运行效率高。

2. 世界粮食计划署的粮食安全分析——脆弱性分析和制图系统（VAM）

粮食计划署的粮食安全分析工作也被称为脆弱性分析和制图系统（Vulnerability Analysis and Mapping，VAM）。[①] VAM 系统建立于 1994 年，经过近 20 年的运行，形成了一个全球网络（有 250 多名粮食安全分析人员，

① http：//www. wfp. org/food－security.

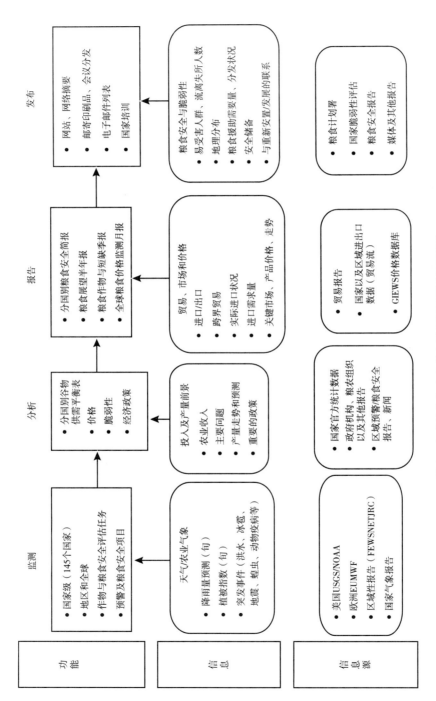

图 2　全球粮食和农业信息及预警系统（GIEWS）

分布在60多个国家）。建设目的是为世界粮食计划署各种紧急援助行动和项目提供基础信息（如谁是粮食不安全/脆弱的、脆弱人口有多少、生活在哪里、不安全的原因是什么、最合适的援助手段是什么等），帮助确定最合适的救助类型、救助规模和最需要救助的人。该系统具有以下特点。

（1）以出现危机之后的紧急需求评估和灾后脆弱性分析为重点收集基础数据，分析和对比当前数据，各类评估报告是主要的信息分析产品，短期（紧急情况）和中长期（基础情况）都有，如2011年共执行了109次评估任务，时效性强。

（2）只针对粮食不安全的国家（60多个）进行分析和评估，总部人员少，重实地工作，分析人员分析能力和实际项目操作能力强。

（3）通过组织大规模家庭调查，拥有被评估国非常详细的粮食安全数据，对部分问题国家和地区还帮助建立小型粮食安全监测系统（Food Security Monitoring System），通过这个系统对中长期国家基础情况评估报告内容进行调整和修正。

（4）由于导致国家粮食不安全的原因各不相同，评估的类型不同，收集的数据内容、格式各异，再加上参与人员多，流动性大，如需进行跨国、跨地区的比较研究或长期分析，需要对原始数据进行大量再加工整理工作。

（5）充分利用新的信息技术：利用个人数字助理（PDA）、智能手机、地理信息系统（GIS）、卫星遥感监测系统等收集、管理和分析数据，例如在做调查时，使用PDA、智能手机等收集数据，并与GIS技术相结合，更准确地定位粮食不安全的根本原因。每个评估报告中几乎都能看到有关粮食不安全状况的地图。

（6）为加强评估的标准化，确保评估质量，重视评估方法论研究，与其他国际组织合作制定、修订了一系列粮食安全评估的指南性和参考性文件。

可见，GIEWS的工作重点是危机出现之前的监测预警，VAM是为出现危机之后的紧急需求评估和灾后脆弱性分析提供信息支持，这两个系统具有很强的互补性。

（三）国际组织粮食安全信息系统新举措

如第一章所述，2007～2009 年出现的粮食价格急剧波动极大地加剧了自 20 世纪 90 年代中期就开始不断恶化的粮食安全问题，使全球粮食安全问题成为 2010 年 11 月 G20 首尔峰会通过的《多年发展行动计划》中九大关键支柱行动之一。相关国际组织①应会议要求于 2011 年 6 月撰写了关于《管理价格波动并减缓其影响方式的报告》。② 该报告包含十项建议，其中有两项是信息系统建设：建立"农产品市场信息系统"（Agriculture Market Information System，以下简称 AMIS）和地球观测组织全球农业监测行动（Group on Earth Observation-global Agricultural Monitoring，以下简称 GEO-GLAM）。两项内容在随后的一系列 G20 会议上都得到了成员国特别是发展中国家的响应和支持。

1. "农产品市场信息系统"（AMIS）

AMIS 从动议提出到进入实际运行进展很快，前后不到一年时间，与其他很多多边机制下的雷声大、雨点小的"动议""行动计划"和"倡议"相比，可谓一枝独秀。AMIS 建设的强劲驱动力可从其建设目标和建设内容上找出答案。

（1）建设目标。AMIS 系统建设是基于需求驱动模式。系统的建设目标是解决"国际市场价格波动治理，建立稳定的、可预测的、无扭曲的、开放与透明的农产品贸易体系"，这个目标表达了广大发展中国家的意愿和呼声，同时与发达国家的利益密切相关，因此得到了 G20 和 G8 的积极响应。

（2）建设内容。系统建设内容可操作性较强，分为四部分。

① "G20 政府承诺让统计部门或其他部门为 AMIS 提供及时准确的粮食产

---

① 具体为：联合国粮农组织（FAO）、国际农业发展基金（IFAD）、经合组织（OECD）、联合国贸发会议（UNCTAD）、粮食计划署（WFP）、世界银行（World Bank）、世界贸易组织（WTO）、国际粮食政策研究所（IFPRI）以及联合国全球粮食安全危机高级别工作组（UN-HLTF）。

② http://www.amis - outlook.org/fileadmin/templates/AMIS/documents/Interagency _ Report _ to_ the_ G20_ on_ Food_ Price_ Volatility.pdf.

量、消费和库存数据，如果这样的机构还没有设置，政府应该负责设立"。

这是四部分中唯一要求参加国政府承诺的部分，操作性较强：对于发达国家，这些数据早就存在并且定期发布，如美国、欧盟等每月都会有这方面的详细报告；对于发展中国家，政府的承诺与本国解决粮食安全的策略是一致的，这意味着任何一个国家解决粮食安全问题都需要一个机制来保证及时、准确地获得农产品产量、消费和库存数据。

②"国际组织承诺承担监测、报告和分析主要市场的现状和政策发展变化，以及通过鼓励信息共享、提高数据可信度和增强透明度来提高全球粮食安全，并引入一个全球的预警系统。"

AMIS 秘书处目前设在联合国粮农组织，由该组织的经济和社会发展部贸易与市场司负责，其核心工作本来就是报告和分析主要粮食市场现状和政策发展变化，工作基础好并成熟的产品有：《粮食展望》《作物前景与粮食形势》《全球粮食价格监测》等。此外，自 2008 年起，该司就开始发布月度农产品价格指数，系统收集、整理各国农产品批发、零售和进出口价格[①]以及与粮食有关的政策信息，[②] 并在联合国粮农组织网站上发布。

③"G20 政府支持建立一个 AMIS 快速响应论坛，进行风险管理，为防患于未然，在可能出现危机时，立即启动磋商，推动政府之间的协调和共同策略的制定"。

除了粮安委、联合国粮农组织商品问题委员会外，还没有一个固定的国际平台/机制可以在粮食价格出现问题时随时召集粮食生产和出口大国会聚一堂，讨论较长一段时间内都会存在的粮食高位波动问题和国际响应措施。AMIS 中除 G20 国家外，还增加了几个对世界市场起重要作用的生产或进出口国：西班牙、埃及、尼日利亚、哈萨克斯坦、乌克兰、泰国、菲律宾和越南，[③] 其中发展中国家有 14 个，超过半数。这对发展中国家来说，是个非常积极的信号。国际组织最主要的职责就是为成员国提供交流平台，所以论

---

① http：//www. fao. org/giews/pricetool/.

② http：//www. fao. org/giews/countrybrief/policy_ index. jsp.

③ 根据 2012 年 10 月联合国粮农组织预测，2012 年 AMIS 参与国的粮食产量占到全球产量的 85％，出口量占 93％，进口量占 56％。

坛的建立毫无异议，也没有任何操作层面上的问题。

④ "国际组织将支持改进国家和区域的监测系统（包括改进模型和天气预报），粮食和营养安全以及脆弱性，改进脆弱发展中国家和区域的预警系统。"

能力建设是近 10 年来成员国要求国际组织大力加强的领域，只有从 "输血" 模式改为 "造血" 模式，脆弱发展中国家解决粮食安全问题才真正有出路。实际上，联合国粮农组织近 20 年来通过多个项目一直在帮助成员国建立本国的粮食安全监测预警系统，如 GIEWS 工作站（GIEWS Workstation）、粮食不安全和易受害信息及绘图系统（Food Insecurity and Vulnerability Information and Mapping Systems，FIVIMS）等。自 2011 年 9 月 AMIS 启动会议后，已经有多个国家表示希望能够得到国际组织的帮助，提高数据收集和分析能力，建立国家预警系统，与国际接轨。

总的来说，除了建立 AMIS 快速响应论坛外，AMIS 其他建设内容都是在原有工作的基础上进行的，组织机构、人员、分析方法、信息技术支持等方面的储备很充足，启动成本小，可操作性很强。在成立几个月后的 2012 年，就已小试牛刀，初见成效（见专栏 2）。

 2012 年：新一轮粮食危机到来了？

2012 年春夏，由于美国遭遇严重干旱，7 月前三周国际市场美国黄玉米的出口离岸价较 6 月上升了 23%（比 2011 年同期上升 9%），创历史最高。俄罗斯小麦收成前景不乐观以及由于干旱天气对澳大利亚和阿根廷的小麦种植面积的影响，导致国际市场小麦价格与 2011 年同期相比上升了 15%。GIEWS 于 2012 年 8 月 2 日就此状况在网站做了通报。联合国粮农组织 8 月份也计划外地发布了粮食价格指数。一时间风声鹤唳，2007~2008 年粮食危机会重现的担心和恐惧在发酵和蔓延。包括韩国总统在内的多国领导人致信联合国粮农组织总干事，表达了对此事的关注，询问联合国粮农组织对形势的看法，以及是否需要启动 AMIS 的快速反应论坛。

2012 年 9 月 4 日，联合国粮农组织、世界粮食计划署和国际农业发展基金三个国际组织发表关于国际粮价问题的联合声明，指出："与五年前相比，我们今天拥有更强的能力来应对这些挑战。我们已经制定出新的政策和新的工具，如联合国全球粮食安全高级别工作组和 G20 为提高透明度而创建的 AMIS。我们还建立了与农产品信息系统相关的快速反应论坛，旨在促进世界主要谷物和大豆的重要生产国和贸易国在市场动荡的情况下，采取协调一致的应对策略。"在两天后（9 月 6 日）的联合国粮农组织食品价格月度指数新闻发布会上，总干事指出，"目前水平让人放心。虽然我们应该保持警惕，但没有理由就目前的价格来谈论世界粮食危机。国际社会能够并且应该采取措施来稳定市场。"在 10 月 1 日召开的 AMIS 指导委员会会议上，参与国在对当前形势进行分析判断后，认为不需要启动快速反应论坛。与此同时，联合国粮农组织的食品价格指数也开始回落。

可以看出，2011 年建立的 AMIS 对于改进市场信息和减少价格波动发挥了重要作用，"使得我们能够对 2012 年 7 月的价格上涨迅速做出反应，在最初那些紧张的日子里，避免了恐慌和单方面采取行动以及价格的进一步飙升"，联合国粮农组织总干事在 2012 年 10 月召开的讨论粮价波动问题的部长级会议上做了以上评价，在此会议上，包括法国、美国、俄罗斯等国在内的多个国家也充分肯定了 AMIS 的作用。

（3）AMIS 长期运行机制考量。AMIS 的建设背景是国际组织认为"产量预测欠准确会削弱市场化解供给冲击的能力，降低市场稳定性。另外，主要出口国的粮食存量远远低于前几十年的水平，更宽泛地说，除少数几个传统出口国外，其他国家缺乏可靠的库存统计数据，这种情况下，提供主要交易粮食商品国际供需状况的及时准确信息变得尤为重要。缺乏国际供需状况的准确信息也进一步加剧了市场不稳定（表现为价格大起大落）或波动。增加全球市场信息量、提高透明度将会降低近几年常见的恐慌驱动的价格猛涨"。

AMIS 从 2011 年 9 月成立一年间，召开了 4 次会议。尽管 AMIS 操作性较强，肯定会有一定的成果，但该系统能否长期有效运行并达到预期目的，还有待进一步观察和思考。

①到目前为止，AMIS 还没有制定出较为细致的、明确的、评价系统运行效率的评价指标体系，也很难制定这样的指标体系，因为粮价高位波动涉及很复杂的经济、社会、政治问题，缺乏国际供需存状况的准确信息会加剧价格波动，但准确信息只是抑制粮食价格的必要条件而非充分条件。

②21 世纪是信息世纪，信息和资本、土地一样，是一种需要进行经济核算的生产要素。2008 年芝加哥粮食期货市场和 2010～2011 年中国棉花期货市场的金融价格战实际就是贸易全球化背景下穿越时空的"信息战"。要求在信息占有和分析能力处于劣势的发展中国家提供直接影响市场行为的供应、需求、库存等方面的数据，有着非常现实的技术困难和政治考量。实际上在 GIEWS 成立之初，设计的信息采集方式也是希望成员国提供供需方面的信息，但现实情况是很少有缺粮国响应这个设计，后来 GIEWS 就改为自己收集分析而非等待官方通报的方式来产生供应和需求方面的预测数据。

③AMIS 提出的口号是"增加市场透明度"，希望通过"增加全球市场信息量、提高透明度降低近几年常见的恐慌驱动的价格猛涨"，这是符合 21 世纪经济发展趋势的，是减少信息不对称①的重要举措。但是正如诺贝尔奖获得者、经济学家约瑟夫·斯蒂格利茨（Joseph E. Stiglitz）所言："信息不对称是市场经济的弊病，要想减少信息不对称对经济产生的危害，政府应在市场体系中发挥强有力的作用"。联想到发展中国家在世界贸易组织农业贸

---

① 参见互动百科。信息不对称理论是指在市场经济活动中，各类人员对有关信息的了解是有差异的；掌握信息比较充分的人员，往往处于比较有利的地位；而信息贫乏的人员，则处于比较不利的地位。

易谈判中的坎坷、向市场经济转型中由于信息不对称导致的各种问题和风险，在全球市场体系中，国际组织在致力于减少信息不对称的危害时，有能力发挥这个"强有力的作用"来抑制市场经济（利益）驱动的无休止的扩张、垄断和利益最大化吗？国际组织加强粮食安全全球治理的良好愿望到底能实现到什么程度？

④AMIS 各参与方承诺在可能的情况下以定期和及时的方式向 AMIS 秘书处提供信息组所要求的数据和信息。其中包括：有关商品的产量、消费量、进口量和出口量、库存量和价格的国家数据以及相关支持信息的短期前景信息；有关可能对涉及商品产量和贸易量造成影响的政策变动信息等。要求成员国提供的数据非常详细，AMIS 目前使用的统计口径与很多发展中国家的统计口径不一致，在技术实现上有一定难度，尚需各参与国加强能力建设方面的力度。

最后，关于 AMIS 的第四项建设内容："帮助脆弱国家建立国家和地区级的粮食安全预警系统"，联合国粮农组织曾通过项目的形式在不少国家援助建设当地的粮食安全信息系统，但希冀系统保持长期运行的效果不是很理想，一些系统在项目结束后就停止运行了，[①] 如何在该项内容上寻找一种成功模式还在不断的探索中。

2. 地球观测组织全球农业监测行动 （GEO – GLAM）

全球农业监测行动 GEO – GLAM 是 G20 的另一项动议。它的成果是：农作物产量预测信息（单产、面积）与粮食安全密切相关，国际上的各主要粮食安全信息系统都将直接受益于该计划。GEO – GLAM 受到 G20 的支持，反映了国际社会对地球观测数据和相关技术的重视和肯定。

GEO – GLAM 设计目的是加强国际社会在国家、区域和全球各层面利用地球观测数据，及时和准确地预测并发布相关农作物产量数据的能力。主要工作内容有以下几个方面。

---

① Lene Poulsen：《对联合国粮农组织及世界粮食计划署粮食安全信息系统支持工作的系统评介》，http://typo3.fao.org/fileadmin/user_ upload/oed/docs/FAO_ WFP_ SUPPORT_ TO_ INFORMATION_ SYSTEM_ 2009_ ER.pdf。

（1）国家级：加强国家利用地球观测数据进行农业监测的能力，分享成功经验和研究成果；

（2）区域和全球级：建立区域和全球农业监测系统，整合、连接和加强具有可比性的已有信息系统；

（3）有风险的地区和国家：改进农业监测方法、手段，建立农业监测系统为其脆弱的农业系统服务；

（4）建设全球地球观测系统农业子系统，开发一个可操作的、用于协调卫星和地面地球观测及天气预报的系统。

GEO – GLAM 由日内瓦地球观测组织（GEO）总协调，主要参与方有联合国粮农组织、世界气象组织（WMO）、国际地球卫星观测委员会（CEOS）、国际农业研究磋商组织等。中国是 GEO 的执委会成员国，金砖五国都积极参与了这个计划。

在 GEO – GLAM 框架下，目前已经有几个子项目正在酝酿实施或申请经费。

（1）2012 年联合国粮农组织与欧盟委员会联合研究中心（JRC）、比利时独立研究机构 VITO（http：//www. vito. be/）合作，共同开发基于遥感数据的农业压力指数系统（Agricultural Stress Index System，ASIS），用于在全球范围内动态甄别容易出现旱灾的地区，该系统预计将于 2013 年上半年投入使用。

（2）2012 年美国马里兰大学与美国航空航天局（NASA）、美国农业部合作，共同开发全球农业干旱监测系统。[①]

（3）SIGMA（Stimulating Innovation for Global Monitoring of Agriculture，简称 SIGMA）动议：推动农业及其对环境影响的全球监测方面的创新，中国科学院遥感应用研究所和国家气象局参与了这个动议。

二 国际组织粮食安全信息管理趋势

"数字鸿沟"现象是指人类活动中占有并使用数字信息资源的差别，这

---

① 美国航空航天局（NASA）网站，2012，http：//wmp. gsfc. nasa. gov/projects/project_ GEOGLAM. php。

种差别不仅表现为"知识鸿沟""教育鸿沟"，更在实质上表现为由于这种差别所导致的在财富创造能力上的差距。一个不容忽视的事实是，发展中国家（特别是粮食不安全国家）与发达国家之间的"数字鸿沟"正在进一步扩大。[①] 粮食安全信息管理方面的"数字鸿沟"也不例外。

粮食安全信息系统一般由政府部门建设，相对而言，通信和信息基础设施的差距容易缩小（甚至可以实现蛙跳），但是软实力方面的差距——粮食安全信息的占有、分析、使用和沟通传播上的差距不容易缩小，这直接影响国家应对粮食安全问题的能力。"巧妇难为无米之炊"，要吃饭，除了要有灶台，还要有"米"，更要有"巧"妇。因此不仅要通过信息资源的建设与共享缩小占有数字信息资源方面的差距，更要运用各种分析方法和手段缩小分析人员使用信息资源能力上的差距。国际组织在促进信息资源共享、提高信息资源使用能力等方面采取的一些管理思路和举措值得参考。

（一）加强粮食安全信息的收集和标准化管理，提倡"开放式数据服务"

1. 开放式数据服务（Open Data Initiatives）

自 2009 年以来，美国、英国、澳大利亚和新加坡等国政府都启动了开放式数据服务项目，要求各级政府部门将非敏感的信息公开，使其成为可供公众随时共享的国家信息资源。作为由成员国支持、为成员国服务的国际组织，各国提供给国际组织的数据都是官方公开数据，共享收集到的粮食安全数据信息是各国际组织的职责所在。自 2010 年以来，世界银行启动了开放式数据服务（Open Data Initiative），改变了过去的付费订购方式，将包括世界发展指标（World Development Indicators）在内的经济发展数据和文献全部免费上网（http：//data. worldbank. org/），并从技术上提供多种与该系统内数据互连的方式（Widget，将数据存放在 Google Public Data Explorer 上

---

① Internet users per 100 inhabitants 2001 – 2011，国际电信联盟（ITU）网站，2012，http：//www. itu. int/ITU – D/ict/statistics/material/excel/2011/Internet_ users_ 01 –11. xls。

等），有效地提高了数据再利用的潜能与效率。联合国粮农组织的统计数据库 FAOSTAT 从 2011 年起，也采取了与世界银行类似的开放式数据服务策略，公开所有统计数据，提供免费查询服务，联合国粮农组织正在建设的数据门户（http：//data. fao. org），也是旨在为用户提供更方便快捷的数据查询手段。联合国粮农组织的开放档案（Open Archive）是将所有的文献和资料放在网上免费提供服务；GIEWS 也是开放数据服务的践行者，收集和产生的数据面向全球免费提供。

2. 制定统计数据交换标准，实现系统互联互通

数据在公开的同时，需要有合适的数据交换标准作为支持，避免重复劳动和数据不一致。电子数据交换（EDI）格式适用于电子商务领域，不完全适用于统计数据交换。2002 年多个国际组织的统计部门负责人提出一个新的动议：制定一个适用于统计数据的数据交换标准，并将其命名为统计数据与元数据交换（Statistical Data and Metadata Exchange，SDMX①），经合组织、欧盟、国际货币基金组织、世界银行和联合国粮农组织等参与了这个标准的制定，这个标准的实际应用还在尝试阶段，目前在网上还鲜见大型数据库提供 SDMX 格式下载，但是部分国际组织内部已开始尝试用 SDMX 格式交换数据。此外，越来越多的系统通过 Web 服务等公共访问接口提供/访问数据，也使用各种微件等开发各种功能。例如，联合国粮农组织的术语数据库中所有国家的多语言官方名称和代码就通过 Web 服务方式提供动态查询和嵌入服务；② 新版的联合国粮农组织统计数据库 FAOSTAT③ 使用了很多开源的微件。

3. 协调整合已有的粮食安全信息产品，提高信息质量和共享程度

自 2010 年起，联合国粮农组织、世界粮食计划署就致力于制定一个粮食及营养安全信息系统联合战略（Joint FAO/WFP Strategy for Information System on Food and Nutrition Security，ISFNS），用于加强和整合双方在粮食

---

① http：//sdmx. org/.

② http：//termportal. fao. org/faonocs/appl/.

③ http：//faostat3. fao. org/home/index. html.

安全领域的数据、工具方法和信息产品等。自 2011 年起，GIEWS 与联合国粮农组织的跨界动植物病虫害紧急预防系统（Emergency Prevention System for Transboundary Animal and Plant Pests and Diseases，EMPRES）合作，将两个系统收集的信息整合，综合分析后，每季度出版一期预警报告（目前尚未公开发布）。GEOGLAM 的一项工作内容也是整合已有的对地观测和气象预报系统。

（二）从信息管理走向知识管理

随着互联网时代的到来，信息复制的成本大大降低，人们能够获得的信息量呈几何级数增加，一方面人们欣喜地发现网络是信息的海洋，同时也意识到信息的"马太效应"严重：能找到的信息到处都是，找不到的依旧哪里也没有。信息的匮乏与泛滥同时存在，有时甚至是信息垃圾；另一方面发现网络是体现自我、实现言论平等的最佳手段，同时也发现听众寥寥，自己的声音很容易被淹没在信息的海洋里，信息辐射半径小。同时，并不是鼠标轻点、信息在手，就一定会产生价值——只有被使用者吸收的信息才有价值，才能称之为知识，这样的知识才会赋予人们力量。更有研究表明，能被系统化管理的信息都是显性的知识，而组织内员工头脑里的隐形知识占到组织内全部知识量的将近一半。[①] 这些问题对传统的以管理数据为对象的信息管理提出了挑战，信息管理需要向知识管理延伸。知识管理的任务是"在最需要的时间将最需要的知识传送给最需要的人"。[②] 也可以说，知识管理是"将组织可得到各种来源的信息转化为知识，并将知识与人联系起来的过程"。在一个组织的专家知识积累到一定程度、信息资源建设达到一定规模、信息管理达到一定水平后，从信息管理走向知识管理，从分享信息到分享知识是必然趋势。

国际组织作为一个专业人员云集、信息资源丰富、旨在消除各种不平

[①] 参见 http://wiki.mbalib.com/wiki/%E7%9F%A5%E8%AF%86%E7%AE%A1%E7%90%86。

[②] Carla O'Dell and Cindy Hubert, The New Edge in Knowledge: How Knowledge Management Is Changing the Way We Do Business, 2011, New York: John Wiley & Sons.

等的平台，已经意识到知识管理的必要性和迫切性。2008 年以来，联合国粮农组织将自己的角色定义为一个"知识"组织，一个为成员国服务的知识"经纪人"，以成员国的需求为导向，在传统的信息资源建设、管理和共享的基础上，致力于通过各种知识管理工具和手段，将组织内显性和隐性知识通过筛选、蒸馏，转化为适合各国国情的知识，并将其输送给成员国，将知识转化为行动。成员国"能力建设"是联合国粮农组织各技术部门的一项重要业务工作，能力建设的过程就是知识输送和互动的过程。帮助成员国建立国家或地区级的粮食安全信息系统、在实地为成员国提供有关粮食安全信息收集和分析方法的培训（如正在执行的技术援助项目"加强中国农业市场监测和农业展望能力"）、撰写有关粮食安全方面的交互式电子学习课件、汇编出版介绍本组织和成员国在确保粮食安全方面的成功经验、建立网上全球粮食安全论坛（http：//www. fao. org/fsnforum/）、利用 Web2.0 技术和社交媒体加强与用户的沟通和交流、建立虚拟社区和网络来分享和学习知识等，都是旨在提高各成员国对粮食安全信息的分析能力和应对能力。

在组织内部，不少国际组织也建立了员工之间知识分享平台，如联合国开发计划署（UNDP）的 Teamworks、联合国粮农组织的 Knowledge Café 等。

三 对中国的建议

（一）辩证地看待国际组织粮食安全信息资源和信息系统

需要指出的是，在粮食安全信息资源建设和信息系统建设方面，国际组织有其优势，也有局限性。优势在于收集的信息覆盖国家比较多，信息系统建设开始早，积累的数据和经验比较多；劣势在于考虑到国家之间的可比性和各国信息收集难度参差不齐，收集的信息不够详细和深入，只能对主要的粮食安全指标进行监控，通用性强、个性化差。另外，在粮食安全知识输送方面，由于经费、人员和工作地点的限制，国际组织面临的最大挑战是怎样将适合的知识与需要的人联系起来，需要成员国的大力支持。

（二）　建设以经济分析人员为核心的粮食安全信息系统

粮食安全信息系统的建设是一个以经济分析人员为核心的系统工程，而不仅仅是计算机系统的建设。系统成功与否，关键取决于运行和使用信息系统的经济分析人员的分析与交流能力，而非信息技术的先进性。为了保证系统的运行效率，数据管理、信息分析和知识交流三部分要紧密结合，要将先进的信息技术融入经济分析人员的日常工作，经济分析人员和信息技术人员要保持良好的互动与协同工作，确保信息系统能够根据实际情况不断进行灵活调整和改进，这些将是系统可持续运行、保持生命活力的根本保障。争取将每一阶段的成果（数据、信息）都共享，为各类用户提供一个良好的、支持进一步、多角度分析的平台。

（三）　加强信息资源"请进来、走出去"的力度

如上所述，国际组织都致力于信息资源建设与共享，再加上环保和经费方面的考虑，所有的报告已越来越趋向电子出版。网站已成为最主流的信息传播渠道。以联合国粮农组织为例，2006 年，粮农网站每月的互联网流量大致为 600GB，到 2012 年已达到 2200GB 左右。尽管联合国粮农组织网站上的中文资源不是太多，但是从各国访问联合国粮农组织网站的网络流量排名来看，中国已从 2006 年的 20 多名跃入目前 10 名以内，表明中国对世界的关注度正在增加。[①] 中国是联合国常任理事国，中文是联合国的官方语言，中国要争取自己的合法权益，努力让联合国各组织把更多的信息和数据以中文方式提供给互联网用户。要进一步利用好这个有利的平台和国际组织的"开放式数据服务"，倡议多沟通、多联系，充分挖掘和消化吸收国际组织的信息资源，缩小粮食安全信息"占有"上与发达国家的差距，减少信

---

① 联合国粮农组织网站流量分析，2012，http：//webguide. fao. org/maintenance/monitoring/en/。

息资源的重复建设。

要让世界了解真实的中国，降低国外了解中国实情的"门槛"。有条件的情况下，争取将互联网上国外关注度较高的信息和数据翻译为英文，例如目前英文版的农产品价格数据，只有国家统计局发布的 50 个主要城市的平均价格；国内网站上粮食安全的监测分析报告绝大部分是中文的，联合国粮农组织对中国粮食安全监测分析使用的信息主要来自国外媒体而非原创信息，这在一定程度上影响了信息获取的时效性和准确性，监测分析的结果也可能有失偏颇。

（四）提升信息使用和管理的"软实力"，为知识管理时代的到来做准备

从网络平等到信息平等再到知识平等，难度呈几何级数增加。与信息匮乏相比，信息爆炸时代对人类知识管理能力的挑战更大。要加强粮食安全信息分析和使用的"软实力"，缩小与发达国家之间信息"使用"上的差距。与国际组织和其他完全市场化的发展中国家相比，中国政府有组织、有队伍，有实现知识管理的有利条件（目前全国 100% 的省级农业部门设立了开展信息化工作的职能机构、97% 的地市级农业部门、80% 以上的县级农业部门设有信息化管理和服务机构、70% 以上的乡镇成立了信息服务站，乡村信息服务站点逾 100 万个，农村信息员超过 70 万人[①]），要探索将先进的数据、信息和知识管理手段与中国的组织体系特色相结合、有中国特色的数字鸿沟跨越计划，例如，加大信息员信息甄别、分析和传播方面的培训；引导社区内利用社交网络（如 QQ、人人网）等实现有针对性的知识共享和传授等，以及如何与国际上较为普及的社交网络（如脸谱、推特）等对接。

（五）接轨国际粮食安全信息系统，分享信息服务成功经验

中国在粮食安全分析方面可谓人才济济，很多分析方法并不比国际组织

---

① 中国农业部：《全国农业农村信息化发展"十二五"规划》，2011，http：//www.moa.gov.cn/sjzz/scs/tzgg/201111/t20111125_ 2417515.htm。

逊色，对国内政治、经济、社会情况的了解和把握远优于国际组织的外籍专家。粮食安全信息系统建设也较为全面和先进，但是由于统计内容、口径、频率和方法等不一致，导致国内和国际的粮食安全信息系统对接困难，信息共享有障碍。例如，AMIS 秘书处要求包括中国在内的 AMIS 国家定期提供及时准确的分品种的产量、消费和库存数据，库存数据包括政府库存和民间库存。对于中国来讲，需要大力加强统计方面的能力建设来获得与 AMIS 口径一致的数据。

中国在农村信息服务方面也有很多成功经验，[①] 可以在联合国粮农组织的南南合作框架下将这些经验加以分享。在以往国际交往中，中国很善于谦虚地学习别人的长处，韬光养晦，今后要更多争取，让世界更及时地听到更多的中国声音，这是中国成为一个在国际粮食安全领域有作为并负责任大国的必由之路。

[①]　钟永玲:《中国农村信息服务案例研究》，2004。

第十二章
全球关注的热点问题

　　今后一段时期，国际粮食市场将继续以高价位和波动性为特征，这无疑会对世界粮食安全，尤其是贫困人口造成额外的持续威胁。建立长期、可持续农业发展和粮食安全体系，是一项复杂的系统工程，涉及政治、经济、环境和社会等各方面。加强全球粮安治理，需拓宽工作领域，从单纯重视粮食生产，扩展到统筹包括生产、加工、储存、销售和消费在内的整个价值链，建立完整的"从田间到餐桌"的粮食安全体系；还需打破部门界限，加强农、林、牧、渔各行业间横向联合，并贯彻可持续发展理念，推动发展低碳、高效、绿色和气候智慧型农业。这将是一个从观念到文化，从技术到法规，从政策到能力的综合变革过程，涉及生产、消费和贸易领域诸多热点问题。除前面各章所述外，还有一些与许多国家农业结构转型、粮食安全和资源可持续利用息息相关的问题，包括营养与食品安全、粮食损失与浪费、粮食保障体系、农业补贴及出口限制以及农民合作组织等。对于上述问题，近年来在有关国际组织支持下，一些国家已结合各自国情和资源禀赋进行了有益实践，有的尚处于政策研究或初步探索阶段。鉴于相关概念及经验对中国或有借鉴，故择其要点，在此做简要介绍。

一　营养不良与阳光计划

（一）营养不良的困扰

营养不良包括营养不足、微量营养素缺乏和营养过量（肥胖症）等三种形式，与粮食不安全紧密相关。

营养不良现象在各国普遍存在，并出现在社会各个群体。除了约8.7亿人口处于粮食饥饿状态外，目前全世界约有20亿人由于缺乏微量营养素而处于"隐性饥饿"状态，此外还有将近10亿人体重超标。[①] 在发展中国家，近1/3的儿童（其中约1.67亿人为5岁以下的儿童）处于营养不良状态。[②] 营养不良将导致发育不良，包括低体重或生长迟缓，影响人类的智力发展，甚至造成终身难以弥补的生存能力损失。由于营养缺乏，全球每年约有350万人死于本可避免的母婴疾病。大量研究表明，营养不良导致的社会和经济成本极高，主要体现在国家生产力损失，机会成本大幅提高，并对经济增长产生巨大负面影响（见表1）。近年来，在应对粮食不安全的行动中，国际社会日渐意识到，营养不良涉及粮食安全和公众健康双重问题，纷纷呼吁政府部门给予高度重视。为此，联合国近年来分别推出了几个相互关联、针对营养问题的全球举措，包括阳光运动（Scaling Up Nutrition Movement，简称SUN），联合国常设委员会（United Nations Standing Committee on Nutrition，简称 UNSCN）及对抗儿童饥饿新行动（Renewed Efforts Against Child Hunger，简称 REACH）等行动计划和协调机制。REACH 计划于 2008 年提出，作为联合国儿童基金会、世界粮食计划署、联合国粮农组织、世界卫生组织及国际农业发展基金共同支持的联合国机构间合作机制，其目的是与成员国政府和其他利益相关者合作，共同推动和支持由政府主导的营养政策，

---

① 国际肥胖研究协会网站，2012，参见 http：//www.iaso.org/publications/trackingobesity/。
② 世界卫生组织网站，2012，参见 http：//www.who.int/nutgrowthdb/estimates/en/index.html。

建立国家一级营养计划平台，制定多部门的战略和统一的成果框架。REACH 的秘书处设在罗马，为阳光计划国家网络提供具体的技术支持和后勤保障及其他的国际活动支持。①

表 1　营养不良对健康的影响（2009 年）

单位：%

	体重不足	生长障碍	消瘦	新生儿体重不足	成年超重或肥胖	
					男	女
世界	18	28	9	13	9.1	12.9
非洲	22	39	10		6.5	13.5
亚洲	22	30	11	15	4.5	7.5
拉丁美洲及加勒比海地区	4	14	2	8	19	27.9
大洋洲	17	42	4	11	15.8	26.5
北美洲	1	4	1		29.6	32.3
欧洲					20.5	21.9

资料来源：FAO 年鉴，2012。

（二）阳光计划的由来——推广营养安全行动框架

2008 年 1 月，世界著名医学杂志 The Lancet 发表了一系列有关营养问题的研究报告，② 在国际社会引起巨大反响。报告提供了大量、系统的证据说明，营养不良对婴幼儿夭折产生巨大影响，并对人体健康、认知和体能发展产生长期、无法逆转的影响。报告还提供大量事实说明，如果措施及时，将有助于挽救千百万人的生命，并强调重点应集中在从孕期到两岁这个人生的头 1000 天的"机会窗口"。

2010 年 9 月，国际社会各主要利益相关者，如联合国、多边与双边发展机构、各种基金组织、发展中国家组织、非政府组织及有关民间机构和众多私营部门等 100 多个组织达成广泛共识，一致同意制定一个覆盖面广泛的

---

① SUN Movement Secretariat, Scaling Up Nutrition——SUN movement progress report, 2011 - 2012，p.56.

② The Lancet, Maternal and Child Under Nutrition, Special Series, January, 2008.

行动框架，以应对被长期忽略的粮食安全与人类健康问题——营养问题。同时，还同意建立合作伙伴关系，采取集体行动，共同发起一个全球性营养推广计划（SUN 计划），阳光计划因此而得名（由英文缩写而来）①。应该说，阳光计划的初衷是具有国际性的政治运动性质，作为国际的公共物品，推动全球的政治认知和国际社会的政治承诺。

阳光计划包括两大方面：一是提供有关营养不良的关键问题分析、解决问题的原则建议和明确优先行动领域；二是动员国际社会力量，增加对跨部门营养问题所需支持的资金投入。阳光计划的主要对象是高层决策者和舆论领袖。其具体实施原则是：（1）终极目标瞄准国家一级，在吸收国际经验基础上，制定由国家主导、量力而行的营养战略和规划；（2）基于成本效益分析和实证制订推广计划，集中对儿童 3 岁内的"机会窗口"加强投入（全球每年约需 100 亿美元）；（3）采取跨行业手段，把营养问题与相关部门开展的目标紧密结合，包括农业与粮食安全、社会保障（包括灾害救援）、健康、计划生育、教育、卫生、饮水供给以及良政建设等，并将营养不良程度纳入衡量社会经济总体进展的主要指标之一；（4）营造国内政策环境，提供可持续国际发展援助，促进营养计划实施和能力建设。为实现该目标，该计划特别强调国际社会必须做出承诺，确保在制订粮食安全计划时，国际、地区和国家各级对各种营养计划倡议给予重点支持。

目前，阳光计划已取得初步进展。② 在组织机构方面，联合国秘书长专设了领导小组，指导阳光计划实施，确保对该计划的战略方向、行动协调、资金动员及支配等集体负责。秘书长还特别指定联合国儿童基金会会长以其名义出任领导小组组长。另一个重要进展是建立了旨在增强并扩大营养领域的投入和营养敏感行业③战略举措的"多伙伴信托基金"，该基金于 2012 年2 月成立，以期为阳光计划参与国提供引导资金，支持制订国家营养推广计划，促进粮食生产、获取和稳定供给等方面国家投入。多伙伴信托基金由管

---

① Scaling Up Nutrition: A framework for Action, September 2010.
② UN, Scaling Up Nutrition (SUN) Movement Multi-Partner Trust Fund (MPTF), working document, 27 August, 2012.
③ 如乳制品和一些营养补充药物。

理委员会管理。该委员会由捐助国代表等利益相关者组成（包括英国国际发展基金（DFID）、瑞士发展合作署（SDC）、"多伙伴信托基金"办公室及阳光计划协调员等），并吸纳联合国和一些民间组织作为观察员。信托基金主要依靠民间和政府自愿捐资，目前已筹资 1000 万美元。基金使用原则和申请、审批程序尚在制定之中，预计 2012 年底出台试行。2012 年，阳光计划已从全球宣传阶段向实际成果转化。截至 2012 年 10 月，全球已有 28 个国家宣布加入阳光计划；200 多个民间社会团体组织参与制定阳光计划；同时，在国际、国家、地方和社团各级利益相关者的参与人数和范围都在迅速扩大。所有阳光计划参与国都建立了多利益相关者平台，共同探讨规划一致的营养政策，实施机制以及衡量成功的指标体系。[①]

由于高级别国际支持和强有力的政治造势，阳光计划的影响不断扩大。诸多重大国际举措及地区性倡议，如"里约 + 20 的后续行动""后 2015 联合国千年发展目标""合零饥饿挑战""美国养活未来计划""新非洲倡议"等，均把营养问题列入优先领域。作为国际粮食安全合作新平台，阳光计划值得特别关注。

（三）中国的参与建议

改革开放 30 多年来，中国的农业持续发展，人民口粮问题得到基本保障。然而，中国总体营养现状仍不容忽视。根据中国卫生部发布的《中国 0～6 岁儿童营养发展报告（2012）》，[②] 中国儿童营养改善在取得显著成就的同时，也面临一些问题与挑战：一是儿童营养状况存在显著的城乡和地区差异，农村地区特别是贫困地区农村儿童营养问题尤为突出。农村地区儿童低体重率和生长迟缓率约为城市地区的 3～4 倍，而农村贫困地区又为一般农村的 2 倍，2010 年，贫困地区尚有 20% 的 5 岁以下儿童生长迟缓。二是农村地区儿童营养改善基础尚不稳定，呈现脆弱性，易受经济条件和突发事件影响。三是 2 岁以下儿童贫血问题突出，2010 年，6～12 个月龄农村儿童贫

---

① Scaling Up Nutrition——Sun Movement Progress Report, 2011–2012, September 2012, www. scalingupnutrition. org.

② 中国卫生部：《中国 0～6 岁儿童营养发展报告（2012）》，2012。

血患病率高达 28.2%，13～24 个月龄儿童贫血患病率为 20.5%。四是流动、留守儿童营养状况亟待改善。五是超重和肥胖问题逐步显现，不仅城市地区儿童肥胖问题日益突出，农村地区儿童肥胖问题也有所呈现。

当每一个中国儿童在出生头 1000 天的机会窗口都能得到良好营养时，国家未来的命运将得到永远的改变。改善中国儿童营养状况正面临难得的机遇。

从国内情况看，中国经济社会持续发展，贫困人口大量减少，农业连续九年增产，城乡居民生活水平不断提高，为儿童营养状况的进一步改善提供了必要的经济基础。特别是"十二五"规划纲要和"十二五"深化医改规划已将保障儿童健康、改善儿童营养列为重要内容。

国际层面，在阳光计划等全球倡议的推动下，有关国际组织已把营养安全提到议事日程，加大推广营养计划力度。世界卫生组织第 65 届世界卫生大会通过了孕产妇和婴幼儿营养全面实施计划，要求各成员国将改善儿童营养提升为国家战略，纳入国家总体发展规划。联合国粮农组织在"新战略思考"中，把"粮食安全与营养安全"列为重点，制定了专门的营养领域战略，[①] 并专门成立了营养司，负责组织从总部到地方的力量，从政策研究、规范制订、合作项目和国家能力建设等方面，对发展中国家给予重点支持。联合国粮农组织和世界卫生组织还将联手于 2014 年举办第二次世界营养大会，推动全球对营养安全的政治意识、承诺和行动方案。

中国在营养安全方面面临的主要障碍是"有饭吃就是粮食安全"的传统社会观念。目前，中国尚未有系统的政策体系和明确的部门分工。中国需采用综合、多学科的手段，推动制定国民营养计划，特别是加强营养不安全数据采集、统计方法、分析手段以及检测评价标准等整体能力建设。中国应努力借鉴国际上的良好实践，制定国家和地区各级的相关政策和措施。具体有以下几点建议。

（1）政府有关部门应关注并积极参与国际有关营养安全计划的顶层构架的活动，如联合国常设营养委员会、阳光计划、零饥饿挑战，特别关注跟踪联合国高层工作组在营养方面的工作进展。

---

① FAO，Strategy and Vision for FAO's work in Nutrition，PC112/2，October 2012.

（2）成立各有关方面参加的跨部门高层工作组，制定、出台有关国家营养安全综合政策，以及与粮食安全和卫生部门行业计划有机结合的国家级营养计划。

（3）计划要有显著特点，如基于成果、面向农村，特别是以3岁以内的农村儿童和城市弱势群体的营养安全为服务目标，给予充分的资金支持并组织实施。

（4）加强国际合作，尤其是利用多边渠道，参与并学习国际营养安全计划顶层设计理念，吸纳组织实施的能力发展经验，尤其是私有部门和民间团体参与决策的经验。

（5）把营养安全纳入粮食安全综合治理范畴，开展广泛宣传，并把加强相关教育科研作为战略投资，推动社会和私人企业参与营养安全计划。总而言之，国家应把营养问题提到可持续发展议事日程，像抓粮食安全一样给予重视，切实支持。

二　粮食损失与浪费

（一）不容忽视的问题

保障粮食安全不仅要发展生产、增加供给，同时也应采取措施尽量减少粮食的损失和浪费。联合国粮农组织2011年发布的研究报告估计，2007年，全球损失或浪费的粮食总量达13亿吨，约占可供人类消费的粮食总产量的1/3，价值近10000亿美元；其中谷物、薯类、油类及肉奶制品和鱼类产品的损失浪费量分别约占其总产量的30%、40%～50%、20%和30%[1]。倘若这些粮食中有1/4能够得以保留利用，就足以养活目前全世界8.7亿的饥饿人口。损失发生于食品从收获（如作物收割、牛奶采集、畜牧屠宰和渔业捕获）到仓储，再到运送给零售商的整个供给链中的各环节，包括因重量减

---

① FAO，Global Food Losses and Food Waste，2011，Rome.

少导致的数量损失和因外观、口感、营养成分变化导致的品质降低。浪费主要发生在零售和消费两个环节，指适于消费的粮食产品被丢弃或销毁。①

联合国粮农组织的研究报告显示，粮食损失与浪费在世界各国普遍存在，但表现各异，工业化国家的人均粮食损失浪费总量远高于发展中国家：2007 年，欧洲和北美人均粮食产量 900 公斤，人均损失浪费 280～300 公斤；撒哈拉以南非洲、南亚和东南亚人均粮食产量 460 公斤，人均损失浪费 120～170 公斤。具体来看，两组国家人均粮食损失水平相当，但各自集中在不同的环节：工业化国家 40% 以上的粮食损失发生在零售和消费环节，而发展中国家 40% 以上发生在产后处理及加工环节。两者的主要差别在消费环节的人均粮食浪费量方面：欧洲和北美人均为 95～115 公斤；而撒哈拉以南非洲、南亚和东南亚人均为 6～11 公斤。报告揭示了粮食损失与浪费的主要原因：发展中国家主要是因为技术和基础设施的原因，如不适当的收后处理、干燥和湿度控制技术与方法，仓储设施不足，保洁不当与食品污染，霉变、鼠害和虫害等。其他因素还包括产品附加值低，缺乏面向市场的基础设施，如冷藏设施、运输和商业中转中心，与私营部门的联系不够紧密也常常导致产后措施不适应商业运作的需求和不可持续。工业化国家则更多的是因为消费方式、质量标准和零售方法，以及食品供应链中各方协调不当的原因，也因为消费者缺乏采购计划和食品保质期限的原因导致了大量浪费，还因为一部分有经济实力的人对浪费粮食持无所谓的态度。

粮食损失和浪费反映出粮食供应系统的低效和不良运作，意味着投入粮食生产的资源的浪费，包括水、土、能源及其他投入。生产不被消费的粮食除了经济损失外，还导致不必要的碳排放，对全球消除饥饿、扶贫、农民增收和经济发展带来不利影响，已引起国际社会的高度关注。

（二）国际社会的举措

联合国粮农组织从 20 世纪 60 年代后期开始，就倡导开展减少粮食损失和浪费的工作，于 1978 年至 20 世纪 90 年代初在世界各地组织实施了 250

---

① FAO, Food Loss Reduction Strategy, 2011, Rome.

个具体项目。近年来国际形势的发展和粮食安全领域面临的诸多挑战催生了可持续粮食生产和理性消费的新观念。联合国粮农组织及其伙伴对其粮食减损和节约战略做了相应调整，工作重点集中到系统改进食品供应链的效率和可持续性上来，具体包括支持对粮食数量及价值损失的深入评估；提升区域组织与国家机构应用相关评估方法与工具，制定相应政策与战略的能力；以及支持国家级项目与投资的准备和实施。

粮食的减损与节约取决于多种因素，主要是适宜的社会文化环境、重视在食品链的各环节全面推进、确保投资的技术经济可行性，为食品链中各参与方提供有效的激励机制和持续的支持。因此，实现持久成功的粮食减损与节约需综合采取以下几方面措施。

——加强宣传、提高认识；

——制定相关战略与政策；

——加强能力建设、基础设施建设和技术进步；

——促进可持续生产和消费；

——支持农用工业发展；

——加强食品链中各环节的联系；

——改进粮食加工处理、包装和后勤服务；

——创新投入机制。

为推动新的粮食减损与节约战略的实施，联合国粮农组织于 2011 年发出了关于减少粮食损失和浪费的全球倡议，目前已拥有超过 50 个合作伙伴，并采取了一系列行动，如 2011 年 5 月在杜塞尔多夫召开了国际"节约粮食"大会，启动了"节约粮食"计划，目前正协助制定和实施亚太、撒哈拉以南非洲、中东和北非地区的国家和区域减少粮食损失项目和投资计划；在柬埔寨、老挝人民民主共和国、越南、泰国和缅甸启动了"减少大湄公河次区域园艺链产后损失能力建设项目"，涉及区域培训与网络建设以及以国家为重点的活动；与非洲联盟委员会签订了"支持减少产后损失的区域能力建设"区域项目，旨在为区域机构、政府官员和发展机构提供制定减少粮食损失政策、战略及投资计划方面的培训，同时为非洲开发银行出资的国家投资项目拟定建议。

下一步工作重点是围绕"节约粮食"计划框架下的粮食损失与浪费两大领域开展工作。粮食浪费方面主要关注工业化国家零售商和消费者对未变质食品的处置。例如与欧洲防止粮食浪费联盟合作，评估"最佳食用期"造成的粮食浪费程度，并制定更合理的食品标签日期加注方法。粮食损失方面主要关注发展中国家从生产到零售再到餐桌的食品供应链全过程。将分区域研究各种原因导致的粮食损失数量以及减损措施的效用和成本；以研究成果为基础，帮助各国制定粮食减损的战略。同时，还将开展有关粮食损失和浪费对全球粮价影响的研究，组织开展全球性媒体宣传活动，召开"节约粮食"区域大会，并研究制定粮食损失估算方法准则[1]。

（三）中国的潜力

中国农业部估计，中国粮食（谷物、薯类和大豆）产后损失率约为8%～12%，每年因此损失的粮食超过250亿公斤[2]。关于粮食浪费的情况，目前没有完全的统计。中国农业大学专家课题组曾对大、中、小三类城市，共2700桌不同规模餐桌中剩余饭菜的蛋白质、脂肪等进行系统分析，保守推算，全国仅餐饮浪费食物中的蛋白质一年就达800万吨，相当于2.6亿人一年所需；浪费脂肪300万吨，相当于1.3亿人一年所需。国家粮食局估计，中国每年损失和浪费的粮食相当于2亿多亩耕地的产量[3]，也就是说，第一产粮大省黑龙江一年生产的粮食全被浪费掉。

节约粮食就是节约资源。这对中国这样一个人口、环境、资源压力较大的发展中国家来说，意义尤为重大。中国应该积极加入国际社会的行列中，努力减损、厉行节约，开发"无形耕地"。国务院办公厅已于2010年1月发布了《关于进一步加强节约粮食反对浪费工作的通知》，有关部门也正在采取相应措施。粮食损失主要发生在农产品产地初加工的干燥、储藏、保鲜

---

① 联合国粮农组织：《粮农组织解决产后损失问题工作情况》，农业委员会第23届会议，2012，罗马。

② 新华网，北京7月3日专电：http://news.xinhuanet.com/politics/2012－07/03/c_112346930.htm。

③ 《新京报》2013年2月18日。

等环节。由于超过一半的农产品产地初加工由农户和专业合作组织自行完成，设施简陋、方法原始、工艺落后，导致农产品损失严重，品质下降。为此，中央财政已安排专项资金，补助农产品产地初加工项目，通过财政"以奖代补"的方式，扶持农户和专业合作社建设储藏、保鲜和干制设施，改善产地初加工条件，实现减少产后损失、增加有效供给、促进农民增收。

粮食的浪费，尤其是餐桌浪费更多的是思想认识、消费习惯和社会风气问题。在中国，"吃公款"是餐桌浪费的一大原因。应加强宣传、教育和引导。"谁知盘中餐，粒粒皆辛苦"。中国自古以来就有节约粮食的古训，未富先奢不符合中华民族的传统美德。有关部门可充分利用现代通信技术，如网络、电台、电视专门节目等宣传手段，还可以通过大、中、小学的教科书教育，树立节约的消费观和推行可持续性消费模式，具有现实与长远的意义。动员社会团体、非政府组织和普通公众参与，是减少粮食浪费的最有效途径。可以仿效新加坡、意大利和巴西等国的一些餐馆，实行"谁浪费，谁付款"的措施，这是在民众支持下消除餐桌浪费的一种文明消费模式。相关部门可考虑组织编制节粮减损的技术标准、规范和实施指南，甚至通过立法，用法律手段约束浪费粮食行为。

三　农民合作组织

（一）农民合作组织是粮食安全的组织保障

世界多数发展中国家尤其是最不发达国家的农业以小农经营为主。全球生产规模在 2 公顷以下的小农户约有 5 亿个，维持着 20 多亿人口的生计。在亚洲和撒哈拉以南非洲地区，小农户提供了约 80% 的当地食品消费总量。[①] 小农户在维持农村生计、消除贫困和促进粮食安全等方面发挥着重要的基础作用，但由于规模小，资金、技术、管理等各方面能力有限，在生产

---

① 　卡纳约·恩万泽：《在小农发展方向国际会议上的讲话》，2011 年 1 月 24～25 日，罗马。

和经营中遇到很多困难。近年来，随着经济全球化、农业产业化和现代化的发展，使他们面临一系列新的挑战。国际社会普遍认为，通过扶持发展适当形式的农民合作组织，把千家万户分散经营的小农户组织起来，共同应对自然和市场风险，是有效应对上述各种挑战的有效途径。

农民合作组织是农民为实现共同的经济、社会和文化意愿自愿组建的共同拥有、民主管理的民间社会团体，其形式与种类很多，其中与农业生产和粮食安全直接相关的农业经济合作组织主要包括农民专业合作组织和合作社。这些组织可以向成员提供多样化的服务，包括协调生产规模和计划、统一提供农资服务和产品销售服务，以降低生产成本，规避市场风险；统筹规范质量标准，帮助小农户融入大市场；协调自然资源的获取和管理、提供资金借贷服务、解决信贷抵押和担保困难，以帮助小农户获得必要的生产性投入，降低交易成本；提供必要的农技服务、信息服务和技术培训，以提高小农户的生产技能，帮助他们改进生产方式，以适应不断变化的自然和市场环境；提升小农户的集体谈判能力与话语权，组织他们积极参与相关政策的咨询与决策过程。这些服务可以弥补市场化条件下政府的缺失和市场的失灵，为小农经营的可持续发展、减轻贫困、实现粮食安全做出贡献。因此，农民合作组织普遍被认为是粮食安全的组织化保障，是小农户迈向现代农业的必然选择。

（二）世界农民合作组织的发展模式与经验

农民合作组织在世界各国已有100多年的发展历史，遍布160多个国家和地区。因国情不同，其在各国的发展模式与状况也各不相同。目前主要有三种模式。

一是以专业合作社为主的欧洲模式，以德国、荷兰、法国和比利时为代表。专业合作社围绕特定产品、服务或功能建立，如牛奶合作社、小麦合作社、收割合作社、销售合作社等，由农民提交股金，有的还吸收一部分政府的财政补贴。它们和政府的关系比较密切，是连接农民、市场与政府的纽带和中间组织。

二是以综合性合作社为主的日韩模式，以日本、韩国、以色列、泰国、印度和中国台湾为代表。日本、韩国的"农协"服务范围涵盖生产、销售等多个方面，是半官半民的组织。政府对农协提供大量的财政、政策支持。

三是以跨区域、协作式合作社为主的美加模式，以美国、加拿大和巴西为代表，通常是建立在大农场、工业化农业基础上的销售性合作社。一般一个合作社只经营一种产品，涵盖销售、运输、储藏、初加工、深加工等多个环节，体现了对产品的深度开发。

总体来看，农业现代化程度越高的国家，农民合作组织就越发达。发达国家绝大多数农户都参加了不同类型的农民合作组织，农户入社比例在美国是 82% 以上；在法国、荷兰、日本、韩国、澳大利亚和新西兰达到 90% 以上；在丹麦高达 98%，并且平均每个农户参加 3.6 个不同的合作社。[①] 日本农协为社员提供农业生产、流通、信贷、保险医疗、福利、教育等一条龙服务，农户 90% 的生产资料采购和 80% 的农产品销售由农协完成。美国 80% 的农产品加工和 70% 的农产品出口由农业合作社完成。[②] 一些农民合作组织还自觉将追求自身的经营目标与履行社会责任结合起来，积极参与和支持优质农业规范的实施、社区林业可持续发展、限制性渔业捕捞、病虫害综合防治、护本性储蓄与信贷、水土保持综合治理、有机绿色产品开发与认证等工作，为造福社会与环境做贡献。

综观世界各国农民合作组织发展，归纳起来有以下几点经验与做法。

（1）法制建设和政府扶持是保障。多数发达国家都有完备的法律法规，以规范农民合作组织的运作，如法国 1945 年通过了《成立农具合作社法》，1959 年颁布了《农业合作社法令》。财政补贴、税赋减免和优惠贷款是各国扶持农民合作组织的主要手段，如美国对主要与社员进行交易的合作社免征公司所得税，向农业合作组织提供各种形式的直接或间接补贴，向农场主合作组织提供低息贷款。

（2）横向联合和纵向发展是趋势。经济全球化和农业一体化环境下，小规模、单一化的农民合作组织的生存空间不断受到挤压，要长期生存和发展下去，要么横向联合，要么纵向发展。横向联合就是由相似的农民合作组

---

① 陈淑祥：《我国农民合作组织发展突出问题分析》，《教学交流》2008 年第 9 期。

② 蒙柳等：《发达国家农业合作社的实践及经验》，《武汉工程大学学报》2010 年第 10 期。

织组成更大规模的联盟或联合会，以整合资源，壮大势力，如埃塞俄比亚的奥罗密亚咖啡农合作社联盟。纵向发展就是强化合作的专业类型，延伸合作链条，提升服务质量，创立具有自身特色的产品和服务。但从长远看，多元化则是全球农业农民联合与合作的基本趋势。

（3）能力建设是关键。农民合作组织的成功在很大程度上取决于其自主经营能力，这需要为组织成员和管理人员提供有针对性的培训。培训不局限于农业生产方法和技术，也应包括组织领导能力和企业家能力。如哥斯达黎加把合作社教育纳入中学课程；美国专门开设了有关合作社运行管理的研究生课程。

（4）尊重农民的意愿是前提。农民合作组织的发展离不开政府的扶持，但这不能改变其自愿性原则。自愿性主要体现在两个方面：进出自由与形式自由。各国实践表明，只有农民自愿建立的组织才真正具有活力；而一些发展中国家政府的过度主导和推动形成了一些"空壳"组织。实践还证明，与建立缺乏根基的新组织相比，对已有的农民组织提供支持效果往往会更好。此外，不同地区、不同环境条件下的农民有不同的需求，农民有权选择适合自身特点的组织形式。无论哪种形式，只要符合国家政策，政府都应支持。

近年来，国际社会重新聚焦农民合作组织的发展，积极倡导各国政府、发展机构、非政府组织、政府间组织以及研究和学术机构各自发挥作用，支持建立高效平等、强健有力的农民合作组织。在2012年国际"合作社年"之际，联合国粮农组织将世界粮食日的主题定为"农业合作社——粮食安全的保障"，与联合国"全球契约"的倡议者一道，号召全球充分认识农民合作组织在保障粮食安全、消除贫困方面的重要作用，建议各国政府及决策者采取适宜政策，制定透明法律，落实激励措施，创造对话机会，加强农业合作组织的能力建设，支持其可持续发展。[①]

（三）中国农民如何更好地组织起来

中国是一个地道的小农大国。随着市场化和农业现代化的发展，小规模

---

① 联合国粮农组织：《农业合作社：粮食安全的保障》，2012，罗马。

的家庭经营体制越来越不适应形势的需要，发展农民合作组织具有重要的意义。目前，各种各样的农民合作组织如雨后春笋般发育，主要分为两大类，即：基于技术合作的农民技术协会，如养猪协会、油菜协会、果业协会等和基于经济合作的农民经济合作组织，如农协会、果业联社、合作社等。这些组织有靠龙头企业带动、政府部门引导、能人大户牵头成立的，也有农民自己组建的，还有在国际机构支持下建立起来的，其中农民专业合作社是重点组织形式。自 2007 年 7 月 1 日《中华人民共和国农民专业合作社法》实施以来，农民专业合作社以平均每个月登记近万家的速度迅猛发展。截至2012 年 6 月底，全国农民专业合作社总数已达 60 万家，入社农户约 4600 万户，占全国农户总数的 18.6%。[①] 农民专业合作社的迅猛发展在促进现代农业进步、维护粮食安全、增加农民收入等方面发挥了重要作用，是近年来中国农村改革发展的一大亮点，已引起国内外的广泛关注。

但总体来看，中国农民合作组织的发展具有起步晚、数量少、规模小、覆盖率低和带动能力弱的特点。现有合作组织的服务范围多局限于低端的技术和信息服务，能够提供农资供应、产品销售、资金融通和统一生产标准服务的较少。总体经营水平也不够高，对政府的依赖度较高，自我发展能力较弱。未来合作组织的发展，还面临一些重要的制约因素，主要包括以下方面：法制不完善，现行《农民专业合作社法》的规定比较原则，与之配套的相关政策和措施仍存空白；运作不规范、不透明，存在资本"集中化"、负责人"干部化"和治理结构"形式化"的现象；人才缺乏，农村人口文化程度较低，加之非农化导致的高素质人才流失，使农村能人缺乏；资金不足，相当一部分组织缺乏资金来源，无法为成员提供实质性服务，成为合作组织发展面临的最大限制因素之一。[②]

参考国际经验，结合中国实际，要把亿万中国农民更好地组织起来，需要注意以下几个方面。

---

① 赵铁桥在国际农业发展基金"亚太地区农民组织中期合作项目（MTCP）"东南亚/中国次区域第二届农民论坛上的发言，2012 年 10 月 29 日，南宁。

② 邓衡山等：《中国农民专业合作经济组织发展现状及制约因素分析——基于全国 7 省 760 个村的大样本调查》，《现代经济探讨》2010 年第 8 期。

一是完善法规体系和政策制度，比如明确对合作社成员的出资要求和查验方法，确认合作社的融资、资金互助功能，建立和完善合作社内、外部监督制度等。

二是加强和改进政府对合作组织的扶持，对重点合作组织的扶持与对面上合作组织的扶持结合起来，对合作组织数量与质量的支持结合起来，将财政补贴、税收减免等措施与技术指导、信息传播和能力建设等结合起来，着重培养合作组织的自主经营能力和市场竞争力。

三是拓宽融资渠道，包括整合组织成员的资源与力量，增强合作社的融资功能，创新农村信贷体制等，以突破目前农民合作组织发展面临的资金瓶颈。

四是构建符合中国特色的农民合作组织宣传、教育体系，包括社会宣传、学历教育、职业教育和农村基础教育，提高农民和社会对合作组织的认识，重视对农民合作组织人才的培养，以适应农民合作组织大发展的需要。

五是尊重农民意愿，坚持农民合作组织民办、民主、民有、民营和运作透明的原则；摆正政府在农民合作组织发展中的位置，做到引导不强迫，扶持不干预，参与不包办。

四　粮食安全保障体系

（一）粮食安全需要一套完整的保障体系

可持续的粮食安全战略要求立足当前，着眼长远，数量与质量并重，开源与节流并举，在维持粮食总体供需平衡的同时有效应对市场波动和突发事件、照顾弱势群体、提供社会救助，因而需要一套完整的保障体系为粮食的生产、流通和消费各环节及其相互联系提供保障。一般认为，粮食安全保障体系应包括生产保障、粮食储备、市场流通、质量监管、区域协作和宏观调控等几方面内容。

生产保障的核心内容是粮食综合生产能力，由水土资源、农田基础设施、生产技术、生产者素质、农业技术装备（农机具）水平等要素构成，目的是可持续地提供数量充足、质量安全的粮食供给。粮食储备包括国家和地方的公共储备、粮食企业的商业储备和消费者的家庭储备三个层次。合理的粮食储备可以在保障市场供应的同时，减少资金沉淀。市场流通涵盖粮食的运输、销售及原粮加工等环节。高效的市场流通需要先进的加工技术，充足的加工能力，完善的仓储、物流和市场基础设施，自由、开放、规范的粮食市场和严格的企业、市场监管。质量监管通过食品安全和质量监督标准的编制和实施来实现，包括粮食生产、收购、储存、加工、运输、销售、进出口等环节的检验监督体系和粮食质量追溯体系。区域协作旨在消除区域间、国家间和地区间的粮食贸易和流通壁垒，促进全球粮食贸易自由化，增进粮食主产区和销售区的合作，在保护主产区利益的同时促进销售区的粮食安全。宏观调控涉及面比较广，从粮食战略、贸易政策、进出口计划的编制实施，到粮食流通统计、信息发布、储备吞吐、市场平抑，再到监测预警、应急处置和社会救助。政府还需加强市场监管、抑制过度投机；采取特殊措施，扶持饥饿、贫困人口和妇女儿童；鼓励新技术、新工艺的推广应用；加强节约粮食、科学用粮、健康消费的宣传和舆论监督，提高全社会珍惜和节约粮食的意识。

（二）国际社会采取的行动

多年来，国际社会围绕构建全球粮食安全保障体系做出了不懈努力。2007～2008 年世界粮食危机后，国际社会采取措施，加强了这方面的工作力度。联合国设立了全球粮食危机工作组。联合国粮农组织评估了面向 2050 年的粮食需求，提出了适应未来人口、经济发展和气候变化的可持续粮食安全战略的概念；组织召开了世界粮食安全峰会；牵头成立了世界粮食安全委员会；加强了对世界粮食安全状况的监测预警；实施了一批紧急技术援助项目，帮助发展中国家建立和完善粮食安全监测、评估和预警系统。欧盟提供专项资金，与联合国粮农组织合作，在全球范围内实施粮食安全紧急援助项目。世界银行、世界粮食计划署和国际农发基金也分别实施了特别援助项目。总结世界粮食安全的经验教训，审视当前发展进程和未来面临的挑战，国际社会对全球粮食安全和相应保障体系的建立提出了一些新的思路，归纳起来有以下几个方面。

一是建立和完善全球治理机制。世界粮食安全问题远非一个或几个国家或区域性组织的单兵作战所能为，需要有一个全球性应对方案，建立集早期预警、紧急救援、宏观调控为一体的粮食安全保障体系，制定全面协调可持续的全球粮食安全战略，统筹考虑粮食安全、能源安全、气候变化、可持续发展和绿色经济发展的要求，实施全球治理，实现均衡发展。

二是提高发展中国家的生产保障水平。目前，世界一些主要粮食生产国提高产量仍有很大潜力，比如，有"粮仓"之称的乌克兰，目前的粮食单产还不到美国的 1/2，拥有大量耕地的俄罗斯粮食单产甚至更低，而巴西还有 4 亿多公顷可耕地尚未开发。非洲的刚果共和国人口不到 7500 万，有 1.28 亿公顷耕地面积可以开发。发达国家和国际组织应加大对发展中国家在资金、技术、市场、能力建设等方面的支持。发展中国家可加强南南合作、区域合作、充分发挥私营部门的作用。

三是建立公平合理的国际农产品贸易秩序。应反对各种形式的贸易保护主义，推动世界贸易组织框架下的农产品贸易谈判。发达国家应削减农业补贴，消除贸易壁垒，使发展中成员获得更多的市场准入机会。

四是创建协调性与联动性的国际机制。比如，联合国可建立一个分布式的全球性粮库，履行"世界粮食银行"职能，并制定"特别借粮权"，帮助最不发达国家应对粮食危机；同时，"世界粮食银行"可以以优惠条件借粮给出现短期粮荒的国家。世界贸易组织可以获得撤销相关国家粮食贸易限制性规定的职权，即使一些国家需要设立新的限制规定，必须提前通报世界贸易组织进行协商。经合组织可以负责制定全球性的生物燃料指南和保障措施，审查和评估相关国家发展生物质能的长期影响，并且指定相应的政策对其进行指导。国际货币基金组织与世界银行可以负责评估相关国家应对粮食安全危机的财政政策，加强对国际市场信息采集，粮食产品及期货的分析和监督，建立对粮食投机行为的纠错机制和严惩规则。

（三）构建中国的粮食安全保障体系

中国虽然自 2004 年以来实现了粮食产量九连增，但未来仍面临粮食产需缺口扩大、水土资源约束增强、农田水利基础设施薄弱、农业科技支撑能力不强、国际竞争力日益增大等五大严峻挑战。国家发展改革委员会和国家粮食局联合制定的《粮食行业"十二五"发展规划纲要》提出要建立供给稳定、储备充足、调控有力、运转高效、质量安全的粮食安全保障体系。国务院 2012 年 2 月公布的《粮食法（征求意见稿）》为此提供了法律支撑和制度保障。中国粮食安全保障体系的建立，应充分借鉴已有的国际经验，结合中国实际，重点解决以下问题。

一是提高粮食综合生产能力，力争到 2020 年新增 500 亿公斤粮食生产能力，使全国粮食综合生产能力达到 5500 亿公斤以上。为此要加大投入和政策扶持力度，严格保护耕地和淡水等粮食生产资源，改造灌区面积和中低产田，推广优良品种和高产栽培技术，加强农业科技及相关产业支撑。

二是促进现代粮食流通和加工产业发展，包括健全粮食市场体系，加强物流体系建设，完善粮食加工体系和流通产业政策。

三是完善粮食质量标准与监测体系，包括完善质量标准体系，健全标准化工作机制，开展国际标准的跟踪、研究和转化工作，积极参与国际标准化活动；完善质量检验监测体系，全面提升行业综合检验监测能力，加大粮食质量安全监测力度。

四是改善粮食储备和调控，包括健全储备调控机制，完善粮油储备体系，优化中央和地方储备粮油品种结构和区域布局，健全中央储备粮吞吐轮换机制；加强粮食进出口调控，合理利用国际市场，进行品种调剂；完善粮食应急保障体系，形成布局合理、运转高效的粮食应急网络；健全粮食市场调控机制，完善粮食生产、流通、消费统计监测制度；加强舆论宣传和政策引导，强化爱粮节粮措施等。

五是强化粮食安全责任，建立健全中央和地方粮食安全分级责任制，在国家宏观调控下，全面落实粮食省长负责制。中央政府负责全国的耕地和水资源保护、粮食总量平衡，统一管理粮食进出口，健全中央粮食储备，调控全国粮食市场和价格。省级人民政府负责本地水土资源保护、粮食生产、流通、储备和市场调控。

上述这些热点问题虽然分立介绍，但彼此之间有着紧密联系，并与粮食安全领域的各项综合性议题与行业专题相互交织在一起，需要放到全球治理的大框架和国家粮食安全的大战略下统筹考虑、综合规划，兼顾国际准则的基本性和国家、民族状况的特殊性，选取适合自身社会、经济条件和发展阶段的措施和方法，予以妥善解决。

五　近年国内农业支持/补贴政策对粮食市场的影响

（一）国内农业支持/补贴政策变化是不容忽视的问题

国内农业支持政策一直是世界贸易组织谈判的重要内容，世界各国对此十分关注并存在较大分歧。讨论的问题包括什么样的国内支持措施有潜在的贸易扭曲效果？如何进一步修改世贸组织的条款，才能有效减少支持政策对市场及贸易的扭曲？本节将简要介绍世界贸易组织的有关条款规定，发达国家的农业补贴政策变化及中国农业补贴政策的现状及未来值得关注的问题。

多年来，发达国家和发展中国家在传统农产品贸易国际平衡方面发生了变化。发展中国家由净出口变为净进口。导致这种变化的原因是多方面的，国家农业和贸易政策，特别是经合组织国家农业补贴政策和贸易政策对其变化起了很大作用。

这些政策对发展中国家的贸易和福利影响有很大差异。与资源丰富的经合组织国家竞争贸易市场的国家（如阿根廷和巴西）的生产者受到明显损失。而那些对进口依赖程度较高的国家，其消费者则是发达国家补贴的受益者，然而其农民则蒙受损失。对享受发达国家优先准入的发展中国家也是其中的受益者。这些农业补贴长期压低国际农产品价格，影响了很多发展中国家的农业投入和农业生产率的增长。从 20 世纪 80 年代后期到 90 年代，乌拉圭农业贸易谈判强化了对造成贸易扭曲补贴政策的修订，规定逐步降低造成贸易扭曲的支持政策。虽然这些规定降低了对农产品的补贴，目前许多经合组织国家的补贴水平仍然较高；规定也不允许发展中国家在未来使用高补贴，但允许它们使用促进农业发展的支持政策。

在 2001 年的世界贸易组织多哈回合中，更多地强调了对发展中国家特殊的和有区别对待的政策。当前 WTO 国内支持措施的条款主要是依据乌拉圭回合中的条款，以及在 2004 年 8 月框架协议中进一步修订国内支持政策。主要是依据综合支持衡量（AMS），包括：（1）市场价格支持，国内管理价格与固定世界参考价格之间的差距；（2）政策支付的预算支出（有许多扶持政策被豁免）。发达国家总的补贴水平不应超过其总产值的 5%，而在发展中国家为 10%。最近在世界贸易组织谈判中提出了大幅降低建议。政策的应用和被豁免权是根据具体补贴的性质及"箱"中的归属。

1. "绿箱"政策

"农产品协议"规定，由公共资金提供有关政策支持而不是消费者转移；不涉及生产者的价格支持。这包括提供对农业的服务及利益，但不涉及对生产者及加工者的直接支付。例如，对农业研究计划，害虫和疾病控制措施，为粮食安全目的服务的公共储备，收入保险、收入安全网计划，生产者退休及资源休耕计划，和国内粮食援助政策等支持。还包括对生产者的支付，但与生产者价格、就业及生产者投入无关（被称为"脱钩"收入）。

2. "蓝箱"政策

这一政策豁免用于限制生产计划的直接支付。这一项直接与一些发达国家的扶持政策有关，如欧盟的休耕计划。这些计划不在很多国家使用，但对某些国家非常重要。在 2004 年 8 月 1 日的框架协议中，蓝箱的定义包括支付限制政策。

3. 最低豁免规定

如果某一特定产品（或非特定产品）综合支持衡量构成不到其特定商品产值的 5%，这一支持将不包括在总的综合支持衡量中。值得注意的是，不超过 5% 的黄箱政策补贴不能扣除两次。

（二）国际社会的农业支持

1. 发达国家的农业支持

20 世纪 70 ~ 80 年代，发达国家农业政策所面临的问题并不是提高生产。相反，农产品的销售是经常讨论的重点。1987 年和 1992 年经济合作与发展组织部长会议做出了政策改革承诺，将 "允许具有较大影响力的市场信号"。换句话说，新的政策将试图改变对没有市场销路农产品生产的补贴。1998 年，改革基础得到了进一步发展。经济合作与发展组织部长同意，政策应该是透明的，具有容易辨认的目标、成本、效益和受益人；并尽可能将补贴与生产 "脱钩"，即对生产和贸易没有或只有很小的影响。1998 年的主要指标是生产者支持估计（PSE）：反映了实际的农业收入和价格与那些年的部长会议引导的政策。由于新的问题不断涌现，2010 年农业部长再次相聚，在经济合作与发展组织会议讨论 21 世纪的政策和趋势，商讨农业部门所面临的挑战，包括气候变化，"绿色增长"，粮食价格上涨，不断变化的社会规范有关食品的生产和消费方式，风险管理及贸易和创新在该领域的作用。

测量农业支持水平假定为没有通过政府给农民的支持所产生的差异，PSE 往往表现为一个农民收入的比例。根据经合组织 2012 年农业政策的监测和评估报告，经济合作与发展组织国家 2010 年的 PSE 为 18%，而这一指标在 1987 年为 40%，表明发达国家的农业补贴有了显著降低。1995 ~ 1997 年，所有经济合作与发展组织国家的支持均有所下降（土耳其除外）。

支持水平不同国家之间差异较大，最低位在 1% 左右，最高达到 60% 以上。2008 ~ 2010 年，新西兰（1%）和澳大利亚（3%）为最低，智利（4%）也很低。美国（9%），以色列、墨西哥（12%），加拿大（16%）也低于经济合作与发展组织的平均水平。欧盟（22%）虽然降低了其支持水平，但仍高于经合组织的平均水平。土耳其的支持不降反升，平均为27%。尽管有一些国家有所减少，如韩国（47%）、冰岛（48%）、日本（49%）、瑞士（56%）和挪威（60%）等，其支持仍然相对较高。发达国家，在农业支持中用于会造成生产和市场扭曲的支出份额总体下降。长期以来，基于商品产出（价格支持和根据产量的支持）的支持份额有下降趋势。

1986～1988 年的 82% 下降到 1995～1997 年的 70%，2008 年这一份额继续下降到 46%。

总体而言，美国对生产者的支持已大幅下降，生产者支持比例从 1986～1988 年的 22% 下降为 2010 年的 7%。支持水平目前在经合组织中排名倒数第三。近年来较高的世界商品价格上涨是农业生产支持快速下降的主要原因。奶制品和糖行业继续接受较高的价格支持；但奶制品支持水平近年来也有所降低，导致较高的国际市场价格。

美国农场法案的目的是向美国农民提供收入保障，并确保廉价的食品供应。农业补贴在美国保持农民收入稳定和食品供应稳定方面起着重要作用。经过近 80 年对美国农民提供补贴，其农场法案跟初衷没有相距很远。美国国会每 5 年左右修订一次全面的农场综合法案，由美国农业部具体执行。2008 年的农场法案保持了 2002 年的法案，包括直接支付、反周期支付、无追索权的营销援助贷款（WALS）和贷款不足支付（LDPS）方案，同时引入新的平均作物收入的选择计划（ACRE）。2008 年的农场法案于 2012 年到期。被确定为 2012 年农场法案最大的挑战包括：（1）预算赤字。解决债务问题将会涉及农业的补贴范围。（2）明显的高农产品价格给农业发展提供了较好的条件。这给美国国会提供了消除商品计划的机会，同时会更多考虑未来价格和产量的不确定性。（3）世界贸易组织的义务。WTO 农业协定的目的是减少刺激国内生产和影响价格的国内政策工具的使用。

美国农业支持政策也大幅减少了对有潜在的市场扭曲的政策的支持（支持基于农产品产出和可变的投入使用）。侧重于对增加综合性的救灾援助，增加能促进环境友好型农业的政策支持。最严重扭曲政策的支持份额从 1986～1988 年的 53% 下降至 22%。1986～1988 年，国内生产者价格比世界价格高 13%，而与 2008～2010 年的平均数相比，则仅高出 1%。

在欧盟，总体而言，1986～1988 年的政策改革，提高了农业部门的市场导向，采取了渐进的和连贯的措施，以降低对市场价格的支持和产量支付水平。生产和贸易扭曲政策现在占对生产者支持的 29%。从 2009 年起，补贴转向使用针对特定的目标，如气候变化、可再生能源、水资源管理、生物多样性和相关创新，以及乳制品行业重组。

2. 新兴经济体的支持

新兴经济体的支持一般远低于经合组织的平均水平，但最近几年增长较快。新兴经济体在不同时间有不同的国家支持水平（PSE）：巴西的农场支持基本保持平稳，最近几年来，一般保持在总的农业收入的5%左右。中国近年来呈增加趋势，2010年达到17%，已接近经合组织的平均水平。俄罗斯支持的程度在最近几年达到了22%，高于经合组织平均水平。南非的支持水平在下降，现在为5%以下。乌克兰的支持近年来维持在7%左右。

在新兴经济体国家，农业支持中用于能造成生产和市场扭曲的支出份额较高。主要是对于商品产出和农业投入的支持；只是近年来，才开始有了对与产出脱钩的支持。从1986～1988年的82%下降到1995～1997年的70%。这一份额在2008年继续下降到46%。

在巴西和中国，对农产品产出有直接影响的支持（主要是最低价格支持）所占的份额有所增加，占总支持50%以上。最近几年，中国的最低价格支持在急剧增加。在俄罗斯，其他形式的支持近几年有了增加，因此对农产品产出有直接影响的支持所占的份额有所下降，但仍保持在50%以上。南非和乌克兰已大大减少了基于产出的支持。新兴经济体其余部分的支持主要是对投入使用的支付，巴西和南非这些形式的支持主要是针对小农，南非的燃油税退税是提供给所有农民的主要支持。

（三）对中国农业补贴的思考

中国粮食生产成本近年来逐步上升。为了保证农民收入和稳定食品价格，国家对粮食生产的补贴越来越大。中国是人均耕地和水资源较低的国家，与美国、加拿大、澳大利亚、欧盟、巴西、阿根廷等人均资源多的国家相比，中国粮食生产的比较优势总体下降的趋势是不可改变的。随着劳动力成本和物质投入成本的快速上涨，为保证粮食亩均利润和农民收入的增加，国家近年来逐步提高了三大谷物的收购价格。同时，通过粮食直补、良种补贴、农机补贴、农资综合补贴等一系列政策，逐年加大了粮食补贴的力度。2011年，中央财政支农四项补贴达到1406亿元，是2004年145亿元的9.7倍。

中国的补贴形式——农业补贴是多哈世界贸易组织谈判的重要内容，也是全球自由贸易协议的一个重要组成部分。在近年的谈判中，新兴经济体一直在推动美国降低补贴，认为对美国农民支持过高，严重扭曲了市场价格。然而，经济合作与发展组织的报告指出，在绝对数字来看，中国对农民的补贴已远高于美国，即使在补贴占农民收入的比例，中国在2010年已达17%，而美国仅为7%。在越来越大的程度上，中国的补贴采取了直接收入支持的形式，这将有助于更有效地提高农民的收入和促进农业生产。另外，也有部分补贴用于对化肥和农具等农业生产投入的购买。

　　加强对农业补贴效果的研究。农业补贴的主要目的：一是保证农民收入，二是促进农业生产。但补贴方案往往并未达到这些目的。在美国，法案的补贴政策的目的是帮助小规模的农民，但实际上大部分补贴金额却归于大农场主。例如，近年来最大的10%的补贴接收人受到了72%的政府补贴支付。无数大公司和富有的经济实体因为土地而受到农业补贴。土地拥有者，而不是租用者或农业工人得到补贴好处。大量的人拥有土地但并不再是农业用地，而依然得到政府的农业补贴。中国近年来由于农业劳动力的转移，土地的使用权与土地的实际使用（土地经营）在很大程度上发生分离，使得补贴的目标（增加农民收入和促进农业生产）很难实现，对其补贴政策的效果进行分析研究极其重要。

　　农业在发展中的作用已成为许多国家政策制定的中心。许多发展中国家农业政策在更广泛的经济发展中发挥核心作用。在智利和南非，政府采取双轨制的农业政策：对商业和外向型农业部门实施研究和开发的资金支持；而对解决较贫困农户的需求实行有针对性的政策扶持。许多发展中国家的农业政策可供中国借鉴，值得跟踪研究。

六　近年出口限制政策的发展及对粮食市场的影响

（一）新出现的农产品出口限制政策

　　自20世纪90年代以来，主要农产品的价格呈下降趋势，农产品市场低迷，威胁世界上数以百万计的贫困农民的粮食安全。这是因为出售农产品往往是小农的唯一现金来源。因此，如何降低发达国家的农业补贴、增加市场准入和降低出口补贴已成为近年来国际贸易谈判的重点。然而，自 2007 ~ 2008 年的粮食危机以后，主要农产品的价格高涨，且保持在高位波动运行。这引起了世界各国，特别是低收入缺粮国对本国粮食供应能力及低收入消费者粮食安全的担心。一些国家甚至发生了动乱，影响了国家政治和社会稳定。因此，很多国家采取了一系列措施以增加国内粮食供应和保护消费者，特别是低收入群体的粮食安全。

出口税和出口限制有着很长的历史，近几年已成为管理主要农产品的政策工具。2007 ~ 2012 年，食品的出口限制政策已成为许多国家应对世界食品危机和价格暴涨的主要措施之一；同时也成为一项最具争议的贸易政策，因为这一举措也是造成食品危机和价格暴涨的主要驱动因素之一。目前很多研究开始探讨如何修改多哈回合世界贸易组织的有关条款，以控制出口限制政策给粮食安全带来的负面影响。

联合国粮农组织 2008 年的一项研究表明，在被调查的 77 个国家中，2007 ~ 2008 年大约有 1/4 的国家采用了某种形式的出口限制。所采取的措施包括：（1）大约一半的国家减少了粮食进口税；（2）55% 的国家使用了价格控制或消费者补贴；（3）1/4 的国家调用粮食库存以增加供应；（4）16% 的国家没有采取政策行动。

根据联合国粮农组织的监控报告，2007 年至 2011 年 3 月，在世界 105 个样本中，33 个国家采取了一项或多项出口限制措施。其中亚洲国家使用最为频繁，在被监控的 30 个亚洲国家中，有 15 个国家采用了出口限制。所使用的最主要的出口限制政策有以下几种。

——出口关税——从价计征和混合计征

——出口关税——变动计征

——出口关税——区别对待

——最低出口价格限制

——出口配额

——政府对政府的销售

——出口禁止/禁令

——调整出口增值退税

——国有贸易企业

（二）出口限制对粮食危机和价格暴涨的影响及 WTO 对出口限制处罚的讨论

1. 出口限制对粮食危机和价格暴涨的影响

许多研究和事实已经表明，出口限制措施对国际粮食市场已产生了很大的负面影响。David Dawe 等人对 2007～2008 年食品危机中主要国家的大米政策及其对危机的影响进行了系统研究①。主要国家包括：孟加拉国、印度尼西亚、菲律宾、泰国、越南、柬埔寨、中国、印度、日本及两个有代表性的非洲国家。这些研究表明，国家的粮食出口限制引起了恐慌和人们对市场的信任，限制了私人在自由贸易中的作用，约束了国际贸易对市场稳定的作用。当然，出口对某些国家特定短期物价起了作用，但往往干预成本大于效益，并限制/妨碍了生产者对国际市场的反映及对农业的投资，这将不利于对生产的影响。

2. WTO 对出口限制处罚的讨论

（1）目前的规定。关贸总协定第十一条规定，除了普通关税外，出口不应被任何其他措施所禁止或限制，而这一条例对食品例外。第十一条的第二段明确指出，一些规定不适用于暂时用于以防止或减轻严重食品短缺。在乌拉圭回合农业协定第十二条关于出口禁止或限制的规定仅限于提供信息、咨询等，这意味着食品出口限制是允许的。这些措施是暂时的，适用于防止或减轻食品严重短缺，这些措施是透明的、可观测的。

（2）以前的讨论。在多哈回合谈判中，早在 2000～2001 年的谈判初期，日本、瑞士、韩国和美国都提出了对出口限制的建议。但在多哈文件中还没有任何文字涉及出口限制。近几年来一些学者对这一问题提出了更多的探讨，建议包括类似于进口的出口税率配额和变动出口税率机制。

---

① David Dawe，The Rice Crisis—Markets，Policies and Food Security，2010，Earthscan and FAO.

（三）中国的措施及探讨

为应对国际粮食危机，中国政府采取了多项措施保证国内粮食供应和粮价的稳定。坚持把确保粮食等主要农产品的有效供应作为首要任务，加强设施建设，加大扶持力度，着力提高粮食综合生产能力。其中建立了一系列对粮食和化肥的出口限制政策，包括去除了对谷物出口的农产品增值退税，对粮食及其加工产品的出口关税，以及一系列国家贸易控制和出口执照的管理。这些措施有力地维持了国内主要粮食（大米、小麦和玉米）的价格稳定。

中国的政策措施已经取得了很大成效。在全球粮食危机期间，中国保持了大米、小麦和玉米的稳定供应，避免了主要粮食作物价格的大起大落。与此同时，主要作物生产者的收入和利润也有了稳定增长。但有些措施值得探讨：（1）政府短期政策（粮食和化肥出口政策）可能限制了农业发展的长期目标，农民不能及时根据市场的需要调整产业结构。（2）如果中国适当增加对国际市场的供应，对增加世界市场的信心、平抑当时世界市场价格会起到很大的作用，从而增加中国在世界市场中的可信度。（3）国家和农民也会得到很多利润。（4）中国对国际组织的农产品市场信息系统的参与非常重要。（5）中国应加强对有关农业贸易政策的研究并积极参与有关的 WTO 谈判。

联合国粮农组织农产品市场分析及展望的研究方法与最新研究成果

鉴于农业在社会经济发展中的基础地位与保障作用，国际组织历来十分重视对农产品市场分析的研究。本附录将重点介绍联合国粮农组织等有关国际组织目前采用的主要研究方法与最新研究成果。

一　概要

随着世界粮食安全分析工作的发展变化，联合国粮农组织及有关国际组织所采用的研究方法得到不断完善和创新，各组织间的合作也日益加强。目前，联合国粮农组织等国际组织开展粮食安全分析所采用的主要方法包括全球粮食安全指标体系、经合组织及联合国粮农组织中期农业展望、联合国粮农组织的世界农业长期展望，以及世界粮食计划署和联合国粮农组织联合研发的冲击影响模型系统。全球粮食安全指标体系是基于粮食安全的内涵，充分考虑指标的科学性与适用性而建立的主要用于监测当前粮食安全水平的技术指标集合。基础数据主要来自粮食商品供求平衡表及联合国粮农组织的价格监测数据。

（一）　经合组织及联合国粮农组织的中期农业展望

中期农业展望为每年开展的针对未来 10 年的农业展望，即对世界主要农产品市场今后的前景进行中期评估。《农业展望报告》每年出版一期，将国际上与各国新出现的农业市场与政策热点纳入分析，为世界及各国农业政策分析、发展规划和决策提供依据。中期农业展望采用的是局部均衡的经济预测模型，经济学中的生产供应理性和消费需求理论是该类模型的重要理论基础。模型中充分考虑了主要农产品之间的供求影响，基于大量的技术参数和一系列方程组对农产品市场进行分析预测。主要目的包括：（1）增强对商品市场与政策在农业和粮食安全方面作用的理解；（2）为各个国家农业政策和国际贸易政策改革研究提供支持；（3）及时评估新出现的世界及各国的粮食热点；（4）生成基线预测的分品种农产品展望，为政府和企业制定中期农业发展计划提供参考。

（二）　联合国粮农组织的世界农业长期展望（2050 年）

与中期展望相同，长期展望也是对主要农产品的供应和需求进行预测分析，但长期展望所包括的农产品品种更全、周期更长。目前的联合国粮农组织、经合组织中期展望模型主要包括谷物、油料和畜产品等农产品，而联合国粮农组织的长期展望则还涵盖林业、渔业等部门。中期展望更侧重于对主要食品市场的展望，而长期展望更注重于资源可供性和利用、人们的未来营养需求、环境与气候变化、农业科技与贸易政策等研究。

长期农业展望的定量预测主要是基于商品的供给和需求账户数量框架的研究方法。供给和需求的平衡关系为：国内总供给 = 直接食用 + 工业用途 + 饲料用途 + 种子 + 损耗 = 国内总需求 = 生产 + 净进口 + 库存变化，其中，净进口 = 进口 − 出口，库存变化 = 期初库存量 − 期末库存量。

在中期预测模型中，对农产品的供求预测主要是基于一系列价格和收入弹性，通过对价格的不断调整以求得最终供求平衡。长期预测则是以国家自给率和出口水平为最初假定，然后对每个国家各农产品品种的生产水平开展初步的长期预测。预测方案经过不断调整，在调整过程中充分考虑到卡路里

（能量）摄入量的可行性、土地资源的潜力和使用等情况，同时不断参考各个国家与不同学科专家的意见。

长期预测的目标包括：（1）探讨长期的世界食品、营养和农业的重大问题。主要是预测长期内世界如何养活自己，即人类如何利用有限资源来生产更多的粮食和食品来满足自身需要。（2）长期预测主要探讨相对宏观的重大问题，包括土地问题（土地退化、沙漠化、退耕还林）、气候变化、水资源短缺、人口增长及结构变化等，为制定详细的行业发展规划与相关政策提供依据，而中期预测则更加侧重对具体农产品市场的预测与分析。

（三）世界粮食计划署和联合国粮农组织联合研发的冲击影响模型系统

冲击影响模拟模型系统借鉴了 Singh 等（1986）开发的农户家庭模型（Agricultural Household Models，AHM）的分析方法，涵盖了生产与消费，充分考虑了价格对不同市场的影响以及市场之间的相互影响。与单纯的消费模型相比，最根本的不同就是在单纯的消费模型中，家庭预算支出通常假定是不变的，而在 AHM 中是内生的，它取决于生产决策，生产决策又会影响农场利润进而影响收入水平。这些模型对冲击因素变化的分析评估方法有两种：一是基于历史上已发生过事件的冲击影响模拟，即 VAM 或 GIEWS 监测系统类似情况的历史模拟分析；二是基于局部均衡模型或短期价格分析开展预测。

冲击影响模拟模型系统可以及时评估当前出现的问题并告之相关主体，生成次国家级水平的粮食安全分析报告，模拟不同干预措施和政策情景的分析结果。该模型系统对世界粮食计划署、联合国粮农组织以及官方或国际性援助机构等广大潜在用户来说是非常有价值的。

该模型主要用途包括：（1）农作物与粮食安全评价；（2）在发生自然灾害和市场波动后开展快速粮食安全评价；（3）快速的市场形势评估；（4）千年发展目标评估；（5）项目规划活动（例如危机情况处理与应对、修复和重建）；（6）灾害风险规划；（7）性别影响分析；（8）小农和贸易政策分析。

二　全球粮食安全指标

下面列举几个目前被联合国粮农组织及其他国际组织广泛使用的全球粮食安全主要指标，这些指标揭示了短期内全球粮食供需形势。

1. 世界谷物库存消费比

联合国粮农组织用于反映世界粮食在年度可供状况的主要指标，这一指标定期在粮食展望和作物前景报告中发布。根据联合国粮农组织全球信息与预警系统数据库的数据，1991～1992 年度至 2011～2012 年度，世界谷物平均年度库存消费比为 25.9%。其中，小麦、大米和粗粮分别为 32.5%、31.4% 和 19.4%。世界谷物库存消费比在 1999～2000 年度达到最高，为 33.7%，反映了当时世界范围谷物供应相对充足。

这一指标随后几年有了大幅度下降。到 2007/2008 年度，降到了最低点，仅为 19.2%（见图 1），说明当时世界谷物供应处于非常紧张的状态，导致当时的价格和粮食危机。自 2007～2008 年度以来，世界谷物库存消费比有了一定回升，但仍低于 1991～1992 年度以来的平均水平。据最新预测，由于受干旱等不利气候影响，2012～2013 年度这一比率仅为 20.9%，当前的世界粮食生产和供给非常值得关注。

2. 主要出口国谷物库存对消费量（国内消费加出口）的比例

与世界谷物库存消费比相似，这是又一被联合国粮农组织用于反映世界粮食年度可供状况的主要指标，定期在粮食展望和作物前景报告中使用。

由于全球可供出口的粮食主要集中在少数国家，这些主要出口国的谷物库存及消费量状况对全球农产品市场走势显得尤为重要。

联合国粮农组织全球信息与预警系统数据库数据显示，1991～1992 年度至 2011～2012 年度，世界主要出口国的谷物库存对消费量的年度平均比率为 18%，小麦、大米和粗粮的年平均比率分别为 19.65%、20.3% 和 14.2%。谷

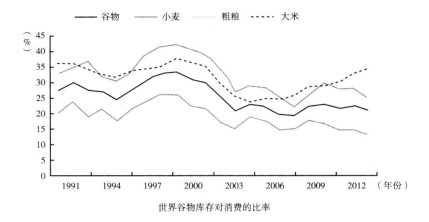

世界谷物库存对消费的比率

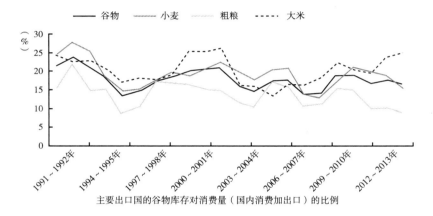

主要出口国的谷物库存对消费量（国内消费加出口）的比例

图1 谷物库存对消费的比例

资料来源：联合国粮农组织全球信息与预警系统数据库。

物的比率在2001～2002年度达到最高，为21.2%，反映了当时世界主要出口国谷物可供量相对充足。

但这一比率随后发生了明显下降。到2006～2007年度和2007～2008年度，降到14%的最低点（见图2）。自2007～2008年度开始，该指标有所回升，但仍处于较低水平，2012～2013年度仅为16.5%，特别是粗粮和小麦，仅分别为9.2%和15.5%。由于受干旱影响，2012～2013年度美国玉米产量预计将比往年降低13%。

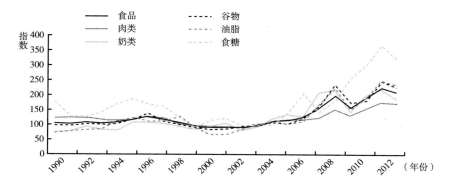

图 2 联合国粮农组织年度食品价格指数，1990～2012

资料来源：联合国粮农组织全球信息与预警系统数据库（2012）。

3. 谷物进口费用

用来测度最不发达国家和粮食净进口发展中国家谷物进口费用变化的指标。这些国家由于极其有限的财政能力，进口价格和进口费用的增加，意味着国家粮食安全控制能力的降低。

近几年来，谷物进口费用增加的主要原因是进口价格上涨，而非进口数量增加。1990～2010 年，最不发达国家的谷物进口量增长不到两倍，而进口费用则增长了 6 倍以上；同样，粮食净进口发展中国家在该时期的谷物进口量增长了 70%，而进口费用几乎翻了两番。不断上升的粮食进口费用已经严重威胁了最不发达国家的粮食进口，或将导致他们牺牲经济发展所必需商品的进口，来保证粮食进口。

4. 联合国粮农组织的食品价格指数

该指标是以谷物、肉类、奶制品、油及油脂和食糖五种商品价格指数为基础，根据各商品出口份额加权计算得到的平均价格指数。该指标以 2002～2004 年的平均价为基期（指数为 100），除综合食品价格指数外，还包括以下 5 个分类价格指数。

（1）谷物价格指数：该指数采用粮食和大米价格指数，根据贸易份额加权平均而得到。粮食价格指数以国际谷物理事会的小麦（9 个不同小麦品种的平均）和玉米价格为基础数据，大米价格指数则通过籼稻、粳稻和芳香型大米的平均价格加权计算而成。

（2）肉类价格指数：根据家禽产品、牛肉、猪肉和羊肉的价格指数加权计算得到。

（3）奶制品价格指数：对黄油、脱脂奶粉、全脂奶粉、奶酪和酪蛋白的价格加权平均。

（4）油和油脂价格指数：由 11 个不同的油料价格加权计算得到。

（5）食糖价格指数：根据国际食糖协会食糖价格计算得到。

从图 2 中可见，自 1999～2000 年度以来，食品价格指数不断攀升。到 2008 年，这一价格指数翻了一倍，达到 199.8 点。之后随着世界农产品供给能力的提高，这一指数开始下降，至 2009 年为 156.9 点，2010 年为 185.3 点。与前两年相比，2011 年的农产品供给严重不足，食品价格指数迅速攀高，达到 227.6 点的历史最高点。据最新预测，2012 年食品价格指数将有所回落，但仍比世界粮食危机时的 2008 年略高。

联合国粮农组织的食品价格总指数反映了食品供求整体状况，但要探求其变化原因及主要农产品品种的市场价格情况，则需进一步了解谷物价格指数、肉类价格指数、奶类价格指数、油料价格指数和糖料价格指数。其中，谷物价格指数与发展中国家的粮食安全关系最为密切。在 2007～2008 年度的粮食危机时期，谷物价格指数从 2006 年的 121.7 增到 2007 年的 166.9，2008 年则升至 237.8，增长幅度大大高于同期综合食品价格指数。与综合食品价格指数类似，谷物价格指数在 2011 年也达到了历史最高点，为 246.8，明显高于综合价格指数。

5. 营养不足（饥饿人口）占总人口的比例

联合国粮农组织早就开展了对长期食物（营养）不足人数的估计，研究成果引起发展问题专家和更多公众的持续关注，这一指标最终被用于监测实现第一个千年发展目标（MDG 1）的进展（见第 1 章）。联合国粮农组织成员在提供数据和改进联合国粮农组织统计数据方面始终发挥了重要作用，它们提供有关粮食可供给量的更详细、更可靠的信息，使饥饿人口的地理分布估计得到逐步改进，此类针对特定国家的评估结果定期发表于联合国粮农组织的《粮食不安全状况报告》中。

联合国粮农组织开展估计的基本思路，最早可追溯到 20 世纪 60 年代 Sukhatme 所开展的开创性工作，思路简单但能提供可靠的数据结果，前提条件是要获得估算其根本参数所需的最新精确信息。重要的参数包括以下几方面。

（1）人均粮食可供（拥有）量；

（2）健康和积极生活所需最低能量；

（3）特定人群中现有粮食的分配或获取信息。

表 1 概括了世界主要国家和地区饥饿人口比例的变化状况。1990～1992 年，世界饥饿人口比例为 18.6%，发展中国家较高，为 23.2%，而撒哈拉以南非洲地区最高，达到 32.8%。近年来，大多数国家和地区饥饿人口比例有了下降。2010～2012 年，世界平均饥饿人口比例为 12.5%，发展中国家为 14.9%，撒哈拉以南非洲地区为 26.8%，分别比 1990～1992 年下降了 32.8%、35.8% 和 18.3%。尤其是中国饥饿人口的减少近年来取得了举世瞩目的成就，饥饿人口比例从 1990～1992 年的 21.4% 降至 2010～2012 年的 11.5%，降幅高达 46.3%。

表 1　营养不足（饥饿人口）在总人口中的比例及变化

单位：%

区域/分区域/国家	1990～1992 年	2000～2002 年	2005～2007 年	2006～2008 年	2007～2009 年	2008～2010 年	2009～2011 年	2010～2012 年	2010～2012 年比 1990～1992 年
世界	18.6	14.9	13.5	13.1	12.9	12.8	12.6	12.5	67.2
发展中国家	23.2	18.2	16.3	15.8	15.5	15.3	15.1	14.9	64.2
非洲	27.3	25.1	22.8	22.7	22.6	22.6	22.7	22.9	83.9
撒哈拉以南非洲地区	32.8	29.7	26.8	26.6	26.5	265	26.6	26.8	81.7
亚洲	23.7	17.6	15.7	15.1	14.8	14.5	14.2	13.9	28.6
高加索和中亚地区	12.8	14.5	9.6	9.4	9.2	8.8	8.2	7.4	57.8
中国	21.4	14.3	12.6	12.0	11.6	11.5	11.5	11.5	53.7
东亚(不包括中国)	10.4	14.0	14.2	14.7	14.5	13.6	12.5	11.7	112.5
印度	26.9	21.6	20.2	19.4	19.0	18.8	18.3	17.5	65.1
南亚(印度除外)	26.4	20.4	18.7	18.3	18.1	18.0	18.0	17.8	67.4

续表

区域/分区域/国家	1990 ~ 1992 年	2000 ~ 2002 年	2005 ~ 2007 年	2006 ~ 2008 年	2007 ~ 2009 年	2008 ~ 2010 年	2009 ~ 2011 年	2010 ~ 2012 年	2010 ~ 2012 年比 1990 ~ 1992 年
东南亚	29.6	19.2	14.9	14.0	13.2	12.3	11.5	10.9	36.8
西亚	6.6	7.9	9.0	9.2	9.4	9.6	9.8	10.1	153.0
拉丁美洲和加勒比海地区	14.6	11.2	9.3	9.0	8.7	8.6	8.4	8.3	56.8
加勒比海地区	28.5	21.8	20.1	19.3	18.6	17.9	17.6	17.8	62.5
拉丁美洲	13.6	10.5	8.6	8.3	8.1	7.9	7.8	7.7	56.6
大洋洲	13.6	15.9	12.9	12.3	11.9	11.8	11.9	12.1	89.0
最不发达国家	37.9	33.8	31.0	30.7	30.5	0.4	30.6	30.6	80.7

资料来源：联合国粮农组织统计司（FAOSTAT）。

三　经合组织及联合国粮农组织中期农业展望

1. 模型介绍

（1）经合组织的农产品关联（Aglink）和联合国粮农组织的商品模拟（Cosimo）模型。该模型由经合组织和联合国粮农组织共同开发，用于中期（10 年滚动）农业展望和各种农业政策分析。每年两个组织的专家对世界主要农产品市场今后的前景进行中期评估，整个工作是以 Aglink 和 Cosimo 模型为基础，以一系列具体经济和政策的预测为前提，描述今后 10 年的市场前景，并对主要农产品市场进行展望。

中期农业展望采用的是局部均衡的经济预测模型。局部均衡的经济平衡只考虑一部分市场假定，假设其他市场状况不变，或作为外生条件输入。经济学中的生产供应理性和消费需求理论是商品均衡模型的重要理论基础。在局部均衡中，某市场中某些特定商品的生产供应和消费需求的数量和价格是独立于其他市场的。换句话说，商品的替代产品和补充品的价格以及消费者需求是假定固定的或外生的。如果这些假定的外部市场（条件）越多，作为分析对象的某商品的均衡分析结果的可靠性会受到更多负面影响。

经济预测模型所包括的市场范围对预测的结果也有很大影响。随着城市化和国际贸易自由化程度的提高，很多商品的供给、需求及均衡价格不仅受当地市场，而且受国内其他市场和世界市场影响。

联合国粮农组织和经合组织的农产品中期预测模型是局部均衡模型，因为它没有包括工业、服务等其他部门。在求解过程中，人均收入、通货膨胀、外汇兑换率、人口变化、能源价格、某些农产品投入价格等经济宏观变量不是模型内生的结果，而是作为外生变量，直接应用其他经济部门的预测结果，或者通过一些基本假定所确定。近来，随着联合国粮农组织与经合组织的合作，模型已覆盖了几乎所有的农产品品种，尤其是该模型已经将世界上主要农产品的生产和消费国家纳入分析对象。

粮食模型、乳制品模型和畜产品模型在求解过程中相互作用。每一个品种的模型通过调整价格使每一个国家/地区和世界的供需达到下列条件：

期初库存＋生产＋进口＝期末库存＋消费＋出口。

每个国家的农业和贸易政策被纳入该国家的生产、供应和需求方程中，进而可以用来对国家的农业政策进行模拟分析，为政策决策提供参考。

在大多数国家，国内价格是通过国际市场价格到国内价格的传导函数来确定的，但一些大的商品生产和贸易国家则主要依据国内的均衡条件来求解。

（2）产品和国家覆盖范围。农产品关联模型（Aglink）不但包括了经合组织成员的国家或地区模块（见表2），如澳大利亚、加拿大、新西兰、韩国、墨西哥、欧盟和美国，还包括中国、巴西和阿根廷等非经合组织国家的模块。联合国粮农组织的商品模拟模型包括阿尔及利亚、孟加拉国、智利、哥伦比亚、埃及、埃塞俄比亚、加纳、印度、印度尼西亚、伊朗、以色列、哈萨克斯坦、尼日利亚、马来西亚、莫桑比克、巴基斯坦、巴拉圭、秘鲁、菲律宾、沙特阿拉伯、南非、苏丹、坦桑尼亚、泰国、土耳其、乌克兰、乌拉圭、越南和赞比亚国家模块及10个剩余地区模块。

Aglink-Cosimo模型产品种类（见表2）包括以下几方面。

谷物：小麦、大米、粗粮（玉米、燕麦、小米和黑麦）；

油子行业：油料、油饼和油；

畜禽产品：牛、猪、羊、家禽和鸡蛋；

乳品业：全脂奶粉、脱脂奶粉、奶酪、黄油和新鲜乳制品；

根块作物、食糖、乙醇和生物柴油。

表 2　Aglink – Cosimo 模型覆盖的国家/地区和品种

商品	国家和地区（AGLINK COSIMO 模型）		
	经合组织的农业联动模式（AGLINK）	联合国粮农组织商品模拟模型（COSIMO）	
小麦	阿根廷	阿尔及利亚	南美—其他
粗粮	澳大利亚	亚太地区—最不发达国家	巴基斯坦
大米	巴西	亚太地区—其他	巴拉圭
油籽	加拿大	中美洲—最不发达国家	菲律宾
块根和块茎	中国	哥伦比亚	沙特阿拉伯
牛肉	欧盟 25 国	东非—最不发达国家	南非
羊肉	匈牙利	东非—其他	韩国
猪肉	日本	埃及	南部非洲—其他最不发达
家禽	墨西哥	印度	国家
鸡蛋	新西兰	印尼	南部非洲—其他
脱脂奶粉	波兰	伊朗	泰国
全脂奶粉	俄国	马来西亚	土耳其
奶酪	美国	尼日利亚	乌克兰
黄油		北非—其他	乌拉圭
鲜乳制品		中美洲—其他	越南
植物油		独联体—其他	西非—其他最不发达国家
油籽粕		加纳	西非—其他
糖		莫桑比克	坦桑尼亚
乙醇和生物柴油		智利	赞比亚
		秘鲁	埃塞俄比亚

资料来源：经合组织和联合国粮农组织《农业展望》课题组，2012。

（3）模型结构。Aglink – Cosimo 模型是基于已建成的国家模块组合而成，每个模块中已经按照统一的标准建立了每个国家的模型细节。每个国家模块都可以通过修订其他国家模块或剩余国家模块作为外生变量，用于该国的独立分析。当所有国家模块一起运行就可以产生世界均衡价格，开展全球中期预测。

与其他的主要局部均衡模型相似，Aglink – Cosimo 由一组行为方程式（技术关系）和一系列反映农业生产活动之间关系的恒等式组成，这些方程式分成下列组合：供应、利用、贸易、价格和供求等。

Aglink – Cosimo 模型假设所有的市场完全一致，产品相同。大多数情况下，价格和收入使用半对数线性方程确定的固定弹性，调整因素被添加到所有的行为方程式中，主要用于修订结果以反映成员国提出的特定观点。

贸易部分方程式假定同一性质的产品、非空间性的。均衡价格的求解过程是通过市场价格的不断调整直至达到总需求（消费、出口和库存变化）和总供应（生产和进口）的均衡。

（4）数据和参数。Aglink – Cosimo 模型含有从 1960 年以来的历史数据，数据来源包括联合国粮农组织、世界银行、国际货币基金组织、澳大利亚农林渔业部（ABARES）和美国农业部。

因大多数国家最近年份（1~3 年）的统计数据均空缺，Aglink – Cosimo 模型采用联合国粮农组织全球市场信息和预警系统的国家商品平衡表数据替代，该平衡表是基于对各国生产和市场监测的基础上进行估计和预测的结果。

模型的部分参数和弹性是由模型组专家通过计量经济分析得出的，而有些是由不同国家或学者估计得到，所有的参数都经过校准后才使用。

2. 2012~2021 年经合组织——联合国粮农组织农业展望主要结论

（1）农业价格将继续停留在较高水平。粮食价格虽然已经从前段时间的高峰回落，但通胀仍然是国际关注的问题。近期的经合组织—联合国粮农组织农业展望报告都十分关注农产品价格居高不下与波动的问题，着重指出随着市场做出反应，价格将会回落，但因需求持续强劲、某些投入物成本依然大幅上升等原因，价格仍将维持在较高水平。正如预料，当前粮食价格已开始松动，但仍处高位运行。零售食品价格通胀率指数自 2008 年达到高峰后大幅下降，对总体通胀率（物价指数 CPI）的贡献也开始减小。但许多发展中国家的食品价格通胀率依然很高，在研究的大多数国家里仍然超过总体通胀率。展望中所涵盖商品的名义价格预计在今后十年中将保持上升趋势，预计名义价格将比近十年平均上涨 10%~30%，扣除通胀因素后，实际价格将与目前水平持平甚至有所下降。

（2）尽管价格走势上扬，但资源的制约及高昂的成本会限制生产的增长。全球农业与能源市场的关系越来越密切。2012 年宏观经济假设中预测的石油价格平均比上年的预测值高25美元（展望期内每桶价格为110～140美元），高油价是预测农业商品价格走高的一个基本支撑因素，不仅影响与石油相关的生产成本，也扩大了生物燃料对农业原料的需求。

尽管价格走势强劲，预计生产增长速度仍将会减慢。过去几十年中全球农业生产年增长率在2%以上，预计今后十年将下降至1.7%（见图3）。日益显现的资源约束、环境压力以及投入成本的提高，预计将抑制全球几乎所有地区的农业生产增长。在此背景下，建议应更多关注促进农业生产率的可持续提升。

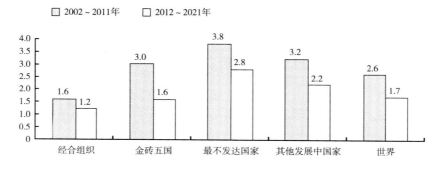

图3　农业净产值平均年增长率

数据来源：经合组织和联合国粮农组织：《2011～2021农业展望》，2012。

（3）发展中国家将继续主导市场发展，新兴经济体在扩大世界农业贸易方面会发挥更大作用。发展中国家在增加农业用地及提高生产率方面具有更大潜力，这将是2012～2021年全球农业生产增长的主要推动因素。预计该时期发展中国家农业生产平均年增长率可达到1.9%，而发达国家预计只有1.2%；至2021年，全球人口将比目前增加6.8亿人，增加最快的为非洲和印度；居民收入增加及城镇化将带来饮食结构变化，转向消费更多的加工食品、脂肪及动物蛋白质，这对更高价值的肉类及乳制品增长有利，也将间接提高作为牲畜饲料的粗粮及油料作物需求（见图4）。

新兴经济体将在逐渐扩大的全球农业贸易中获得更大份额，其中最突出的是巴西、印度尼西亚、泰国、俄罗斯、乌克兰等国，它们将为增强农业生产能力做出巨大贡献。截至2021年，大部分稻米、油子、植物及棕榈油、

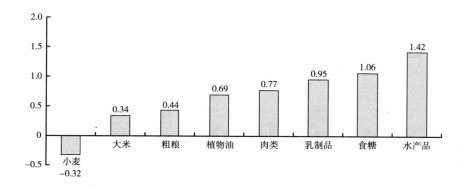

图4　2012~2021年全球人均食物消费量年均增长预测

资料来源：经合组织和联合国粮农组织：《2011~2021农业展望》，2012。

蛋白质食物、食糖、牛肉、禽肉、鱼类及鱼制品等产品的出口将来自发展中国家。

（4）生物燃料部门将消费更多的作物产品。截至2021年，预计全球生物原料乙醇及生物柴油产量几乎将翻一番，主要集中在巴西、美国及欧盟各国。生物燃料原料主要以农产品为主，预计2021年生物燃料消费占农产品产量的比例会越来越高，主要包括甘蔗（34%）、植物油（16%）及粗粮（14%）等（见图5）。预计在政府支持下，美国与巴西之间的生物燃料贸易将会增加。美国将主要从巴西进口甘蔗生产的乙醇，以满足政府设定高品

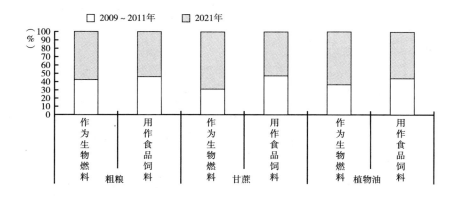

图5　全球食品、饲料和生物燃料使用的比例

资料来源：经合组织和联合国粮农组织：《2011~2021农业展望》，2012。

质生物燃料生产目标产生的国内需求，而巴西将主要从美国进口以玉米为原料的低价乙醇，满足其大量混合燃油车辆的需求。预计 2016 年后美国因实行进出口配额制度限制后，将会抑制对低配比乙醇的需求。

2021 年，预计发展中国家肉类消费将会进一步增加。肉类需求的增加主要来自亚洲的大经济体、原油出口国及拉丁美洲，这些地区的收入水平预计将有很大提高。在预计增加的肉类需求中，禽肉作为最廉价、最易得的肉类蛋白质来源将居于首位，在展望期末将超过猪肉成为最大的肉类消费品种。

（5）持续提高农业生产率是满足需求不断增长的关键。价格波动依然备受关注，在低库存水平下，恶劣气候可能是造成减产的主要因素。随着谷物产量回升，库存形势有所改善，受此影响，2012 年的市场波动已减缓。全球农业面临的关键问题是如何以可持续方式提高生产率，以满足不断增加的粮食、饲料、燃料及纤维需求。

四　联合国粮农组织的世界农业长期展望（2050 年）

1. 研究方法介绍

与中期展望类似，长期展望一直遵循"积极"的发展模式。在研究时运用最好的知识，以发展的观点，在分析过程中最大程度采用联合国粮农组织内部各学科的专业知识。

虽然没有像中期或短期预测的那样大量应用供求均衡模型（均衡价格），长期预测也进行了相当详细的定量分析和预测，以为对一个商品或一组商品及农业整体的未来发展做出判断提供基础。长期展望研究是跨学科研究，很大程度上依赖联合国粮农组织不同学科专家的共同参与，因而，长期展望也融合了各学科专家的观点。

长期预测中的变量主要包括各产品在每个国家中间环节或终端的使用、生产和净贸易的平衡及主要的农业和经济变量。例如各国作物部门相关的面积、单产和产量，以及农业生态区的灌溉和非灌溉面积等数据，还有畜牧业部门的动物数量总存量、屠宰率及每头牲畜主产品产量等。

长期展望的主要工作内容是建立一套统一的历史和基准年数据，对于供求分析的整体框架则是基于供给需求账户（SUAS）。供给需求账户是一个计算恒等式，可显示任何一年农产品的来源和使用。如下所示：

食品（直接消费）＋工业用途＋饲料用途＋种子＋损耗＝国内总需求＝生产＋净进口（进口－出口）＋库存变化（期初库存量－期末库存量）

2012年的数据库包括1961～2007年每个品种/国家/年的供给需求账户，这需要将350个项目的原始产品转变为32个商品。具体方法是，以2004～2006年的美元价格为基期，将计算出的不同商品的生产者价格为权重进行汇总，不同类别的农产品增长率和农业增长率则是利用价值汇总计算得到。

需求方面的展望以恩格尔需求函数的估算为基础。首先进行包括人口和国内生产总值增长以及未来自给自足和贸易水平的假定，对每个国家每个品种进行初步生产预测，然后经过几次专家会商进行调整。调整过程将考虑"可以接受"或"可行的"卡路里摄入量和贸易量、供应和需求的平衡情况、商品和土地资源（仅发展中国家）的控制情况等，并兼顾到各专家提出的学科（部门）和国家的约束，以协调各个国家和全世界平衡情况的一致性。

2. 最新世界农业长期展望（2050年）主要结论

（1）满足未来全球粮食需求将需要农业产量的大幅增加。至2050年，农业生产必须增长60%才能满足日益增加的食物需求。这意味着2050年与2005～2006年度水平相比，每年需增产10亿吨谷物，2亿吨肉类，这还不包括满足不断扩大的生物燃料生产原料的需求。

（2）生产效率改进将是缓释全球粮食不安全状况的主要手段。全球农业面积扩大的潜力有限，预计至2050年，可耕地总面积仅能增加6900万公顷（小于5%）。未来必须和过去50年一样，主要靠提高生产率实现增产。在资源日益紧缺的背景下，提高生产率将是控制粮食价格，提高全球粮食安全水平的主要手段。在中期，将主要依靠缩小发展中国家与发达国家生产率的差距来提高全球农业生产率。预测还显示，农作物增产的相当大部分将被用于生产生物燃料。

（3）提高农业生产的可持续性是关键。与此同时，更加迫切需要提高对可耕地、水资源、海洋生态系统、渔业资源、森林及生物多样性的可持续利用。目前，约25%的农业用地已高度退化，许多国家已处于农业用水不足的边缘，许多渔业资源已被过度开发或面临过度开发的风险，气候变化与极端气候事件将会增加更多的共识。

（4）各国政府必须创造有利的环境。鼓励改进农作实践，创建正确的商业、技术及监管环境，加强农业创新体系（如研究、教育、推广、基础设施等），包括解决小农户特殊需要的措施，这些都是应对挑战的措施；另外，采取措施减少粮食损耗浪费，也是满足日益增加的需求及提高供应环节生产率的重要手段。

五　世界粮食计划署和联合国粮农组织联合研发的冲击影响模型系统——用于粮食安全分析与监测

冲击影响模型系统是在爱尔兰政府资助下，由世界粮食计划署（WFP）粮食安全分析局（ODXF/VAM）和联合国粮农组织（FAO）全球粮食和农业信息及预警系统（GIEWS/EST）联合开发的模型系统，该模型系统可用来分析评估外部冲击（如来自经济、市场和生产方面的冲击）对低收入国家和食物匮乏国家的粮食安全、粮食援助需求和居民生活等的影响程度以及影响范围。

1. 项目理论依据

冲击影响模拟模型（SIS_MOD）是基于遭遇各种类型冲击的人数明显增加这一背景开发的，这些冲击将会给发展中国家的粮食安全带来巨大挑战。之前，尚没有模型能够有效地从国家层面定量估计各种冲击因素对不同群体生计和粮食安全的影响。

冲击可能来自经济、政治、市场和气候条件等方面的快速变化，这些冲击可能会对不同群体在居民生活、粮食安全和发展进程方面造成差异化影响。冲击影响评估模型系统可以模拟评估过去、当前和未来的冲击影响，为干预措施、政策制定和计划安排等提供支持。干预常常遭受批评，被指责为"太少了或太迟了"，然而，对实际参与者来说常常由于缺乏必要的分析工具来定量评估确认影响程度、影响范围以及不同群体之间的差异性。

目前阶段，该模型系统包括 5 个低收入和食物匮乏的国家：孟加拉国、尼泊尔、巴基斯坦、塔吉克斯坦和马拉维，它们代表受到不同强度冲击影响的国家。

2. 冲击影响模型工具是什么？

SIS_MOD 是基于 Excel/access 数据库的一种分析工具，该数据库整合了来自世界银行、联合国粮农组织、世界粮食计划署和各个国家的数据资料，包括典型家庭住户信息、经济指标、市场与生产数据等。SIS_MOD 基于这些数据构建模型，来模拟评估各种不同冲击因素的影响效果。

模型系统的运行包括三个主要步骤。

（1）输入关键参数：用户需要选择冲击的时间节点（基准点和冲击发生的年份）、数据系列（也可以采用更为详细的国家次级数据代替）和人口预测年份。干预的最低膳食摄入量的临界值可以根据用户自定义或要求输入。

（2）调整冲击因素：针对模型中要分析的每一个冲击因素，输入从基准点开始的变化百分比。根据情景模拟的需要，可以调整单个冲击因素或多个冲击因素。

（3）模型运行和分析结果：模型将生成 4 个与家庭生计和粮食安全密切相关的关键指标的影响分析结果，即收入/消费支出、食物消费支出、食物消费量和食物援助需求，而家庭生计、性别和地区差异等指标为可选项。

3. 方法论

冲击影响模拟模型系统借鉴 Singh 等（1986）开发的农户家庭模型（Agricultural Household Models，AHM）的分析方法。AHM 包括生产与消费，整合了价格对不同市场的影响，并且考虑到市场之间的相互影响。AHM 与单纯的消费者模型相比，最根本的不同就是单纯的消费模型中家庭预算支出通常假定是固定不变的，然而在 AHM 中它是内生的，并且取决于生产决策，生产决策又会影响农场利润进而影响收入水平。传统的价格效应是包含在农场的利润中（生产者），加入了一个正的影响到负的 Slutsky 影响在食物需求方面（消费者）。采用同样的思路，其他收入因素如在外务工收入、工资率、最低保障/转移支付等也可通过家庭收入方程建立模型。

SIS_MOD 分析的基础是基于一系列模型方程，考虑了家庭收入和消费支出，以及基于家庭调查数据和国家官方数据估计的需求价格弹性、供给价格弹性、交叉价格弹性和其他评估等，并且将多种要素连接在一起，例如市场监测、作物生产监测、收入产生模型、两阶段家庭预算分配模型以及冲击因素的变化等等。这些模型对冲击因素变化的分析评估有两种方法：一是基于历史上已发生过事件的冲击影响模拟，即 VAM 或 GIEWS 监测系统类似情况的历史模拟分析；二是基于局部均衡模型或短期价格分析的预测。

食物需求系统分为两个阶段：第一阶段，将总的家庭消费支出分配给更为广义的商品，如食品、衣着、能源、住房、耐用品、教育、医疗以及其他等。在这个阶段的分析中，采用半相依非线性回归模型估计线性支出系统方程。第二个阶段，每种食品的消费需求方程定义为商品实际价格、人均实际消费支出和其他商品实际价格的函数。

商品的实际价格与食物需求通常是负相关的，与其他两个变量的关系是模糊的，因为消费支出弹性可以是正的，也可以是负的，并且其他食物可以是替代品或者互补品。模型的基本参数可以通过国家数据和国家次级数据计算获得。在假定收入和价格弹性的情况下，每种食品消费变化的百分比将由价格变化的百分比和收入变化的百分比共同决定。

（1）人均膳食能量消费的推算。人均膳食能量消费可通过计算每个人的食物消费总量获得，用人均每天卡路里表示。食物消费数量通过能量转化系数换算为能量摄入量（DEC），所采用的能量转化系数来自能量成分表（蛋白质、脂肪和碳水化合物）。食物消费通常以家庭消费来衡量，所以我们定义了人均食物消费量和总的膳食能量摄入量（用人均卡路里表示），膳食能量摄入量的变化则根据食物消费量的变化计算而得。

（2）食物需求的推算。营养不良是指人们的膳食能量消费持续低于最低的膳食能量需求（MDER），而 MDER 是维持身体健康和进行轻体力劳动所必需的能量需求。对于一个指定的年龄和性别组，MDER 指人均膳食能量的总量能够满足一个正常体重的人们维持身体健康和进行轻体力劳动所需要的能量需求。对总体人群来讲，MDER 是群体中不同年龄组（男性和女性）最低能量需求的加权平均值。营养不良的患病率定义为处于营养不良状况人群的发病率，它的计算采用人均日能量摄入量小于 2100 卡路里的人群所占的百分比表示，家庭 MDER 也可以基于家庭成员的年龄和性别折算为成人的能量摄入量，然后按此方法计算。此外，SIS_MOD 允许用户设置不同的MDER 门槛值对不同政策干预目标进行类似分析。

4. 冲击可以进行模拟吗？

该模型目前主要关注关键因素的变化，即对生计和粮食安全有重要影响的一些冲击因素。

- 次国家级水平的农业（主要农作物和畜产品）生产情况；
- 次国家级水平的农业投入与成本（化肥、种子和补贴）；
- 主要市场的商品零售价格和批发价格；
- 次国家级水平的工资率（农业劳动力工资和非农业劳动力工资）；
- 在外务工收入和转移支付；
- 宏观经济因素和贸易政策（包括消费者价格指数、汇率、人口和关税）。

5. 分组形式

根据分组形式不同，可以进行相应的冲击影响模拟预测分析，具体包括以下几个方面。

- 按性别分组进行分析：家庭中女性为户主，家庭中女性所占的比例，家庭中妇女所占的比例，家庭中女性户主的婚姻状况；
- 按地区分组进行地域差异分析：按城镇和农村的国家汇总；按地形区域的国家汇总（如尼泊尔分丘陵、山区和平原）；按区域特征的国家汇总（如尼泊尔根据区域特征分为 5 大区）；按行政区域的国家汇总（如尼泊尔分 70 个行政区）；
- 按小农户分组进行分析：人均拥有土地面积或租地面积指数、人均食

物生产量指数、人均农产品销售收入指数、人均土地拥有量或租用量、人均食物生产量、人均农产品销售收入；

- 用于不同目标分析的其他分组。

6. 潜在的用户

冲击影响模拟模型系统可以及时评估当前出现的问题并告之相关主体，生成次国家级水平的粮食安全分析报告，模拟不同干预措施和政策情景的分析结果。该模型系统对广大潜在用户来说是非常有价值的，如世界粮食计划署、联合国粮农组织以及官方与国际性的援助机构等机构，它们将开展食物援助干预、经济分析和政策分析等，包括以下一些内容。

- 农作物与粮食安全评价
- 在发生自然灾害和市场动荡后快速或紧急的粮食安全评价（例如EFSA）
- 快速的市场形势评估
- 联合的联合国 MDG 评估
- 项目规划活动（例如危机情况处理与应对、修复和重建）
- 灾害风险规划
- 性别影响分析
- 小农和贸易政策分析

六　对中国农业的分析和展望研究的建议

随着中国农产品市场的发展，以及与国际市场的逐步接轨，中国对国际农产品市场有着越来越重要的影响，同时对国际农产品市场的依赖程度也越来越高，两个市场的互动性日益增强。为更好地促进中国农产品市场的稳定，保障主要农产品的供给，中国政府正在加强对农产品市场分析预测能力的建设。主要体现在以下几个方面。

（1）加强了对农产品数据的收集、整理、分析工作。包括农业部部属职能部门，中国农业科学院农业信息研究所等单位农业信息数据库的建立，以及省级到县级农业信息网的搭建。

（2）逐步开展了对农产品平衡表的研究和对主要农产品的市场监测。

（3）开展了中期农产品市场展望模型的构建和研究。

总体而言，中国的研究还处于起步和分散（不系统化）研究的阶段。中国要在短期内建立一套完整的农产品市场分析和展望体系，建议加强下列工作。

（1）建立一套与国际接轨的粮食安全指标体系，包括本文介绍的联合国粮农组织所使用的主要指标。统一的指标体系将有助于中国随时了解国际农产品供求、粮食安全状况以及对中国可能产生的影响，以便中国政府制订和调整农产品调控措施以稳定国内农产品市场。

（2）建立和加强对农产品分析体系的机构建设和对关键技术人才的培训。目前中国还没有一个完整的、长期稳定开展农产品分析的机构，对不同农产品的分析分散在不同机构和部门，特别是开展中长期展望的研究力量薄弱。开展农产品的预测和展望相关分析工作，需要专业人员具备专门的业务知识，包括对农产品供应和消费需求理论和应用模型的理解，对经济计量学、统计学、计算机软件的开发与应用，以及对世界及中国农产品市场和农业政策的了解，因此非常有必要通过国内外合作，进一步加强对有关专业人才的培养和培训。

（3）加强对农产品市场分析及农业预测展望分析数据库的建立和有关主要参数的分析和研究。目前中国和国际组织（包括联合国粮农组织）的中国平衡表数据有很大的不一致，主要数据（包括库存、食品和饲料消费、工业使用、畜牧业结构等）存在差异。这大大降低了粮食安全指标的可靠性，以及中国和世界农业预测展望的能力。中国应加强与国际组织的合作，加快对基线（基期）数据的修正和对主要参数的分析、调整。

（4）加强与国际组织的合作研究，积极参与国际农产品分析活动。近来中国农业部与联合国粮农组织对加强中国农产品分析合作的初步成功就是一个很好的例子。这样的合作能够帮助和促进中国分析体系的建立，并加速与国际接轨。自 2011 年以来，中国已正式加入 G20 集团世界农产品市场信息系统，这也促进了中国加入世界农产品分析和监测体系，增加了中国农产

品市场的透明度和对世界农产品市场分析的了解。

从 2012 年起，联合国粮农组织和经合组织与中国农业部紧密合作，对中国模块进行修订并共同对 2013～2022 年农业展望进行研究，并将于 2013 年 6 月在北京举办世界农业展望大会。

本附录参考书目

联合国粮农组织：《粮食展望》2012 年第 1 期，罗马。

经合组织和联合国粮农组织：《2011～2021 农业展望》，2012，罗马。

尼科斯·亚历山德拉（Nikos Alexandratos）和布鲁因斯马（Jelle Bruinsma）：《世界农业 2030/50》修订，联合国粮农组织，2012，罗马。

方成（Cheng Fang）和伊萨·萨诺戈（Issa Sanogo）：《用户指南：冲击对粮食安全影响的分析模型（SIM_MOD）》，联合国粮农组织/世界粮食计划署，2012，罗马。

术语表

术语	解释
水分生产率 Water productivity	指单位水资源量在一定的作物品种和耕作栽培条件下所获得的产量或产值，单位为公斤/立方米或元/立方米。它是衡量农业生产水平和农业用水科学性与合理性的综合指标。狭义的水分生产率还有作物水分生产率和灌溉水分生产率。作物水分生产率指作物消耗单位水量的产出，其值等于作物产量（一般指经济产量）与作物净耗水量或蒸发蒸腾量的比值。灌溉水分生产率指单位灌溉水量所能生产的农产品的数量。
灌溉现代化 Irrigation modernization	通过改进工程技术措施，改善系统管理和改革体制机制以提高资源利用效率（包括人力资源、水资源、经济资源与环境资源）和灌溉服务水平的过程。
生物多样性 Biodiversity	指生物（动物、植物、微生物）与环境形成的生态复合体及与此相关的各种生态过程的总和，包括基因、物种和生态系统三个层次。
生态补偿 Payment for environment service（PES）	又称生态或环境服务付费，在农业领域主要是补偿农民通过自然资源管理提供的生态环境服务，主要包括温室气体减排，流域治理和生物多样性保护三大类。

流域水资源统一管理
Integrated water resources at river basin level（IWRM）

将流域内的上下游、左右岸、干流与支流、水量与水质、地表水与地下水作为一个完整的系统，将兴利与除害相结合，统筹考虑治理、开发与保护的需要，综合运用行政、法律、经济和技术等手段对水资源实施统一协调和管理。

可持续集约化
Sustainable intensification

提高相同面积土地的产出，同时减少给环境带来的负面影响，促进自然资本增加，大量提供环境服务。可持续发展作为农业发展战略，强调的是当前与长远的结合。作物生产可持续集约化理念的提出主要基于以下三个方面：一是在提高农业生产力的同时，促进自然资本及生态系统维护；二是提高关键投入，包括水、肥料、农药、能源、土地和劳动力的利用效率；三是利用自然和人为管理的生物多样性来增强系统应对来自生物、非生物胁迫及经济方面压力的适应力。

第一次绿色革命
First green revolution

起源于 20 世纪 40 年代，始于 20 世纪 50 年代的墨西哥，60 年代后期在大多数发展中国家相继大规模开展。第一次绿色革命的一个显著特征是大面积推广高产品种，大量使用化学物质（化肥和农药）和灌溉用水，因此也被人称为"肥水农业"。第一次绿色革命在拉丁美洲、亚洲等发展中国家取得了较大的成功，但在生态与环境可持续发展方面产生了一定的负面效应。

第二次绿色革命
Second (new) green revolution

由世界粮食理事会第 16 次部长会议于 1990 年首次提出，是指通过国际社会共同努力，运用以基因工程为核心的现代生物技术，培育既高产又富含营养的动植物新品种以及功能菌种，促使农业生产方式发生革命性变化，在促进农业生产及食品增长的同时，确保环境可持续发展。新绿色革命更加强调生态效应和可持续发展。

土壤健康
Soil health

土壤作为一个动态生命系统具有维持其功能的能力。健康的土壤可维持多样化的土壤生物群落，这些生物群落有助于控制植物病害、害虫和杂草；有助于与植物的根形成有益的共生关系；促进植物养分循环；并对土壤持水能力和养分承载容量产生积极影响。

调亏灌溉
Regulated deficit irrigation
（RDI）

在作物生长发育的某些阶段（主要是营养生长阶段）主动施加一定的水分胁迫，促使作物光合产物的分配向人们需要的组织器官倾斜，以提高其经济产量的节水灌溉技术。该技术于 20 世纪 70 年代中期由澳大利亚持续灌溉农业研究所 Tatura 中心研究成功，并正式命名为调亏灌溉。

调亏灌溉既有经济效益，又具生态效益，特别是在水资源短缺或用水成本较高的地区更有意义。

捕捞渔业
Capture fisheries

指捕捞天然水域自然繁衍、生长的水生资源的食品生产行业。

水产养殖业 Aquaculture industry	通过人为介入其生命活动或环境以养殖/培育水生生物和获得水产品的行业。
捕捞过度 Overexploitation	由于捕捞而使鱼类种群的资源量减到它能产生最大可持续产量水平以下的资源状态。
可持续渔业 Sustainable fisheries	其渔业资源既可以满足当代人的收获需求，又不损毁后代人对渔业资源的收获需求。可持续渔业既要保护资源及其环境，又要使捕鱼业经济上有利可图，还要使渔业社区得以维持其社会和文化传统。
景观方法 Landscape approach	景观包括物理和生物功能的区域，以及对其产生影响的体制和人员。由于各种因素相互关联，景观方法强调跨部门的工作及整合环境、社会和经济问题的综合解决方法。在景观水平上工作，可以在有效的制度和治理机制下，建立合理的土地使用系统，保护自然资源和提高当地人民生计。
原生林 Primary forest	为本地树种的森林，以及没有明显的人类活动迹象而且生态系统未受到严重干扰的森林。
森林 Forests	土地跨度超过 0.5 公顷，其上面的树木高于 5 米，树冠郁闭度超过 10%，其不包括主要用于农业或城市使用的土地。
人工林 Planted forests	主要是由种植和播种成长起来的树木组成的森林。

减少毁林和森林退化造成的
碳排放
Reducing Emissions from
Deforestation and Forest
Degradation（REDD）

是联合国框架下的一个合作项目。该项目旨在鼓励发展中国家通过减少毁林和森林退化，减少碳排放，及在发展中国家推动森林保护、加强可持续森林管理及增加森林储量。

森林产权
Forest tenure

林权涉及谁拥有或控制林地，以及谁使用和/或管理森林资源。林权决定谁可以使用什么样的资源，持续多久，在什么条件下。产权可以通过正式或法定的法律安排或习惯做法来定义。

气候变化
Climate change

气候变化是指气候平均状态统计学意义上的巨大改变，或者持续较长一段时间（典型的约为 10 年或更长）的气候变动（Climate variation）。气候变化的原因可能是自然的内部进程，或是外部强迫，或者对大气组成和土地利用的持续性人为改变。《联合国气候变化框架公约》（UNFCCC）第一款中，将"气候变化"定义为："经过相当一段时间的观察，在自然气候变化之外由人类活动直接或间接地改变全球大气组成所导致的气候改变。" UNFCCC 因此将因人类活动而改变大气组成的"气候变化"与归因于自然原因的"气候变率"区分开来。

生物质能源
Bio-energy

绿色植物通过叶绿素将太阳能转化为化学能存储在生物质内部的能量，是太阳能以化学能形式存储在生物质中的能量。

适应气候变化
Climate change adaptation

针对已发生的或预计将发生的气候扰动及因此造成的影响，调整自然或人类系统，以减轻危害或充分利用有利机遇。

减缓气候变化
Climate change mitigation

执行相关政策和技术手段以减少温室气体的排放和增加碳汇。

无悔措施
No-regret option

在未来影响不确定，或气候变化并没有像预计的那样发生的情况下仍然有益的措施。这些措施通常需要一定的资金投入。

碳捕获和封存
Carbon Capture and Storage（CCS）

也称碳捕获与埋存、碳收集与储存等，是指二氧化碳从工业或相关能源的源分离出来，输送到一个封存地点，使之长期与大气隔绝的一个过程。

碳汇与碳源
Carbon sink and carbon source

是两个相对的概念。《联合国气候变化框架公约》（UNFCCC）将碳汇定义为从大气中清除二氧化碳的过程、活动或机制，将碳源定义为向大气中释放二氧化碳的过程、活动或机制。

固碳
Carbon sequestration

也称碳封存，指的是增加除大气之外的碳库的碳含量的措施，包括物理固碳和生物固碳。物理固碳是将二氧化碳长期储存在开采过的油气井、煤层和深海里。植物通过光合作用可以将大气中的二氧化碳转化为碳水化合物，并以有机碳的形式固定在植物体内或土壤中。生物固碳就是利用植物的光合作用，提高生态系统的碳吸收和储存能力，从而减少二氧化碳在大气中的浓度，减缓全球变暖趋势。

气候智慧型农业
Climate smart agriculture
（CSA）

　　能够持续性地提高生产能力，抵御（适应）气候变化的影响，减少/消除温室气体排放，促进实现国家粮食安全和可持续发展目标的农业。

粮食损失
Food loss

　　指粮食从收获到仓储及运送给零售商的各环节中，因重量减少导致的数量损失和因外观、口感、营养成分变化导致的品质降低。

粮食浪费
Food waste

　　指适于消费的粮食产品被丢弃或销毁，主要发生在零售和消费两个环节。

农民合作组织
Farmers organization

　　农民为实现共同的经济、社会和文化意愿自愿组建的共同拥有、民主管理的民间社会团体。

图书在版编目（CIP）数据

粮食安全：世纪挑战与应对/何昌垂主编. —北京：
社会科学文献出版社，2013.5
ISBN 978 - 7 - 5097 - 4521 - 2

Ⅰ.①粮…　Ⅱ.①何…　Ⅲ.①粮食问题 - 研究 -
中国　Ⅳ.①F326.11

中国版本图书馆 CIP 数据核字（2013）第 072442 号

粮食安全
　　——世纪挑战与应对

主　　编 / 何昌垂

出 版 人 / 谢寿光
出 版 者 / 社会科学文献出版社
地　　址 / 北京市西城区北三环中路甲 29 号院 3 号楼华龙大厦
邮政编码 / 100029

责任部门 / 皮书出版中心（010）59367127　　责任编辑 / 林　木　郭　峰
电子信箱 / pishubu@ ssap. cn　　　　　　　责任校对 / 王翠艳　白桂祥
项目统筹 / 邓泳红　　　　　　　　　　　　责任印制 / 岳　阳
经　　销 / 社会科学文献出版社市场营销中心（010）59367081　59367089
读者服务 / 读者服务中心（010）59367028

印　　装 / 北京鹏润伟业印刷有限公司
开　　本 / 787mm×1092mm　1/16　　　印　张 / 23.25
版　　次 / 2013 年 5 月第 1 版　　　　　字　数 / 368 千字
印　　次 / 2013 年 5 月第 1 次印刷
书　　号 / ISBN 978 - 7 - 5097 - 4521 - 2
定　　价 / 69.00 元